项目管理 项目管理精品文库

（第2版）

PROJECT THINKING

项目管理
项目思维与管理关键

丁荣贵◎著

中国电力出版社
CHINA ELECTRIC POWER PRESS

内 容 提 要

在变化的时代，迅速整合利益相关方以满足大量独特性需求的项目管理能力将成为企业生存和发展的一种核心能力，正确的思维方式是其管理人员开展有效工作的基础保障。

系统思维是本书的基本思维方式，而围绕项目生命周期的利益相关方管理则是本书的主线。

基于系统思维，本书阐述了企业盈利模式和企业管理的互动关系、项目和企业的互动关系、项目团队和职能部门的互动关系、企业和合作伙伴的互动关系等，并提出了如何运用统一的项目管理原则以应对不同特点的项目、如何搭建企业项目治理平台以避免项目经理难以承担责任的问题、如何建立和项目合作伙伴的关联关系以提高协同效应等项目管理和治理机制的思路和方法。

按照项目生命周期各阶段利益相关方的责权利关系，本书阐述了成功管理项目需要开展的关键工作内容，包括项目决策、启动、范围控制、资源组织、风险管理、进度计划、沟通管理、团队建设、冲突处理、绩效管理、项目收尾等方面。本书提供了有效开展这些管理工作的思想和方法。

本书适合企业和其他组织中的高层管理人员、项目经理以及有一定项目管理实践经验的人员阅读，也可作为项目管理研究人员的参考书。

图书在版编目（CIP）数据

项目管理：项目思维与管理关键：第 2 版/丁荣贵著. —北京：中国电力出版社，2013.9（2024.5 重印）

（项目管理精品文库）

ISBN 978 - 7 - 5123 - 4761 - 8

Ⅰ．①项… Ⅱ．①丁… Ⅲ．①项目管理 Ⅳ．①F224.5

中国版本图书馆 CIP 数据核字（2013）第 174254 号

中国电力出版社出版发行

北京市东城区北京站西街 19 号　　100005　　http：//www.cepp.sgcc.com.cn

责任编辑：闫丽娜　　　责任印制：钱兴根　　　责任校对：常燕昆

中国电力出版社有限公司印刷·各地新华书店经售

2013 年 9 月第 2 版·2024 年 5 月北京第 8 次印刷

700mm×1000mm　1/16·25 印张·407 千字

定价：58.00 元

前　言

　　《项目管理：项目思维与管理关键》一书自 2004 年出版以来已经过 5 次印刷，该书获得 2006 年机械工业出版社"金牌图书"的荣誉，其繁体版也于同年被台湾以诺国际出版，得到广大读者的认可。九年来，世界发生了很多令人高兴和痛惜的变化，有北京奥运会、上海世博会、神舟系列飞船上天、世界金融危机、汶川地震、钓鱼岛问题、拉登被杀、卡扎菲政府倒台、苹果公司的崛起等等。从专业的角度看，这些好的、坏的变化都给项目管理的理论和实践提供了更多、更广阔的空间，也给项目管理研究人员和管理者提出了更有挑战性、更迫切的需求。对于我本人来说，最直接的一项工作就是完成该书的修订。

　　经过几年国内外同行的努力，借助于社会需求的推动，"项目管理"这个词成了高频词，不仅包含企业以及市政建设这样典型的政府部门在谈项目管理，甚至计划生育管理部门这样的"冷门"机构和幼儿园这样的单位也在谈项目管理。"一切都是项目"、"一切都可以项目化"等断言不绝于耳。这些变化给我带来一丝喜悦，更带来很多忧虑。喜悦的是项目管理终于要被人们广泛重视了，忧虑的是这种"重视"也可能会使项目管理迅速变成时髦的、空泛的概念，其结果是降低了项目管理的真正价值和生命力。

　　人们依然对项目管理有很多的误解，这些误解是这二十年来项目平均成功率依然只有 30% 多的重要原因。这些误解可以简单分为 3 个方面：认识方面的误解、组织方面的误解和方法方面的误解。认识方面的最大误解在于人们，特别是决策者们，认为项目管理是执行层考虑的事，而忽视了对项目决策过程的管理，也忽视了对项目环境的管理。这种误解造成的结果是项目经理常常需要却难以承担起那些本不该由他们承担的责任，项目经理成了项目失败替罪羊这种现象的普遍存在。组织方面的误解是认为项目组织是指具体执行项目的项目团队，而忽视了如何使企业内部的各部门能够面向成果而不是职能、面向角色而不是岗位、面向流程而不是部门结构，也忽略了如何解决多项目间的矛盾、临时性和稀缺性资源的综合调度、动态人员迅速胜任平台的搭建，更加忽略了项目常常需要不同组织/企业之间的协作方式。这种误解使我们的视野局限于项目团队内部，难以找到解决项目问题的答案。方法方面的误解在于重视了人才忽视了系统、重视了硬技术忽视了软艺术、重视了经济忽视了管理、重视了结果忽视了过程……这些误解使项目管理阴阳失调，丧失了管理科学和艺术之间的平衡。

针对以上误解，本书的再版作了如下调整。

（1）对读者群体做了拓展。本书初版的内容大部分是针对项目经理而言的，再版内容拓展到企业和组织的高管层。本书增加了对企业本身的理解、如何建立项目管理的环境（即项目治理）的内容，特别分析了为什么高管层会产生内心并不信任管理的原因，如何进行项目决策，如何保证通过可行性研究的项目真正可行等内容。这些内容来自于我在山东大学、清华大学、北京大学、湖南大学、大连理工大学、上海交通大学、西南交通大学，以及意大利米兰理工大学（Politecnico di Milano）、英国赫瑞瓦特大学（Heriot-Watt）、澳门科技大学等高校的 EMBA、博士生班和总裁班上与大量企业和政府机构高管交流的心得，也来自于我六年来担任国际项目管理协会（IPMA）"卓越项目管理奖"委员会委员和评估师期间对德国、俄罗斯、伊朗、意大利等多个国家获奖项目的近距离访谈。相信这些体会对高管层会有一定的参考价值。

（2）对项目生命周期进行了完善。在初版中，项目生命周期起始于项目启动，终止于项目收尾，这种生命周期的划分是以项目经理的职责为核心而不是以企业的目的为核心的。再版内容增加了项目决策等内容，将原来的默认为项目已经存在作为项目管理的始点延展到从如何发现商机、如何得到项目开始，将原来的不留后遗症项目收尾拓展到如何使项目成果（包括交付物和知识）对企业的效益达到最大化，如何使一次性的项目变成企业的常规收益为止。初版中强调了项目本身的生命周期，再版中更强调了项目管理的生命周期。这种完善使项目不再孤立于企业的其他经营活动而独立存在，使项目管理不是孤立于职能部门而独立存在，更能够反映真实的企业状态，也会为更有效的管理实践提供借鉴。

（3）对项目管理的范围进行了增补。初版的内容以美国项目管理协会（PMI）的 9 大知识领域（PMBOK）为基础，PMBOK 隐含的假设是单个项目、独立的项目、项目经理为主要责任人的项目，可见，这种假设在实践中是很少见的。再版内容增加了企业存在多项目、项目需要多个企业合作的背景，增加了企业项目治理平台的建设、企业核心竞争力的形成等企业层面和项目治理层面的内容，使项目管理与企业管理融为一体。这些内容来源于这些年来我及我的团队在若干企业和若干行业的项目管理实践，尽管本书依然侧重于阐述项目管理的思维方式和关键成功要素，但其中也提出了不少具体的、已在实践中得到应用的方法和工具。希望这些内容的增加，能够使读者从项目内和项目外两个范围看项目，得以了解项目管理整个系统。

（4）对附录中的模板进行了删除。尽管在本书的初版前言中我已经提醒读者只有在理解了本书的思想后，附录中的模板才能产生帮助，但依然有很多读者在实际管理中贪图省事，纯粹的拿来主义反而使其管理变成夹生饭。拿掉模板，可以使读者更侧重于体会项目管理的思维方式，可以将其精力更多地花在悟道上，这样才能真正掌握成功管理项目的精髓，避免按照模板管理而产生"画虎不成反类其犬"这样的不良后果。

（5）对过时的数据和信息进行了剔除和更新。九年似乎不长，但世界变化的速度往往超出人们的想象，九年前的一些数据已经过时，九年前成功的企业、项目案例现在可能恰恰成为反面教材。就像质量管理大师威廉·戴明所言：所有的管理理论都是错的，只不过其中一些是有用的。初版中也存在一些以前正确，现在错误的东西。再版书对这些内容作了调整。但是，我依然不能保证调整后的内容一直正确，也许在以后的版本中还会有大量的观点需要更新。

（6）增加了后记。鉴于有些学校已用该书作为 MBA、EMBA、总裁班和项目管理工程硕士的教学参考书，不少学员也经常问及如何才能学好和用好项目管理，再版中增加了一个后记，是我二十几年来从理学、工学转到管理学领域以及其间研究、实践、教学的体会，告诉大家应该如何学习和创造项目管理理论并使其达到知行合一的状态。

一个字一个字在电脑上敲出一本完整的书稿就像养孩子一样，事后看看过得很快，但中间的过程却是一秒钟一秒钟度过的。看着别人的孩子总觉得很容易抚养，摊到自己身上却不那么轻松。初版的责任编辑常淑茶女士是本书最热心也最负责的助产士，没有她的鼓励本书的再版还会拖下去。写书的过程就是与读者对话的过程，也是给提供素材的人反馈的过程。特别感谢我的研究团队，感谢孙涛博士、赵树宽老师、法月萍博士、王彦伟博士、刘兴智博士、孙华博士，以及张宁、王金安等研究生，你们给了我很多研究、工作方面的支持，为本书的完成提供了写作时间。感谢意大利米兰理工大学管理学院的 Antonio Calabrese 教授，我们在一起的工作和讨论形成了本书的结构。感谢米兰理工大学欧洲战略项目管理硕士班（MSPME）的学生们，在几十次的课堂讨论中你们为本书的内容提供了很多好的问题和建议。本书在写作过程中曾得到众多企业、政府机构、学校、研究机构和同行的支持，在此不能一一表达谢意，但在阅读本书的过程中你们会看到大家一起交流的踪迹，正是这些交流拓展了本书的思想空间。

尽管没有一一注明，本书中有些内容已经零星地在《项目管理技术》杂志和其他一些期刊上发表，本书将这些内容融入相关章节，使这些零星的思想更具有系统性。对本书感兴趣的读者可以通过查阅本人在《项目管理技术》中的相关文章和另一本姊妹著作《项目治理：实现可控的创新》（电子工业出版社 2008 年出版）以获得更详细的信息。

本书要献给我的妻子和儿子，他们是我潜心研究和教学的动力。妻子在辛勤工作的同时还要常年任劳任怨安排好家庭事务，她是我们家真正有效的项目管理者。在初版时，儿子才 5 岁，正是需要人照顾的时候，但我没有太多的时间。现在他已经 14 岁了，希望本书也可以作为他将来的一本管理学参考书，无论以后他从事什么工作，都需要具备管理特别是项目管理的思维方式。因为项目管理的思维方式就是让我们大家成功、愉快完成任务的思维方式。

丁荣贵

2013 年 7 月　于米兰理工大学管理学院

初　版　序

由于我这些年一直倡导项目意识和项目思维，我的好朋友丁教授希望我简单介绍一下项目思维的起源及其对未来的意义。

1999 年，瑞典项目管理学会在斯德哥尔摩召开了一次为期半天的、以"为什么项目意识是竞争力的关键"为主题的研讨会。在这次会议上，我引入了"项目思维"这一概念。

在 20 世纪这个工业化的巅峰时代，运营思维大行其道。它使我们更多地关注于人—机关系的优化、更好地进行持续改进。

项目思维是知识时代的产物。在人类文明的历史上，从未形成像今天这样全球化的人与人之间的网络关系。"时间"正越来越成为关键的资源。各种变化日益激烈，变化的趋势也越来越难以预测。在这种形势下，我们将不得不面对前所未有的不确定性和未知领域，我们的思维也出现了前所未有的混沌。我们开始意识到，在知道的东西越来越多的同时，我们不知道的也越来越多。这就是为什么必须面向项目、树立项目意识及形成项目思维方式的主要原因。

众所周知，我们真正能够影响的是未来，而对现状形成因素的影响则很少。很明显，现状只不过是从过去通向未来的中转站。如果过去的知识和经验不能为解决未来的问题提供方案的话，我们就必须借助于开放的、有效的思维方式来探索未来。项目思维的作用就在于此。

运营思维和项目思维的区别可以简单地从三个方面说明。首先，项目思维关注于整体，它认为项目的成功是众多变量作用的结果；而运营思维则限制了人的视野，它只关注于项目的各个局部，并认为项目的成功只是少数因素形成的。其次，在对待变化的方式方面，项目思维是前瞻性和主动性的；而运营思维则侧重于在事件发生后被动地思考其原因与结果之间的关系。最后，项目思维能够帮助人们形成处理大量不同特征问题的才智与能力，而运营思维只是在人们关注和处理的问题较少时才起作用。需要说明的是，项目思维是一般性的，而基于项目思维的解决方案则是具体的。

最后，我祝贺丁荣贵教授写了这本基于项目思维的、涵盖项目管理方方面面的书籍。本书的出版是对中国的一大贡献。读者将能够从本书中找到通向现代项目管理实践的科学之路。

祝大家阅读愉快。

国际项目管理协会（IPMA）主席

美国项目管理 Guru 公司总裁　　**Adesh Jain**

英国欧洲项目促进中心主任

2004 年 7 月 12 日

初 版 前 言

近年来，项目管理普遍受到各行各业的关注，我也奔波于各种各样的项目管理培训与咨询场所。可能是由于"说的比唱的好听"，很多正在管理项目的朋友鼓励我为他们写一本书。因此，这本书首先是写给他们的。项目经理们普遍面临巨大的工作压力，希望本书能够帮助他们找到缓解压力的途径，更多地享受到成功项目管理的乐趣。当然，如果这本书也能对您有所帮助，我会感到无比荣幸。

项目经理们需要的是什么？什么才是对他们有价值的？这是我在开始本书写作之前一直思考的事。

作为一个有效的项目经理，需要具备 3 种基本能力：解读项目信息的能力、发现和整合项目资源的能力、将项目构想变成项目成果的能力。要具备这些能力，首先必须树立有效的项目管理思维方式。

尽管有很多经理希望我能够给他们提供一些具体的项目管理方法和工具，但我仍然坚持认为，有效的项目管理思维方式才是对他们最有用的。事实上，很多项目经理在学会了关键路线方法（CPM）、WBS 方法和挣得值（Earned Value）方法后，并没有将这些方法运用到他们正在管理的项目中去，甚至有些人对这些方法反而产生了不信任感。为什么会这样？项目都是独特性的，我们过去的知识和经验常常会因为这些独特性而失效。当我们不知道自己该做什么的时候，再好的方法和工具也不能发挥其应有的作用，这时候能够帮助我们的只能是有效的思维方式，只有它能够帮助我们以不变应万变，只有它能够帮助我们找到成功管理不同项目的共性。

本书涉及了项目管理的主要方面。针对这些方面，本书提出了把握其中管理关键的思维方式和行动策略。为了帮助项目经理们更容易地阅读和理解，本书采取了简单、通俗的表达方式，甚至穿插了一些寓言和游戏。在我对项目经理培训时，这种表达方式是受人欢迎的。我希望将它用到本书中时，同样能得到您的喜欢。

需要注意的是，尽管本书的附录中包含了 16 个项目管理模板，但只有当您真正懂得该如何去正确思维时，这些模板才会对您有参考价值。

虽然本书没有将对项目经理有用的东西都包含进来，但我希望书中所包含的内容对项目经理都是有用的。本书不是一本项目教材，不是一部项目管理大全，也不是针对毫无项目管理经验的人而写的。

有很多人对于本书的完成做出了贡献：

在中创软件公司七年的管理顾问经历对我形成自己的项目管理思维方式产生了极大帮助，本书的很多观点来自于该公司推进项目管理的过程。因此，我要感谢中创软件公司的董事长景新海先生、副董事长程建平女士及其他同仁，感谢他们不遗余力地推进项目管理。我从他们那里学到很多。

本书还有不少观点是从我和张体勤教授一起进行的研究过程中得出来的，应该说本书也包含了他的心血。他严谨、认真的治学精神以及关怀别人的品格让我受益匪浅。

本书中更多的观点来自广大的项目经理、企业家和研究人员。几年来，我接触了许多项目经理，他们的很多经验、教训都给了我很大启发。如果本书中有些观点甚至表达方式恰好来自于您，这绝不是巧合。当然，如果其中的一些观点与您的观点不吻合，也不要感到意外。毕竟管理是仁者见仁、智者见智。我要对这些项目经理以及为本书提供了参考资料的研究人员表示感谢。

我的研究生孙亚男和王宗星对我的培训课程录音进行了整理，它是形成本书的直接基础。感谢他们的辛苦劳动。

此外，我还要感谢解放军总装备部军用电子元器件合同办公室的同志们，是他们为我提供了安静、舒适的工作场所，才使本书最后得以完稿。

当然，我还要感谢我的妻子和孩子，他们对本书所提供的支持是别人取代不了的。同时我还要向他们致歉，我陪伴他们的时间实在太少了。本书也是献给他们的。

最后，要感谢常淑茶女士。没有她的热情支持，本书不可能这么快面世。

丁荣贵

2004 年 6 月 28 日　于福建武夷山庄

目　　录

前言

初版序

初版前言

1　认清管理的真正价值 ·················· *1*

　　企业利润的来源在于盈利模式而不是管理 ·········· *1*

　　管理的价值在于提高效率和降低风险 ·········· *6*

　　管理的有效性建立在对人性了解的方法上 ·········· *10*

　　有效管理的基本要点 ·········· *14*

2　项目成了企业的生存方式 ·········· *19*

　　过去成功的经验也许是最可怕的 ·········· *19*

　　应对变化的有效方式 ·········· *23*

　　项目是企业成败的基础 ·········· *32*

3　项目管理的基本原则 ·········· *41*

　　项目管理是基于原则的管理 ·········· *41*

　　树立项目利益相关方意识 ·········· *46*

　　管控好项目生命周期 ·········· *53*

　　得到项目管理办法的步骤 ·········· *57*

4　项目治理平台的建设 ·········· *63*

　　项目经理能承担的责任很有限 ·········· *63*

　　企业需要提高项目治理能力 ·········· *65*

　　企业项目治理平台的构成 ·········· *71*

5　成功的项目决策 ·········· *81*

　　明确自己的目的和目标 ·········· *82*

　　识别项目利益相关方 ·········· *85*

　　利益相关方需求和期望的挖掘 ·········· *89*

　　寻找满足利益相关方需求的途径 ·········· *93*

I

判断项目能否实现自己的目标 ……………………………… 99

6 无缺陷项目启动 ………………………………………… 101

狂热启动，失败告终 …………………………………… 101

项目管理是迭代的过程 ………………………………… 102

项目启动是企业高管的责任 …………………………… 107

项目典型利益相关方的责任 …………………………… 109

"泛项目"中利益相关方的作用 ……………………… 115

定义项目需求的挑战 …………………………………… 118

下达给所有相关方的《项目章程》 …………………… 120

别忘了召开项目启动会议 ……………………………… 123

7 有效的项目组织管理 …………………………………… 127

项目组织的特点 ………………………………………… 127

项目组织构成的一般方式 ……………………………… 130

项目任务的分配 ………………………………………… 136

以责任矩阵明确利益相关方责任 ……………………… 140

基于职能和职权的组织难以满足项目管理的需要 …… 142

有效项目组织管理体系的建设 ………………………… 145

8 建立共赢的项目合作伙伴关系 ………………………… 151

"竞争对手"是狭隘的概念 …………………………… 151

疑人要用 ………………………………………………… 154

了解合作伙伴的心态和状况 …………………………… 156

合同管理需要强调"风险"二字 ……………………… 159

形成有效合作关系的统一过程 ………………………… 163

防止企业内部业务之间的不良竞争 …………………… 165

9 控制项目范围 …………………………………………… 171

确定项目不做什么 ……………………………………… 171

魔鬼藏在细节中 ………………………………………… 175

WBS是企业的无形资产 ……………………………… 180

基于WBS的项目知识管理和角色调度 ……………… 183

基于WBS确定项目预算和合同报价 ………………… 187

管理范围变更 …………………………………………… 191

10 把握项目工期管理的脉搏 ··········· 193

用好项目里程碑 ··················· 194

风险时间常常无效 ················· 200

局部偏差对项目整体的影响 ·········· 204

给关键人员整段的时间 ············· 207

设置缓冲时间 ····················· 208

判断项目计划有效性的标准 ·········· 213

11 建设真正的项目团队 ················ 219

项目团队的障碍 ··················· 219

选择合适的团队成员 ··············· 222

快速识别项目团队成员的性格特点 ····· 226

项目团队的能力来自和谐 ············ 230

使项目团队度过完整的生命周期 ······· 234

提高项目团队的执行力 ············· 237

12 化解项目冲突 ······················ 243

理解冲突 ························· 243

项目冲突的来源 ··················· 247

处理项目人际冲突的一般方式 ········· 249

项目平衡的策略 ··················· 253

13 控制项目风险 ······················ 259

风险需要管理 ····················· 259

启动风险管理计划 ················· 261

识别风险 ························· 262

构造风险影响分析矩阵 ············· 266

制订风险应对计划 ················· 271

评审风险应对计划 ················· 273

不可忽视项目利益相关方之间的社会网络风险 ····· 274

14 关键在于沟通 ······················ 281

谨防"信息漏斗" ·················· 281

项目沟通计划必须规范 ············· 285

把握项目的关键度量信息 ············ 289

确保项目会议的有效性 ············· 295

　　　尽量采用标准化的沟通形式 ⋯⋯⋯⋯⋯⋯⋯⋯⋯⋯⋯⋯ 297

　　　政府关联项目中的沟通和协调 ⋯⋯⋯⋯⋯⋯⋯⋯⋯⋯ 300

15　使绩效管理成为促进项目成功的驱动力 ⋯⋯⋯⋯⋯⋯ 305

　　　绩效管理的思维方式 ⋯⋯⋯⋯⋯⋯⋯⋯⋯⋯⋯⋯⋯⋯⋯ 305

　　　项目绩效的内涵 ⋯⋯⋯⋯⋯⋯⋯⋯⋯⋯⋯⋯⋯⋯⋯⋯⋯ 310

　　　项目绩效的评价方式 ⋯⋯⋯⋯⋯⋯⋯⋯⋯⋯⋯⋯⋯⋯⋯ 312

　　　对项目团队的有效激励 ⋯⋯⋯⋯⋯⋯⋯⋯⋯⋯⋯⋯⋯⋯ 325

16　价值最大化的项目收尾 ⋯⋯⋯⋯⋯⋯⋯⋯⋯⋯⋯⋯⋯⋯ 329

　　　坚持到底 ⋯⋯⋯⋯⋯⋯⋯⋯⋯⋯⋯⋯⋯⋯⋯⋯⋯⋯⋯⋯ 329

　　　保留项目数据 ⋯⋯⋯⋯⋯⋯⋯⋯⋯⋯⋯⋯⋯⋯⋯⋯⋯⋯ 330

　　　合同收尾 ⋯⋯⋯⋯⋯⋯⋯⋯⋯⋯⋯⋯⋯⋯⋯⋯⋯⋯⋯⋯ 331

　　　项目验收 ⋯⋯⋯⋯⋯⋯⋯⋯⋯⋯⋯⋯⋯⋯⋯⋯⋯⋯⋯⋯ 332

　　　财务收尾 ⋯⋯⋯⋯⋯⋯⋯⋯⋯⋯⋯⋯⋯⋯⋯⋯⋯⋯⋯⋯ 334

　　　总结项目经验/教训 ⋯⋯⋯⋯⋯⋯⋯⋯⋯⋯⋯⋯⋯⋯⋯ 337

　　　庆祝项目成功 ⋯⋯⋯⋯⋯⋯⋯⋯⋯⋯⋯⋯⋯⋯⋯⋯⋯⋯ 338

　　　解散项目团队 ⋯⋯⋯⋯⋯⋯⋯⋯⋯⋯⋯⋯⋯⋯⋯⋯⋯⋯ 339

　　　必要时及时中止项目 ⋯⋯⋯⋯⋯⋯⋯⋯⋯⋯⋯⋯⋯⋯⋯ 341

17　做卓有成效的项目经理 ⋯⋯⋯⋯⋯⋯⋯⋯⋯⋯⋯⋯⋯⋯ 343

　　　调整心态 ⋯⋯⋯⋯⋯⋯⋯⋯⋯⋯⋯⋯⋯⋯⋯⋯⋯⋯⋯⋯ 343

　　　发挥影响力 ⋯⋯⋯⋯⋯⋯⋯⋯⋯⋯⋯⋯⋯⋯⋯⋯⋯⋯⋯ 352

18　成为适应变化的成功企业 ⋯⋯⋯⋯⋯⋯⋯⋯⋯⋯⋯⋯⋯ 357

　　　当心“企业项目化”的误区 ⋯⋯⋯⋯⋯⋯⋯⋯⋯⋯⋯⋯ 357

　　　企业管理思想和方法的转变 ⋯⋯⋯⋯⋯⋯⋯⋯⋯⋯⋯ 359

　　　提高企业项目治理的成熟度 ⋯⋯⋯⋯⋯⋯⋯⋯⋯⋯⋯ 368

　　　抓好企业变革的项目管理 ⋯⋯⋯⋯⋯⋯⋯⋯⋯⋯⋯⋯ 373

知行合一，成为项目管理推进者（代后记） ⋯⋯⋯⋯⋯⋯ 379

　　　企业需要形成自己的管理理论 ⋯⋯⋯⋯⋯⋯⋯⋯⋯⋯ 379

　　　做有价值的管理研究者 ⋯⋯⋯⋯⋯⋯⋯⋯⋯⋯⋯⋯⋯ 381

认清管理的真正价值

名不正，则言不顺；言不顺，则事不成。

——《论语·子路》

管理学已经是一门学科，但是没有一个学科像管理学这样遭受尴尬，它没有得到共识的概念，也没有自成体系、区别于其他学科的方法论。这么多年来，管理一直处于"丛林状态"，对管理的认知因人而异，因此人们一般会用"管理既是一门科学又是一门艺术"这样自嘲的、毫无信心的说法来解释这个学科。更糟糕的是，从事管理工作的管理者们往往并不知道也不相信管理的价值，不认为管理是一门需要专门学习和训练才能掌握的专业。

企业利润的来源在于盈利模式而不是管理

如果我们生活的世界真是由上帝主宰的话，这个上帝并没有做到公平合理，有些善良的人贫穷多难，有些凶残的人反而享受荣华富贵。但是，如果我们抱怨上帝不公的话，他可能会给出另外的解释：他是公平的，因为无论我们是贫穷还是富有，无论是痛苦还是快乐，他都给了我们一个公平的资源，这就是——时间。时间是种非常特殊的资源，无论我们是豪爽大方还是吝啬小气，它都会毫不留情地一秒一秒流失。每天 24 小时，上帝既不会多给我们一分，也不会少给我们一秒，我们不可能储存时间，也不可能预支时间。

对于我们这样的普通人来说，智力等先天的因素对我们未来生活的影响并不大，真正决定我们未来的是时间。我们未来将过什么样的生活，去除我们无法控制的环境的影响，大部分、甚至绝大部分取决于我们过去和现在的时间投放到什么地方去了。将时间放在读书上，我们就会成为知识丰富的人；将时间放在交朋友上，我们就会成为社会资源广泛的人。其实，对一些人来说的环境的问题，对另外一些人来说则是可控制的。例如，对普通民众来说，食品安全是环境、空气质量是环境，但对于国家决策者来说则是可以解决的问题。之所以这里强调"普通人"，是因为管理的对象主要是普通人，是有优点也有缺点，是既考虑别人也不忘自己利益的普通人。圣人、神人、恶人是少数，甚至是极少数，他们不是管理的重点，既不应该是一个国家真正得以长治久安的依靠，也不应该是一个企业长期繁荣的依靠。事实上，大多数管理者和优秀的企业家也同样是普通人。

世界是复杂的，但并不意味着我们看待这个世界也需要用复杂的眼光、用复杂的方法。我们可以用幸福指数、GDP、基尼指数、CPI、PM2.5等复杂的计算方法来综合比较国家之间的差距，但我们也可用类似于美国国家航空航天局（National Aeronautics and Space Administration，NASA）发布的"夜空下的地球"这样直观、简单的方法来看待国家或地区之间的差异。在人与人之间高度关联的社会中，谁拥有可以由自己自由支配的时间，谁就拥有令人羡慕的奢侈品。所谓管理者，就是可以支配别人时间的人，也是自身时间被人支配的人。著名的管理思想家彼得·德鲁克（Peter Drucker）很早就认识到这一点，他指出："时间是最稀有的资源。若不将时间管理好，要想管理好其他事情就只是空谈。而分析自己的时间，也是系统地分析自己的工作、鉴别工作重要性的一种方法。" ❶ 因而，如果我们研究一下管理者，特别是企业和组织的决策者们每天的时间花在什么地方，我们就不难看出这些管理者们是否真正重视管理，是否真正在做管理的事情。

之所以强调企业的决策者，即企业的高管层是有原因的。现在大家都在谈论人才的重要性，国家和企业都在花大气力、大价钱招揽人才。但是，什么是"人才"？人才并不是以掌握某种能力为衡量标准的，也不是以拥有某个头衔为标准的。人才是以解决国家、企业的主要矛盾和主要问题的胜任度为标准的。尽管我们可以将一个企业作为一个实体来看待，但是，这个实体并不能为我们做事情，也不能给我们提供产品，真正为我们做事情、为我们提供产品的是人，是某些具体的人。

---

❶ ［美］彼得·德鲁克著．孙康琦译．卓有成效的管理者．上海：上海译文出版社，1999

从法律意义上说，代表企业的是法人，法人不是一个办公室，不是一个职位，它是具体的、活生生的、有名有姓的人，而且对一个企业来说，法人只有一个。那么，什么是企业面临的主要矛盾？说到底还是人面临的主要矛盾，具体说来是法人，也可以扩大一点，是企业的决策者们面临的主要矛盾。弄不清这一点，就会出现"你是领导的人，但关键时候领导不是你的人"这样的尴尬局面，就会出现一些英雄人物风云一时但结局悲惨的状况，因为人们不了解自身的价值，只有通过解决某些人的主要矛盾才能得以体现，而这些人面临的主要矛盾是会转移的。

关于企业高管时间分配的调查有很多，大部分调查是通过访谈或观察得到的。有一个简单的观察方法可以用来判别管理者对管理的重视程度，就是看各个学校 EMBA（高级工商管理硕士）和 EDP（高级经理课程、总裁班）班上学员的到课率。在访谈中，人们会有意无意地掩盖自己认为不利的信息，而到课率这是客观的事实。EMBA 和 EDP 班上的学员大部分都是企业的高层管理人员，他们一般要在一两年内学完十门左右的管理学课程。学费并不便宜，课程内容也不像某个名角的一场演讲或几天的短期课程那样使他们轻松愉快。据我在多所大学课堂的经验，包括在国外大学教书的经验，很少有学校不要求学员签到并根据到课率给学分的，甚至国内有些学校还采取了指纹打卡或缺勤人员要交赞助费这样的激励措施。可见维护较高的学员到课率并不容易。上课时不见人影，聚会时踊跃参加的学员并不少见。一些学校还会安排一些并没有理论造诣和实践经验的教师，靠插科打诨的"学术相声"来吸引学员上课。为什么这些高管学员不愿上课，除了教师讲课内容和口才外，很重要的原因是他们并不真正相信管理的价值，而教师也不能说服他们认同管理的价值。他们认为与其将时间放在课堂里，还不如将时间放在企业内，放在与客户洽谈、与生意伙伴喝酒上有价值，因为他们不认为管理是他们企业发展的主要矛盾，而他们宝贵的时间只会使用在解决其主要矛盾方面。

一般来说，管理并不是高管面临的主要矛盾，特别是对中国企业来说，在一段时间内仍然如此。正如一句话所言"金钱不是万能的，但没有金钱则是万万不能的"，企业区别于其他组织的一种重要特征就是企业是追逐利润的。尽管一个企业的长期发展需要很多因素，但利润仍然排在企业高管关注内容的前列。利润是大部分甚至是绝大部分企业高管面临的主要矛盾。特别是对一些上市公司的高管来说，他们必须在更短的时间内向股东们汇报企业的利润状况，而大量的以炒股而不是投资为目的的股民们更是将他们天天放在火上烤，股民炒的不是股票，而是企业高管层。

一个企业的利润大体来自4个方面：政治利润、政策利润、商业模式利润和管理利润。政治利润是利润率最高的一种，它是指通过满足某种政治需要（当然也可能是满足某些掌握权力的人的个人需要）而得到的经济收益。它是政治和经济交易的结果。经济基础决定上层建筑，老百姓需要有饭吃、有衣穿、有房住，所有的农民起义都来自民生问题，民生问题是一个政权的基础。政府不可能脱离商人来解决民生问题，政治和商人自古就难以各走各的道，从远在秦国的吕不韦，到清朝的"红顶商人"胡雪岩，到被列宁称为"红色资本家"的哈默，到为美国总统竞选拿钱的那些人，无不演绎着政治与经济的相互作用。一个企业不研究政治、不善于利用政治是不可能做大的。人大代表和政协委员中不也有很多企业家吗？韩国的李明博不也是商人吗？海尔的张瑞敏不也做了中央候补委员吗？这没有什么不正常。企业要想获得政治利润，不是加强企业管理所能做到的。

政策利润从广义上也可归结为政治利润的一种，只不过它的收益面可能较广，它的收益来源可以更加公开和堂而皇之，政治利润时常会具体化为代表权力和代表金钱的人与人之间的关联，而政策利润则是政策与企业的关联。最典型代表就是行业垄断。这种垄断可以依靠政府来建立，也可以自己建立。这就是人们熟知的"一等企业做标准，二等企业做市场，三等企业做技术，四等企业做产品"的原因。垄断在某种程度上就是设立门槛，它可能是技术的（例如专利），也可能是政策方面的（例如国家电网），还可能是国家安全方面的（例如军火）。垄断使一个企业极大地增强了它与客户的谈判能力，也即获取利润的能力。这种能力与一个企业管理得好不好关联并不太大。

商业模式是企业在商业系统中所处的地位，或者说是一个企业在和其他企业、顾客、供应商等所构成的商业关系中所处的地位。中餐馆靠厨师作为核心人才，而麦当劳则所有店均没有厨师，它是靠体系挣钱，谁能做大做强一目了然。商业模式决定于战略，与管理也无必然联系。

企业如果发展到要靠管理水平提升来获得利润，表明企业之间的竞争已到了激烈甚至惨烈的程度，企业之船已经驶到了一片血腥的"红海"。

很少有企业家希望自己的企业处于这个阶段，如果企业已到这个边缘，他们就会想方设法再跳向政治、政策和商业模式寻找答案，再造企业，再造"蓝海"。

企业的利润来自企业的外部，来自于企业与外界的关联关系。政治利润是从企业和政治（或者说是企业主和政治人物）之间的关联关系得到的，政策利润是从企业与政府权力之间的关联关系得到的，商业模式利润是从企业与其他企业或个人之间的关联关系得到的，它们都来自企业的外部。以企业和其内部员工之间的关联关系为基础的管理并不能给企业带来利润，它只可能减少或增加企业获取利润的成本。

政治利润、政策利润、商业模式利润可以统称为企业的盈利模式带来的利润，它们是企业利润的主要来源。因此，企业高管会将其大部分工作时间放在与政府官员、政府部门、客户、供应商打交道上，而不愿意将大部分时间放在企业内部，放在企业的管理上。

管子认为："大者时也，小者计也"。就是说，成就大事主要是要顺应时代发展的趋势，要把握大势中的主要矛盾，而人的聪明才智并不是决定因素。《孙子兵法》也认为"善战者求于势而不择于人"。一部《三国演义》，并非讲诸葛亮的智谋、曹操的狡诈、吕布的勇猛、关羽的义气，它讲的就是开篇中的一个字——势："话说天下大势，分久必合，合久必分"，任何个人的努力也抵御不过大势。诸葛亮一直被人们奉为神明，但其鞠躬尽瘁治理的蜀国却是最早被灭亡的，难怪成都武侯祠的对联中有一句话："不审势即宽严皆误"。同样，"三十六计"并非靠人们的突发奇想，它们只是有效利用"阴"、"阳"来构造对自己有利的"势"而已。正如"树上开花"的解说词上所言："借局布势，力小势大"。

企业盈利模式应该建立在了解社会、政策大势的基础上，从大势看社会的主要矛盾，从主要矛盾看商业需求，从商业需求看自身的价值。盈利模式对企业利润和成长的贡献远大于管理。正如 F. W. 泰勒（Taylor）在其《科学管理原理》中所言："在很多事例中，即使不是在大多数事例中，工厂管理的好坏与公司成败之间并无明显的关系。很多失败的公司，其工厂管理得并不坏，而许多获得巨额红利的公司，情况却适得其反。"Kodak、Nokia 等公司遭遇的困境并非由于其管理不善，而是因为它们的盈利模式不符合时代的趋势。在中国，制造业盈利能力不如房地产行业，也并非说明房地产行业管理水平比制造业高。

瑞士手表颇受中国人的青睐，尤其是名贵的机械表，甚至一些官员会由于佩戴了瑞士名表而丢了官职。我国钟表的质量标准是 1991 年的行业标准，日历机械表 I 型瞬时走时误差一天在 −30 秒到 +40 秒之内就为优等品。瑞士天文台认证的机械表一天误差在 −4 秒到 +6 秒之间，能够制作这种精度的制表师一般要十年以上的经验，每块获得瑞士天文台认证的手表动辄上万元、几十万元甚至更贵。普通石英表的误差一天在 0.5 秒之内，一块表才要几十块钱，一般没有"制表大师"这样的说法。要想获得更高的时间精度，不是要水平更高的制表师，而是要换一种材料。同样，要想获得更高的收益需要的不是管理而是换一种盈利模式。就像劳力士这样著名品牌，一年的销售收入才三四十亿美金，还不如山东省商业集团。

正是因为盈利模式的重要性，企业高管层对政治学和经济学的重视要超过对管理学的重视，甚至国内很多大学的管理学院的院长也是由经济学家担任。也正是因为如此，才有那么多企业高管的 EMBA 毕业论文选题为战略（尽管经常被冠以"战略管理"的表述方式，但实际上所谈内容与管理大多无关）。因为管理对效益的贡献有限，很多企业家、政治家从骨子里轻视管理似乎是"合理"的。

管理的价值在于提高效率和降低风险

都说"管理出效益"，但实际上企业的效益空间是由其盈利模式决定的。管理的真正价值在于能否快速、低成本和可靠地实现其盈利模式。换言之，管理真正的价值是"提高效率"和"控制风险"。

很多企业的决策者不知道管理的真正价值，再加上中国在发展市场经济过程中由于还存在诸多法规、政策上的不足而导致盈利模式给企业带来的利益远大于加强管理给企业带来的好处，他们会将主要的精力放在资本运作、社会关系、商业合同等方面，而不是放在管理方面。一些地区盲目追求 GDP、追求短期效益更是迫使企业追求能够短期内获得更大利益的盈利模式，而不去重视管理。

　　李自成的经验教训值得企业界思考。一般人认为，李自成的失败是由于进京以后军队的纪律涣散和官员的腐败造成的，典型的论断就是郭沫若的《甲申三百年祭》。但是，仔细看来，李自成的经验教训可分为两部分：前半部分从其在商洛山出兵到打下北平为止；后半部分以山海关兵败到其在湖北被杀为止。前半部分李自成进攻态势可谓势如破竹，其原因在于顺应了天下大势。明末腐败、天灾人祸、民不聊生，在这种态势下，李自成的"闯王来了不纳粮"的盈利模式起了关键的作用。山海关一仗失利后，李自成节节败退，很快就被歼灭，其原因却并不是与大势不符，而是忽略了管理。在态势顺利的情况下，他没有建立根据地，没有进行土改，仅靠"打土豪、分粮食和财物"而不是"打土豪、分田地"，由于不能打好根基，他的队伍只是流匪，队伍越壮大离老百姓的距离越远。山海关失利加剧了老百姓、投降过来的官军和官员对李自成信心的丧失，因而大家纷纷背弃了他，促使了李自成的迅速被歼。

　　李自成的经验教训告诉我们：企业要想有效提升其盈利能力，首先要选对盈利模式；但是，如果仅有正确的盈利模式而不加强管理，就会增加企业的风险而导致企业迅速地失败。简单说来，企业在顺利的情况下，肯定是抓对了盈利模式，这时候应该加强管理，因为员工对企业未来有信心，他们容易接受约束或改变他们行为的管理。反过来看，如果企业不顺利的情况下，首先需要反思其盈利模式，而不是简单地加强管理，因为员工如果已经对企业的前景失去信心，对他们加以约束的效果会适得其反。要让员工相信"前途是光明的"，他们才能够忍耐"道路是曲折的"这样的过程。

　　盈利模式和管理是企业生存和发展的两个车轮，是一个硬币的正反面，它们缺一不可。盈利模式能成我们的事，但管理更能败我们的事。在盈利模式好的情况下，很多企业"只看到了贼吃肉，而忘掉了贼挨打"，不去加强管理，导致效率降低而渐渐丧失了竞争力，或风险上升到临界值而导致迅速死去。很多显赫人物恰恰是忽视了"风险"二字将政治利润、政策利润和商业模式带来的成果毁于一旦；忽视了"风险"二字，很多"政绩卓然"的官员锒铛入狱；忽视了"效率"二字才使土地、资源浪费严重；既忽视了"风险"又忽视了"效率"使得一些风云一时的企业混不下去，从而纷纷逃离或破产。

我们可以以政治利润、政策利润和商业模式作为投资决策的目标导向，但决策目标的实现则需要靠有效的管理来完成。如何将正确的事情做正确不只是下属考虑的事，更不是可有可无的事，它恰恰是管理者最需要花精力的事。要干什么事的决定权可以掌握在拥有资源的人手中，但是一旦决策后，能否取得预期结果，决定权则掌握在负责完成任务的人手中。没有任何人能替我们承担属于我们自己的风险。

"偷工减料"是导致质量问题的重要原因。实际上，管理者才有能力决定"减料"，而工人能做的只是"偷工"。

最容易认为自己掌握资源的人就是金融业的人，这些人知道对资源的拥有和对资源的使用之间的区别，他们也很容易认为钱本身能生钱。"投资"这两个字成了最狂热的口号。投资，然后收益，然后再投资，再收益，如此循环。这种盈利模式确实让人激动不已，这种思维吸引了无数的投资者（如果那些连基本的金融知识都不具备，但将养老金都拿出来的炒股者也可称为投资者的话）。古老的《木偶奇遇记》中记录了猫和狐狸骗取木偶匹诺曹的伎俩：将钱种到地里，就会长出挂满金子的摇钱树。中国古代的农妇奢望鸡生蛋蛋又变成鸡鸡再生蛋这样的循环也是如此。对这种盈利模式的狂热程度只有另一种"投资"可以与之比拟——传销。

北京时间 2012 年 6 月 9 日上午 10 时 30 分，"巴菲特午餐"2012 年竞拍结果揭晓，一名买家出价近 346 万美元，获得与"股神"共进午餐的资格。346 万美元这一出价，再度大幅突破 2011 年创下的 262.64 万美元的成交纪录。据说，一些中国老板很热衷于此事，以至于"新兴市场教父"莫比乌斯特别提到了花 200 多万美元拍下巴菲特午餐的那位中国人："他想成为中国的巴菲特，对吗？我肯定他这辈子没希望。原因就是，巴菲特年轻的时候，绝对不会花 2 万美元去和格雷厄姆吃饭求教。据说他还在午餐时为巴菲特推荐股票，这无非是告诉全世界最专业的投资者，应该做空他的股票。在公共场合推荐股票，是业内大忌，真正的投资是沉默是金。如果他想通过巴菲特，把股价抬起来卖出，他的职业道德就有问题。这个中国孩子现在已经走上了歪路，如果我是他的投资人，我考虑赎回。"

北京时间 2013 年 5 月 15 日早间消息，美国慈善拍卖网站 CharityBuzz

刚刚结束了一项与苹果公司 CEO 蒂姆·库克（Tim Cook）共进咖啡机会的拍卖，最终成交价格为 61 万美元，根据拍卖条款，最高出价者将可以在苹果公司总部与库克会面 30 至 60 分钟。

这个世界上仍然有很多至今也没有被揭开的谜，其中一个就是世界上确实有一些人被称为"神"，股神巴菲特是一个，苹果的乔布斯是一个，松下幸之助也是一个，稻盛和夫同样是一个。人们对这些"神"很崇拜，希望通过向他们学习也成为这样的"神"。这是一个悖论，因为如果我们将其奉为"神"就不要亵渎他们，不要奢望利用他或变成他。更何况，这些神的能力是与生俱来的，他们自己也未必说得清。用他们来炒作可以，但有效期很短，他们自己也往往是朝不保夕，没有一个依靠神人的企业可以长盛不衰的。

投资方根据其商业模式、政治关系和政策优势来决定其投资的项目（包括金融项目），这个过程好比是决定哪些是"正确的事"。这些项目能否取得收益（即将这些正确的事做正确）将受限于他们自己以及投资对象的管理有效性的高低。

金融业的竞争也已十分激烈，随着外资银行的进入，这些竞争将更加剧烈。为了开辟各自的"蓝海"，金融业需要制定不同的战略（Strategy），需要有不同的组织结构（Structure）、运行机制（Systems）、核心能力（Skill）、人才队伍（Staff）、管理方式（Style）和价值观（Shared-value）。这 7 个 S 彼此支持、相互和谐是一个企业成长的基础。在这 7 个 S 中，战略决定组织结构，也就是说，不同的战略方式需要用不同的组织方式来保障。如果两个企业组织方式相同，那么这两个企业只要有一个战略不合适就不能有效实现。很多银行尽管名称不同，但它们的组织结构大体一致，仅从这点我们可以看出，银行业之间并没有独特的战略，也没有做好应对竞争的真正的准备，它们依然是靠政治、政策在经营。

在商业运转健康良好的时期，人们只是期望通过劳动获取利润，接着，在股票市场赚钱的机会接踵而至，公司管理者把越来越多的精力投入到投机事业上。但是，这种一只眼盯着公司经营，另一只眼盯着股票市场的方式不会使企业经营好到哪里去。对股票市场的关注不可避免地转移经营者对公司的注意力，进而会减弱推进公司发展的动力。

——亨利·福特《大管理》

金融业从来也不缺专业人才，银行界乃至金融界重视经济学家，这也没错。但是，依靠经济学家的结论成长起来的地区、政府固然不少，依靠经济学家的结论成长起来的企业却很少见，采用与经济学家不一致或相反的结论的企业成长起来的案例却随处可见。样本多到一定程度才能形成统计规律，如果都依靠这些规律就必然陷入竞争惨烈的"红海"，企业的生存空间就会下降。因此，从某种程度上讲，企业了解经济学规律是为了更好地打破这些规律，这样企业才能发展得更好，才能成为强者。当然，对政府来说，经济学规律是有用的，它们可以据此制定政策帮助那些遵循经济学规律的弱势企业，以保证社会的稳定和秩序。

F. W. 泰勒在一百年前就已经看到：在工业的各种风险中，最大的风险是恶劣的管理。管理就像小人一样，你不得罪他们也不会得到什么好处，但如果你得罪了他们就一定会惹麻烦。泰勒还说："任何制度所遭受的最严重的考验是遇到激烈的竞争，而劳动成本又占生产费用的一大部分。只有在这样的企业内，才能盼望找到最好的管理形式。"之所以如此，是因为管理的另一大功能，就是提高效率。好的管理能够使企业用更少的人、在相同的时间和成本范围内产出更多的符合质量要求的产品，从而可以达到降低企业劳动力成本以提高企业竞争力的目的。

毛泽东认为：有了正确的路线方针后，干部是决定性因素。对企业而言，有了正确的盈利模式后，管理就是决定性因素。

管理的有效性建立在对人性了解的方法上

"管理既是一门科学，又是一门艺术"，这是一句外交辞令，是一句正确的废话。它反映了尽管有关管理的书籍汗牛充栋，但很多人在实践中仍然不知道什么是管理这个现实。

因为不知道什么是管理，管理者们特别喜好"领导艺术"这样的说法，因此这些年反映历史上权谋的所谓国学重新得到人们的追捧。很多管理者并不认为管理是一门需要训练才能掌握、通过训练就能掌握的专业，甚至不少管理者排斥管理是一门专业，因为很多成功的企业家并没有受过严格的管理训练，他们没有管理学学位，无论是乔布斯、比尔·盖茨，还是柳传志和任正非。他们可以混一张 EMBA 文凭，但并不指望能够从学校里学到有用的管理，他们宁愿花大价钱去听一些"大师"的演讲，就像不愿念经的俗人去找活佛开光一样。

有一个企业老板酒后袒露真言："在学校能学到什么？那个讲市场营销的老师自己卖过一根针吗？"医院的很多妇产科大夫是男的，他们并没有生过孩子，但是他们成功地为无数的孕妇提供咨询、诊断和接生。医生并不是要生过同样的病才能为病人治疗。经过科学总结得出的知识不同于朴素的个人经验，无论个人经验怎么成功，也代替不了知识。

在 EMBA 课堂上我常常会问学员一些问题，从这些问题的回答中可以看出很多企业管理者缺乏对管理的基本认识。

有一个问题是：如果企业缺钱你将向谁贷款？大部分人的回答是："银行"。这似乎没错，但是，什么是银行？那座挂着某某银行牌子的大楼是银行吗？如果是，那么那座大楼会贷款给你吗？不会，贷款给你的只是放贷的人。是人给我们贷款，是人给我们工资，是人给我们合同。哪怕是贷款条款再明确，给我们贷款的仍然是决定放贷的人，而不是大楼、机器、图章、规范，因为条款不能完全代替人的判断。"企业无人则为'止业'"、"要做事先做人"、"以人为本"等人所共知，管理的核心对象是人，目中无人的管理者不可能是一个优秀的管理者。

管理者区别于其他人员的根本特点是通过使用别人来达到自己的目的，他们是通过别人的劳动来实现自身价值的人。完全能够通过工具、设备来自动化完成的工作是不需要管理者的。当然，我们可以将管理放大到一切合理利用资源的活动上，那样似乎人人都是管理者。但正是这种范围的无限扩大，将导致管理学的混乱。

管理的价值在于提高效率和降低风险，提高效率的途径在于用人，而风险的来源也在于用人。提高效率的简单途径就是让那些比我们效率更高或拿钱更少的人替我们工作，其简单表述就是"三个人干五个人的活拿四个人的钱"。如果完全是可以靠机器设备完成的工作，可靠性就比较高，对管理的要求也低。但是，企业中越是重要的工作，例如各项决策，大多做不到自动化。换句话说，如果有一天决策工作也可以由计算机来代替的话，人类存在的必要性就丧失了。用人就会有风险，"疑人不用，用人不疑"对于管理者来说是有条件的。管子曰："上失其位则下逾其节"，没有可靠管理保障的信任导致的悲剧比比皆是。

另一个问题是：你们是希望我说真话还是假话？一般得到的回答是："真话"。但是，管理者追求的，或者说依靠的并不是"真实"，而是"有效"。管理者说的话应该是以有效与否来区分，而不是以真假来区分。我们可以从很多角度去看待世界，针对不同的目的需要采用不同的视角。例如，我们鼓励"先天下之忧而忧，后天下之乐而乐"，鼓励"舍己为人"，但是在乘飞机时我们听到的安全须知却是"先戴好自己的呼吸面具再帮助他人"。我们鼓励将军爱护士兵，但吴起爱护士兵却使其母亲痛泣。我们鼓励诚实正直，但鲍叔牙却难当重任。

吴起为魏将而攻中山，军人有病疽者，吴起跪而自吮其脓，伤者之母泣。人问曰："将军于若子如是，尚何为而泣？"对曰："吴起吮其父之创而父死，今是予又将死也，吾是以泣。"

——《说苑·复恩》

管仲寝疾，桓公往问之，曰："仲父之疾甚矣，若不可讳也。不幸而不起此疾，彼政我将安移之？"管仲未对。桓公曰："鲍叔之为人何如？"管子对曰："鲍叔，君子也，千乘之国，不以其道予之，不受也。虽然，不可以为政。其为人也，好善而恶恶已甚，见一恶终身不忘。"

——《管子·谋失第二十五》

众所周知，文艺有文艺的规则，有其美的判断标准，不然也不会有诺贝尔文学奖。但是，文学家和管理者看待文学作品的眼光是不一样的。毛泽东的《在延安文艺座谈会上的讲话》所强调的第一个问题是："我们的文艺是为什么人的？"尽管可能从文学的角度这个问题提得很不恰当，但从管理者角度看却是至关重要的。其实，就连宗教也是如此，否则就不会有十字军东征。管理者并不刻意强调真假、对错，他们强调的是"有效"。管理者并不刻意强调好人、坏人，他们强调的是人是否胜任、是否有价值。管理不强调绝对的标准答案，而看相对的运用效果。众所周知："一个人做一件好事并不难，难的是一辈子做好事不做坏事"。反过来说这句话也成立："一个人做一件坏事并不难，难的是一辈子做坏事不做好事"。好人、坏人是针对不同人的价值观而言的，而胜任与否则是相对于目的和任务而言的。"慈不掌兵，义不守财"并非可以简单地认为"仁慈的人不能带兵，讲义气的人不能管钱"。就如同商家要讲诚信，但绝没有商家会将进货价格、渠道轻易告诉别人。这里有"大慈"与"小慈"、"大义"与"小义"、"大诚"与"小诚"之分。关羽讲兄弟小义而忘国家大义，这不是有效的管理者所看重的。

　　陈平为人卑鄙油滑，就连刘邦的亲信周勃和灌婴都认为使用陈平是"用了一个可算是毒药的人"。但是，刘邦重用了陈平，不仅如此，陈平后来还做了汉朝的宰相。陈平的引见人魏无知的一席话帮刘邦下定了决心："如果现在尾生和孝己还活在世上，你会用他们吗？"尾生为履约而死，孝己则是著名的孝子，两人可谓做人的楷模，但刘邦认为："当前正处于决定胜负的关键时刻，尾生之信，孝己之孝，没有任何益处"。刘邦重用陈平后，陈平给他出了几个重要的计谋，这几个计谋非常有效，但全是"毒计"，是讲求做人的君子所不愿采纳的。正如司马辽太郎所言："从古到今，人类创建出许多理论体系，并信奉这些体系。其实大多数体系都是建在谎言这样脆弱的基础上的。刘邦没有学识，也正因为它没有学识，不论是儒家还是道家学问中那种虚伪的东西，他也没有沾染。"

——司马辽太郎《项羽与刘邦》

　　管理就是"用正确的人按照正确的方法将正确的事情做正确"。这里面有四个"正确"，但只有一个正确是管理者可以依赖的，也是可以学到的，那就是"正确的方法"。正确的人、正确的事有时可遇不可求，正确的结果需要通过正确的人去完成，如果没有正确的方法，正确的人会变成不正确的人，也找不到正确的事，即使找到正确的事也会得到不正确的结果。正确的方法是管理学教育的核心，本书会重点谈到项目管理的正确方法。此外，管理比其他学科更有弹性，更能体现"条条大路通罗马"这个道理。但是，不管什么样的管理方法，如果它是正确的，或者说是有效的，它必然有一个共同的基础——对人性的了解。很多管理方法的失败在于管理者不了解人性，甚至有意识地否认人性，最常见的现象就是试图

"以天下人之公成一己之私"。

管子曰："不明心术而欲行令于民，由倍招而必拘之"，即不了解人的本性而试图对老百姓发号施令，就像背对着靶子射箭而期望每次都射中一样。之所以他能帮助齐国成为春秋五霸第一霸，就在于他认识到："政之所兴，在顺民心；政之所废，在逆民心。民恶忧劳，我佚乐之；民恶贫贱，我富贵之；民恶危坠，我存安之；民恶灭绝，我生育之。能佚乐之，则民为之忧劳；能富贵之，则民为之贫贱；能存安之，则民为之危坠；能生育之，则民为之灭绝。"

——《管子·牧民第一》

企业开年度会议常见的现象是老板在上面声嘶力竭畅谈理想，员工在下面玩弄手机或在记事本上练字画画。我曾经在一个高科技公司做过一个小实验。董事长主持完年度会后，公司举行联欢晚会请全体员工参加，在联欢会上表演节目的间隔中将进行抽奖。抽到员工号的人可以登台领奖，但领奖前必须抽取一个问题并回答正确。这些问题都是公司年度会议上谈论的事项。晚上 11 点，董事长抽取一等奖号码，被抽中的是一个后勤部门的员工，而她抽的却是一个市场开拓方面的问题。她流利地答出了问题，抱走了笔记本电脑。原来，在联欢晚会前大家就纷纷找到会议纪要背熟，生怕抽到自己却答不出问题而在全体员工面前丢人现眼。

有效管理的基本要点

美国管理专家刘易斯曾说过一句耐人寻味的话：很多人都希望成为管理者，但他们中的大多数并不愿意去管理。其实，当他们知道管理并非像想象的那样复杂且很有乐趣时，也许还是愿意去管理的。

关于管理的概念至少有十余种，哈罗德·孔茨在十几年前即提出了"管理丛林"的说法，而琼·玛格丽塔和南·斯通写的著作《什么是管理》❶ 被《经济学家》和《商业周刊》评为 2002 年第一畅销书的事实则说明仍然有必要继续澄清管理的实质。

---

❶ 该书中文版由电子工业出版社于 2003 年出版。

我们可以用以下小练习来帮助人们理解管理的实质。这个练习模拟了现实中的管理过程，它简化了复杂的管理活动，却很好地揭示了实际的管理中存在的问题，通过总结这些问题的解决方法，不难得出有效的结论。

这个练习是针对一群人的。要完成这个小练习，必须规定两条原则：大家一定热情地参与，严格按照培训师的命令完成指定动作，要注意仔细对照自己在活动中的心理感受；要说真话，不要说一些套话或空话。

先给每个参加人员发一张 A4 大小的纸，让他们用双手捏住纸的一条长边的两端。然后，要求他们把眼睛闭上，直到培训师让其睁开眼时才睁开。

培训师将发布如下指令：

首先，尽快地把纸对折，尽量保证折叠整齐。叠完后，以纸的右上角的顶点为顶点，撕下一个边长为 1 厘米的正方形；

然后，再将纸对折，以纸的左上角的顶点为顶点，撕下腰长为 1 厘米的等腰三角形；再以纸的右下角的顶点为圆心，撕下半径为 1 厘米的 1/4 圆；

接下来，再将纸对折，以纸的右上角的顶点为顶点，撕下腰长为 1 厘米的等腰三角形，以纸的右下角的顶点为圆心，撕下半径为 1 厘米的 1/4 圆。

在完成以上活动后，让培训者睁开眼睛，将折好的纸展开，并且大家比较一下有无得到同样结果的人。在此过程中，培训师在发布指令的同时，自己也按指令的要求操作，只不过他是睁着眼睛的。

练习做完了，通过对照各自的纸张，我们会发现几乎没有两个人的结果是相同的。

该练习模拟了上司和下属在管理过程中的表现，培训者扮演了上司的角色，受训者扮演了下属的角色。上司想要达到某个目标，他一句一句地发布指令。下属的态度也是认真的，但他们的努力并没有得到预期的结果，这就是说，管理出了问题。那么问题出在哪儿呢？

总结起来，以上练习反映的管理问题主要集中在以下几个方面。

1. 指令不清晰

上司给出的指令存在多义性，下属中的每个人可能会对此产生不同的理解。游戏里每一个步骤都可能会有不同的操作方式，下达的指令不严谨。

企业中很多人都给老总写过报告，也都会有这样的体会：一个报告要反复修改才能完成，而且每次交给老总的时候，他都要指出新的问题。那他为什么不一次就讲得清清楚楚呢？多数情况下是因为他自己也很难预先将该做的事一下子定义清楚！他可能是在看下属给他的报告时才逐渐理清思路的。还有很多高管是在批评下属的过程中学习的。

一个巴掌拍不响，在这方面下属同样有问题。我在几十次地针对不同对象做这个练习时，参与者中很少有人对这些不清晰的指令进行询问和澄清的。

为什么会这样？原因是多方面的：有些人认为培训者没有给他时间询问；有些人认为自己已经正确理解了；有些人认为这只是个游戏，没必要那么认真……各种理由、各种解释都可能有。

这些在练习中产生的心理活动在现实的管理过程中也普遍存在。在这个练习过程中，参与者没有好人与坏人之分，大家都是正常人，这些心理活动都是正常的，但就是这些正常的心理活动导致了不理想的管理结果。

2. 目标不明确

在练习过程中，上司从头到尾都没有说明最后这张纸将撕成什么形状，而几乎所有的下属也都承认自己在参与练习的过程中从未设想过最后将撕成何种形状。

在企业的管理实践过程中，我们经常会做出如下假设：企业的目标可以分解为各部门目标，当各部门目标完成时就表明企业的目标完成了。

在图1-1中，我们假设了一种最简单的情形：一个企业只有两个部门。按照目标分解的思想，企业的目标可以通过A、B两个部门完成各自的目标来实现。然而，这种看起来像1+1=2一样简单的做法却存在一个致命的弱点：它难以应对环境的变化。当环境发生变化时，图1-1中A、B两个部门的实际完成情况将如图1-2所示，即各部门的实际完成结果有些没有达到目标，有些超额完成目标。无论哪一种情况，均会对企业产生不良影响：超额完成时会产生库存（在市场变化剧烈的情况下，库存一般难以销售掉），没有完成则表明企业未能产生预期成果。然而，企业每个部门均会站在各自的局部利益上向公司伸手要奖励！因为尽管一些指标没有完成，但有更多的指标是超额完成了。

所有局部目标的完成甚至超额完成并不能代表企业目标的完成。

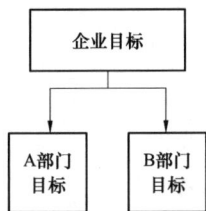

图 1-1 目标分解情况

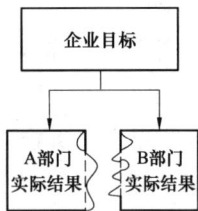

图 1-2 目标的实现情况

即使是在有整体目标的情况下，片段思考、局限思考的现象仍然会存在，更何况是在没有给出整体目标的情况下！

3. 没有过程监控

在整个练习过程中，虽然大家是在"盲从"——闭着眼睛进行操作，出错误在所难免，但"上司"的眼睛是睁开的。然而，"上司"由于种种原因并没有及时纠正这些错误。在现实中，这些原因可能是由于实现了目标管理而考评周期未到，也可能是由于上司也未必知道下属工作出错了……目前，绩效考核越来越受到管理层的重视，但它们大多属于一种事后的"法医式"的检查，难以及时纠偏并促进企业绩效的提高。

同样值得注意的是，在练习过程中很少有下属能够主动要求上司及时确认其工作是否正确！他们有的是认为已经做正确了，有的是猜测上司的意图，有的是看到别人没有确认自己也没必要确认……

4. 缺乏工具

练习中还出现的一种情况就是：虽然"下属"理解了"上司"的意图，可是撕出来圆形并不圆、撕出来的方形并不方。其中的原因在于上司没有提供工具、下属根据每个人的感觉进行。

能否创造和使用工具是人类与其他动物的本质区别之一；同样，能否创造和使用管理工具也是优秀的企业与其他企业的一种本质区别。

5. 闭眼作业

让大家闭着眼睛工作是本次练习出问题的重要原因。这一点在现实中的情况也不鲜见："干好你自己的事，该你管的你管，不该你管的你别管"是我们都听过的。认为"对下属封锁信息能够带来权力的神秘感，有利于管理"的想法大有市场。

同样，下属之间也不协商，相互之间并不主动沟通，因此，不仅上下级之间不协调，平级部门之间也不协调。

6. 缺乏激励

没有预先定出奖惩措施也是本次练习反映出来的一个管理问题。因为大家均抱着"无所谓"、"走着瞧"的态度，失败在所难免。

以上问题都属于典型的管理问题，它们从反面反映了管理的本质。

有效的管理方法是针对普通人的，他们既为企业着想，又有自己的私心。这样的人随处可见，他们是公司成长的主要力量。即便是那些能人、领军人物，他们在人性上也是普通人。不了解普通人的人性，而幻想他们具备圣人一样的高尚情操，具备柳下惠一样的自我约束能力是不现实的。管理方法不能代替道德修养；同样，道德修养也不能代替管理方法，忘掉了这一点就会出现很多问题。

2

项目成了企业的生存方式

> 穷则变，变则通，通则久。是以自天佑之，吉无不利。
>
> ——《周易·系辞下》

我们生活在一个大变革的时代。变化给我们带来了新的产品，带来了新的体验，带来了新的成就，同时也带来了陌生、焦虑和失败。"深化改革"、"持续创新"都在强调变化，"不变是等死，变是找死"成了很多人，特别是企业的高级管理者难以跳出的悖论圈。项目就是为应对变化而存在的，它给人们提供了一种应对时代变化的生存和发展方式。

过去成功的经验也许是最可怕的

对一个成功的企业或人士来说，最可怕的是什么？以下寓言或许可以帮助我们得出答案。

有一个卖草帽的老者，夏天天热，头戴一顶草帽在树下打盹，旁边放着一摞卖剩的草帽。睡醒后，他发现草帽不见了，就四处寻找。原来，草帽被树上的猴子拿走了。这可怎么办呢？老者知道猴子喜欢模仿人的动作，于是将头上戴的草帽往地下一扔。果然，猴子也跟着把草帽扔了下来。老者高兴地拾起草帽回家了。回家后就把这个事情告诉了他的家人。过了几年后，他的孙子卖草帽时也碰到了这种情况。孙子想起爷爷当年讲述的故事，就把自己的草帽从头上拿下来扔到地下。可是，这次他预想的结果并没有发生。猴子不仅没有将头上的草帽扔下，反而将他扔到地上的草帽也拿走了。孙子不明白为什么爷爷的经验失灵。突然有个猴子说了一句话："你以为只有你有爷爷吗？"

　　这则寓言中隐含着一个深刻的道理：过去成功的经验不能作为指导今后工作的唯一准则。

　　在商业环境瞬息万变的今天，企业或者个人如果仍然墨守以前成功的经验，把它们当作包打天下的常识，其结果必然是自取灭亡。

　　为什么对一个成功企业来说，过去成功的经验有可能是最可怕的？原因只有一条：变化！我们正处在一个不断变化的环境中，换句话说，唯一不变的就是变化，而且变化的速度越来越快。

　　1990 年，GE 公司的杰克·韦尔奇曾预言："与 90 年代的发展速度相比，80 年代就像在公园里野炊和散步。"到了 1999 年，微软的比尔·盖茨又提出预言："数字信息速度的增加，使企业在未来的 10 年中的变化，将超过过去 50 年变化的总和。"为了应对变化，比尔·盖茨出版了著作《未来时速：数字时代的商务新思维》❶。但是，尽管他意识到变化的加剧，但没有意识到"数字时代的商务新思维"依然不足以应对"未来时速"。十年过去了，微软没有意识到平板电脑、手机等移动终端正逐渐代替笔记本电脑，导致苹果出尽了风头。微软在移动终端的操作系统方面已落后于 iOS、Android 系统。十年来，柯达、诺基亚、黑莓、夏普、松下、LG、悍马等明星企业纷纷衰落，而 Google、三星等企业则迅速崛起。"江山代有才人出，各领风骚数百年"的场景已改为"商场代有人才出，各领风骚能几年？"乔布斯尸骨未寒，苹果公司的 iPhone5 就不再像 iPhone4 那样风光。面对三星的挑战，苹果又能支撑几年？

　　经验所起作用的大小取决于未来与过去的相似程度。在如此之快的变化环境中，企业过去的经验将变得与环境毫不相关，甚至具有危害性。为什么我们要强调对成功企业和成功人士而言会如此？因为它（他）们比其他企业和个人有更多的成功经验，对自己成功的经验更自信！

　　西方有个谚语：人无法逃避的只有两件事，一件是交税，另一件是死亡。对于当今企业来说，无法避免的似乎也只有两件事：一件是竞争，另一件是死亡！目前各类企业均面临十分严峻的竞争形势，即使处于垄断行

---

❶　该书中文版由北京大学出版社于 1999 年出版。

业的企业自认为会有一个安全的未来也是十分幼稚的。

普华永道在《2011 年中国企业长期激励调研报告》中指出，中国中小企业的平均寿命仅有 2.5 年。浙江省高级人民法院 2013 年 5 月 6 日发布的《2012 年浙江法院企业破产审判报告》显示，仅第一季度，该省法院已正式受理或审查受理 65 件企业破产案件，接近 2012 年全年 143 件的一半。浙江，这个被视为中国经济晴雨表的经济大省，正在令银行业寝食难安。

作为世界上最大的现代化办公设备制造商、复印机的发明者，施乐（Xerox）的辉煌几乎家喻户晓，甚至"施乐"常常被人们用作一个动词，意为"复印"。靠着领先的复印技术，施乐成为全球 500 强巨人，1998 年营业收入 200.19 亿美元，资产达 300.2 亿美元，利润 3.95 亿美元，名列美国《财富》杂志 1999 全球 500 强第 182 位。但是仅仅一年过后，施乐这家复印机巨人陷入难以为继的境地：股价一落千丈，市值只有 80 亿美元，负债竟高达 180 亿美元，最终申请破产而被其他公司兼并。

我们看到或者听到许多有关高科技公司的商业神话，其中最典型的就是苹果（Apple）。但是高科技公司同样也面临巨大的商业竞争压力。当初国内很多高科技企业积极上市，几年期间，当年叱咤风云的人物要么像丁磊一样已经转型，要么像马云一样试图转型，因为做每年的年报总是令他们很痛苦的一件事。年报做得不好看股市将下跌，做得好看了企业实际上又不赚钱，总经理常常要惹上官司。

在美国，每 1000 家高科技创业公司的商业计划书中只有 6 份从风险资本家那里得到了投资。在这 0.6% 中，只有 10% 能上市，大多数（超过 60%）最终破产或者获利甚微。而在达到上市阶段的 10% 高科技企业中，大多数并未成长为真正的成功者。在过去的 17 年间，1099 家技术类上市公司中的 4% 便产生了股票增值中的 67%。换句话说，所有高科技上市公司中的 96% 在上市后只产生 1/3 的总价值。高科技公司的成功已经成为了特例，而不是规律。

苹果（Apple）在人们的眼中，一度被认为是不可战胜的。自 2007 年发布 iPhone 以来，苹果公司的全球营收从 246 亿美元暴增至 1565 亿美元。2013 年 4 月 18 日，苹果股价盘中跳水触及 398.11 美元的低点，自 2011 年

12 月 23 日以来首次跌破 400 美元。按收盘价计算，苹果股价与 2012 年 9 月创下的 705.07 美元历史高点相比已经下跌了 42.9%，市值已经蒸发了近 2890 亿美元。

只要好好工作就能有工作的保证、就能得到提升的理想时代早已过去，企业已步入一种所谓朝不保夕的"终结者时代"：企业的平均寿命已大大低于一个人的职业年限。十几年前微软这样的巨无霸就不得不常常告诫自己：离破产永远只有 18 个月。现在看来，这个时间似乎变得更短。在这种情况下，期望员工对企业的忠诚，犹如期望骆驼能够穿过针孔那么难！许多员工忠诚的是其职业或专业，而不再是其服务的企业，因为企业很难承诺它们对员工忠诚。

"被裁的员工事先都完全不知情。在面谈之前，他们的一切手续公司都已经办完，等他们被叫到会议室的同时，邮箱、人力地图、IC 卡全部被注销，当他们知道消息以后，两个小时之内必须离开公司。"这种看起来很残酷的、曾被很多网络转载的情形在目前的企业界并非罕见。在变化的时代，没有企业敢给员工这样的承诺：你好好工作，我负责你的未来。企业对员工不能做到忠诚，为了生存和发展，它需要转型、兼并、转让、关闭，那么又怎么能期待员工对其忠诚呢？

2011 年 6 月 11 日，牛根生黯然离开蒙牛，开始所谓的"专门慈善事业"。这位曾经的创业明星、以"超级女声"开创中国平民造星运动文化先河的人、代表民族品牌的企业家、央视"赢在中国"评委名嘴，以及以"捐股"和"财散人聚"为噱头的慈善大使、中央电视台年度经济人物，终于告别神坛，蒙牛告别牛根生时代。

商业环境的瞬息万变迫使企业要不断适应环境的变化，企业的员工在职业生涯上也因此面临诸多挑战。激烈的商业竞争，把企业逼到了悬崖的边缘，把每个人也推向了不稳定的社会环境中。如何在激烈的竞争中生存和发展下去，成为每个企业乃至每个人必须思考的问题。

不仅企业如此，一个地区甚至国家也是如此。鄂尔多斯现象、冰岛引起的"国家破产"问题等等不胜枚举。其原因看起来多种多样，但简单说来就是一个幕后推手——变化。经济形势的变化、商业环境的变化、客户需求的变化、人员心态的变化等等，这些变化有的发展迅猛，有的悄然发生，不能感知到变化的国家必然陷入困境，不能感知到变化的企业必然陷入绝境，不能看清楚变化的人们必然会有"近忧"。

应对变化的有效方式

抱怨、烦躁这些负面的心理状况大多来自于混淆了我们面临的环境和问题。环境是我们不能改变的，问题是我们能够通过行为解决应对的。变化不是我们的问题，只是我们不得不面对的环境。我们决定不了或改变不了的事情不是我们的问题，明白这一点很重要。很多人现在习惯把他们面临的环境混同于问题、习惯归罪于外。我们经常听到诸如"要是我们老总来听听这堂课就好了"、"要是我们不是国有企业就好了"等等说法。这些均是混淆了环境和自身问题的推卸自身责任的说法。

企业无法改变环境的变化，就只能适应环境的变化。因此，管理者需要考虑的最重要的问题是企业将如何应对变化。顺势而动是企业生存的不二法门。《谁动了我的奶酪》一书之所以能够引起人们的共鸣，其原因在于它说明了人们需要根据变化来改变自身的行为。但是，斯宾塞·约翰逊（Spencer Johnson）并没有告诉我们该如何变化！

哥伦布是人们敬仰的航海家，但管理中的"哥伦布流派"却鲜为人知了。所谓"哥伦布流派"就是管理者在管理企业的过程中存在"出发前不知道去哪儿，到了地方不知道是哪儿，回来后也不知道去过哪儿"的现象。可见，"哥伦布式的管理人员"是随处可见的。

我们适应环境变化的方式基本上有 3 种。

适应环境变化的第一种方式是"学习"。既然新的产品、新的事物、新的思想、新的现象产生了，我们就需要学习新的理论、新的技术、新的工具、新的方法，这样才能掌握和运用这些新的产品、新的事物、新的思想。

培训越来越受到人们的重视。杰克·韦尔奇就任 GE 总裁之后，几乎对所有的部门都削减成本，却唯独对它的培训中心——克罗顿投资 4500 万美元，用以改善原有的教学设备。韦尔奇的目标是把 GE 建设成为非正式的学习组织。韦尔奇对知识培训的投入在以后企业的发展中得到了丰厚的回报，GE 公司获得了前所未有的成功。

各大高校每到周末就会车水马龙，各种各样的总裁班、EMBA 班、国学班林林总总，成为高校最挣钱的业务。"百战归来再读书"、"你能走得多远在于你与谁同行"、"将帅之道"等诱人的宣传让人把持不定。连讲求"空"、"清虚无为"的出家人也频频现身大学讲台、电视台，手持麦克，声情并茂。国学大师、心理辅导大师、成功学大师层出不穷，鱼龙混杂。几天时间学费高达数十万人民币的"高峰讲座"屡见不鲜，以哈佛、麻省理工这些真真假假的名目办的培训班人头攒动。"EMBA 班成金龟婿钓场"这样的噱头也时有发生。

不可否认，抛开"由富而贵"这种镀金心态，很多企业高管确实是抱着学习的心态去参加这些培训的。新知识、新技术不断涌现，企业要想不落伍，必须保持足够的学习能力，这就是"学习型企业"之所以如此有诱惑力的原因。

一些企业提出了颇有人性味道的口号：培训是给员工的最大福利。其实，这种说法并不完善。如果培训只是给予员工的福利的话，他们怎么使用这种福利与企业无关、可以完全决定于他们自己的喜好。对于面向未来的企业来说，培训绝不仅仅是给员工的最大福利，更是企业必要的经营活动。既然是一种经营活动，企业就必须仔细计划它们的培训内容、计算其合理的培训资源投入量，而且必须评价培训带来的收益。

在变化相对平缓的情况下，善于学习的企业总能够走在变化之前，总能够取得相对竞争优势。然而，变化的速度是如此之快，市场的竞争是如此之激烈，在很多情况下，市场资源只配置给那些最有竞争力的企业，通俗地讲，市场竞争只认第一，不认第二。如此一来，企业仅靠学习就不够用了。因为只要是学习的就不是最先进的，更何况学习需要花费时间，当你还没有学会时，你想学的东西可能已经过时了（见图 2-1）。此外，尽管我们提倡"活到老、学到老"，但随着年龄的增加，人们学习新事物需要花费的时间越来越长，但是变化却不等人，它依然健步如飞。

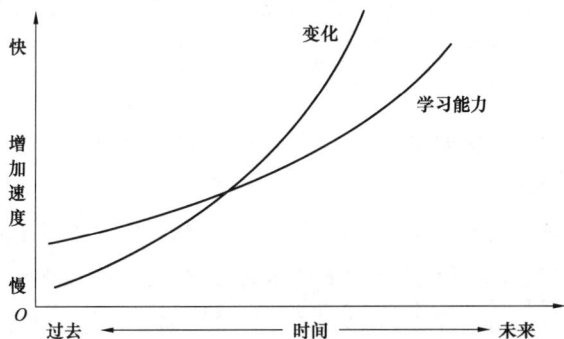

图 2-1 变化与学习能力曲线

　　兵法云："不训之师断不可战"，这句话同样被很多企业接受。企业越来越意识到对员工进行培训的重要性，也越来越舍得花时间、金钱来对员工进行培训。不能否认，这样的培训如果长期坚持下去，对提高员工的素质是有好处的，但对企业来说却未必。作为技术、技能培训，培训的效果可能是立竿见影，但是对于管理培训来说，企业花了很多钱却未必能够取得预期的效果，常见的情况是，接受培训时员工热血沸腾，培训一段时间后又恢复到老样子。甚至不培训还好，一经培训反而产生了一些不良后果：员工不仅没有像老总期望的那些勇担责任、提升管理意识和能力，反而通过培训找到了批评、指责公司缺点的理由，找到了背后嘲笑老总的理论根据。有人说，国人之所以难管是因为人们太聪明了，培训会使他们更聪明，因此也就更难管理他们。

　　企业内训通常是企业人力资源部主抓，甚至只是人力资源部的一位培训主管主抓，老总们很少参加，难怪很多参加培训的管理人员会说"要是我们老总也听听就好了"。相比而言，老总们经常参加市场分析会、技术分析会、财务分析会，以及企业运动会，但就是很少参加管理内训，仿佛企业的管理问题与他们无关。他们对内训的态度就像李敖 2005 年 9 月 28 日在北大讲演时说的那样："（他们会做四样事情）第一件事情，人不来听；第二件事情，来听了，跑去小便；第三个，小便以后不回来；第四个，不鼓掌。"

　　适应环境变化的第二种方法是"创新"。学习总是跟在人后面，总是在追随。哪怕是跟得再近，学习也不意味着领先，而在竞争激烈的环境下，市场"只认第一、不认第二"的残酷性使"创新"成为很多企业、地区甚至国家发展的关键词。

在英特尔的格鲁夫眼里，做一个追随者是没有前途的。"在雾中驾驶时，跟着前面的车的尾灯灯光行路会容易很多。'尾灯'战略的危险在于，一旦赶上并超过了前面的车，就没有尾灯可以导航，失去了找到新方向的信心与能力。"因此，"早早行动的公司正是将来能够影响工业结构、制定游戏规则的公司，只有早早行动，才有希望争取未来的胜利。"

——格鲁夫《只有偏执狂才能生存》

利润是每个企业不得不考虑的问题，是企业生存的必要条件。那么，利润来自何方？利润来自于企业的创新优势。当企业的创新优势消失后，利润也就随之消失了。因此，企业要适应变化的环境，必须要学会去做好那些与过去经验不一样的、非重复性的事情。

我们可以用一个曲线来简单表示企业价值链的各个环节附加价值的高低（如图2-2所示）。这种曲线很类似于一个人微笑的嘴巴，因此可以被称为"微笑曲线"。

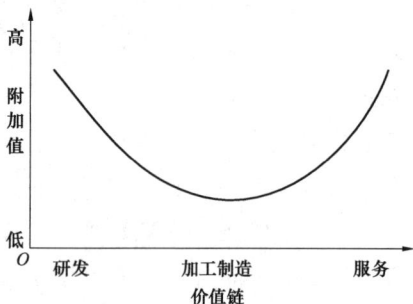

图2-2　微笑曲线

图2-2中，曲线的两头是附加价值最高的地方，它们分别来自价值链中的研发（R&D）活动和服务活动。

最能反映企业研发能够带来高附加价值的示例可以从苹果公司借助iPhone迅速发展的故事中得到充分体现。服务在价值链中同样具有高附加值。服务中蕴藏的巨大商业价值吸引了许多全球知名企业的注意。彼得·德鲁克曾经讲过，"客户只想知道明天他会得到什么样子的产品或服务，他最关心的就是自身的价值、自身的需求和实际情况。单从这个原因讲，每个人都应该尽力表明我们的业务都是基于客户的，是基于他们的现实情况、环境、行为、期望和价值的。"

全球著名的计算机供应商——IBM公司向服务型企业的转变过程就是一个典型的例子。由一个IT硬件供应商转变为一个全面解决方案供应商、转变为一个为客户进行全面服务的企业，使IBM变成了一个"会跳舞的大象"。

1992至1996年，IBM的工作主题是"生存第一，摆脱亏损"。其手段在于以IBM全线产品为基础，根据客户的不同需求，提供软硬件结合的全面解决方案。其结果是起死回生，但不是所有产品线均盈利。1997至2002年，工作主题是"把握机遇，超越生存"，其手段在于转型为"IT服务公司"，以服务为核心带动软硬件销售，以IT服务业为龙头，逐步退出低端硬件产品，收购软件产品和咨询服务业。其结果是服务和软件成为盈利的主力，硬件产品盈利下降，公司利润率提升。2003年以后，其工作主题是"随需应变，全球化整合"，以服务、软件和高端硬件为主要业务，在此下细分为产品线和服务线，构成盈利组合，实现全球一体化销售、研发、实施、交付，成为客户成功实现其业务目标的合作伙伴。其结果是大大提升盈利能力和生产效率，成为全球化整合企业的典范。

无论研发活动还是服务活动都有一个共同的特征，即它们做的都属于非重复性的工作，都是因客户需求变化而变化的。从"微笑曲线"中我们可以看出，附加价值最低的活动是加工制造活动。我国正在向"世界的工厂"迈进，这种战略方针也是不得已而为之，而如何在这种环境下争取最大的附加值是每个国内企业的经营管理人员必须考虑的问题。

托马斯·阿尔瓦·爱迪生（Thomas Alva Edison，1847—1931）是美国电工学家、企业家，拥有众多重要的发明专利，被传媒授予"门洛帕克的奇才"称号。他是历史上第一个利用大量生产原则和工业研究实验室来生产发明专利的人。他拥有超过2000项发明，包括对世界极大影响的留声机、电影摄影机、钨丝灯泡等。在美国，爱迪生名下拥有1093项专利，而他在美国、英国、法国、德国等地的专利数累计超过1500项。1890年创办爱迪生通用电气公司（今通用电气前身）。他是有史以来最伟大的发明家，迄今为止，在世界上也没有一个人打破由他所创造的专利数世界纪录。1879 年 10 月 22 日，爱迪生点燃了第一盏真正有广泛实用价值的电灯。为了延长灯丝的寿命，他又重新试验，大约试用了 6000 多种纤维材料，才找到了新的发光体——日本竹丝，可持续 1000 多小时，达到了耐用的目的。

1956 年，阿奇舒勒和沙佩罗合写的文章"发明创造心理学"在《心理学问题》杂志上发表了。对研究创造性心理过程的科学家来说，这篇文章无疑像一枚重磅炸弹。直到那时，心理学家一直认为，发明是由偶然顿悟产生的——来源于突然产生的思想火花。阿奇舒勒在研究了大量的世界范围的专利后，依赖人类发明活动的结果，提出了不同的发明办法，即发明是对问题的分析以找出矛盾从而产生的。研究了 20 万项专利后，阿奇舒勒得出结论，有 1500 对技术矛盾可以通过运用基本原理而相对容易地解决。他说："你可以等待 100 年获得顿悟，也可以利用这些原理用 15 分钟解决问题。"1969 年，阿奇舒勒出版了他的新作《发明大全》。在这本书中，他给读者提供了 40 个创新原则，即第一套解决复杂问题的完整法则。他提出了"发明问题解决理论"TRIZ，又称 TIPS。目前 TRIZ 被应用于很多工程技术领域，帮助人们得到创新性的解决方案。但是，TRIZ 运用于管理决策的成功案例尚不多见。

学生考试时有一句调侃的话"考题并不难，难的是答案"；同样，"创新并不困难，难的是控制创新的过程"。创新一般不能事前按照科学的逻辑演绎得到，历史上由于偶然性、灵感激发得到的发明创造要超过通过科学演绎而产生的发明创造。当然发明创造在事后一般都可以追溯为严密的逻辑和科学道理。特别是在管理决策领域、企业经营领域，人们常说的"领导艺术"、"智慧"等更是如此。这是创新的魅力，也是其令管理者头疼的特征。乔布斯之所以引起人们的追捧，在于他不断地给人们惊喜；他的继任者库克之所以遭受人们的非议，在于他带给人们的是预期。其实，"惊喜"不是管理者所应该追求的，"可控"才是管理的真正责任。从这个意义上讲，乔布斯是一个富有卓越创新精神和能力的企业家，而库克则更像一个职业经理人。

在急剧变化的环境中，人们没有足够的时间去等待不可知的创新，不可预期、难以控制的"创新"很难成为企业可依赖的法宝。创新往往伴随风险性，这也就是为什么我们期待和崇拜杰出人物的原因。杰出的企业家具有事先难以预见的直觉和灵感，因而事后对他们总结而产生的成功经验似乎并没有对别人产生什么帮助，更多的是停留在激励的层面上，这也就是有人认为"成功学是致幻剂"的原因。很多人热衷于花大价钱和巴菲特吃饭的结果除了广告效应外恐怕得不到别的，更何况巴菲特的企业是最危险的，因为巴菲特不会永远活着，也不会永远有着充满正确的直觉。他是"股神"，但不是真正的神。这些就是目前"创新"被叫得震天响但实际上大多是虚张声势的原因。

适应环境变化的第三种方法是"合作"。新产品、新需求、新思想不会凭空产生，它们总是由某人或某些人首先提出的。这些人可能是一些神人、牛人，或者是一些怪里怪气的人，但是很少有人能有爱迪生那样长久的创新能力，更没有哪一个人能够垄断所有新思想的产生。从管理角度看，与其向他们学习不如努力与他们合作。

乔布斯及其推出的 iPhone 是近年来少见的成功产品。美奂绝伦的工业设计、出人意料的应用功能，不仅给苹果公司带来巨大的经济收益和品牌价值，也使乔布斯变成了似乎难以逾越的神。但是，强中更有强中手，苹果的操作系统不断被人"越狱"。如果苹果仅靠继续开发新的系统来阻击越狱，就会产生"光脚的不怕穿鞋的"效应，苹果公司付出大量人力、财力和时间得到的成果可能被哪个天才小子在啃着汉堡包的时候就越狱了。只有与这些天才合作才是苹果理性的抉择，哪怕乔布斯再牛也不得不如此。

2011 年 8 月 26 日著名越狱黑客，开发 iPad2 越狱工具 JailbreakMe3.0 的破解者 Comex 在 Twitter 宣布，他已经获得苹果邀请，准备前往苹果开始实习员工工作。Comex 的真名叫 Nicholas Allegra，是布朗大学一名年仅 19 岁的天才学生。福布斯曾经专门对他进行过专访，为我们展示了这位网上大神不为人知的一面。在那篇专访最后，福布斯的专栏作家建议，苹果应该将这位天才吸引到麾下。谁也没有想到苹果的动作如此迅速，Comex 没有透露苹果给他划定的工作范围，但显然不会再是开发越狱工具。

事实上，苹果手机的巨大吸引力很大程度上来自无数名不见经传的 App 软件开发者，苹果只是为他们提供了展示才能的平台。目前苹果公司最强劲的对手是三星，但没听说三星有乔布斯这样的神人。

如何留住合适的员工是大多数企业都面临的问题，但是，这真的是一个需要解决的问题吗？从经济理性角度看，一个企业内部不会产生任何经济效益，效益都存在于企业和外界的交换之中。如果没有与顾客之间的市场关系，没有与供应商、分包方之间的商业关系，企业就不能产生效益，也就不能生存下来。基于这个视角，企业内部的所有活动都是成本。留住人才本身也只是一项增加企业成本的活动，只有当留住人才能够给企业增加更多的效益时，"留住人才"这种做法才是合适的。即便如此，我们也只是说"留住人才"是合适的而不是说这种做法是必要的。为什么这么说？因为留住人才只是企业取得效益的手段而已。要实现取得效益这个目标，企业有很多手段，留住人才只是其中之一。考虑如何"留住人才"不如考虑如何"有人才可用"，考虑如何才能"有人才可用"不如考虑如何"不用人才也能取得效益"。说到底，目的是目的，手段是手段，不要将手段误认为是目的。

企业拥有的人才是某种风险资本，商业环境的快速变化使其面临日益加快的折旧贬值的威胁。人才的薪金行情日益看涨，企业完全占有人才的代价将越来越高，投入产出比将越来越低。此外，越来越多的人更忠实于自己的职业而不忠实于某个企业，流动的"自由人"越来越多。这些变化都促成了企业将集中精力于其最擅长的领域，而将其不擅长的领域让给最擅长的人去做，这也就是为什么越来越多的项目将由多个企业共同完成的原因。

企业跟上变化的节奏，也能够持久保持这种节奏的最简单方法是将与变化同节奏的或领先于变化的其他企业买过来。就像掌握最先进技术的最简单方法是将掌握这种技术的人挖过来一样。因此，在变化的环境下能够永葆基业长青的企业，是 BOT 式的企业，即商机出现时能够迅速将具备这种业务能力的公司收购或整合过来（B，Build），然后经营它（O，Operate），当商机消失就将其关闭或转让掉的（T，Transfer）。企业 BOT 将会成为使企业基业长青的利器。不但小企业可以由此变大，大企业也需要它才能做到可持续发展。

著名的 IBM 公司曾在 20 世纪 90 年代后期面临很大的困难，帮助其摆脱危机支持可持续发展的重要原因是其在郭士纳的带领下实现了由卖产品的制造业向卖"全面解决方案"的服务业的转变。制造业可以以标准的产品卖给不同的顾客，学校、政府机构、军队、企业所有的电脑没有本质的区别，但是服务就不一样了，不同行业、不同机构的业务内容可能完全不同，需要提供完全个性化的服务才行。那么，IBM 如何才能具备这种能力呢？

真正帮助 IBM 迅速具备由制造业向服务业转变的一个重要原因是企业 BOT。2002 年尽管安达信公司的事件使整个咨询业遭受前所未有的信誉危机，IBM 仍然花巨资（大约 35 亿美金）收购了普华永道，而联想收购其 Thinkpad 笔记本电脑业务才花了 12.5 亿美元。此外，IBM 在 1996 年收购 Lotus，完善其办公自动化；在 1997 年收购 Tivoli，增强其企业 IT 管理竞争力；在 2002 年收购 Informix，扩大其数据库市场份额；在 2003 年收购 Rational，提升开发工具和项目管理能力；在 2007 年收购 Cofnos，提升在商业智能（Business Intelligence）方面的能力；2009 年收购 SPSS，增强其数据分析功能。与此同时，IBM 卖掉了其硬盘业务等多个业务。这些做法使 IBM 变成了"别管 IBM 是卖电脑还是卖高科技服务，它将帮助你获得业务成功"的随需应变的企业，也使其成为全球最优秀的基于项目的企业，成为全球化整合企业的典范。

企业 BOT 之所以可以使企业在变化的环境中生存下来以及发展起来，在于它是"随需应变"，随时淘汰过时的或不盈利的业务。换句话说，企业要想活得长，就需要主动使它的一些业务能够死掉。当然，并不是所有的企业都能开展 BOT 业务，除非它具备三个条件：资金、资质和知识。资金使企业能够拿出真金白银去付给那些合作伙伴、去收购那些需要的业务。变化时代充满风险，人们对现实看得越来越重，仅有空头支票是很难找到合作伙伴的。资质使得别人必须和这些企业合作，否则他们不能自己开展业务。建筑业的承担资质、科技企业的专利、商品的商标注册都是如此。知识是企业开展工作的专业技术、方式方法，没有它，合作伙伴会将事情搞得一团糟，最终连累该企业一起倒霉。

学习、创新和合作是企业应对变化、在变化的环境中生存和发展的 3 种方式，而合作则是最有效、最可持续、最可管理的方式。企业开展的合作都是以项目的方式开展的。

项目是企业成败的基础

在竞争日益残酷的情况下，企业已经没有重复犯错误的资本。它必须放弃以前成功的经验，它必须去做好那些非重复性的事情，它必须去适应每一个客户的需求，它必须将自己变成一个知识型企业，它还必须快速。而这些，唯有搞好项目管理才能做到。如果一个企业不重视项目、不能成功管理项目，对时代而言并无多大损失，但对企业而言则会丧失其生存的能力。企业经营者必须由运营式思维转向项目式思维。

有一条训练有素的猎狗，追一只兔子。这条猎狗很强壮，跑得也很快。追了一阵，兔子跑掉了。猴子看到了，在树上嘲笑猎狗说："你这么大个，吃得又多，连个兔子也追不上啊！笨死了！"说完哈哈大笑。这条猎狗说："我追不上这只兔子有什么大不了的，最多损失一顿饭而已，要是兔子跑不过我损失的是什么？损失的是它的命！"在变化日益加剧的商业环境中，每个企业都是一只被时代淘汰的浪潮所追赶的兔子。

企业的经营活动可以简单地分为两大类：一类是以重复性劳动为主要特征的，我们可以称之为日常工作；另一类是以非重复性劳动为主要特征的，我们可以称之为项目。项目无处不在，项目已经成了企业的一种生存方式。

按照美国项目管理协会（PMI）的定义：项目是一种临时性的任务，其目的是为了推出某种新产品或新服务。

项目是临时性的。这种临时性可以从多个角度进行理解。

1. 时间段是临时的

任何项目总会有一个开始日期和结束日期。但是，这种开始和结束日期有时并不能由管理者确定。现实中的很多项目是在不知不觉中开始的。

企业的售前市场活动往往属于这种情形。虽然售前市场活动是有开始时间和结束时间，但我们很难预先定义企业从何时开始对潜在顾客进行试探、接触，也很难定义该项目何时结束。

同样，很多企业的内部项目，如新产品研发活动也是项目，但这类项目何时开始又何时结束也很难确定。此外，还有一些项目本身就很难预定项目的结束期，例如阿富汗战争。当然，更多的项目之所以不能按时结束是因为人们从来就没有定义清楚项目究竟该在什么情况下结束！

当然，规范的项目还是能够预先明确定义其开始和结束时间的。

2. 资源是临时性的

任何项目的完成都需要资源，但这些资源只能被项目临时借用。

项目从开始到结束的时间间隔（即项目的生命周期）可以是几分钟、几小时、几星期或几年。一般说来，在项目组❶组建之前，企业的组织结构就存在，项目组完成任务解散后也不会有什么变化，因此，从经济上考虑不可能把人力和物力资源全部交给一个项目组单独使用。

同样，由于项目需要项目组成员带着自己独特的专业技能来参加工作，正是因为技术太专，这些人只能被阶段性使用。随着工作的进展，人员的组成在项目生命周期内会不断变化，少数人员始终在项目组成了一种特例。如何获取、管理和释放这些临时性的资源将是管理项目的一种挑战。

3. 项目负责人是临时的

项目是临时的，项目经理也是临时的。对这种临时性的职位如何明确其权力是不能回避的问题。

项目经理的权力一般来源于3个方面：职权、奖励权和权威，但这三种权力来源的效果有限。所谓权力，是指让人听从的能力，权力的大小在于接受人群范围的大小。首先，对于临时性的"官"来说，其权力接受人群是有限的。其次，项目经理的奖励权也不足。对于企业承担的外部项目来说，合同额（如果全部兑现的话）是销售收入，但这些销售收入不会给项目经理支配，能给他们支配的只是从销售收入中扣除了毛利的部分，即成本部分；而对于成本来说，节约才是项目经理该做的。对于企业内部发起的项目来说，项目经费甚至也不能明确划拨，奖励权也常常是"画饼"。最后，项目是面向最终成果的，项目经理必须管理项目的全过程，这就注定了他们不能像职能部门经理们一样是自己负责范围的行家，权威的影响实在难以高估。

由于外部环境不断变化，企业仅仅依靠自身的资源已难以迅速满足项

---

❶ 本书中"项目组""项目团队""项目部"常可以混用，读者可以很容易根据语境判断其含义。

目独特性的需求，企业与外部伙伴合作完成项目已成为普遍现象。这些能够影响项目或受项目影响的、来自不同组织的人员被定义为项目的"利益相关方"（Stakeholder）。他们在项目中依据各自的利益诉求和所需承担的责任扮演特定的角色和采取相应的行为。这些角色将他们结成了动态的社会网络，各利益相关方在这种网络中交换信息、资源和成果，而他们行为的不确定性是项目管理过程中面临的重大风险。对项目进行管理的实质就是对项目动态的利益相关方关系管理的过程，是利益相关方之间的利益冲突、协调和实现的过程。因此，项目也可以定义为"为完成临时性、独特性任务并满足其各利益相关方需求而构建的社会网络平台"。

项目对企业的价值主要体现在以下几个方面。

1. 项目是企业成长的推动力

在变化的环境下，企业发展不能只靠日常运作，它必须要变成一个能够快速适应顾客需要的敏捷性企业，它的成长必须靠项目而不是靠日常运作。虽然企业离不开日常运作，但是日常运作不能提升企业的业绩，而且还会造成企业的衰亡。

一个企业在成立初期，靠的是新顾客、新产品等，即企业成立于项目。但环境的快速变化会使过去赚钱的产品很快变成明日黄花，企业必须要不断地有新的项目才能使其青春永驻。

日常运作和项目对企业的价值可以用图2-3表示：日常运作能够维持企业的正常运行（而且越来越难以维持），项目才是企业成长的推动力。

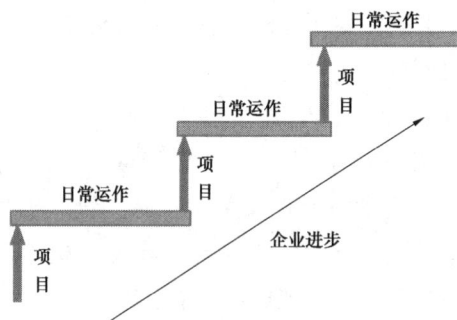

图2-3 项目与日常运作对企业成长的作用

当今企业要快速适应客户，面临的挑战主要在于压缩时间和处理由此引起的变化，而且不可能做到一劳永逸。典型的产品生命周期曲线如图2-4所示。任意一个产品都会经过开发阶段、成长阶段、成熟阶段然后过渡到产品的衰退阶段。在变化缓慢的商业环境下，产品的开发、成长阶段可能会经过较长的时间，企业也可以较长时间享受进入成熟阶段的产品给企业带来的利益。可是，由于环境的变化、时间的压力，产品生命周期将会变成图2-5所示。产品的生命周期曲线不再是缓慢平滑的曲线，而是在经过开发阶段、成长阶段而步入成熟阶段后，会迅速失去了盈利的能力而步入衰退期。如果一个企业仍然需要经过漫长的时间才能推出客户需要的产品，这样的企业必定是没有前景的。变化越快，企业发起和完成新项目的频率也越快。

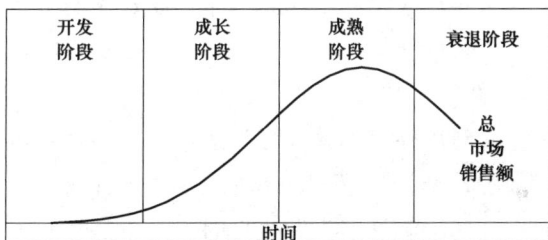

图 2-4　典型的产品生命周期曲线

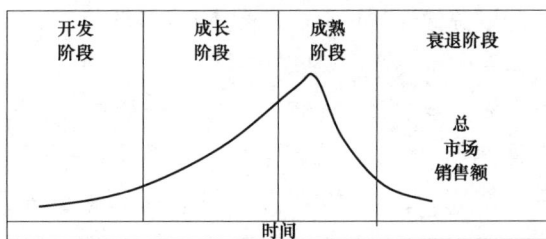

图 2-5　时间压力下的产品生命周期曲线

根据调查，迟6个月上市的商品，虽然在其费用预算之内，但赚取的利润要比预期的少33%；而按期上市的产品，即使预算超过50%，赚取的利润只比预计的少4%。其含义是客户可以为能加速达到目的的好主意支付额外的费用，人们愿意为速度而花钱。

2. 项目是企业使用外部资源的必要平台

越来越多的靠知识而不是靠体力谋生的人正成为自由职业者。他们是企业的一种基于契约的"柔性"员工，是企业的广义人力资源：知识被企业使用，而人本身却不为企业所拥有。这些"柔性"的企业员工可以是兼职人员、顾问，也可以是承担外包业务的人员。

20 世纪 90 年代末，美国创造了 1000 万个新的职位，但这些职位与以前相比有巨大的差别：固定办公室减少了，出现了流动的办公室、流动的员工，联盟、伙伴、项目员工等都是流动的。这就是彼得·德鲁克将他们称为"知识工作者"而非"知识员工"的原因。知识工作者正逐步处于"自由人"时代，他们更忠诚于自己的职业而非企业，他们的重点只是做自己喜欢和擅长的工作而非在一家企业工作。在这种趋势下，要想搞清楚一个人在为谁工作、何时开始的、工作了多长时间等是非常困难的。

一般说来，企业利用外部资源是为了达到 3 个目的：解决自己解决不了的短期问题；增加产能，以缓解企业的短期压力；非核心业务的外包。也就是说，我们用外部资源是用于做项目的，而不是让他们承担日常工作的。如果我们把他们用于企业的日常工作中，就失去了他们的真正价值。

然而，如果我们没有一个好的项目平台，不能使这些外部资源迅速到位产生效益，外部资源的使用反而会产生不良后果。

在企业人力资源管理方面，人们常常有一个简单的假设：只要我们找到的人既能干又愿意干，他们就能产生良好业绩。有一次，我在进行企业培训时，碰到一个情况，值得反思。当我想用板擦擦去白板上写的字时，居然擦不掉。这时有一个听课的人自告奋勇来帮我擦，可惜也未成功。后来他采取了以布代替板擦、布蘸水的办法，也未成功。最后，采取了用布蘸汽油的方法，勉强擦去了字迹，但白板变成了"花板"。这是怎么回事？擦白板的人既有积极性，又有能力，但为何连擦白板这样简单的任务也完不成？仔细分析才发现，原来白板是新买的，上面有一层塑料薄膜没有撕掉，字是写在薄膜上的！如果没有一个与资源和任务相匹配的平台，仅靠能人，很难保证他们能够创出良好的业绩。

3. 项目是人们业绩的来源

项目是企业的成长动力，也是每个人、特别是管理人员业绩的主要来源。

　　我们很多企业对员工都有年度考核。假如某部门经理这样述职："各位领导，各位同事，今天向大家汇报一下今年的工作。今年一共365天，实际工作280天。我每天早上8：30上班，下午5：30下班，从来不迟到，不早退。我的汇报完了，请大家批评指正。"这种近似"流水账"式的汇报内容是不行的。原因很简单，他所说的只是他的日常工作的表现而已，没有讲到对企业的贡献，他没有业绩。只有说明"今年我们一方面推行了新的奖惩制度，一方面完成了公司的搬迁工作"等等，才是企业真正希望听到的内容。因此，不仅企业离不开项目，对于个人来说同样离不开项目。

　　对于政府投资项目来说，这种重要性更为明显。一届政府的业绩一般是完成了某种项目，如修了一些路、建了一些企业、引进了多少人才等。一个地区的战略需要通过无数大大小小的项目来完成，在决定发起哪些项目时，决定权在政府主管官员手中。然而，能否将项目成功实现，决定权在项目承担单位手中。这是造成某些政府项目产生官员腐败的原因：在发起项目后，政府官员会逐渐受项目承担者牵制。

　　现在有关企业组织结构扁平化、业务流程再造、目标管理的文章或者书籍铺天盖地。但是，这些方式的用处有多大，恐怕难以肯定。可以肯定的是，随着组织结构的简化、中层管理岗位的减少，如何既能让一个人获得晋升又不能让他们做经理，成了一个新的管理问题。

　　一个企业中，具有稳定岗位的经理多了会引起帕金森综合征：人多了更多地产生了工作，而不是更多地完成了工作。每个人为了证明自己的价值，会从各个局部的角度"创造出"很多事情来。但是，一个企业不害怕项目经理多。

　　一方面，项目经理是面向一个成果性任务的，而不像职能部门经理那样是面向职能、面向过程的。企业管理中有个谚语："企业中的每个人都在忙，忙着不让总经理知道事实的真相。"其意思是指，企业的职能经理为了保护自己的地位会自觉不自觉地掩盖事实的真相，他们让总经理知道的只是对他们有利的方面。但是项目经理却无法掩盖事实的真相，因为项目都是有最终的、明确的结果。另一方面，有项目就有项目经理，没有项目也就没有项目经理，这就自然解决了管理人员能上能下的问题。

4. 项目是企业形象的主要来源

好的顾客谁都想要，但如果没有好的企业形象就吸引不来好的顾客。

潜在的顾客是否能被我们所吸引主要在于我们从其他顾客的项目工作中获得了什么样的企业形象。这种形象是企业的重要资产，因为顾客在接触一个企业之前，并不一定知道自己能够得到何种结果，他们难以对企业的具体能力、内部情况深入了解，一般是根据名声来选择购买。

成功的项目是企业形象的主要来源。特别是对于知识型企业来说，它不能像制造型企业那样靠产品广告来提升自己的企业形象，只能靠宣传成功地完成过哪些项目才能做到这一点。更准确点说，制造型企业所做的广告，提高的也只是它们的知名度，而不是企业形象，提升其企业形象的，也只能是项目。

建筑业是一个典型的以项目为主要利润源的行业。建筑企业很少做一般性的广告宣传。在它们的宣传资料中，经常会看到自己曾经建造过的知名建筑物，或者是一些获得"鲁班奖"等的奖项，即他们宣传的都是成功的项目。

软件集成企业同样如此。一个 ERP 开发商肯定要宣传哪个著名企业的 ERP 系统是使用它的产品，哪个行业的什么系统是使用它的产品。对于这些企业而言，成功的项目就是企业的生命源。

在变化时代，企业的经营逻辑可以用图 2-6 表示：

第一步：赢得顾客/项目。

企业是以充分适应顾客的需要为特征的，它们的生存基础是项目，因而企业的经营可以从赢得顾客或项目入手。

第二步：迅速形成生产能力。

当企业得到项目后，要迅速地形成生产能力。我们不能再像以往一样慢慢地组织人员、慢慢地产生结果，企业必须要有能力迅速地将企业内外的各类资源整合到一起以形成生产能力。

传统的企业人力资源管理工作是指招聘、培训、考评等内容，但如今的企业人力资源部门将面临严峻的挑战，它们必须由一个企业行政管理部门转变为企业生产力管理部门。如何招聘到合适的人员不再是人力资源部管理的主要目标，如何充分利用企业的内外部人力资源使其迅速形成一支有战斗力的队伍才是它们的主要目标。

第三步：成功地完成项目。

本书以后的章节将主要讨论这个问题。

第四步：市场信誉建立、增加收益、积累知识。

成功完成了项目，企业将会赢得口碑，企业形象将得到提升；项目完成后，将会给企业带来良好的收益。特别值得注意的是，每完成一个项目，企业必须善于积累知识。因为只有知识才能够使企业迅速应对变化。

形成知识不仅能够帮助企业快速整合临时性的人力和其他资源，使其迅速形成生产力和产生成果，还能够简化销售过程、提高市场销售的成功率。管理顾问公司开发的各种管理方法、概念就属于这一类，它们不仅积极地积累知识，而且通过发表文章、出版书籍和做培训来宣传这些知识，以期吸引顾客、扩大市场。

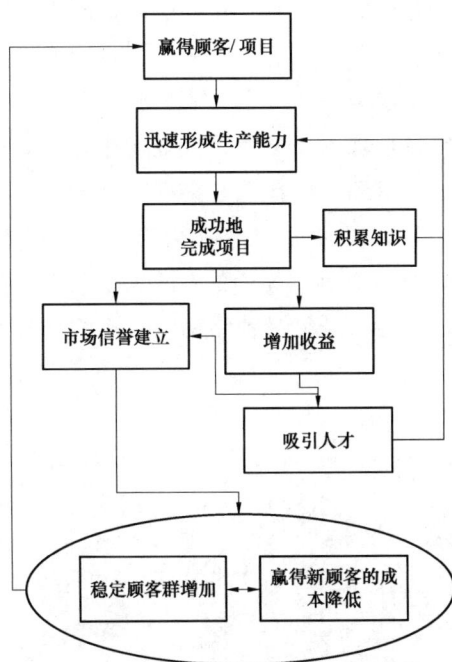

图 2-6 企业的经营逻辑

第五步：赢得顾客资源和人才资源。

企业市场竞争的焦点在于争夺顾客和人才，因此，我们必须制定两个策略：一个用于吸引和留住顾客；另一个用于吸引和留住人才。这两个策略之间有密切的关系。

由于企业形象的提升，企业容易形成稳定的顾客群，因为顾客对曾经向他们提交过优良成果的企业和人员有忠诚度，而且他们会充当免费宣传员，通过口碑的传播帮助企业赢得顾客。

一流的人才总是供不应求的，这些人往往会挑选雇主，而不是雇主挑选他们。但是，这些人才一般会被三个方面所吸引：企业形象、企业知识和企业收益。如果一个企业具有良好的市场形象，它将能够吸引到更多的人才。因为企业的这种形象将增加他们个人履历的价值。人才随时准备接受更有吸引力的雇主的邀请，如同企业要靠企业形象吸引和稳定其顾客群一样，他们的履历将成为他们吸引新的雇主的有力资源。如果一个企业有自己独到的知识，这种知识也会帮助它吸引人才，因为它能提高人才的才干，提高他们的市场竞争力。当然，良好的收益对人才的吸引力是不言而喻的。

第六步：转向第一步。

尽管在未来的市场环境下，项目是企业的生存方式，然而，要使项目管理的理念深入人心、落到实处却并非易事。如果人们不从内心接受项目管理，很容易将它搞得似是而非、搞成花架子，不仅不能取得理想的效果，反而会"证明"项目管理是无用的。我国企业普遍存在的 ISO 9000 信誉危机就是前车之鉴。为了避免这种结局，企业的高管们必须充当最坚决的项目管理推进者。

3

项目管理的基本原则

虽变化万端，而理唯一贯。由著熟而渐悟懂劲，由懂劲而阶及神明。

——《王宗岳·太极拳论》

项目管理的重要性正逐渐为人们所认识，也产生了很多关于项目管理的箴言，以下箴言最耐人寻味。

如果你没有参加项目，那么你多半是在做一些费力不讨好而且枯燥无味的重复性工作。但是，如果你参加了一个项目，日子就更难过了，你会觉得干一件费力不讨好而且枯燥无味的重复性工作是多么令人神往。

图 3 - 1　项目是一个点燃的炸药包

项目是一个点燃的炸药包，如图 3 - 1 所示。

项目管理是基于原则的管理

按照汤姆·彼得斯等管理专家的预测，项目管理将站到"管理舞台的中央"，而《财富》杂志也断言："21 世纪是项目管理的世纪。"可以肯定，卓越的项目管理能力必将成为企业的竞争力，而且是一种核心竞争力。但是，项目管理是为数不多的几十年来没有重大进展的领域。

自 1994 年以来，Standish Group 花费很长时间对 IT 产业项目的成功和失败情况进行了调查研究，由此形成的《The Standish Group CHAOS Report》也是 IT 历史上规模最大、持续时间最长的研究报告❶。在 1994 年，Standish Group 对 8400 个 IT 项目（投资约 250 亿美元）的调研结果如

---

❶ 参见 www.standishgroup.com

下：31.1% 的项目被中途取消或提交的成果不能使用；52.7% 的项目完成了，提交的成果也能使用，但是它们仅实现了计划成果功能中的一部分，而且超期、超出预算；仅仅有 16.2% 的项目能够按时、在预算内实现预定成果功能。到了 2009 年，这些比例变为 24%、44% 和 32%，即使到了 2012 年，项目平均成功率仍然不到 40%！

某人曾经在一次软件行业大会上问到场的人员："如果一个飞机采用的是你们公司开发的软件系统，有多少人敢坐这架飞机？"

结果只有一个人举手："我敢。"

大家马上对他刮目相看，都让他介绍该公司是如何成功地管理项目的。

这个人回答说："如果这架飞机用的是我们公司的软件，它连动都不会动，更不用说起飞了。"

我国的项目管理水平也同样面临挑战，甚至面临更大的挑战。项目失败的例子不断充斥媒体，给国家带来巨大损失，给政府公信力、官员的前程、企业的前景和人民的利益带来诸多不利的影响。

一般说来，人们依靠两种方式来管理企业：制度和文化。

制度是针对重复出现的情况才有效，企业不会为一次性的、独特的项目去制定一套制度。就像高速公路管理部门不会因为某个偶然的交通事故，哪怕是特大交通事故，而在高速公路上竖上"事故多发地段，请小心驾驶"的警示牌。项目因其具有独特性，刚性的制度往往难以满足项目的需要。"具体问题具体分析"就成为管理项目时经常出现的借口，高层领导对项目管理被动或者主动的人为干预常常发生，"一抓就死，一放就乱"的情况更是很普遍。

可以反映制度在处理变化时存在不足的典型例子是企业的岗位说明书，在介绍完某岗位的基本职能后，往往还有一条：领导交办的其他工作。即使在有法律约束的商业合同里，我们也会经常看到这么一句：未尽事宜由双方协商解决。这些都是刚性规定不能适应环境变化的权宜之计。

企业文化会在企业发展中起到重要作用，以至于当我们解决不了企业存在的问题时，可以将问题的原因都归结于企业文化，当我们提炼不出管理企业的成功因素时，也可以将它们归结于企业文化。企业文化成了一个包治百病的良药。企业文化真的那么神、真的那么可靠吗？

之所以企业文化被抬到前所未有的高度，是因为长期以来作为企业管理支柱的刚性的制度不能满足管理变化的、特殊性任务的需要。企业文化的刚性较弱，适用面相对宽泛，因此，在靠制度管理经常会存在例外的情况下，靠文化管理出现例外的情况则很少。即使在同一个企业内，每个项目的管理制度也可能或应该是独特的，但都可以用同样的企业文化来对待它。但是，用企业文化来管理企业和项目越来越靠不住了。

在阿尔及利亚，某大型建设企业的人力资源总监向我提出了这样的情形：该企业在非洲有很多工程项目，参加这些项目的人员有几万人，他们来来往往、经常在不同的项目之间变动工作，有很多人甚至从来没有到过公司总部，因此，在这些人中很难建立企业文化，他们必须在不依靠企业文化的情况下有效管理项目。这种现象在项目管理领域很普遍，项目的组织、人员都是动态的。随着人才市场化的进程，人员在不同企业间的流动性会越来越强，这种现象在很多企业都将不同程度存在，都难以避免。

很多盛赞企业文化的人并不一定懂得什么是企业文化，因此，他们只能想当然地定义出一种"企业文化"，或从企业发生若干成功或失败的故事后总结出所谓的企业文化，这种方式对企业来讲是有害的。

在一次实验中，实验人员抓了5只猴子，将它们关在一只铁笼子里，然后在笼子上端挂了一串香蕉。起先，猴子们争先恐后地跳起来抢香蕉。只要有猴子跳起来，实验人员就打开高压水龙头放水冲它们。经过多次重复，吃尽了苦头的猴子们学乖了，它们不再跳起来。于是，实验人员从铁笼中抓走一只猴子，放入一只新猴子。这只新猴子看到铁笼子上端有香蕉，就跳起来拿。它刚跳起来，就被别的猴子给摁住了，甚至个别猴子还打了这只新猴子。新猴子莫名其妙地挨了一顿打，几次下来后，它明白了一个道理：不能跳起来拿香蕉，只要跳起来就挨揍。于是，它也蹲着了。实验人员又从铁笼中抓走一只老猴子，放入一只新猴子，这样的事情又重演了一遍。就这样，5 只老猴子被一只只拎出去，5 只新猴子被一只只换进来。最后的结果是，没有一只猴子跳起来拿香蕉，而它们都没有被高压水冲过。

企业文化是在长期的过程中慢慢积累的，往往是不成文的习惯。它必须要有足够长时间的沉积过程和通过一些人的传承。

项目管理所有的困难都能追根溯源到一点：变化，如技术的变化、人员的变化、环境的变化等。这些变化带来了项目的风险，带来了项目效率的低下；同样，这些变化使我们在管理项目时常常不能依赖于企业文化。当一个项目需要由多个企业共同完成时，更不能依赖某个企业的企业文化。不同企业的文化不相同，而项目却不会提供足够的时间供人们去慢慢适应、磨合。

那么，我们能不能以变化应对变化呢？《谁动了我的奶酪》一书告诉我们两只老鼠以变化适应环境变化的成功故事。该书出版后，很多企业买给员工看，告诉他们：环境变了，你们也要适应变化，要改变自己。

2006 年第 1 期的《读者》上刊登了麦尔教授观察老鼠适应变化能力的实验，这个实验可以作为《谁动了我的奶酪》的续集：刚开始，当实验人员变换奶酪摆放的位置时，老鼠经过摸索，也变换自己的搜寻目标，从而使自己吃上奶酪。可是，经过多次的变化，老鼠却不再愿意改变自己，而是疯狂地往一个地方寻找，结果将自己饿死了。这个试验的结论对人类同样适用，当客观环境改变后，人们发觉惯有的方式已不能解决问题，便产生恐惧和焦躁。尽管人们会改变自己去适应新的环境，但在遭受不断的恐惧、焦躁、挫折和失败后，人们就会固执地以旧有的方式去应对新的情况而不计后果，最后干脆放弃努力以崩溃结束。

尽管"唯一不变的就是变化"，项目都是独特的，我们必须有新的方式、方法去对待它们，但是，这种变化不能过度，否则我们就会崩溃，就不能成功管理项目，更谈不上保证项目的执行效率。成功的项目管理需要处理好"变"与"不变"的关系，我们必须学会在企业文化靠不住时如何稳定、有效地管理项目，如何稳定、有效地管理企业。

介于管理制度和企业文化之间的是管理原则。众所周知，我们国家在外交方面有"和平共处五项原则",在国家政治体制方面有"四项基本原则"。这些原则在几十年前就被提出来了,在这几十年中,国际形势、国内形势千变万化,国内外的领导人也多次更替,国家很多法律制度也为了适应新的环境、满足新的需要作了多次修改,但是,这些原则却一直没有变,在千变万化的外交政策、政治环境下,它们依然有效,在很大程度上保证了我国能够"以不变应万变"使政治环境得以稳定。

各个国家文化、政治体制均不相同,各国外交政策也不相同,在这种环境下,如果以一种制度来确定我国与上百个国家的外交政策是行不通的,期待这些国家都能有共同的文化更是可笑的,但是,这些国家都能够在"和平共处五项原则"的基础上达成共识,这就是原则的作用。

人们买到新房子后往往需要根据自己的需求进行装修。有的人喜欢铺地板,有的人喜欢铺地毯;有的人喜欢刷墙壁,有的人喜欢贴壁纸;有的人喜欢西式风格,有的人喜欢日式风格……其实,不管怎么装修都没关系,只要不破坏房屋的承重结构就可以。

疑今者,察之古;不知来者,视之往。万事之生也,异趣而同归,古今一也。

——《管子·形势第二》

庖丁为文惠君解牛,手之所触,肩之所倚,足之所履,膝之所踦,砉然向然,奏刀騞然,莫不中音:合于《桑林》之舞,乃中《经首》之会。

文惠君曰:"嘻,善哉!技盖至此乎?"

庖丁释刀对曰:"臣之所好者道也,进乎技矣。始臣之解牛之时,所见无非全牛者。三年之后,未尝见全牛也。方今之时,臣以神遇而不以目视,官知止而神欲行。依乎天理,批大郤,导大窾,因其固然。技经肯綮之未尝,而况大軱乎!良庖岁更刀,割也;族庖月更刀,折也。今臣之刀十九年矣,所解数千牛矣,而刀刃若新发于硎。彼节者有闲,而刀刃者无厚,以无厚入有闲,恢恢乎其于游刃必有余地矣,是以十九年而刀刃若新发于硎。虽然,每至于族,吾见其难为,怵然为戒,视为止,行为迟;动刀甚微,謋然已解,如土委地。提刀而立,为之四顾,为之踌躇满志,善刀而藏之。"

文惠君曰:"善哉!吾闻庖丁之言,得养生焉。"

——《庄子·养生主》

管理项目需要向庖丁学习，不要拘泥于项目的表面特征，而要抓住项目的本质，不同项目的管理本质往往是一样的。如果管理者不能抓住项目管理的根本原则，对某些能人的依赖就会增加，项目管理的成功度就会因人而异，项目管理将变得不可信赖。

以相对稳定的原则应对不断变换的项目任务、整合来自不同专业背景和工作习惯的项目利益相关方，将是管理项目的有效途径。之所以会产生"一抓就死、一放就乱"的情况往往是因为两点：第一，没有牢牢抓住原则，"原则上不可以"变成了"原则上也不是不可以"；第二，不是原则性的问题被过多地抓了，导致"水至清则无鱼，人至察则无徒"。

管理企业、管理项目，乃至管理国家都需要"有经有权"，"经"就是稳定的原则，"权"就是灵活的变通，"在严格的原则框架内的有限自由度"是成功管理项目的基础。

树立项目利益相关方意识

当我们问起什么是企业的目的时，很多人、或者说几乎所有的人都会脱口而出："赚钱"、"赢得利润"。看起来是市场意识已深入人心，但实际上这是一个大大的谬误。

一个企业之所以被称为企业，一般需要有6种人与它打交道。

第一种人给企业钱，又从企业拿走钱。当企业赚了钱时他们就高兴，企业不赚钱时他们就不高兴。

第二种人也给企业钱又从企业拿走钱，但企业赚钱与否并没有使他们有明显的高兴与不高兴。

第三种人在企业劳动，从企业拿走钱。

第四种人给企业货物或服务，从企业拿走钱。

第五种人给企业钱，从企业拿走货物或服务。

第六种人从企业拿走钱，但似乎没有给企业什么。

他们分别是企业的股东（对企业投资并期望分得企业利润）、债权人（例如银行，它们给企业贷款并获取利息）、员工、供应商、顾客和政府（政府提供了市场规范和市场环境）。

所有这些与企业相关的人，或者说受企业影响或对企业有影响的人被称为企业的"利益相关方"（见图 3－2）。

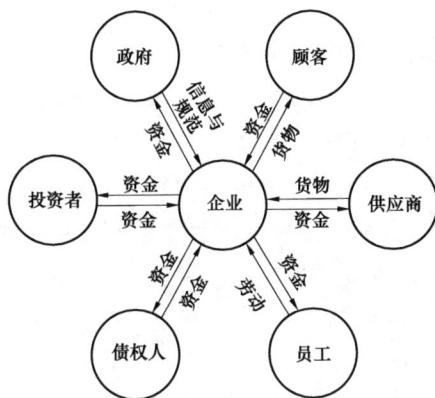

图 3－2 企业的利益相关方

活得越长的企业越是成功的企业，那些长寿的企业都有一个共同点：它们的利益相关方都认为这些企业对他们是有不可替代的价值的，都是让他们十分满意的。

利润只是企业赖以生存的必要条件，或者说，利润只能是企业股东目的具体化的一个方面，它绝非企业的目的本身。在图 3－2 所示的利益相关方中，供应商、债权人、顾客等并不关心企业是否有利润。很多企业之所以死亡，就因为它们只看到利润而忽视了谁是它们的利益相关方、忽视了这些利益相关方真正关心的是什么！不可忽视的是，在以上利益相关方中，并没有将竞争对手包含在内，但很多企业关注竞争对手远远胜过关注顾客、远远胜过关注利益相关方。

我们首先要对医生、护士和病人，对父母以及所有使用我们的产品和接受我们服务的人负责；

我们要对世界各地和我们一起共事的男女同仁负责；

我们要对我们所生活和工作的社会、对整个世界负责；

最后，我们要对全体股东负责，企业经营必须获取可靠的利润。

——摘自强生公司的企业信条

与企业必须满足利益相关方一样，项目也必须满足利益相关方。所谓项目利益相关方，即是那些受项目影响或对项目产生影响的人。

对于一个项目来说，典型的利益相关方有以下5类。

项目发起人，即确定项目正式存在的人员，他们常常属于企业的高层管理人员。他们期望项目能够给企业带来商业价值。

项目客户，即最终接受或使用项目成果的人。他们期望项目的成果（又称为项目产品）在特征与特性等方面能够满足他们的要求。

项目经理，即具体负责项目实施，对项目成果的取得负责的人。

项目团队成员，即在项目经理的管理下，具体负责完成项目任务的人。

相关职能部门及其经理，即为项目提供人、财、物和其他必要资源的部门或个人。因为项目是临时性的，没有固定的资源，所有项目的资源都在职能部门，职能部门对项目的支持是十分重要的。

对于那些大型的、特殊的项目而言，会有更多的利益相关方，例如有承包商、供应商、政府机构等。

我们经常碰到这样的情况，明明已经说好的事，在执行过程中人们总会找出各种各样的理由来变更。为什么人们善变如此？大家都知道彼此合作的好处，但为什么经常会出现"三个和尚没水吃"的情况？如果不能了解其中的原因，我们在项目过程中永远难以使利益相关方之间彼此配合。

或许我们可以从另外一个问题开始：如果管理出了问题，是上司的责任还是下属的责任？其实，不单纯是上司的责任，也不单纯是下属的责任，而是两者之间的关联方式出了问题。图3-3是上司和下属之间由于关联方式不当造成问题发生的路径。上司发出的指令中存在诸多潜在的问题，这些问题如果没有经过下属正常但又错误的反应，这些潜在的问题就不会发生。当然，如果上司的行为中没有潜在的问题则会大大减少问题出现的可能，但是，上司出现潜在问题也是正常的。上司和下属双方的"正常"却导致了结果的不理想。要改变这些正常的行为很难，否则就不能说是"正常"了。现实的管理中存在一个很大的误区，就是根据理想化的潜力去管理，而不知人们表现出来的正常行为才是最可靠的依据。

上司行为中存在的潜在问题	→	下属接受指令中存在的潜在问题	→	管理潜在问题发生

指令不清晰，存在多义性 ——→ 理解有偏差

过程缺乏指导 ——→ 没有主动要求确认

没有提供工具/方法 ——→ 依赖个人经验和判断

没有提供足够的信息 ——→ 猜测、揣摩，小道消息

没有明晰的目标 ——→ 关注工作过程，缺乏整体观念

激励约束不到位 ——→ 工作凭自觉性，被动相应

非上司预期的结果发生

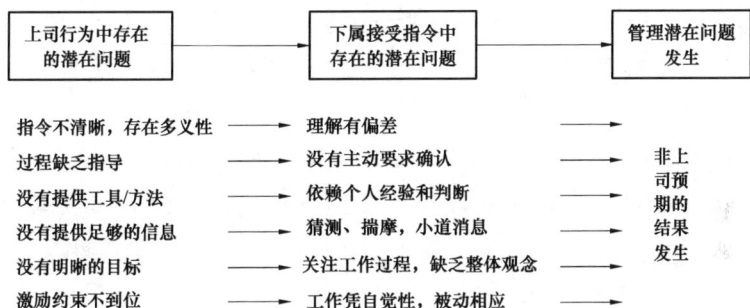

图 3 - 3　管理问题的形成路径

概括起来，造成项目利益相关方不配合的原因，主要在于以下几个方面。

1. 他们不知道为什么这是他们应该做的

很多项目委托人有这样的想法：我花了钱请你来帮我做事，那么你就该把事情做好，不需要再来麻烦我。这是一个误区。项目和封装交付的产品不一样，它不仅需要参与方的配合才能完成，也会对参与方的工作、生活方式产生影响。项目给人们带来的是某种变革，项目要想取得成功，需要人们能够接受这种变革。很多信息系统项目没有取得成功的很重要原因在于人们没有将其当作是一个变革项目，没有认识到人们需要改变自己才能成功。

为了避免这方面的问题，我们需要在制订项目计划时尽早、尽可能推动利益相关方的介入。很多项目计划中并没有包含沟通计划，也没有得到项目利益相关方的认可和承诺。常见的情况是，项目计划是对外保密的，这当然是出于财务等方面的考虑，但结果是得不偿失。目前，经济学中的"博弈"观点很时髦，殊不知博弈是不会双赢的，因为其出发点就不是让对方赢。博弈是靠信息隐匿来体现其价值的，但是，你有瞒人之处，人就有不配合你之理。

2. 他们不知道该如何做

项目任务常常是专业的，这也是有"结构师"、"建造师"、"造价师"等专业资格认定的原因，甚至项目管理也有"项目管理专业资质"这样的专业资格。然而，项目承担者需要有专业资质并不意味着项目利益相关方也需要有专业资质。很多情况下，利益相关方很想帮我们，但

他们确实不知道该怎么做。"不专业的客户"尽管可以给我们带来可乘之机，我们可以利用他们的不专业来钻空子以获得一些利益，但我们也别指望得到他们有效、准确的配合，我们常常会"捡了芝麻，丢了西瓜"。

如果不能去培训利益相关方使他们变得更专业，就需要我们自己删繁就简，以更简单、更容易的方式被他们理解，以更明确的方式与他们沟通。

据说伊斯兰教的始祖穆罕默德有一次对别人说：我可以让对面的山向我走来。山自然没有向他走去，于是穆罕默德说：还是让我向他走去吧。我们如果不能改变项目利益相关方，不妨改变我们自己。

3. 他们认为你的方法无效

医生最怕、最讨厌的病人就是这些人怀疑他们的医术，甚至自认为自己的医术比医生高明。项目利益相关方中什么人都有，自然也有不少真真假假的"高手"，他们会怀疑我们的方案，会认为他们的方法更好。在这样的情况下，怎么能得到他们的配合呢？

要得到利益相关方的配合，首先需要得到他们的信任。其实，只要是为了项目成功，谁的方案正确，谁的方案更好，就该听谁的。这不仅需要我们有更开放的心态，还需要在制订计划时有集思广益的方法，使项目还原为属于大家的项目。我们的方案确实可能不是最好的，要知道，任何精确的方法都不能完全取代利益相关方的经验和直觉。特别要注意的是，千万不要让别人做错事来证明我们想法的正确。

4. 他们认为其他的事更重要

参与项目的利益相关方一般同时有多个项目，他们会将力量优先投放到他们认为更重要、更紧急的地方。我们不能指望利益相关方都将我们的项目当作是最优先的，但我们确实应该努力争取让他们将项目的某些关键活动放在优先地位。项目从来不是一个需要同时进行的整体，它可以分解，可以逐步实施，而其中的关键活动并不多，也不一定会与其他项目的关键活动产生冲突。项目活动之间存在关联性，它们构成了一个系统。有关联性就存在最弱的环节即所谓的"木桶中的最短板"，只要加长这些"最短板"就能提高整体效益，也只有加长这些"最短板"才能提高整体效益。这样可以给项目利益相关方动态调度资源的机会，以扩大他们的资源有效度。要做到这些，就需要我们能够将项目细分并识别出其中的关键因素，在多项目状态下对项目一个不可分割的整体进行优先次序排列是不现实的。当然，同样不现实的是在多个项目中追求完美，追求没有遗憾。有时候确实需要以退为进，以局部的让步来换取利益相关方其他方面的支持以保证整体的进步。

5. 对他们来说这件事没有正面结果

项目周期有时候会很长，项目成果要起作用时间会更长。利益相关方不一定都有耐心等着分享项目成果。当他们有别的利益时，当他们长时间得不到回报时，自然会对项目失去信心，自然会"移情别恋"，不配合也在情理之中了。

有个人为了让他骑的驴走得快一些，手里举了一个竹竿，竹竿头上垂着一串胡萝卜。驴为了吃上胡萝卜，就不停地往前走。但试想一下，如果驴迟迟吃不上胡萝卜会怎样？可能会甩蹶子把主人摔个骨断筋折吧。

透明的项目进展情况以及阶段性成果移交是使利益相关方对项目保持信心的有效途径。在项目实施过程中，需要尽可能多地使利益相关方投入时间到该项目上。利益相关方投入的时间越多，该项目对他们的影响越大。无论是项目计划还是里程碑评审，都可以最大限度地向利益相关方公开。另外，无论我们是甲方还是乙方，都不要将彼此的关系局限在商业关系上，要尽可能建立一些个人的友谊，要扩大我们的激励范围，要注意对业主、供应方和使用方的激励。

6. 他们认为正在配合我们

有时候人们会误认为只要按照合同办事就是配合了，这是远远不够的。合同如果能将所有的事情定义清楚，世界上就不会有这么多的麻烦了。如果我们对利益相关方的需求不明确、不正确，不仅耽误了项目，还会引起他们的反感。需求明确、正确以及及时反馈是避免项目利益相关方"误配合"的重要手段。

7. 超出他们控制范围内的障碍

"严于律己，宽以待人"是一句理想的格言，在现实世界中，更常见的是"严以律人，宽以待己"。有时候，我们对利益相关方要求配合的程度有些苛刻，在他们的资源、职权等范围内难以做到。

要消除这种情况的发生，常常需要从组织设计方面寻找解决途径。如果我们在企业管理中出了问题，都可以将其归结为两类：企业文化方面的问题和人员素质方面的问题。这是两个万能原因，又是两个解决不了的原因。企业文化是个筐，什么都可往里装。但是，文化的威力尽管巨大，但是它需要长期沉淀才能形成，在项目需要多个企业协作、需要多种利益相关方配合的情况下，让他们共享同一企业文化则更为困难。同样，人员素质方面的弹性也很大，从广义上讲，任何事情都是人干出来的。但是，具体到个案，人往往不是最重要的，组织的作用要大于人。在制定项目责任矩阵时，一般有两种责任矩阵：一种是项目内部的，一种是所有项目利益相关方之间的。后者如果制定得清晰，就会使利益相关方之间配合的可能性大增。

世界上没有无缘无故的恨，也没有无缘无故的爱，只有我们站在利益相关方的立场上去了解他们，才能找到真正的原因，保证项目取得成功。

毛泽东有两句话很值得我们思考。第一句是："谁是我们的敌人，谁是我们的朋友，这个问题是革命的首要问题。"同样，对项目管理而言，"谁是项目的利益相关方"是使项目取得成功的首要问题。第二句是："我们来自五湖四海，为了共同的目的走到一起。"对项目管理而言，这句话应该调整为"我们来自五湖四海，为了各自的目的走到一起"。利益相关方是带着各自的目的参与项目、承担项目责任的，如果项目不能满足他们的需求，很难期望他们会尽到对项目的责任，也很难期望项目取得成功。

因此，项目是面向得到新的成果并满足其利益相关方需求的平台，项目管理就是使这些带着不同目的的利益相关方真正地"走到一起"，从而实现项目成果并使利益相关方满意的管理。

现代项目管理的成功标准已经由"在限定的时间、费用内实现符合质量要求的成果"这样的由时间、费用、质量构成的"金三角"标准转变为"实现项目成果，并且让项目利益相关方满意"这样的原则。

管控好项目生命周期

项目因为是推出新成果的独特性、临时性工作，一般说来需要整合来自不同企业、组织或文化的利益相关方。新任务、临时性的组织或不同目的、文化或专业背景的利益相关方，给项目带来比日常运作更大的风险。项目有明确的时限要求，随着时间的延展，我们在项目中累计投入的人力、物力和财力就越大，如果项目问题发现得越晚，造成的损失就越大（见图3-4）。控制项目风险的必要途径和有效途径是确立并管控好项目的生命周期。

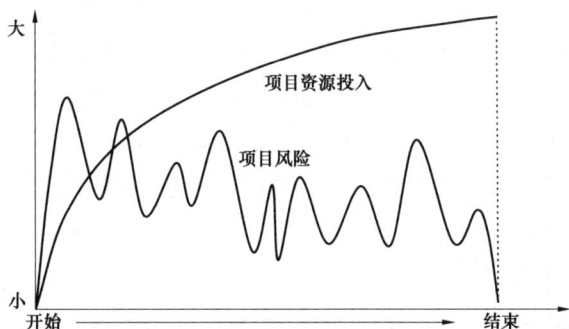

图3-4 项目资源投入和风险变化示意图

任何项目都有时间和资源上的限制，都有立项、规划、实施和收尾这样的生命周期，了解了生命周期，管理者才能知道在项目各个阶段自己应该站在什么位置，才能知道应该抓什么事情，才能抓住管理的关键。

把握好项目生命周期有3个基本作用。

1. 控制风险

由于项目的独特性，经验的作用有限，因而在某种程度上，项目管理就是风险管理。项目一个阶段的工作如果没有完成就匆忙进入下一个阶段，留下的隐患一定会在项目后期爆发出来，造成更大的损失和更难解决的问题。项目生命周期某个阶段的效率提高并不意味着会提高项目的整体完成效率和可靠性。很多项目没有经过规范的决策、启动和计划程序就匆忙进入实施阶段，其结果反而造成了返工、烂尾等情况。

要做到按照项目生命周期控制项目风险，需要克服我们常有的心理误区，即将局部的效率混同于整体的有效。项目是一个社会系统，项目工作与工作之间的关系彼此交错、边界难以依靠预先设定的职能予以划分。项目利益相关方之间彼此依存，他们的需求以及满足需求的责任相互依存和交错。特别是对创新性较强的项目而言，利益相关方角色之间的相互依赖更为明显，他们之间协同程度的高低将严重影响项目的成效。为了有效管理项目，高层管理人员尤其需要树立系统性思维。

一个木桶可装多少水决定于最短的板子而不是最长的板子是人们所知的常识。同样，局部城市道路的拓展并不一定会带来城市整体交通流量的改善，因为城市路网是一个系统，这个系统的畅通与否决定于其瓶颈路段而不是最宽的路段。很多城市尽管花大资金建设了高架路，但由于高架路与地面路段的接口等瓶颈的存在，交通拥堵状况并没有缓解。当不了解系统属性时，人们往往追求各自分管工作的效率，而不了解局部效率的提高不仅不等于整体的有效，反而会增加整体的风险。在项目决策中，为了追求税收而造成长期严重的环境破坏、文物损毁等不可逆转的情况时有发生，这些追求局部效率的决策所造成的损失即使花费巨资、花费几十年甚至几百年也难以弥补。

企业里的每个人都在忙，忙着掩盖事实的真相。企业中"积极怠工"的现象非常普遍。老板们不允许企业有"闲人"，却不知道有些人越忙给公司带来的损失越大。企业经营需要强调"有效产出"。在会计报表上库存是作为流动资产存在的，其中的假设是市场需求稳定且空间足够大，事实上这个假设常常不成立，库存往往变成沉没成本。企业各部门的产出并不等于企业的有效产出，企业有效产出是指能够销售掉并将资金回收的产出。

2. 落实责任

项目的不同阶段会有不同的人参与，他们会随着项目阶段进入和退出项目，因此不同阶段的工作会有不同的人负责。如果不了解这一点，仅仅靠项目负责人责任制是解决不了问题的。项目需要利益相关方协同完成，协同完成并不意味着他们对项目的责任是一样的，也不意味着他们会同时存在这些责任。

按照管理的基本原则，每件事都需要有人负责，每件事都只能一个人负责。项目生命周期各阶段由于其工作重点不同，因而负责的人员和单位也会不同。简单认为"项目经理负责制"是不合理的，也是不可能使他们担当得起这些责任的。很多建设工程都要求要有监理单位的介入，但是，监理介入是在项目实施阶段，如果项目决策阶段就出了问题，再好的监理也起不了应有的作用。

除了"项目经理负责制"这样的问题外，常见的问题还有："首问负责制"，这也是责任不明确、靠碰运气管理的表现。"时间过半，任务过半"，这是假设项目工作的难易程度等是均衡的，实际上常常是前一半顺利完成而后一半却无限延期造成烂尾。

一个士兵晚上起来上厕所，突然发现敌人来了。他去报告团长，团长说："你去消灭他，首问负责制嘛。"士兵面临的结局这有 3 个：被敌人打死、投降或逃跑。

公司之所以是"有限责任公司"，是因为公司的责任范围是有限的，当资不抵债时可以申请"破产保护"。同样，项目每个利益相关方对项目的责任范围也是有限的。高层经理要明白，别人不可能替你承担本该由你承担的责任。保险公司会在被保险人意外亡故后予以资金赔偿，但从未听说保险公司会克隆一个被保险人作为赔偿。

3. 有效激励

项目的生命周期不会按照日历开展，它是按照一些重要事件的开始或结束为标志的，这些重要的事件就是项目生命周期中的各个里程碑。为了保证项目参与人员的积极性、及时发现问题和作出调整，需要按照项目里程碑进行绩效评价和人事激励，而不能简单地采取"月度计划""年度计划"这样的方式，它们会失去激励的时效性。同时，项目的参与者也会随着里程碑进程而不是月初、月末进入和退出项目，他们需要在离开项目时拿到自己的报酬。在激励时很难将人员孤立起来进行绩效评价，这样不但不能发现问题，反而会产生人际矛盾，影响项目的完成。

令未布而民或为之，而赏从之，则是上妄予也。上妄予，则功臣怨；功臣怨，而愚民操事于妄作；愚民操事于妄作，则大乱之本也。令未布而罚及之，则是上妄诛也。上妄诛，则民轻生；民轻生，则暴人兴、曹党起而乱贼作矣。令已布而赏不从，则是使民不劝勉、不行制、不死节。民不劝勉、不行制、不死节，则战不胜而守不固；战不胜而守不固，则国不安矣。令已布而罚不及，则是教民不听。民不听，则强者立；强者立，则主位危矣。故曰：宪律制度必法道，号令必著明，赏罚必信密，此正民之经也。

——《管子·法法第十六》

返工是最大的浪费，如果项目的每一步都不返工那么项目的效率就是有保障的。要做到不返工，就需要按照项目生命周期的过程进行管理，有效的程序管理是控制风险的必要基础。边勘探、边设计、边施工的"三边工程"的危害性虽然早已为人们所认识，但是，由于对发展速度的片面追求，无论是工程项目还是政策发布，"三边工程"现象依然屡见不鲜。烂尾楼、拆了建建了拆、朝令夕改等现象都是不同种类的"三边工程"，不仅造成巨大的后期经济损失，也给政府的公信力造成了严重影响。"三边工程"就是违背现代项目管理需要按照生命周期程序开展工作的典型现象，也是决策者没有树立系统式思维所带来的后果。

侯歌在《不可思议的判决》中提到了这么一个案例，可以说明程序的重要性[1]：

1963年，美国亚利桑那州的米兰达绑架、强奸了一位18岁的女孩而被警方逮捕。经过审讯，米兰达交代了自己的恶行，并在坦白文件上签了字。按照程序，就等法院宣判了。

也许受高人指点，米兰达在法庭上突然声称不知道自己有沉默权，警察也没有告诉他这些事情，否则自己不会招认。原来，在1789年美国宪法生效后，很多人担心政府权力太大，于是在后来的修改中增加了很多限制来防止政府滥用权力，其中非常重要的一个修正案是1791年的第五修正案。其中规定，在任何刑事案件中，犯罪嫌疑人都不能被迫自证其罪。也就是说，如果一个人被指控犯罪，那么指证的机构就要负责搜集证据，被指控的人有权保持沉默，不为别人提供证据来证明自己有罪。

自从美国有宪法第五修正案以来的200多年时间里，从来没有人提出

---

[1]   侯歌. 不可思议的判决［M］. 北京：北京出版社，2009.

这样的问题。司法机关认为，只要是嫌犯自愿招供，不存在逼供行为就没什么问题。所以，法庭仍然判了米兰达 20 年的监禁。但是米兰达以自己没有被告知该项权利为由，将此案上诉到联邦最高法院。

首席大法官沃伦宣布最后的判决，最高法院推翻了州法院的判决，米兰达被释放。面对公众的质疑，沃伦大法官的解释是：根据米兰达的所作所为，应该得到 20 年的监禁。但是司法机关没有告诉他有沉默权，取得证据的手段是不合法的。判米兰达 20 年徒刑是不公正程序产生了公正的结果。释放米兰达，虽然结果不公正，但是维护了司法程序的公正。更重要的是，结果不公正只是便宜了米兰达，而程序不公正则是司法制度出了问题。

如果说一次犯罪是弄脏了一摊水，那么，司法程序的不公正就是弄脏了整个水源。

有一个常听到的问题："总经理应该是管大事还是小事？"其实，这个问题本身就是错误的。作为企业的高管，不管大事肯定不行，但不管小事那么小事就可能引发大事。如果全管起来，就会眉毛胡子一把抓，不但会累死而且会问题越抓越多。其实，无论是企业总经理还是项目经理，都像战场指挥官一样需要根据战局的变化确定自己指挥所的位置。就项目管理而言，他们需要根据项目生命周期的进程来确定自己该抓哪些事情。

得到项目管理办法的步骤

让项目利益相关方满意和依据项目生命周期的程序对项目进行管控是成功管理项目的两大原则。根据这两个原则，我们可以得到企业项目管理方法的 5 个步骤：

第一步：确定项目生命周期。

尽管项目各不相同，但是同类项目的生命周期都是大体相似的或者是一样的，简单说来，都可以分为启动、计划、实施、收尾 4 个阶段。当然，每个阶段又可以有启动、计划、实施、收尾这 4 个子阶段，它们构成了一个迭代的过程，控制活动则贯穿了项目生命周期的全过程。

IBM 于 2003 年以 21 亿美元收购了 Rational Software。Rational 软件公司

由 Mike Devlin 和 Paul Levy 于 1981 年创立，旨在创建一种商业的软件开发环境，目的是改进与软件开发相关的流程。在这个目标下，统一建模语言（UML）、Rational 统一软件开发过程（RUP）以及大量在当今软件工程领域公认的最佳工具应运而生。

从对应用程序生命周期管理（ALM）的深度和广度上来讲，没有哪个开发商能与 IBM 相媲美。IBM Rational 软件具有最全面的协作应用程序生命周期管理（CALM）功能交付平台，支持业务流程建模、需求管理、模型驱动开发、结构、性能和功能测试、变更和配置管理、构建和发布管理、进程，以及项目和资产组合管理。

截至 2010 年底，《财富》前 10 强企业中有 9 家使用 Rational 软件，《财富》50 强企业中有 45 家使用 Rational 软件，《财富》100 强企业中有 93 家使用 Rational 软件。《财富》500 强企业中，排名前 10 位的航空航天与国防企业均使用 Rational 软件，排名前 10 位的商业银行均使用 Rational 软件，排名前 10 位的电信企业均使用 Rational 软件，排名前 10 位的化工企业均使用 Rational 软件，排名前 10 位的电子和电气设备企业均使用 Rational 软件。

在 RUP 中，各类项目的生命周期均分为先启、精化、构建和产品化这 4 个迭代的阶段（见图 3-5）。

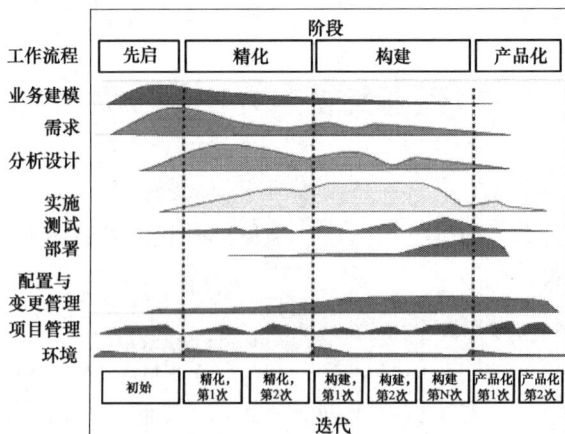

图 3-5 RUP 的项目阶段划分

第二步：确定生命周期各阶段的主要工作及其关联关系。

项目各阶段的工作内容是不一样的。这一步主要的工作是对项目各阶段需要完成的任务，以及任务与任务之间的关联关系（包括逻辑关系和资源供给关系）予以明确，得到项目的工作流程。

项目各阶段的主要工作为项目管理人员和企业管理人员提供了工作时间分配的依据。特别是对有多个项目需要管理的企业高管来说，如何将有限的工作时间分配给每个项目，首先要知道每个项目处在哪个阶段，这样就可以明确有哪些工作需要完成。对项目经理来说，这一点也很重要，如果将项目作为一个临时性的"企业"来看待的话，他们与企业高管一样面临同样的问题。

第三步：确定各项工作与利益相关方的关系。

项目并不是有项目经理和项目团队就能完成的，它需要企业内外部诸多相关方的协作。管理项目的企业外部客户、获取项目资源等都不能依靠项目经理自己解决，它们需要企业的市场部门、法务部门、人力资源部门等协作。

在明确项目任务和利益相关方的责任关系是需要记住早在 1916 年亨利·法约尔在他的《工业管理与一般管理》中提出的著名的十四项管理原则❶。

（1）劳动分工原则。劳动分工有利于熟练技能，提高效率，减少考核目标，提高工作质量，促使职能专业化和权力的分散，以使用同样的努力获得更大的效益。

（2）权力与责任原则。在行使权力中应用奖惩是良好管理的基本条件。首先应规定责任范围，然后规定奖惩标准。权力与责任应相吻合。所谓授权是指将应该由部下去负责的工作就交给部下去负责。授权不等于放权，授权不能逃避责任。

（3）纪律原则。纪律是对协定的尊重，它要求取得服从、勤勉、积极和尊敬的表示。高层领导人与下属人员一样，必须接受纪律的约束。制定和维持纪律最有效的办法是：① 各级好的领导；② 尽可能明确而又公平的协定；③ 合理执行惩罚。

（4）统一指挥原则。无论对哪一项工作来说，一个下属人员只应接受

---

❶ 亨利·法约尔著．周安华等译．工业管理与一般管理．北京：中国社会科学出版社，1982：22－45.

一个领导人的命令。在任何情况下，都不会有适应双重指挥的社会组织。双重指挥产生的原因有以下几种：① 越级指挥；② 平分权力；③ 界限不清；④ 联系复杂。

（5）统一领导原则。对于力求达到同一目的的全部活动，只能有一个领导人和一项计划。

（6）个人利益服从整体利益原则。成功的办法是：① 领导人的坚定性和好的榜样；② 尽可能签订公平的条约；③ 认真的监督。

（7）人员报酬的原则。人员报酬的方式可以对企业的发展产生重大影响，应力求：① 保证报酬公平；② 能奖励有益的努力和激发热情；③ 不超过合理限度。一个企业不管有无利润，员工总是需要有保证的、能立即得到的工资。使员工的报酬完全取决于未来的可能的利润是不适用的。

（8）集中原则。集中的目的是尽可能地使用所有人员的才能。集中程度的大小，即管理的幅度取决于企业的特征和领导人的能力。

（9）等级制度原则。等级制度是从最高权力机构直至低层管理人员的领导系列。等级制度最常见的表示方式是组织结构图，它蕴含了企业的指挥原则和信息沟通原则。如果在不必要的情况下偏离了等级制度，则是一个错误；但如果遵循了等级制度而得到的结果是对企业的损害，则是一个更大的错误。当某人处于必须在这两种方法之中选取一个，而又不可能听取他上级的意见时，他要采取最符合总体利益的方法，就要有相当的勇气感到自己有足够的自由。

（10）秩序原则。建立秩序是为了避免损失。因此，不但应使员工都在适合他们自己的位置上，而且必须事先选择位置，以便尽可能地便利所有的工作程序。如果后一个条件没有具备，秩序只是表面的，它将掩盖实际的混乱。完善的秩序包括正确选择的位置，表面秩序只是一种假象。

（11）公平原则。公平是由公道和善意产生的。公道是实现已制定的协定。但这些协定不能什么都预测到，要经常说明它，补充其不足之处。为了鼓励下属能够全心全意和无限忠诚地执行他的职责，应该以善意来等待他。做事公平要求有理智、有经验并有善良的性格。

（12）人员稳定原则。一个人要适应他的新职位，并做到能很好地完成他的工作需要时间，还得假设他具有必要的能力。一个只有中等能力但长期留下来的领导往往比那些能力虽强但停留不长的领导更受欢迎。

（13）首创精神的原则。全体员工的首创精神对企业来说是一股巨大的力量，特别是在困难的时刻更是这样。在权力与纪律的尊重而造成的局限中，需要有某种勇气来激发和支持大家的首创精神，应该使领导者能够牺牲自己的虚荣心去满足其下属人员的虚荣心。

（14）人员团结的原则。一个企业中，全体人员的和谐与团结是这个企业的巨大的力量。要注意统一指挥，避免对员工分而治之和滥用书面联系。每当可能时，应多进行口头联系，避免毫无必要的文书往来。

自从亨利·法约尔提出这十四条原则，时间已经过去了 100 年。在这些年间，产生出无数的管理方法和令人眼花缭乱的管理名词，但是，我们不难看出，亨利·法约尔十四条管理原则中的绝大多数依然有效，那些时髦的管理方法、管理名词也大多没有能够超出这十四条管理原则的范围。

第四步：确定每项工作可能存在的风险。

项目工作存在的风险是项目管理的重点。无论是企业还是一个项目组，都是有纪律、有规则的组织。尽管现在有很多人强调管理中要更加授权、更多考虑个人的权益，但是，不能否认的是，"控制"仍然是管理的关键词。我们需要注意的是，控制只有在问题发生前才能更有效。在现在的竞争环境下，一旦出现一个失误，在将来能够得到弥补的那种"亡羊补牢"式的可能性很小，我们已经越来越难以承受哪怕一次小小失败的代价，因此，管理需要走在问题的前面。

人们一般将不确定的、可能带来不良影响的情况或事物当作风险。例如，技术风险、资金风险、政策风险、天气风险等。但是，从管理角度看，只有可管理的、不确定的情况或事物才是风险。不可管理的不是问题而是环境，例如陨石突然坠落等。这些人们无法管控的事件连保险公司也不投保，被称为"不可抗拒外力"。

可管理的风险主要是指人的行为。技术风险是由于找不到胜任的技术人员或技术人员的不恰当行为造成的；资金风险是由于财务人员不胜任或找不到合适的投资方造成的。"人"永远是管理的第一对象，由于人的行为造成的风险永远是风险管理的第一来源。

第五步：确定化解风险的方法及其与各利益相关方的责权利关系。

风险是可管理的人的行为，但是，人的行为往往并不能通过对人的管理得到控制，而经常会从系统的改变，即人所处的环境的改变着手。项目的成果是通过人与其所处系统（组织、方法和工具等）的匹配度得到的。

品管大师爱德华·戴明的研究表明，对一个人的绩效有影响性的因素中，至少有 94% 是系统原因，它们超出了这个人的控制范围[1]。因此，将管理的重点由控制和人员评判导向转向学习和项目系统改进导向是十分必要的。同样，科学管理的创始人 F. W. 泰勒也指出："过去，人是第一位的，管理者要做的事就是找到能干的人，并想方设法提高他们的积极性。但是，从现在开始，应该变成机制是第一位的时候了。"[2]

所谓人才，是相对于能否解决某种矛盾而言的，"优秀人才"、"杰出人才"、"领军人物"是指能够解决某些主要矛盾的人才。人才是相对于问题而言的，人才也只能和组织管理机制匹配才能产生理想效果。人才是系统的一个元素，尽管它很重要，但并不意味着可取代整个系统。当我们不了解系统时，常常会误认为改变了人就改变了系统，但实际上是改变了系统自然就改变了人。人才和科学项目管理体系的集成才能产生良好的项目成效，才能高效率、可靠地将政策的决策变成正确的成果。

作为创新性很强的工作，项目管理永远是一种有残缺的美。把握项目管理的基本原则，就可能以尽可能少的管理代价取得尽可能美妙的项目成果。

---

[1] ［美］彼得·斯科尔特斯. 戴明领导手册 ［M］. 钟汗清，译. 北京：华夏出版社，2001.

[2] ［美］F. W. 泰勒. 科学管理原理 ［M］. 北京：中国社会科学出版社，1984.

4

项目治理平台的建设

霸王之形，德义胜之，智谋胜之，兵战胜之，地形胜之，动作胜之，故王之。

——《管子·霸言第二十三》

成功的项目管理需要有效的项目治理平台的支撑。尽管项目管理的重要性已经被越来越多的人认识，项目管理的有效性也已经在越来越多的企业中得到证实，但是，大多数人仍然认为项目管理是项目经理的事，是企业中层人员或者是基层人员的事，而没有意识到项目管理首先是企业高管的事，特别是对项目型企业或想进行项目化管理的企业来说，项目管理就是企业高管们最重要的事。高管对项目能否得到成功管理起着至关重要的作用，他们需要承担起建设项目治理平台并据此对项目进行有效治理的责任。

项目经理能承担的责任很有限

谈起项目管理，人们一般会想到"项目经理负责制"，但实际上项目经理拥有的权限和资源很少，他们能够承担得起的责任也很少。决定项目成败的很多原因甚至大部分原因在项目经理的层面上是不能解决的。

据 2013 年 Standishgroup❶ 的调查，成功的项目中有 61% 是由于项目得到高管层和组织的有效支持，而失败的项目中有 70% 是由于高管层的能力和支持力度缺乏。高层管理人员的支持是项目取得成功的第一因素。

在决定员工绩效的因素中，有 94% 以上是他们自己所不能决定的。

——质量管理大师爱德华·戴明

---

❶ 参见 www.standishgroup.com.

项目经理的责任范围是很有限的。

首先，他不能决定哪些项目该干，哪些项目不该干。

项目经理之所以被称为"项目经理"，就是指有项目才有这个职位，没有项目这个职位自然就消失了。项目具有临时性的特点，其中一个显著的特点就是项目经理是临时的。尽管在企业中有的人的头衔是"项目经理"，但这是一个候补的虚衔，当有了项目可管时，他们才会成为真正的项目经理。"先有项目，再有项目经理"是基本的时间顺序。决定项目该不该干的是企业高管，项目经理只是完成项目，他们不是项目的决策者。当然，也有自导自演的情况，那就是高管亲自兼任项目经理。

企业的利润都是来自于企业与外部利益相关方（顾客、供应商、分包商等）的价值交换，来自于各种各样的合同，这些合同都可以当作项目来对待。这是企业项目化的重要原因。这些合同获得后，会交给具体的项目经理去完成，那么项目失败后，谁来承担责任呢？企业固然可以惩罚项目经理，可以扣他们的奖金、工资，甚至开除他们，但是，顾客和供应商们一般都是向企业追缴损失，会将企业的法人代表告上法庭。这也是为什么人们常说企业里只有老板是没有退路的原因。

据统计，2000年世界前200强企业中就有40多位总裁被迫辞职或被解聘，比例高达20%！我们国内也不乏企业出了问题后高管层进法院、进监狱的报道。这时候，企业高管只能将他们平常告诫员工时常用的话"没有任何借口"用到自己身上了。企业在项目决策和实施过程中存在很多风险，这些风险最终会落在他们头上而不是项目经理的头上。

管理中最悲哀的事就是"以无比快的效率完成了一件不该干的事情"。"做正确的项目"往往比"将项目做正确"对企业来说更基本、更重要。对一个项目正确与否的判断，责任不应该由项目经理来承担，他们也担不起这个责任。如果非要将企业的责任强加给他们就会产生追求项目局部效率而损害企业整体效益的情况。

其次，项目经理用的权限和资源很有限。

临时性的项目经理和稳定的部门经理之间常常存在资源使用上的冲突。项目经理当然是资源越多越好，而部门经理则希望资源消耗得越少越好。因此，不仅项目决策项目经理说了不算，即使在做项目计划时，项目经理也说了不算。他们需要去和部门经理商量，去找企业高管诉苦，去求爷爷告奶奶。

　　企业拿到商业合同后，不会将合同金额作为项目经理可使用的费用额度，一般都会尽可能扣掉更多的毛利。给项目的人员、设备也不会富裕，因为这也会吃掉公司的利润。特别是在企业存在多个项目的情况下，企业会加强资源的动态调度效率，项目独占某种资源变得更加困难。项目是临时的，因此当项目组成员面临项目经理和其所在的部门经理之间的冲突时，他们往往会放弃项目经理。

　　在对项目供应商、分包商的处理上，由于项目经理并没有权力代表公司与他们签订合同、并不能给他们利益，项目经理能做的只是要求供应商和分包商执行合同，因此，项目经理调用企业外部资源的能力也很有限。

　　在变化的时代，一个企业必须树立起能够高效完成项目的能力，这种能力的高低将决定企业盈利能力实现程度的高低，也将决定企业的成败。但是，就像董事会需要决定盈利模式而不能将盈利的责任全推到经营者身上一样，经营者也不能将完成任务的责任推到项目经理身上。

　　要想项目取得成功，不仅需要胜任的项目经理去完成项目管理，还需要胜任的企业高管去对项目进行有效治理。在某种程度上，项目治理的成果就是决定企业项目的盈利模式，而项目经理们只是要去高效地实现这些模式。

企业需要提高项目治理能力

　　一般认为项目就是临时性的任务。那么，这个任务为什么会存在？当然，是为了满足某些需要。所有的产品都是为了满足人的需求而产生的，那么，项目需要满足谁的需要？当然是利益相关方，而不仅是顾客。人是为了自己的需要而工作的，无论这些需要是物质的，如粮食、住房、车辆；还是精神的，如情感、名声、良心或正义感。金钱只是这些需求的"一般等价物"。即使是看起来完全没有人格和人身自由的奴隶，也是为了满足自己的需要在工作的，这种基础需要就是活着，或能够活下去的希望。

　　"交换"是人，或者所有生物生存的基础。项目为这些交换提供了机会，因此，我们可以认为"项目是一种利益相关方交换其需求的机会"。但是，仅仅有机会是不够的，利益相关方必须对项目有信心，认为项目这个机会足够大，足以让他们为此拿出东西来交换，并且这种交换是对自己有利的。

要想人人都觉得是对自己有利的，只有做到公平才能达到整体均衡。这就要求项目需要具有公平的属性，这种公平的属性不会自发产生，它来自利益相关方之间约定的规制关系，没有这种规制关系就不会有项目的存在。当然，任何规制关系制定的公平都是相对的，特别是人们没有自由选择权的时候尤其如此。因而，我们可以进一步认为"项目是建立在某种规制上的交易平台，在此平台上利益相关方为满足其各自的需要进行付出和收获的交换"。这些规制关系可以用利益相关方彼此之间的交易角色网络来表示，这种网络是一种社会网络，换言之项目可以定义为"为完成临时性、独特性任务并满足其各利益相关方需求而构建的社会网络平台"。相应地，项目管理可以定义为"对项目利益相关方社会网络平台进行管理，以完成项目成果并使项目利益相关方满意的过程"。

管理中常见的问题是角色的错位、越位和缺位。"项目治理"和"项目管理"的边界如果划分不清，也会出现这样的情况。如果不能界定"项目治理"和"项目管理"的区别，就回答不了除了人们已熟知的"项目管理"之外，为什么还需要提出"项目治理"概念这个问题。之所以治理和管理的边界难以界定，是因为管理在广义上包含了治理，治理可以理解为"对于管理的管理"。一种有效划分"项目治理"和"项目管理"边界的依据是项目经理的权限。权限与责任应该是对等的，但现实过程中，人们常常简单地将项目管理的责任完全或主要压在项目经理肩上。

一个企业有多个项目，这就决定了企业不可能将所有的资源交给一个项目经理。完成项目所需要的资源一般会有稳定的部门掌管，它们受部门经理或总经理这些具有稳定职位的人的支配而不是受临时性的项目经理支配。对于跨企业的项目来说，项目经理对资源的掌控能力尤其有限。换句话说，项目经理只有资源使用权，但是不具备资源拥有权。决定有多少资源可以给项目经理使用及使用这些资源的基本规则等对项目经理而言属于"项目治理"层面的问题，在这些规则下，如何有效使用这些资源则属于"项目管理"的范围。由于项目的临时性，项目经理也是临时的，企业不能将发展的责任完全交给项目经理去承担，特别对跨组织的项目更是如此。因此，项目目标的设定、如何监督项目经理的责任兑现等也是企业和相关组织的权限而不是项目经理的权限。

　　项目治理的主要工作是"设定项目目标、提供完成项目所需要的资源、决定实现项目目标的方法和监控绩效的手段"等。简言之，"项目治理"的责任是提供项目管理的目标、资源和制度环境，而"项目管理"的责任则是在这些制度环境内有效运用资源去实现项目目标。

　　对企业来讲，在变化的时代，最好的管理形式是建立在稳定的、能够应对变化的管理架构基础上的。企业的管理架构包含四个组成部分，如图4-1所示。

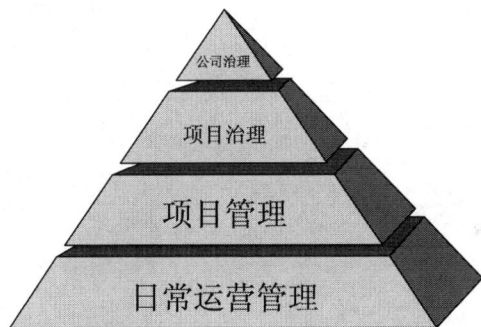

图4-1　企业的管理架构构成图

　　最高层是公司治理，它界定了公司所有者和经营者之间的责、权、利关系，或者说它表明了公司的"政权"构成。现在关于企业管理层的名词很多，有董事长、CEO等，很多企业并不太明白"董事"二字的由来，也不知道董事长、CEO、总经理的界限在哪里，要不然不会有董事长兼总经理、董事长兼CEO等怪里怪气的现象，也不会有监事会里的人员根本不敢"监视"的情况发生。董事会最重要的责任应该是界定企业的盈利模式，在此基础上，选择合适的经营者、确定利益分配原则等。

　　很多经营者（高管层）能够"要挟"董事会获得高薪的假设是：企业经营的效益是由管理者工作的成绩取得的。表面上看的确如此，但实际上在很多事例中，即使不是在大多数事例中，企业管理的好坏与公司成败之间并无明显的关系。很多失败的公司，其企业管理得并不坏，而许多获得巨额红利的公司，情况却适得其反。把红利作为企业管理好坏的标准，并不是可取的办法。另一个误区是认为董事会主要是抓资本、抓股票市场。但对股票市场的关注不可避免地转移经营者对公司的注意力，进而会减弱推进公司发展的动力。

无数人在谈创新，包括技术创新、管理创新等，但董事会的创新却没有得到应有的重视，董事会的责任常常被转嫁到经营者身上，这不仅导致短期效益、盈利模式常常僵化陈腐，也给了经营者更多的要求高薪的理由，给了董事会不信任经营者的理由。如此形成同床异梦又表面上称兄道弟的所有者和经营者关系。

治理问题的核心是权力关系。公司治理中的权力是建立在产权关系之上的，权力来自于对公司资源的拥有程度，拥有程度越高，权力越大，反之权力越小。大股东比小股东在公司治理中权力大，而客户、供应商不拥有公司资源，因此他们在公司治理中也没有权力。以上市公司为例，无数的小股东只是在证券市场购买了一些公司股票，就有了享受红利的权利，但他们在公司治理方面的权力是微乎其微的，因而只能"用脚来投票"，即根据自己的判断决定是持有还是抛售公司的股票。在人们熟知的"所有权"和"经营权"中，"所有权"为公司资产的所有者所拥有，"经营权"为经理人员所拥有。其实，因为单纯的经理人员除了个人的知识资源外，并不拥有公司的资产，因而，尽管他们在公司管理过程中有被所有者赋予的权力，在公司治理中他们并没有权力。从公司治理的层面上看，"经营权"这个词并不恰当，应该改称"经营责任"才是。

处于公司治理之下的项目治理包含两部分的内容：一部分是要识别、建立和保障企业和企业外部相关方的治理关系；另一部分是识别、建立和保障企业内部各部门之间、各部门与项目之间的治理关系。无论是哪一种治理关系，都是为了给项目管理营造一个可管理的、可靠的、有效的环境。人们常常误认为项目管理是基层的事、执行层面的事。更糟糕的是，他们采取的管理模式是"积极性加刺激性"，实际上全部问题由项目经理解决。事实上，在项目治理下，至少问题的一半将由经营者（包含职能部门）负责。如果我们去分析总经理们的时间分配，会发现他们会把很多时间花在和企业外部人员接洽方面，也会把很多时间花在内部协调方面，这些工作的有效性如果得以提升，就会为企业的项目营造良好的管理环境。

企业经营充满风险，权力可以通过授权与他人分享，金钱可以通过分配与他人分用，但风险没有企业愿意与我们分担，即使愿意也常常分担不了，那些风险转嫁的期望常常并不真实有效。经营者的真正有价值的创意是设计并提供能够减弱风险总量的机制，以及保障这种机制的运行。也就是说，项目治理重要的是风险减弱的机制设计，而不是风险转嫁。

多项目管理其实是企业内部项目治理的范畴。要知道，项目经理只对项目目标负责，而难以对项目目的负责。他们的主要职责是将项目做正确，而不是做正确的项目。那么，谁对正确的事情负责？谁来决定项目使用资源的优先次序？这是治理的责任。

在有效的项目治理提供的环境下，高效率、可靠地完成每一个项目就成了项目经理不可推卸的责任。明朝万历年间的首辅大臣张居正的用人思想是，要用循吏而不用清流。所谓循吏，就是能够在国家法度之内灵活机变把事办成的人，而清流则是抱着理想和幻想，做不成事而又怨天尤人的人。项目经理需要意识到，他没有时间去建一个能够产生神奇效果的项目文化，也没有把握让参与项目的各类人员共享一种文化；他不能期望能够按照公司制度去适应项目的不同特点，他也不能期望企业能够为他的项目而改变企业制度。

经营者为项目提供的治理方式就是要为项目建立原则，这些原则必须是具体的、刚性的，而不是那些掩耳盗铃式的表面文章。项目经理能做的就是在企业的原则框架下灵活应对千姿百态的项目、灵活应对各色各样的利益相关方、管理性格各异的项目组成员。我们之所以强调项目经理需要有政治头脑，是因为所有者、经营者一般不会忽略政治的重要性，而处于完成任务角色的人员则可能会忘记这一点。

项目治理和项目管理之间的界限有时似乎是模糊的，就像企业治理与企业管理一样。企业治理和企业管理边界的含糊可能会造成几种情况：要么董事长越俎代庖，总经理成为傀儡；要么董事长成为傀儡，总经理独揽大权；要么董事长和总经理之间边界混乱，不得已由一人兼任等。相比而言，项目治理和项目管理的边界含糊造成的结果比较简单但后果同样严重：经营者（包括管理部门）独揽大权，项目经理独担责任。

对于项目治理来说，项目利益相关方之间是协同的工作伙伴关系，他们要想获得收益必须靠在完成项目任务中投入"劳动"换取。或许有人认为，项目投资方理应用其资本换取项目收益，没有必要用什么"劳动"换取。没错，投资方不能白投资，他可以只投资而对项目不闻不问，但是，他的收益只能在项目成功交付后才能得到，如果项目不能成功交付那么他只能承担损失。公司的收益可以来自多个方面，有局部的损失不要紧，只要其他方面的盈利能够大于这些损失即可。对于项目来说则是"一锤定江山"，如果项目不能成功交付，就会带来损失，即使这种损失不一定完全由投资方承担。由于风险集中，投资方不能做"甩手大掌柜"、"监工"或"坐收渔利"，不能简单地"委托"就了事。

与项目一样，项目治理也有生命周期的特性。项目治理的生命周期主要是从项目决策到项目交付和相应的管理收尾这段期间。项目成果交付以后的运营不应该算在项目治理的范围之内，应当归为公司管理的范畴。为提高项目交付的可靠性，在项目治理的生命周期内，项目利益相关方的权力将决定他们在此时期内的责任大小。同样，项目利益相关方在项目治理生命周期内得到的利益则应根据其承担责任大小及责任的完成程度来确定，项目利益相关方的权力和收益是对其所承诺责任的补偿。

除了企业治理、项目治理和项目管理外，企业管理结构中还有个最基础也是最广泛的内容，即日常运营管理。日常管理工作尽管听起来简单，要做到位却并不容易。在这方面，科学管理的创始人泰勒的观点最值得借鉴。正如泰勒所言："经理们承担了这样把过去工人所有的传统知识汇集起来，并将其发展成一门科学的重任。管理不仅是一门科学、一项艺术，它更是二者的结合体，管理是一种技术，具有像工程的基本原理那样的精确和清楚的规律，这些规律是需要经过长期和仔细的思考和研究的。"管理技术的定义是"确切知道要别人干什么，并使他们用最好、最经济的方法去干❶"，而上司和下属之间的关系无疑是这项技术最重要的部分。

日常运营管理的首要目的就在于把高工资和低劳动成本结合起来，并相信这个目的可以运用下列原理而极其容易地得到实现：① 每天要有明确

---

❶ 泰勒．科学管理原理［M］．胡隆永，等，译．北京：中国社会科学出版社，1984：61.

的大量的任务；② 标准的工作条件；③ 完成任务得到高报酬；④ 失败者遭受损失。当一家企业的组织形式达到了先进阶段时，还要加上一条：任务的难度要高到非一流员工不能完成的地步。

——泰勒《科学管理原理》

变化的时代，企业需要以工业化的效率去满足个性化的需求。如果企业能够找到一个合适的盈利模式，有了一个明晰的所有者和经营者责权关系，建立了一个可靠的项目环境，具备了正确完成项目的能力并能够保持高效率的日常运营，企业就能够应对变化时代的挑战。

企业项目治理平台的构成

在复杂多变的市场竞争环境下，项目能够有效应对变化的价值得到了企业的普遍认可，企业界掀起了重视项目管理的热潮，有的企业甚至出现了将一切管理活动都向项目靠拢的"过度项目化"倾向。

项目化管理是企业及其他组织为适应变化的环境和需求将一些工作作为项目来对待的管理方式，其形式可以表现为：为某个长期持续性工作设定阶段目标，为某些岗位的长期或概括性职能界定特定任务依赖的权限，为一些跨组织合作的工作界定其临时性组织合作方式，为一些柔性或非正式组织建立临时性刚性规范等。十八大以后，随着产业结构调整步伐的加快、各类协同创新工作的推进等改革的深化，项目化管理将会越来越得到人们的重视。

正如一枚硬币总有两面一样，在"项目化管理"越来越成为一个热门词汇的同时，也带来另外一些让人担忧的情况。中国人的热情往往是运动式的、非此即彼的，正像毛泽东所言："不是东风压倒西风，就是西风压倒东风"。运动式的改革，或者说将"项目化管理"当成是一种运动，对企业和国家的发展是不利的。只看到社会的变化而忽视变化背后相对稳定的共性，片面强调"一切均是项目"、过于追求项目化也是不合理的。

企业在其发展过程中，同时主导或参与的项目往往有多个，这些项目涉及的业务领域各异、目标相差较大，会在对人、财、物等资源的需求上存在较大冲突。如何有效地统筹管理多个动态的、临时性项目，运用管理的"规律性"来应对项目的"独特性"，成了企业面临的一大难题。在这种情况下，稳定的、可复用的项目治理平台对企业就显得异常重要。

项目治理平台是"为多个功能性项目提供的可复用性条件集合，这些条件能够提高项目管理的效率和可靠性，以及增强多项目之间的协同性"。项目治理平台的特点在于其稳定性和可复用性。稳定性表明项目治理平台是长期的；可复用性表明它是各种流程、知识、技术、方法的集合。企业是一个系统，而其涉足的众多的项目构成了企业这个大系统的子系统。各项目子系统的目标、运作方式不同，如果缺乏有效的统筹管理，就得不到有效的耦合和集成，继而会形成无序的耗散从而增加项目的失败率。

企业项目治理平台包括以下内容。

1. 基于流程集的情境化项目运行平台

项目利益相关方扮演的角色是动态的，它是根据某些流程来调度的。这些流程根据情境的不同而不同。情境是项目范围及工作流程，两者之间有密切的依存关系。范围可以用项目工作分解结构 WBS（Work Breakdown Structure）表示，而流程则是 WBS 中各工作包（Work Package）的次序，包括逻辑次序和由于资源、管理需求而形成的次序。需要注意的是，在 WBS 分解过程中，一般是基于项目产品相关的活动而划分的，但实际上，我们更应该强调基于管理活动的划分。从这个意义上讲，WBS 不是树状结构，而应该是网状结构才对。既然流程包含了活动和次序，因此，我们也可以简单地认为情境就是"流程的集合"。情境化项目运行就是根据流程集来调用活动，由活动来调用资源的过程。

在《射雕英雄传》里，为什么是"降龙十八掌"而不是"二十一掌"？为什么是"七十二路空明拳"而不是"八十一路"？为什么武当太极有"十三式"？招数并不是随意想出来的，它是各武术门派根据攻防方式的分类。在搏击过程中，最大的问题是在遭到对手攻击时我们没有足够的时间去思考破敌之策，因而有了招数的训练。防空演习、夺岛演习、救灾演习、紧急预案等都是如此，即碰到某种场景时，不需要再慢慢开会商量。

情境化项目运行的目的是达到项目运行效率和可靠性的最大化。这里蕴含了辩证法的思想，是对立统一规则的体现。项目是独特的，项目的独特性不仅是项目成果的独特性，这个独特性的管理学意义很少。管理的重点是面向成果而不是基于成果，面向成果的管理就是过程管理，而基于成果则是评价并为了未来作出贡献了。所以，从管理的价值来看，项目的独特性体现在项目目标实现过程的独特性。当然，我们这里是将项目资源作为其调用流程的附属参数来看待的。流程的不同表明了项目"情境"的不同，流程集的分类是情境划分的依据。

这种简化分析的方法对项目团队研究特色的形成是至关重要的。除了该项目简化方式外，还有其他几个重要的简化，例如，将管理的重点简化为对人的行为的管理；将技术、资金等简化为人的隶属物，将其作为人的属性参数来看待；将管理活动作为信息的函数，即所有管理活动乃至人的行为可以简化为用其信息特征来表达；等等。没有这些简化就没有管理研究的科学化、流程集的情境化，换句话说，情境化是项目流程集的函数，而流程调用资源，即流程是资源集的函数，而在这些资源中，所有其他资源都可以简化为人的参数，即人是资源的函数。利益相关方在项目中扮演的角色是个体的人和互动关系的函数，即人和信息的函数，由此构成嵌套式复合函数关系，最后得到情境化项目运行是利益相关方角色及相关信息的函数。这种简化的函数关系可以通过利益相关方角色网络来代表，这为得到科学化的、数学化的解析和演绎分析提供了方法论和工具的基础。

情境化项目运营对一个组织来说并不是一个流程集，因为组织一般会有多个项目。同样，来自多个组织合作的项目也是基于流程集的，这就是为什么说项目情境化运行是个平台的原因。平台的目的是为了给其上运行的各个具体功能性运用提供耦合的环境和条件，这样各个具体的运用才能有效集成，降低配置上的冲突，从而提高整体有效性和效率。尽管项目是纷繁复杂的，但完成项目的流程集的种类却有限，这就避免了"具体问题具体分析"而产生的效率问题，而代之以"具体问题分类自动化解决"的方式。项目的价值往往不是体现在其独特性上，而是体现在其价值的"失效期"上，项目的时间价值是至关重要的，项目情境化运行就是使项目赶在其失效期前完成。

时间限制是管理项目中碰到的最大资源限制。IBM之所以能够提出"随需应变"的口号，是因为它有一个基于情境的全球项目管理方法体系

（Worldwide Project Management Methodologies，WWPMM）。该体系的构成如图 4 - 2 所示。

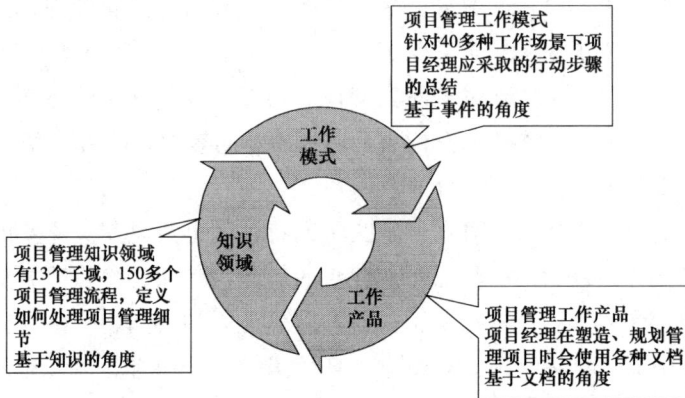

图 4 - 2　IBM 的项目管理方法体系

2. 基于胜任度的角色化人力资源成长平台

任用人员的前提是该人胜任某种工作，但现实中往往并非如此，不是"先胜任再任用"而是"先任用再胜任"的情况占了主要状况。这种状况的后果是增加了风险和降低了效率。要减少拿实际工作来练手这种情况，必须要有胜任度的意识、判别标准、提升途径和任用方法。

项目都是靠人完成的，他们是项目的利益相关方，是项目广义的人力资源。但是，项目人力资源的特点和企业以及稳定组织的人力资源的特点是不一样的。这些人力资源不是隶属于项目，他们彼此之间是靠各自的利益约定而走到一起的，这种人力资源相比稳定组织人力资源有以下特点：其责任范围边界更具体、更明确，其被调用程序更受限制，其参与过程更片段、更有时效性等。换言之，项目利益相关方的角色性要远远强于企业或其他稳定性组织中的人力资源。基于角色的利益相关方调度对项目来讲是符合其特点的，也是必要的。

"角色"不仅是指某个人，更重要的是指完成项目的某种具体责任。一个项目的利益相关方在项目治理的生命周期内的不同阶段、不同场合、不同任务中可以扮演不同的角色，而同一个项目任务也会由多个人以不同的角色来完成。责任不一定能够由一个人独立承担，它需要其他人员的协作。因此，责任还包含着角色与角色之间的关联方式。所以，项目利益相关方之间扮演的角色与角色之间的关联关系很难预先用一个刚性的层级形式或矩阵形式等表示，它们总是依赖于项目治理的特点和项目治理生命周期的任务需要的"动态角色网络"。从这个意义上讲，在项目治理中，试图寻找一个一次性可以界定项目利益相关方关系的"治理结构"是不现实的，也是不合理的。

角色是随着流程的推进过程而呈动态性，或者说时效性。当然对组织来说，资源的需求也不是稳定的、动态的，基于角色的人力资源调配可以减少人力资源的总量，降低成本。不仅如此，多加一个人引起的管理、社会方面的麻烦也会增加不少。要做到一个萝卜几个坑，需要满足两个基本条件：一是萝卜要动起来，二是一个萝卜要适合几个坑的需要。也就是说，要用动态调度机制，还要有一个人具有多个角色的胜任能力。

项目角色的胜任度是指某人与角色能力要求的匹配程度。我们这里强调能力，而不强调其他诸如修养、素质、品性等要素，这是基于我们对管理的理解。能力是与项目活动直接相关的，而道德、修养未必与项目活动直接相关，而是与社会价值观相关。当然，对有些工作来讲，修养和道德也是一种能力。简言之，能力是相对于项目活动而言的。

利益相关方的能力并不一定产生有效的行为，它只是产生有效行为的基础之一，甚至不是必要的基础。例如，有了运气或社会背景，能力并不必要。从可靠性来讲，每个项目活动都有其成功因素，尽管这些成功因素的构成或重要程度（必要程度）并不一样。"因人设事"或"因事设人"在管理上都有其合理存在的条件。但不管怎样，我们需要对什么人才能胜任某种项目活动有个基本的判断，这种判断就是能力基准。可见能力基准并不完全是客观的，它实际上是一个从实践到理论（标准化知识）再从理论到实践的螺旋式上升的过程。能力基准是存在标准化知识框架的，这才能为培训人员提供基础。在变化迅捷和竞争激烈的时代，不可能依靠个人的试验去积累经验，这种方式太低效，风险也太大。更何况人员的流动趋势也不允许组织完全依赖于属于员工个人的、随人员流动而流动的经验。角色划分方式、胜任度标准、培训机制和评价机制等构成了一个项目治理的子系统，它就是"基于胜任度的角色化人力资源成长平台"。

3. 基于知识复用的人力资源动态化调度平台

使利益相关方"来得了、干得好、走得掉"才是基于角色的动态调度。基于角色胜任度的调度机制是通过流程调用实现的。这需要有提前量，需要提高使用角色的预测能力。这些也是基于企业对流程的管控能力。"千军易得一将难求"是中国对人才的传统观念，但是"百年树人"对于具有明显甚至苛刻的时效性的项目来讲是不适用的。

尽管项目这个平台可以促进人才的成长，但项目往往不是以培养人才为目的的，它们更多的是功利性地使用人。人才很重要，很难得，要价很高，脾气很怪，但实际上人才的重要程度并不是那么高。当然，如果将技术等完成项目任务的要素均作为某个人员的属性时，该人员就成为必要的、不可代替的。但是，如果我们将这些要素分解并使他们能够分配给不同人员时，某个人的必要性就减弱了。换句话说，当模糊的、隶属于某人的经验转变为清晰的、标准化的、可复用的、独立于具体的人的知识时，我们对某个具体人的依赖就降低了。

科学和艺术的区别在于前者不依赖于具体的人，而后者依赖于具体的人。当我们具有细分和标准化的能力时，艺术就变成了科学。当然，对管理中的很多问题我们很难走向科学的一端，但我们可以走到科学与艺术这两个端点的中间地带，即将管理从"领导艺术"占主导的状况走到"技术"的范畴。当我们由"用人工作"转变为"用人按照某种细分的知识工作时"，就实现了人员属性的分解，即将一个人的属性分解为几个人属性的集成，那么，对这个人的依赖性就降低了，而工作效率和可靠性反而提高了。对人员属性的标准降低一点，满足该属性的人员数量会大幅度增加，成本就降低了。

在整个项目的生命周期内，会有许多诸如文档管理、沟通管理等非直接成果性活动，这些活动虽然对项目的成功完成起着重要的保证作用，但给人的感觉却像做家务劳动一样：琐碎、烦人、花费时间和成本，而且"无关紧要"。很多先进的管理模式在一些企业的变味是从这些非直接成果性活动的变味开始的，"评审之前补文档"已成了一项 ISO 9000 体系运行中公开的秘密。

经验的解析、标准化，使其成为可复用的知识，这个过程不仅降低了项目角色的能力基准，也提供了角色工作的基本方式，即角色依据知识来得到训练，按照知识标准开展工作。角色和知识对组织来说是可分离的，不能分离就是经验，能够分离才是知识。知识的提出和复用的相关活动构成了项目治理的另一个子系统，这是另一个子平台。

4. 基于关键绩效领域和绩效指标的信息化管控平台

"找来合适的人，将任务交给他们，然后等待他们提交成果"是不负责任的，这种"用人不疑、疑人不用"的思想不是社会化分工的趋势。"规划、维护、操作、监控"是项目的基本治理角色。管理之所以成为一个专业就在于它和人员一样是项目成功的必要条件。拥有权力就能成为管理者是一个误区，也是当今社会存在诸多问题的重要原因。很多掌握权力的人在潜意识中并不认为管理是一门专业，这是管理研究人员面临的挑战。

有效的管理需要抛弃侥幸心理，在管理者的词典里，没有"惊喜"只有"可控"。对过程风险的控制是项目治理的重要内容，或者说是项目利益相关方规制关系建立的两大基础之一，另一个是责任和利益分配。关键绩效领域（KPA）实际上是关键风险领域的另一种表达，关键绩效指标（KPI）则是 KPA 的具体特征。对于管理来说，风险可以是技术、资金、天气、健康等因素，但对治理来说，我们可以将其简化为利益相关方角色责任兑现的风险，或者说角色行为的风险。

可管理的，或者说可以通过管理改变的利益相关方行为是我们开展项目风险管理的主要对象。人的行为产生于两个原因：一种是其基于自己内生属性产生的行为，或者说是由自身属性决定的行为，这种行为产生的风险（即可能产生的非计划性结果）可称为"属性风险"。这种风险的判断依据就是我们常见的风险列表与具体人员的关联函数。另一种是基于人们彼此之间的关联关系而产生的行为，即人员的外生属性。这种行为产生的风险可称为"结构风险"。它又可分为两个子类：一是对某个人员产生的风险，可称为"关系风险"，另一种是对群体产生的风险，可称为"网络风险"。

项目是复杂的，对项目风险判别的难点不仅在于不确定性的判定，那是基于能力的，而管理的难点则在于另一因素，即信息。信息传递的不及时、失真、隐匿等是造成可管理风险的重点。这也是我们为什么将各种管理行为简化为信息交换的原因，而借助于信息化系统可以减少人为的模糊性和处理过程的"柔性"，从而减少风险，提高管理的有效性。

5. 基于可持续性协同发展的项目化文化平台

项目给人们带来的不一定是机会，还包含风险。项目化是应对变化的，变化给人们带来担忧，特别是随着人们年龄的老化而有没有有效的社会保障体系，这种担忧的程度会上升，如果组织不解决这些担忧，员工就会自己来解决这个问题。

要解决项目化过程中存在的心理问题，需要培养人与人合作的能力，提升和更新其胜任角色的能力和广度，让他们看到未来职业和个人发展的前景，增加这种前景的可靠性。这些都需要建立在了解人性的基础上的一系列制度保障。文化是长期以来形成的习惯，我们不能等到习惯形成再进行管理，而要将习惯形成分解成一个个行为固化的过程。人的行为要固化，需要重复产生，需要靠做到了有好处、做不到有坏处来引导和约束。

文化解决了人们对项目这种临时性工作的恐惧，愿意由岗位转变为角色，知识使角色能够迅速胜任工作，信息化管控保障了角色开展工作的规则，角色通过流程整合起来完成项目目标，这就是项目治理平台的逻辑。这是组织的责任而不是项目经理和项目组成员的责任，也不是哪个职能部门能够独立承担的责任。

运动式和投机性的经营行为是我国很多企业的致命伤，其症状表现为大多数中国企业在疲于应对市场的变化，"战战兢兢"、"如履薄冰"之类的不踏实的感觉恰恰是我们只有项目意识而缺乏稳定的企业项目治理平台造成的。

中国企业普遍缺乏平台意识。我们历来强调经验，强调拥有经验的人才，而不重视知识的积累和复用，不重视体系和人才的互动性；我们强调面向解决问题的技术，而不重视基础理论的科学；我们热衷于创新或模仿，而不尊重知识产权的保护。这样下去，企业甚至国家是很难有长远竞争力的。

我们有各种各样的手机，有无数的应用软件，但我们没有 Android、iOS、Windows 这样的平台软件。我们有大量的飞机、雷达、火炮、导弹，但我们缺乏集成这些武器系统的综合平台——航空母舰。平台的作用是巨大的，这也就是为什么中国"辽宁号"航空母舰这么受世人关注的原因。

只有项目，没有项目治理平台的企业只能开展游击队式的战术活动，而不能开展大规模的战役，它的前途充满风险。李自成是一个项目高手，但其最终的快速失败不仅在于内部的骄傲和腐败，更在于其在战略上缺乏根据地这种平台建设。毛泽东领导的中国革命汲取了这个教训，在抓好一个个战争（项目）的同时，还抓紧建设了一个个根据地（平台）。这一点值得我们高度重视。

5

成功的项目决策

> 与不可，强不能，告不知，谓之劳而无功。
>
> ——《管子·形势第二》

项目管理，首先要有项目可以被管理。得到正确的项目、有效的项目、值得被管理的项目是开展项目管理的基础。项目成功与否，项目决策起着非常重要的作用。做好项目决策是企业高管的责任，不能将其推给项目经理。

> "请告诉我，我应该走哪条路？"
> "这得看你要到什么地方去了？"猫问道。
> "去哪儿都无所谓。"爱丽丝答道。
> "那你走哪条路都行。"猫说。
> "只要能到个地方就行了。"爱丽丝解释。
> "你一直走，就肯定会到一个地方的。"猫说。
>
> ——卡罗尔《爱丽丝梦游奇境》

据调查，对于大型建设工程来说，项目前期决策工作对项目投资的影响程度为 70%～95%，设计和计划阶段对项目投资的影响程度为 60%～70%，项目施工阶段对项目投资的影响程度还不足 40%，然而前期工作费用只占总体费用的 1%～2%，正是这 1%～2% 的费用决定了几乎全部随后的费用。

成功的项目决策可以通过以下 5 个步骤得到：明确自己的目的和目标，识别利益相关方，挖掘利益相关方的期望，寻找满足利益相关方期望的途径，判别能否达到自己的目的。

明确自己的目的和目标

区分好"目的""目标"和"手段"这3个概念对管理者来说是十分重要的。目的是指人们希望得到的某种境界，它是人们对某种状况价值的认可程度，它有一定的方向性，在判断标准上往往存在含糊性和多样性。目标则是目的的某个具体表现，它具有明确的特征和判断标准。换句话说，目的可以是一个集合，目标只是该集合中的一个样本。例如，追求幸福是人生的目的，但幸福的特征是什么人们却各有不同的理解，因而目标也就不一样。有的人得到一辆车是幸福，有的人有饭吃是幸福，其实它们都是因人而异地体现幸福的具体目标。达到目标的方式方法叫手段，同一个目标，一般也会有多种方法，即所谓的"条条大路通罗马"。

很早以前，判断官员就两项指标——"德才兼备"，后来发展到"德能勤绩"这四项指标，再后来发现这四项指标不完善，又逐渐增加了诸如"GDP""廉政""环保""计划生育""群发事件""重大安全事故"等。考核满分达到上千分，甚至两千分，因为指标太多，分数少了分不过来。各项指标又被赋予不同的权重以表明其重要程度。其实这些做法都是误以目标代替了目的，实现了目标不等于达到了目的。

有一个短跑冠军家里遭了偷窃。由于小偷刚走，他就跑着去抓小偷。很快，这个人就跑到了小偷前面，当他回过头来想嘲笑小偷时，才发现小偷已经躲进一个胡同里不见了。你听到这则故事也许会认为荒诞不经，因为抓到小偷是目标，而与小偷赛跑是手段，两者不是一回事。

从管理的角度看，我们做任何事情都有目的性。很多难以抉择的情况是由于目的不清晰造成的。

在企业考核中经常出现这样的情况：有些部门容易考核，有些部门很难考核。当问起哪些部门容易考核、哪些部门不容易考核时，常常得到这样的回答："挣钱的部门容易考核，而花钱的部门不容易考核。"其实，企业区别于其他组织的一个重要特征就是它们是以盈利为目的的，简单说来，企业是一个在法律框架内以营利为目的的组织。明确了这个目的就可以看出企业内的部门不应该被分成"挣钱"和"花钱"的部门，而应该被分成"挣钱"和"帮着挣钱"的部门。前者目的不聚焦，而后者目的聚焦。如果采用后一种划分，考核时应该是"挣钱的部门"考核"帮着挣钱的部门"，而现在大部分企业都是相反的。

另一个考核中的问题是，人们经常采用综合评价法，即设定若干指标，然后予以赋权，总体权重为100%。这种方法的目的只是可以对人或部门进行奖罚，对发现问题和解决问题的帮助并不大。在医院看病时，医生从来不会对各项医学指标进行赋权处理的，医生绝不会说"你的血压很高但身高很矮，一平均正好，你是健康的"。

我们做项目的目的并不是得到一个新产品、完成一个新工程，我们追求的是实现某种价值。新产品、新工程只是体现这种目的的一些具体目标。因而，"价值"一词是管理者在进行项目决策时需要牢记的。

为了得到一个有价值的项目，我们需要回答以下问题来明晰我们的目的。

（1）我们的人生理想是什么？

（2）我们企业的愿景是什么？

（3）我们处在什么样的社会和商业环境中，这种环境正在发生什么变化？

（4）这些环境变化给我们的理想和愿景带来哪些机会和威胁？

（5）我们需要提供何种价值才能抓住这些机会或化解这些威胁？

（6）这些价值什么时候必须提供？

（7）有哪些具体成果或指标可以检验我们取得了这些价值？

问题1~5能够帮助我们明确项目的目的，问题6~7是项目目的的具体化，它们是项目目标的一部分。

管理者要弄清自身的目的特别需要加强系统思维的能力。要将企业、项目和自己放在一个动态的价值系统中去考量。很多项目之所以失败是因为决策者将项目孤立起来看待，或将项目放在一个静态的系统中看待而造成的。

只有依据系统思维，我们才能够看到与企业发展、自身发展相关联的各种因素。只有将这些要素连接成系统，我们才能认清我们在这种系统中处于什么地位，要具备何种价值才能得到生存和发展。

项目是价值交换的平台，我们在考虑项目的目的时如果不能鼓励从自身的目的出发，项目的目的就不能真正转化为我们工作的动力。另外，我们所处的系统是一个动态的社会系统，这个系统会不断地演化，如果看不到这一点，我们就会着眼于现在，其结果可能是我们开展的项目还没有完成，由于系统的变化，该项目就已经丧失了价值。我们所处系统的组成部分不仅包括企业外部的利益相关方，也包括企业内部的其他项目及其利益相关方。

能够帮助我们发掘价值和目的的方法是系统流图，它是系统分析的一部分❶。系统流图由三个基本单元构成：增强关系，即 A 增加会导致 B 增加［见图 5－1（a）］；调节关系，即 A 增加会导致 B 减少［见图 5－1（b）］；时间延迟，即 A 增加或减少不会立刻导致 B 的增加或减少，B 的响应会在时间延迟 Δt 后发生［见图 5－1（c）］。利用这三种基本单元可以构建较复杂的系统流图，从而可以发现项目机会，以及据此判断该项目能否达到我们的价值和目的。

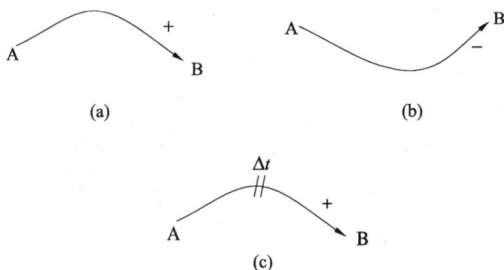

图 5－1　系统流图的基本单元

图 5－2 简单反映了汽车销售和服务市场的系统演变。随着私家车保有量的增加，将会相应带来停车难、交通拥堵程度、汽车维修需求量的增加。交通拥堵到一定程度，政府就会出台政策干预，就会发展公共交通，由此将导致私家车销量增速减缓。但由于越来越多的私家车主习惯了有车

---

❶　有关系统思考的图形绘制及分析可参见：Dennis Sherwood. 系统思考［M］. 邱昭良，刘昕，译. 北京：机械工业出版社，2004.

的生活,尽管平时可以乘用公共交通,但假期、外出等情况还是习惯开车,因而汽车租赁将会发展。无论哪种情况,汽车维修量将会增加,而汽车维修引发的问题也会增加,这样政府又会出台维修规范来干预……从图5-2中我们可以看到,汽车租赁、维修带来新的商机,同时这些商机发生中的时间延迟也给我们带来了一些别的项目,例如融资、车间建设、标准制定等。

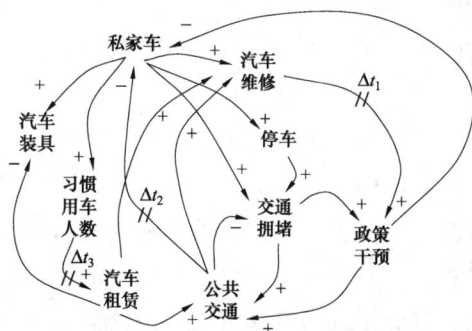

图 5-2 汽车销售和服务市场的系统演变

识别项目利益相关方

在项目决策过程中,仅仅考虑我们自己的目的是不现实的,如果没有项目利益相关方的支持,我们很难仅靠自己来实现这些目的。

一般说来,项目成功的标准是指项目能够在限定的时间、费用之内提交给客户符合质量要求的项目成果。时间、费用和质量也因此被看作是项目管理目标的"铁三角"(见图5-3)。在这3个要素中,任何一个的变化都将引起其他一个或两个因素的变化。

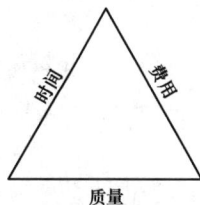

图 5-3 项目管理的"铁三角"

然而,项目成功的标准有个演化的过程,不同的时代对项目成功的要求是不一样的。

在帝王时代,成功的项目意味着只要把规定的工作干好就行了,并没有明确的时间和费用的限制。比如在君主的命令下建成的泰姬陵和金字塔等,项目管理的对象仅仅是项目范围,即项目应该完成的任务内容。

　　长城的修建持续了两千多年，从公元前七世纪楚国筑"方城"开始，一直到明代一共有 20 多个诸侯国和封建王朝修筑过长城。秦始皇为了修筑长城动用了 30 万人；在汉代，从文帝到宣帝都对长城进行修建，建造长度近一万千米；到了明代，从洪武至万历，也没间断过长城的修建，其间经过 20 次大规模的修建。长城的修建就像一场接力赛，皇帝们一个接一个地进行着，这也造就了世界上持续时间最长的工程。

　　到了官僚控制时代，项目成功的标准是只要在规定的时间之内把事情做完就行了。钱用完了可以再申请，只要能够按时完工，就算是没有问题了。直到现在这种情况仍在发生，有些"形象工程"和"献礼工程"就是如此，"钓鱼工程"也缘于此。

　　到了市场经济时代，由于企业作为市场的主体出现，社会上出现了越来越多的由企业运作的项目，企业筹集资金本身就很困难而且成本太高的商品会减弱竞争力，所以项目不只是要在规定的时间之内把事情做完，还要考虑到预算费用和质量问题。在这个阶段形成了项目管理目标的"铁三角"。

图 5-4　现代项目管理的四要素

　　目前，随着竞争的加剧、变化速度的加快，项目不仅要在规定的范围、时间和费用内把事情做完，而且要对时间和费用进行最大限度地压缩、再压缩，还要符合质量要求并使项目的利益相关方更满意。也就是说，现代项目管理的目标具有四个要素：时间、费用、成果质量和利益相关方的满意度（见图 5-4）。也就是说，只有在满足了时间、费用、质量要求并获得项目利益相关方满意的情况下，项目才是成功的。其实，时间、费用、质量也是项目某些利益相关方的需求，因而可以简单地认为：项目成功就是让项目的利益相关方满意。

　　要使项目利益相关方满意，首先要知道项目利益相关方都有哪些人。尽管项目利益相关方对项目的成功至关重要，如何将他们都识别出来并不容易。外国人习惯于签字，中国人习惯于盖章。有了签字人就有了责任人，有了公章则不然，发掘公章的背后是谁是一项艰巨的工作，稍有疏漏则会前功尽弃。

中国人做事大多是建立在"人脉"的基础上的，影响到项目成败的人员可能是与项目有关的，这些人需要识别出来是理所当然的。但还有另外一些人，他们本来与项目没有关系，纯粹是所谓的"闲人"，当他们因为别人将其看成是"闲人"而伤了自尊，或者只是他们不想被别人看成"闲人"时，他们也会变成项目利益相关方。这些人成事不足，败事有余，杀伤力惊人，而且还可以不承担责任，因为他们毕竟是"闲人"嘛。

我们可以从一个生活中的简单例子来说明这个问题。大家试想一下，一个在居民小区收废品的老汉是不是房地产公司售楼项目的利益相关方？从直观上看，不是。但是，只要他想是，他就能变成是。一天，有夫妇二人到该小区买房。在售楼人员的热情介绍下，夫妇二人终于挑选了一个户型、位置、价格都比较满意的房子。然而，就在他们回家取钱准备成交时，意外出现了。收废品的老汉在小区门口正和保安吵架，老汉高声叫嚷："不让我进去，好像我会偷东西似的。今年上半年你们小区已经丢了四辆车了，这些车难道是我偷的？有本事把这些事管好，朝我们使劲算什么本事？"该夫妇听到后打消了立刻成交的念头，打算再了解了解情况，再比较比较。

我们可以借助一个三维模型来识别项目利益相关方（见图 5 - 5）。

在图 5 - 5 中，过程维用以表明项目属于哪个阶段、哪个过程。项目的利益相关方并不是一成不变的，他们会在项目的不同阶段、不同过程中介入和退出项目，而且项目利益相关方也不会、不必要甚至不可能在项目决策时都识别清楚。

划分项目生命周期很重要的目的之一在于厘清责任，不同阶段的利益相关方的责任不同，他们的角色和需求也不同。图 5 - 5 中的任务维就是用来明确完成项目某阶段、某流程中的某工作任务的活动，这些活动可以分为四大类：规划活动，即确定该干什么、如何干以及该由谁干等管理工作；操作活动，即负责实施规划者提出的方案；维护活动，即提供操作活动需要的资源等；监控活动，即对利益相关方责任的承担过程进行监督、评价和反馈，以保证他们按约定开展工作。

活动明确后，就需要对应到组织（部门）。由于项目并不是要和整个

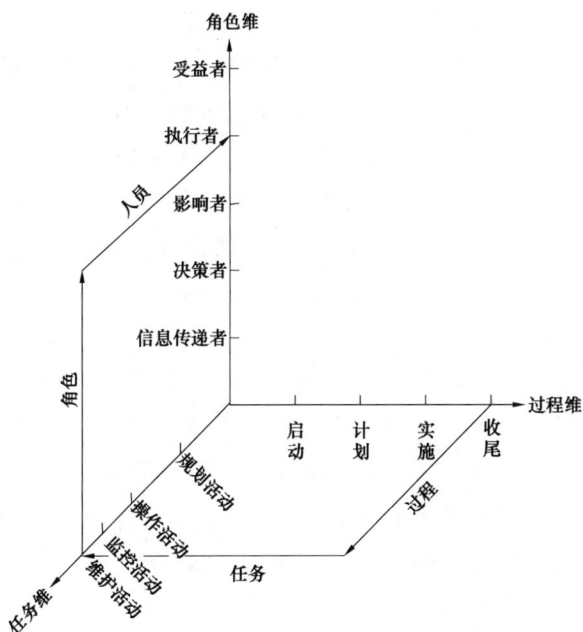

图5-5　项目利益相关方识别的三维模型

组织打交道，而是要和其中具体的人打交道，因此，还是需要由组织再对应到具体的、活生生的人才行。一般说来，对应到组织较容易但对应到具体的人较困难。

　　企业的客户主要来自三种人：使用企业产品（服务可以看成是一种产品）的人、出钱购买产品的人和决定购买产品的人。举个简单的例子，一家三口，爸爸、妈妈领着儿子去肯德基，那么谁是客户？吃肯德基的是儿子，那么儿子是客户；决定买什么的是妈妈，那么妈妈是客户；掏钱的是爸爸，那么爸爸也是客户；三者都是客户。

　　客户太多了，企业的难题也就多了。有一个中德合资的企业，生产城市生活垃圾运载车。这家企业生产的垃圾运载车具备驾驶方便、转载量大、不泄漏等优点。在一次汽车展销会上，该公司将车辆进行当场演示，吸引了不少观众，可惜的是"叫好不叫座"。那么，问题出在哪儿呢？原来，该企业有多种客户，有环卫局长、驾驶员、财政局等，而以往该企业的眼光仅仅局限在驾驶员和生活垃圾搬运员身上。

为了处理这个问题，在图 5 - 5 的第三维即角色维中，可以将某个组织中与项目有关的利益相关方分为 6 类，分别是：

（1）制定决策的人；

（2）影响决策的人；

（3）执行决策的人；

（4）得到好处的人；

（5）得到坏处的人；

（6）通风报信的人。

其中容易被人忽视的是通风报信的人和影响决策的人❶。通风报信的人，是指能够透露、传递信息的人，这种人尽管不一定属于决策层，但经常能够见到他们。《群英会》中的蒋干就是通风报信的人。在现代社会中，领导的秘书、司机、办公室主任等都是不可忽视的通风报信的人，他们经常也会转化为影响者。这就是人们常说"领导身边的人等同于领导"的原因。影响决策的人是指对决策起到重要影响的人员，他们可能是领导身边的人，如财务经理、儿媳妇，也可能是表面上看不出有什么关系的人，如上面例子中的收废品的老汉等。

利益相关方需求和期望的挖掘

识别出项目利益相关方后，就需要挖掘他们的期望并将其变为明确的需求，处理好不同利益相关方的需求之间存在的冲突，以及考虑在需求确定后仍然会产生的变更。需要强调的是，期望和需求是不一样的。期望是人们真正想要的东西，是其目的；而需求则是期望和目的的具体体现，是可以说出来，甚至可以写到合同里去的东西。

利益相关方的期望往往表达不清，他们常常不是专业人员，甚至他们的期望本身就会自相矛盾。在很多情况下，利益相关方能够定义和表达清楚他们自己的需求是困难的。

利益相关方通常是通过描述性的语言来进行需求说明的。这些具有二义性或多义性的需求描述会造成利益相关方对项目需求理解上的不一致。没有重视使利益相关方之间就项目需求和目标达成理解上的一致，是项目

---

❶ 丁兴良. 大客户销售策略与项目管理 [M]. 北京：机械工业出版社，2006.

启动以及实施过程中普遍存在的问题，很多管理者低估了解决这方面问题的难度。

利益相关方对项目的期望包含多个方面，其中既有对项目成果特性的要求，又有在感情等方面的要求。

简单说来，利益相关方的期望可以分为三类：一类是"Musts"，即如果缺乏了就不能满足其基本需要的成果特性；第二类是"Wants"，即利益相关方希望得到的能够丰富其需要的东西；第三类是"Nice-to-haves"，即对利益相关方而言多多益善的东西。

尽管从理性上看这三类需求对利益相关方的重要性而言是递减的，然而，在项目的生命周期过程中，利益相关方表达这些需求的频率却常常是递增的。这是引起项目范围蔓延、项目变更、项目冲突多发，导致项目最终失控而使项目失败的重要原因。

质量功能展开（Quality Function Development，QFD）（见图5-6）方法是可以借鉴来将项目利益相关方的期望转化为明确需求的有效工具。在图5-6中，"利益相关方期望"一般是笼统或模糊的。"期望的物化特性"是利益相关方期望的具体化表达，可以由专业人员予以定义并获得利益相关方的认可。"相关关系矩阵"是指众多物化特性之间的相互关系，通常用正相关或负相关表示。"关联关系矩阵"是指项目利益相关方的期望和其物化特性之间的关联关系，这种关系可用"强"、"中等"、"弱"表示，

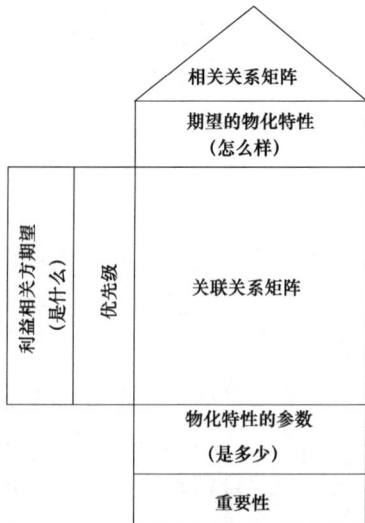

图5-6　项目利益相关方需求表达的修正质量功能展开

也可采用分值表示。"物化特性的参数"是指能够用客观标准来度量的项目利益相关方需求，"优先级"则表示利益相关方期望之间的优先次序，它可以用来化解利益相关方之间期望或需求的冲突。

对 QFD 的使用有以下步骤。

第一步：确定项目利益相关方对项目的期望，并确定其优先等级，即明确"是什么"；

第二步：确定利益相关方期望的物化特性（所谓物化特性即可以明确表示的事物，如资金、满意度调查表等），即将"是什么"转化为"怎么样"；

第三步：用关联关系矩阵确定"是什么"和"怎么样"之间的关联关系；

第四步：用相关关系矩阵确定期望的物化特性之间的关联关系；

第五步：根据相关矩阵和关联矩阵的结果，确定利益相关方期望的物化特性的参数或衡量标准（即"是多少"），以及这些标准的重要性排序，从而将其转变为利益相关方的需求及其优先满足等级。

企业从来没有像如今这样依赖于稳定的客户群，这不仅是由于获得一个新客户的代价是维持一个老客户的 5～10 倍，更重要的是，稳定客户群所带来的收益占企业总收益的比例反映了一个企业抗拒风险的能力。在一个企业普遍面临"终结者时代"的商业环境中，抗风险能力实在是太重要了。

识别真正的客户并不是一件容易的事，使其变成企业稳定的客户更不是一件容易的事。企业如果要稳定其客户群，就需要知道客户究竟需要什么，要知道有哪些因素将促使客户离它们而去。

调查结果表明，客户之所以不再选择一家企业的原因主要有如下几种（见图 5－7）。

第一种原因是客户死了。一个个人消费品公司的客户如果死掉了，该客户就不会再来购买它的产品；一个做办公自动化的企业，如果它的客户破产了，那么该企业软件的升级版，客户肯定不会买。客户的死亡是企业所不能解决的，它不是企业应该考虑的也不是企业能够解决的问题。幸好，这种企业无能为力的原因平均只占总原因的 1%。

第二种原因是客户搬迁了。因为距离太远了不方便，客户可能不会再买我们的产品，例如客户搬家从北京到了上海，他虽然喜欢王府井百货大楼的风格，但也不太可能到王府井百货大楼去采购日用品了。另外，对于生产资料的供应商而言，客户转行也同样如此。这个原因也是企业没有办法决定的。同样幸运的是，这个原因平均只占总原因的3%。

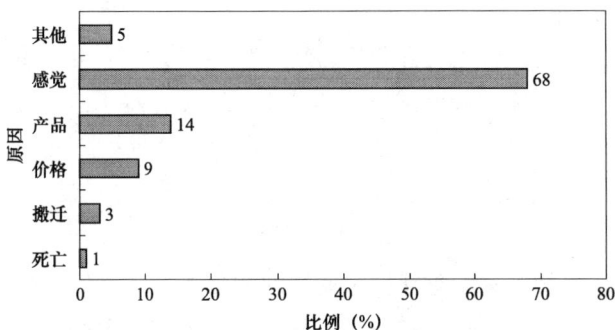

图5-7 客户弃你而去的原因

第三种原因是价格原因。虽然说只要客户不买我们的产品而买别人的产品都可以认为他们是被竞争对手抢走了，但其中仍然有多个原因可以细分。此处所说的被竞争对手抢走了的原因是指在产品本身没有明显差异的情况下，我们的价格比竞争对手明显高。市场竞争越充分，越能显示出价格的重要性。这种原因也占到总原因的9%。

第四种原因是产品方面的原因，主要是产品质量和技术方面的原因。因为我们的产品质量不过关，产品的特征与特性不能满足客户的需要，而竞争对手能够满足，因而客户弃我们而去。这种原因占总原因的14%。

第五种原因是来自客户的感觉。客户感觉到我们不值得信任，或者客户感觉到我们对他们漠不关心。这种不信任感或被漠视感可能来自一些很微妙的难以言表的事件，也可能来自一些道听途说的传闻，但是这种原因却占到总原因的68%！

夏天天气炎热，如果我们装在卧室里的某企业生产的空调坏了，我们一定很着急，越急越热。如果我们给该企业维修部门打电话，得知它24小时内会有人接听客户电话时，我们会感到一点安慰：服务还不错。维修人员很快上门修理了。如果我们看到，维修人员进家门的时候会穿鞋套，拆检空调的时候，为防止灰尘弄脏卧室，维修人员会带着防尘罩，心里又会很满意："这家企业想得真周到。"当我们看到维修人员满头大汗想请他喝杯水时，如果他婉言谢绝说："我们有规定，不能喝客户的水，不能给客户添麻烦。"我们就更是佩服这家企业了："该企业工作真是好，真是名不虚传。"坏了一次空调，我们可能会被它感动十回。以后我们看到要买空调或者其他电器的，总是要为该企业做宣传。但是，如果空调不坏呢？不坏，我们不会有被它感动的机会！而且，要使产品不坏，是要花很多钱的，甚至是不可能的！顾客在决策时并不是完全理性的，而是有限理性的。

以销售项目为例，要分析客户需求需要弄清以下问题：客户的关键问题和目标是什么？客户的产品和服务是什么？其最重要的市场在哪里？谁是其关键客户和竞争对手？驱动客户业务发展的内在、外在因素是什么？为什么客户一定会被驱动？有无决定此事的最后期限？客户做决定的标准是什么？哪条决策标准最重要？

我们和客户的关系是交易驱动的，只有我们将眼光拓展到客户的客户上去，我们才能真正了解客户的需求，才能找到项目机会。

寻找满足利益相关方需求的途径

满足利益相关方需求的途径是比较有创意的，也是所谓"可行性研究"的基础。项目决策中存在的问题就像遗传病一样，后天很难弥补。项目决策中出的问题将会造成极大的浪费和极其严重的不良后果。我们不能否认，确实有一些官员是因为个人利益等原因故意作出错误决策或不良决策，从而给国家财产等造成损失。但也有更多的情况是缺乏科学的决策程序、缺乏足够的决策知识和"满怀好意"的情况下造成的。

企业经常会有多个项目同时进行，这些项目之间将争夺有限的资源。在此情况下，企业项目管理的研究应运而生，项目成组管理和组合管理越来越受到人们的重视。同时，未来的商业形态要求企业做到创新与效率并存，每个企业都需要与其他企业结成价值网络，在这个网络中，每个企业只做自己最擅长的某个方面。完全由一个企业独立承担项目（特别是大型项目）的情况将越来越少，而由多个企业之间彼此协作完成项目任务的情况则越来越普遍。

当多个项目完全由一个企业承担、项目带来的收益和损失也完全由一个企业承担时，企业可以在多个项目中进行权衡和取舍以追求整体效益最大。当项目由多个企业承担时，单个企业追求自身效益最大化的决策结果可能恰恰使他们参与的所有项目都不能按时完成。

假设有这样一种情形，项目 A 需要甲、乙、丙三个企业协作才能完成，而甲企业还有 B、C 两个项目，乙企业还承担着 D 项目。从企业项目管理的角度考虑，甲企业需要权衡 A、B、C 三个项目给其带来的利益和风险，乙企业需要权衡 A、D 两个项目给其带来的利益和风险。假设甲企业权衡后，将 A 项目的优先序放在第二或第三位，那么在资源出现紧缺时（这种情况时常发生），就可能拖延或放弃 A 项目。在此情况下，无论乙、丙两个企业多么努力，项目 A 也难以按时完成。即使甲企业要为此承担一定的损失也难以弥补项目失败造成的损失。就好像一个人买了高额保险后在一场车祸中失去了一条腿，虽然保险公司给了其经济补偿，但没有一家保险公司能够补偿给他一条腿，失去腿的痛苦不是保险公司能够弥补的。这种问题并不能通过由甲、乙、丙三个企业建立虚拟企业的方式解决的。虚拟企业需要相对长期的稳定和信任关系，而在以上的情形中，这三个企业可能只是合作这一次，为了各自的利益既不可能有一个公认的领导，又难以为三者共同的利益而放弃自己的利益，虚拟企业难以存活，常常会徒有虚名。

任何一个项目的决策都必须经过认真、科学、可信的可行性分析，这一点是众所周知的。但是，很多项目尽管作了可行性研究，得出了项目可行的结论，但项目实施起来依然不可行。

其中的原因很多，大体可以分为三类。

第一类，因为其叫"可行性研究"，因而人们会对数据、方案进行有意无意地筛选。这种情况可以称之为"心诚则灵"。具体表现在：选择有倾向性的论证专家、领导的有意识引导、对不利数据的"忽视"等。这类情况的出现是因为主管领导存在偏好或个人目的。俗话说：不怕贼偷就怕贼惦记。我们如果很想干一件事，这种想法就会放大，放大到对其他信息、其他方案视而不见。

第二类，可行性研究工作的开展方法和组织方式有缺陷。很多政府投资项目的可行性研究主要采用的是技术经济分析方法，这基本上是在计划经济时期下产生的方式。该方式的问题在于，技术可行不等于经济可行，技术和经济都可行不等于管理可行。对某些个人的信任、某些个人的成功经历并不能代替管理可行性，一些杰出的人才可能恰恰会给组织造成长远的伤害。忽视管理可行性研究，以及以对人的判断来代替对组织的判断是可行性研究中很容易出现的两大问题。

项目的可行性研究一般说来注重技术经济分析，而忽视了项目风险的主要来源——管理，忽略了管理可行性研究。管理风险是项目最大的风险来源，特别是对来自企业外部的其他利益相关方的管理更是如此。

第三类，从事可行性评估的"专家"要么曲意迎合领导的意图，要么是些伪专家。专家对评估结论不负责任或责任很小，这些原因都促使专家们不负责任地说一些昏话、狂话甚至神话。专家也是人，他们也有个人欲望，也会丧失良心，也会哗众取宠。现在很多政治、经济问题的出现，与一些经济学家、法学家、社会学家说话后不担责任不无干系。

项目可行性研究的重点在于风险评估。如果我们找两拨专家，分别让他们在不知情的情况下去做可行性研究和风险研究，然后将其合在一起比较，可能才会得出更合理的参考意见。

可行性研究中应该包含立项可行性研究和实施可行性研究两部分。

1. 项目的立项可行性研究

企业发起的所有项目必须经过立项可行性研究，而不能将此事交给项目承担方去做。立项可行性研究需要回答以下几个问题。

（1）项目将达到何种目的？为何要达到这种目的？回答这些问题必须清晰定义项目的目的、检验这些目的是否达到的标准和检验方法，以及它们与实现企业战略目标的关联关系。

（2）通过何种途径可达到此目的？该问题是要明确可以通过设定何种项目来实现这些战略目的以及备选项目方案之间的关联度和优先级。回答此项问题是为了今后的项目能够得以实施。选择实施项目不是项目承担者的责任，它是项目客户或项目发起人的责任。为了回答这个问题，还必须提供项目筛选的办法，以便为各种备选项目排列优先顺序，为化解项目资源等方面存在的冲突做好准备。

（3）何种组织和个人可承担此项目？回答该问题是为选择胜任的项目承担者提供依据。选择胜任的项目承担者必须考虑三方面的因素：一是项目承担者单位的项目管理能力成熟水平；二是项目承担者对项目的实施可行性报告；三是项目负责人（项目经理）的能力。对第一个方面的分析是判断项目承担单位是否具备管理项目的能力。一个项目仅靠客户提供的资源（主要是费用）是难以完成的，仅靠临时性的项目经理也是难以实现的。对第二个方面的分析是判断项目承担方将如何保证这个具体项目的实施，其中包含对实施方案的可靠性判断。对第三个方面的要求是因为项目经理在项目中的作用至关重要。

判断一个项目经理是否胜任的标准一般有：项目管理方法和工具的使用技能、人际关系以及团队领导能力、业务与管理的基本技能、在项目管理领域的经验、得到业内同行的尊重和认可等。当然，仅仅基于以上标准来选择项目经理是不够的，还要考虑更多的因素，例如项目的规模、个人的经验、可获得性以及本人的兴趣和身体状况等。

小型项目的项目经理应接受过项目管理方法和工具的培训，对项目所要创造的产品/流程感兴趣，具备广泛的知识。最好的情况是他们从事过类似的项目。中型项目的项目经理需要具有从事过几个小型项目的经验。大型项目指的是那些涉及整个企业管辖范围甚至超出其管辖范围的项目。这种情况下，项目经理候选人必须在以前从事过许多相关的中型项目，而且他们的工作得到了人们的普遍认可。这种层次上的项目经理必须能够理解所使用的技术（但不一定是技术专家）；项目经理必须花费大部分时间进行项目的计划编制及项目控制工作，同时还要处理人际和权利方面的问题。授权、时间管理以及熟练的人际技能是大型项目经理成功的关键。

条件允许的情况下，应鼓励潜在的项目经理参与项目的立项可行性论证。

2. 项目的实施可行性研究

项目承包方和企业内部项目的项目经理必须提交实施可行性研究报告。项目实施可行性研究需要问答以下几个问题。

（1）实施计划是什么？项目承担者要在项目实施计划可行性研究报告中描述项目的实施计划，其中包括项目工期计划、主要技术路线、费用预算等。

（2）保障措施是什么？说明项目承担单位如何保证项目的正常实施，它的支持方式和提供的条件有哪些？控制点和控制方式是什么？

（3）项目经理和项目团队能否胜任？选择项目经理不是一件容易的事情，必须持严肃的态度，决不能轻视。项目经理具备的综合管理能力及开展项目活动的能力直接反映了项目的承担单位在项目管理方面的能力。该部分必须说明项目经理及项目团队核心成员的知识和能力状况。此外，如果希望项目经理有效地开展工作，就不能让他们负担过重。因此，必须说明项目经理和项目组成员的工作负荷能力。

（4）项目的约束和假设条件是什么？任何项目的实施都是有前提条件的。所有项目都有限制约束条件，所以从一开始就应该把它们定义清楚。对项目来说，很容易确定的项目约束条件是项目所需要的资源，容易忽视的约束条件是项目实施基础和环境。所谓项目的假设是指在进行项目计划时所作的各项假设条件。任何项目都是基于一定的假设的。隐性的项目假设是造成项目风险的重要原因，要规避由于它们造成的风险，必须在项目实施可行性研究中将各种假设明确表达出来，以避免产生项目进行到一定阶段才发现做了无谓工作的情况。

项目在人力、材料、财力、进度、设备及环境等方面都存在假设和限制条件。尽管这些假设和限制条件可以进行调整，但如果项目经理将它们视为固定的资源或理所当然的环境则将带来项目实施时的风险。

对于企业内部的小型项目，立项可行性研究和实施可行性研究也可以合二为一。

满足利益相关方期望和需求的方式有多种，我们需要从中挑选出对我们最有利，也最容易被利益相关方接受的方案。此外，在分析这些途径时，特别要留心我们不自觉的假设前提，它们常常是风险的来源，尤其要小心那些看起来很完美的方案。没有一个方案是十全十美的，如果有这样的方案，很可能是一个充满风险的方案。

仍以销售项目为例，为了得到满足客户需求的有效途径，需要回答好以下问题❶。

解决方案：我们的解决方案有多好（符合客户业务初衷）？客户怎么想？还需要做何种修饰和加强？还需要什么样的外部资源才能符合客户要求？

资源/能力要求：我们的销售要在该项目上花多少时间？为了能赢，还需要何种内部、外部资源和能力？项目上的销售费用/成本如何？机会成本是什么？是否能够承受得起？

独特的业务价值：项目会带来哪些可检验的特别之处和业务成果？客户对价值的定义如何？如何检验？用客户的语言如何概括这种价值？这种价值如何能把我们与竞争对手拉开？

客户关系：我们与客户的关系如何？每一个竞争对手与客户的关系又如何？在此项目上谁的关系可以让我们与竞争对手相比更有优势？如何与对手比较在客户眼里更理想的关系？

接触到的领导：客户中谁希望我们赢？他们做过什么代表了他们支持？他们是否愿意而且能够代你行事？此人有权吗？他们能够影响或改变做决定的标准吗？他们能够创造紧迫感吗？

非正式决策流程：客户是否真愿意做决定？有什么难以明了的、个人的因素会影响这个决定吗？不稳定的因素是什么？我们知道谁的、什么样的个人意见吗？哪些算数？

文化能力：客户的企业文化如何？与我们相比怎样？客户对待供应商和厂商的处世哲学如何？我们能够调整客户或适应客户吗？我们愿意吗？

降低风险：怎么样就会导致解决方案失效？阻碍我们实现客户价值的最危险因素是什么？客户如何做会导致项目失败？如果项目失败，会对我们的业务造成多大的影响？

---

❶　这些关于销售项目的问题改编自 IBM 营销方案。

判断项目能否实现自己的目标

所有的备选方案都能够在不同程度上达到自己的目的，但是只有最明确、经济、可靠的项目方案才是我们应该选择的方案，该方案给我们带来的成果就是我们的具体目标，而该方案对所有相关方成果的综合则是项目的目标（见图 5 – 8）。

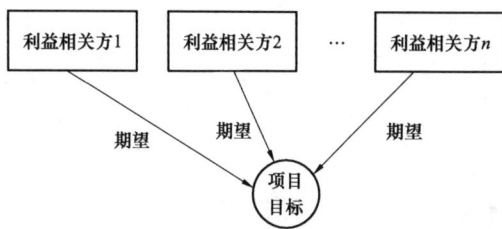

图 5 – 8　项目目标的来源

SMART 原则是用来设定判断一个目标优劣的有效标准，即目标必须是：具体的（Specific）、有针对性的；可衡量的（Measurable），即可以检测目标的实现程度，或有检测目标实现程度的方法；可达到的（Attainable），即尽管在实现目标的过程中可能存在巨大的挑战，但它是经过分析的、有把握实现的；相关的（Relevant），即目标一定要与企业的商业目的等相关，还需要与实现目标的人相关；有时间限度的（Timebound），即必须设定目标的完成时间、检测时间和开始启动时间。

仍以销售项目为例，销售方的目标可以通过以下问题来明确。

短期业绩回报：订单总量？是否超越了我们的极限？何时签单？是在我们的忍受时间范围内吗？

长期回报：对我们明年业绩的影响？对未来三年业绩的影响？超过了我们的极限吗？此项目对我们未来的影响是如何发生的？如何确信客户会履行承诺？

利润状况：项目利润如何？超过了我们的忍受极限了吗？对我们的盈利能力的潜在冲击是什么？在此项目上如何提高盈利水平？

战略价值：除了营业收入以外，我们获得的最大价值是什么？此机会符合我们的经营计划吗？此机会对我们介入其他客户和市场从而获得营业收入有何帮助？此机会会对我们改进产品和服务有帮助吗？

　　不能满足自身期望和需求的项目不可能是成功的项目，不能满足其他利益相关方期望和需求的项目也不可能是成功的项目。此外，项目决策时就需要根据项目目标提出项目验收标准。没有度量标准和验收方式的目标不是一个好的目标，相应的方案也不是一个好方案，由此得出的决策也不是有效的决策。

6

无缺陷项目启动

朝忘其事，夕失其功。

——《管子·形势第二》

项目决策以后，需要正式启动项目。所有项目均存在风险，但在项目生命周期的各过程中，启动过程给项目带来的风险是最大的。很多项目的失败都是一开始就留下了失败的隐患，当这些隐患积攒到项目的后期爆发出来时，项目管理人员已无力回天。

狂热启动，失败告终

项目是企业的生存方式、项目是每个人业绩的来源，因此，项目使人兴奋是自然的。遗憾的是，这种兴奋感持续的时间常常不会很长。

某企业的老板要去欧洲考察两个星期。该老板姓王，他有个常务副总姓张。张总送王总到北京机场。在等飞机的时候，王总偶然从一本杂志上看到很多企业都在推进 ERP。王总对张总说："老张，我看这个 ERP 还不错，我们公司能不能也搞一搞？"张总回答道："只要是先进的、对企业有用的，我们就应该上，也可以上。王总，我回去就落实这件事。您不是去欧洲两个星期吗？我估计等您从欧洲回来，我们差不多就已经搞完了。"王总兴奋地说："那样，就看你的了。"王总飞走了。

张总回到公司后，立刻召集管理人员开会部署这件事："王总走之前交待了，我们公司将上 ERP，企业该进入信息时代了嘛……"正当张总大谈信息化的重要性时，营销部经理小马问了一句："张总，这个 ERP 究竟是什么，它能干什么？"张总说："ERP 嘛，具体定义我也说不清，但这个东西对企业很有用，很多企业正在搞，而且王总走之前也交待了……"讨论了一周，也查阅了一些资料，但大多数管理人员还是有些"丈二和尚摸不着头脑"。由于白花了很多时间，小马等人难免有些牢骚。想着在机场向王总打的包票，张总也犯了愁。

两个星期很快过去了，当然，ERP 没有任何进展。张总又到机场去接王总。

两人见面寒暄后，王总便问起 ERP 的事情。张总说："别提了，我回去后立马布置这件事，可是很多人不支持，还说了很多怪话。看来，上ERP 这件事是个'一把手工程'，还得您亲自抓才行啊。"张总列举了小马等人发牢骚的例子。王总一听非常恼火，认为此风不能长。他立刻打电话批评了小马，并指示人力资源部将小马的工资下调一级。

冷静下来后，王总对张总说，既然大家都不知道 ERP，公司有必要先找一些专家论证后再考虑上不上的问题。"公司的其他情况怎么样？"王总问张总。张总回答道："您放心吧，其他一切正常。"张总还列举了一些表现不错的员工作为例子。当然，这些人均没有参加这次所谓的 ERP 项目。

以上便是常见的项目生命周期：项目在狂热中启动，然后很快进入惶恐阶段，接下来便是寻找替罪羊、惩罚无辜者。在经过以上这几个阶段后，项目往往还会伴随着另外一个阶段：表扬没有参加的人！

项目管理是迭代的过程

项目生命周期就是由完成项目需要经过的若干不同阶段或过程组成的整体。尽管我们可以将项目生命周期分为启动、计划、实施、收尾这几个阶段，其实，每个阶段又包括该阶段的启动、计划、实施、收尾这些过程，从管理角度看项目的生命周期是一个迭代的过程。其原因在于以下两点。

首先，项目生命周期不同阶段的利益相关方不相同。

对新产品研发项目来说，设计阶段与加工阶段的人群、管理方式是不一样的；同样，对建设项目来说，大楼的主体建设和装修、绿化的单位也常常各不相同。自始至终在一个项目中的人员是有限的，不仅项目有生命周期，利益相关方与项目的关系也有生命周期，它们包括接触项目、签订协定、完成任务、退出项目等类似的阶段。

从管理角度看，项目生命周期主要是指对利益相关方与项目责权利之间关联关系进行管理的生命周期。当然，这个周期也可用启动、计划、实施和收尾来表达，但重点应站在对利益相关方进行管理的角度看。因为我们不能对技术进行管理、不能对资金进行管理，我们能管理的只能是人的行为，其他只是管理的目的或手段。

即便是同一个项目，对于不同的项目利益相关方来说，他们面临的"项目"也是不一样的。盖一栋大楼是一个项目，但对设计单位来说，大楼的设计是他们的项目，而对施工单位来说其项目则是施工项目。因此，一个项目，特别是大型项目总是可以认为由不同的子项目构成。

从管理意义上看，一个项目的大小、复杂程度取决于对其利益相关方管理的复杂程度的大小，而不在于它投入的资金量大小或工期长短。

正因为项目生命周期各阶段利益相关方并不相同，因而对其管理也必须要经过完整的生命周期。也就是说，从管理角度看，项目生命周期的每个阶段也至少是一个生命周期。

其次，项目充满风险，充满不确定性。

尽管我们反对边勘探、边设计、边施工这样的"三边工程"，但实际上"三边工程"在所难免。因为项目要处理的是一些新事物，至少对项目的特定利益相关方而言，这个项目并不是完全可以依靠他们以前的经验来完成的。

正因为项目有个"新"字，"摸着石头过河"是项目执行过程中不可避免的事，特别是对于工期较长、利益相关方人数和种类众多的项目，对于技术创新性较强的项目来说更是如此。

为化解这些项目中的不确定性或风险，步步为营的滚动方式完成项目是项目管理中常用的方法。滚动方式就是随着项目进展逐步明晰需要开展的工作，它也是项目管理在项目生命周期中必须采取迭代方式的重要原因。

假如你接替别人承担了一个刚刚启动的项目。为完成项目，你决定先做一个计划，等计划得到老板批准后实施。下面是完成该项目必要的20项工作，虽然不完备，但都是必要的❶。你能确定这些工作的先后顺序吗？

　　A：为各个职位找到合适的人选；

　　B：衡量通向或偏离项目目标的进展状况；

　　C：确定并分析对实施项目必不可少的工作任务；

　　D：确定主要步骤的先后顺序、时间安排；

　　E：制定可能的备选行动方案；

　　F：调整项目组成员的工作；

　　G：给予项目组成员职责/责任/权力；

　　H：设定项目目标；

　　I：为新的任务/职位培训并发展人才；

　　J：收集并分析关于目前项目状态的事实；

　　K：为新职位确定资格要求；

　　L：为项目采取纠正性行动方案（重新处理项目计划）；

　　M：协调进行中的各项活动；

　　N：决定资源配置（包括预算、设施等）；

　　O：按照绩效目标衡量个人绩效；

　　P：确定每个行动方案的消极结果；

　　Q：制定得到个人及其经理赞同的个人发展目标；

　　R：限定新职位的关系、责任和权力范围；

　　S：确定基本的行动方案；

　　T：为预期项目目标及变动确定可衡量的检查点。

　　你确定这些工作先后顺序的过程是如何进行的？在几十次的针对不同人员的练习中，我发现大多数人会直接去寻找他们认为的第一项工作、第二项工作……

　　心理学研究表明，人能够同时识别其先后顺序或重要性的因素一般不超过9个。如果将上述20项工作放在一起进行排序，我们会感到很困难，可能会顾此失彼。然而，如果我们先将其分成不同的工作过程，然后分别将这些工作划归到各自的过程中，最后再对每个过程中的工作进行排序，那么，问题处理起来就容易多了。

　　其实，不仅这个练习可以这么完成，我们处理其他工作时也应该如

---

❶　改编自中欧国际商学院《项目管理》课程讲义。

此：先想好了，再去做。不要先一头扎到细节中去。

项目生命周期的划分可以避免项目经理，特别是企业高管在管理项目时"只见树木不见森林"，他们可以根据项目生命周期的不同阶段来明确自己的位置在哪里，这样才能把握管理的关键，避免"眉毛胡子一把抓"。

项目生命周期的划分是十分重要的，它不仅是为了更方便地管理项目，能够有效地控制项目的风险，还能够对项目商务方面起到支持作用。

合同价格是项目商务谈判中的一个焦点，然而即使在项目费用一样的情况下，项目采取不同的生命周期也可以形成不同的谈判优势，可以获得不同的价格。

在图6-1中，某项目可以采取两种不同的生命周期划分方式：A和B。生命周期A需要在项目前期投入较多的资源，因此，在要求客户付款方式上需要前期付款比例较高。生命周期B在后期才需要较大的资源投入量，因此，在客户付款方式上对前期付款比例要求较低。可以预计，采取B方式比采取A方式更具有价格谈判能力，或者说，采取B方式能获得比采取A方式更高的价格。

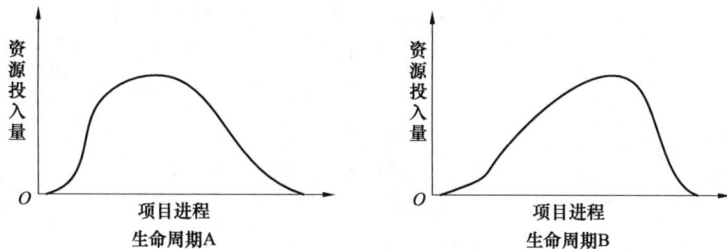

图6-1 同一项目生命周期的不同划分

完成同一个项目有时可以采取不同的生命周期划分方式，对于不同行业的项目采取的生命周期划分方式会更不相同。

选择具体的项目生命周期，需要按照项目的特点、项目管理的方式来确定。例如，软件开发项目的生命周期划分方式有多种，我们从表6-1看出它们具有不同的特点，在实际运用时应该根据管理的具体情况，例如人力资源、资金、时间等状况予以裁剪。

表6-1   软件项目生命周期及其特性

生命周期划分方式				
特征	瀑布模型	增量模型	快速原型	螺旋模型
项目特性 工作量	小到大	中到大	小到大	中到大
代码规模	小到大	中到大	小到大	中到大
团队规模	小到大	中到大	小到大	中到大
持续时间	小到大	中到大	中到大	中到大
复杂性	高	中到高	低到高	中到高
可靠性	低到高	中到高	高	中到高
需求清晰度	高	高	低到高	低
需求稳定性	高	低到中	低	高
对技术/体系结构的掌握程度	高	高	低	低
创建可复用软件的要求	高	高	中	高
利用已有软件	高	高	中	中
优点	* 管理可视性一般 * 进度稳定性一般	* 中等转变时间 * 对客户和管理者都有很高的可视性 * 风险管理简单 * 中途改正相当容易 * 进度稳定性中等 * 能生成可扩展和可靠的系统	* 对客户和管理者都提供高可视性； * 利用该模型风险管理比较容易	* 利用该模型风险管理比较容易
缺点（通常的风险）	* 客户可视性很低 * 持续时间很长 * 很高的费用 * 中途改正不容易 * 风险管理不容易	* 需要经验丰富和成熟的管理者	* 需要经验丰富和成熟的管理者	* 需要具有很高技能水平的风险管理

项目启动是企业高管的责任

项目启动的核心任务是让项目利益相关方明晰他们对项目的责权利关系，项目启动的核心人物是项目发起人而不是项目经理，特别是对于那些涉及企业多个部门、有若干企业外部利益相关方的项目尤其如此。

梧为公司最近新任命了一位总经理助理，他的名字叫李杰，是一个MBA❶。李杰到任后，总经理马可为只是让他熟悉公司业务而没有给他正式分管的任务。经过一段时间的了解，李杰觉得应该做点什么以展示自己的才能。他向马可为建议，应该将公司里的微机联成一个局域网，这样可以提高公司的运作效率。马总听了很高兴，并让他全权负责进行调研，希望他在十天内拿出一份调研报告。李杰很兴奋，他感到机会终于来了。

因为调研的工作量较大，李杰请示马总他可以使用公司哪些资源。马可为的回答是："你是总经理助理，你有权决定需要何种资源，最重要的是十天后必须拿出调研报告。我要的是结果，办法你去想。我们将在下次公司经理层会议上听取你的报告。"

李杰在组织人员时立刻遇到了问题，他所找的一些人都说没有时间参加此项目。因为刚到公司不久，几乎没有人跟李杰很熟，尽管是总经理助理，他也很难开口让别人停下正在进行的工作来做这个项目。因此，李杰只能靠自己加班加点。

在调查过程中，李杰碰到的人员对此项目的态度也大不相同。有些经理对此态度积极，并提出了很多详细的需解决问题的建议；也有些人态度冷淡，认为信息化这东西听起来好听，但实际运用起来会有很多问题，当然，他们都希望本部门能够增加一些电脑设备。幸好公司数据处理部的经理师大富对此特别热心，因为一旦公司决定建立局域网，他们部门就有了大显身手的机会，今年的业绩就相当可观了。师大富为李杰提供了很多其他企业的方法，甚至详细提供了很多相关软硬件产品的价格。

经过锲而不舍的努力，十天之内李杰终于拿出了长达 26 页的调研报

---

❶　弗雷姆. 组织机构中的项目管理［M］. 郭宝柱，译. 北京：世界图书出版公司，2004. 有改编。

告，其中详细说明了各个部门对建设局域网的看法。为使该报告更具有专业性，师大富热心地帮助李杰进行技术方案的撰写。虽然李杰对其中的一些专业术语不甚理解，但他相信，师大富绝对是一个行家，而且他对公司的情况比自己还要了解，应该没错。

出乎李杰意料的是，在公司经理层会议上，很多经理对报告里提出的建议不赞成，他们甚至推翻了自己当时提出的意见。马可为也认为报告考虑问题的角度有问题。他甚至暗示这一个多月来，李杰并没有真正融入公司，对公司的情况不了解。马可为采纳的建议只有一条，那就是同意给数据处理部和另外两个部门增加一些台式电脑。

李杰感到他在梧为公司的未来恐怕不太顺利。

在上述案例中，李杰没有处理好的问题有很多个，其中没有识别真正的利益相关方是个很重要的原因：他误认为他接受的是一个技术项目，将每个部门的被调研人员均作为利益相关方，特别是将师大富作为主要的利益相关方，而将公司高层、马可为排除在外。

实践表明，识别清楚项目的利益相关方并让他们承担起对项目的责任并不是一件容易的事。有时一个项目进行了很长时间，但项目组未必知道项目的真正客户是谁，常犯的错误是仅将项目成果的直接使用者作为客户。

电子政务系统的真正用户是某些政府机关的决策层，而不是具体配合实施项目的某个技术部门。如果项目需求仅仅来自这个技术部门，那么即使这个系统建好了，也极有可能没有真正达到目的。但是，由于各种原因，决策层人员往往没有足够的精力来关心这件事，这时如果项目组不去想方设法解决这个问题的话，那么，这个项目从一开始就埋下了"陷入泥潭"的阴影。

但是，造成李杰失败的根本原因在于该公司没有正式启动项目的程序，在于马可为并没有尽到启动项目的责任，他没有明确项目各相关方对项目的责任以及能够享受的权利！不能建立和遵循启动程序，即使这个项目能够得到高层领导的支持而取得成功，但类似的失败在该企业还会不断出现。

"一把手工程"强调了高管的重要性和他们的责任，但是，由于缺乏流程管理而造成的"无事不需要一把手"这样的情况随处可见。一把手负责的事情太多了也就变成了象征性的了，这种方式可以找到责任人，但不能避免问题的发生。一把手压力很大，一把手成了一个高危岗位，因而他们会通过捞钱、贪色、找临时工来弥补风险、化解压力和推卸责任。负责执行项目启动流程的人员应是企业高管，或者说是项目的发起人。

项目典型利益相关方的责任

项目管理的一项很重要的工作就是在努力使项目利益相关方满意的同时，要努力使项目利益相关方对项目尽到他们应尽的责任。项目的成功不是能够只靠项目组就能实现的，项目成果的取得是其利益相关方共同尽责的结果。

项目有 5 种典型的利益相关方，项目发起人、项目客户、项目经理、项目团队、项目相关职能部门的负责人。他们应该对项目承担如下责任❶。

1. 项目发起人

项目发起人通常是企业的高层管理人员，是项目结束与否的最终决定人。项目发起人通常也是某项目群的带头人，而不是那些每天进行日常工作的职员。他们将为项目的存在提供在企业商业目的上的依据。一般来说，整个项目融资都是由项目发起人来控制的。项目经理并不能对企业的外部客户负责，企业对外界的责任会有法人代表做承担，因而，项目经理最直接的负责对象就是项目发起人。

强有力的项目发起人是极为重要的。据调查，高层经理对项目成功的影响性位列诸多因素的第一位。然而，现实中有很多项目是在没有明确的项目发起人情况下发起的，政府项目、非营利机构的项目常常如此。这些仅靠一个公章来代替项目发起人的"项目"往往会造成失败的结局：可行性研究工作会成为真正的以"可行"为预设研究结论的工作；项目失败后一般是由项目承担者担负失败的后果，参与可行性论证的人员则毫无责任；由于没有明确的项目发起人，更谈不上让项目发起人承

---

❶ 参考美国密歇根州政府项目管理办公室于 2001 年 5 月发布的《项目管理方法》。

担责任。

项目发起人要落实到人，没有明确项目发起人的项目是有缺陷的项目。

项目发起人的一般责任包括：详细阐述企业对项目的需求；确保项目成果已经满足这些需求；为项目提供必要的资金与资源；通过向企业内的其他人员展示项目以获得他们对项目的支持；就项目进展以及项目成功因素等方面与项目其他利益相关方进行沟通。

（1）在项目启动过程的角色与责任

① 就项目当前或未来对企业的商业价值等方面提供说明；

② 定义自己对项目的要求；

③ 为项目获取资金支持；

④ 任命项目发起人的联络人。

（2）在项目计划过程的角色与责任

① 审批项目计划；

② 参与项目计划编制过程的工作。

（3）在项目实施过程的角色与责任

① 参加对项目实施要求的审查；

② 协助解决项目需求方面的问题；

③ 书面批准各种项目要求以及资格标准。

（4）在项目控制过程的角色与责任

必要时参加项目状况审查会议。

（5）在项目收尾过程的角色与责任

① 参加或派员参加项目经验/教训交流会议；

② 签署并批准项目结束。

2. 客户

任何项目都会有客户，即提出成果需求、购买或使用项目成果的人，他们可能来自企业之外，也可能来自企业之内。有时候，项目发起人就是项目客户。

项目客户要对他们的项目需求表达是否清晰，并证实已提交的项目产品是否符合他们的需求。他们在使用项目产品时需经过培训。

客户的责任包括：清晰表述他们的需求；确保项目产品验收后这些需求得到了满足；确保客户方人员的培训以随时能够进行项目产品的验收；支持将项目成果应用于其他商业领域。

在实践中，有些项目很有可能没有明确的客户或存在广义的客户。特别是对于政府发起的项目（如公共投资项目、纵向科研项目等）来说，在项目需求的提出、项目验收以及项目管理过程中没有明确的客户责任，在此情况下，项目发起人应当承担起这些责任。

还有很多项目之所以不能按时完成的原因在于客户没有做好接受项目成果的准备。项目成果带给客户的可能是一种变革。客户尽管提出了项目需求，但他们未必做好了接受这种变革的准备。

人们在项目管理中过多地强调了客户的权利，而容易忽视客户也必须承担相应的责任。

（1）在项目启动过程的角色与责任

清晰定义他们的需求，以及对项目团队和项目经理的要求。

（2）在项目计划过程的角色与责任

① 审批项目计划；

② 审查项目进展报告；

③ 任命与项目团队联系的客户联络人；

④ 书面批准各种项目需求及资格标准；

⑤ 识别那些需要培训的人员。

（3）在项目实施过程的角色与责任

① 参加必要的培训；

② 必要时协助检查项目产品；

③ 批准交付及安装程序；

④ 审查当前商业实践并分析项目产品对此的影响；

⑤ 开发程序、政策及系统来支持新产品的应用。

（4）在项目控制过程的角色与责任

① 参加需求变更审查；

② 必要时审查设计；

③ 协助解决需求变更问题。

（5）在项目收尾过程的角色与责任

参加或派员参加经验/教训交流会议。

3. 项目经理

项目经理对整个项目的成功结束负全面的管理责任。为了很好地履行职责，项目经理应该与项目发起人密切合作，以确保使用的资源充分到位；同时项目经理应当负责项目计划的编制，以保证项目在进度、预算以及质量范围内顺利完成项目。在项目启动过程必须任命项目经理，这样就可以保证有人对项目实施负责。

项目经理的角色与责任包括：贯彻执行企业项目政策与程序；获取执行工作所需的资源；保持项目团队成员的技术熟练度及生产力，需要时对其提供培训；建立并保持项目工作的质量标准；识别并获取项目所需的工具。

（1）在项目启动过程的角色与责任

编制项目实施可行性文件。

（2）在项目计划过程的角色与责任

① 在项目团队成员的帮助下编制详细的项目计划文件；

② 在项目团队成员的帮助下建立组织分解结构及工作分解结构表；

③ 编制或者帮助编制项目工作范围说明书、项目进度安排、沟通计划、风险管理计划（包括风险应急计划）、采购计划、配置管理（configuration management）计划、项目预算等；

④ 确保管理层、客户、有关的机构以及承包商等遵守自己的承诺；

⑤ 确保项目计划得到审批并作为实施基准；

⑥ 为项目分配资源；

⑦ 批准项目质量计划以及配置管理计划。

（3）在项目实施过程的角色与责任

① 管理项目工作并为项目团队成员开展工作提供指导；

② 定期检查项目进展状况，将预算与实际费用进行比较；

③ 定期检查项目网络图，将进度基准计划与实际完成的工作进行比较；

④ 确保项目计划经常更新，必要时由各利益相关方共同签署。

（4）在项目控制过程的角色与责任

① 变更项目预算及项目进度安排，需要时提供变更建议；

② 检查、保证审查结果的质量；

③ 作为变更控制委员会的一员审批产品/项目变更；

④ 审查项目风险，建立风险应对策略与程序。

（5）在项目收尾过程的角色与责任

① 对未通过测试验收的产品重新编制行动方案；

② 得到客户及项目管理层对完成产品的认可；

③ 对于尚未解决的事项进行收尾工作；

④ 编写项目总结报告；

⑤ 开展项目经验/教训的交流活动；

⑥ 进行财务方面的收尾活动；

⑦ 将所有的项目有关文件、数据进行归档；

⑧ 必要时参加并协助项目审计；

⑨ 与项目团队以及项目利益相关方一起庆祝项目的成功。

4. 项目团队

项目团队负责实施项目的各项活动，必要时项目团队成员要协助项目经理进行计划编制的工作，同时在项目预算及进度等约束条件下完成项目。项目团队可以聘请有关专家来实施项目方案，同时要与客户以及其他项目利益相关方保持互动关系，以确保需求得到正确的理解与实施。

项目团队的角色与责任包括：识别解决问题的可选方案；在预算成本以及进度范围内实施方案；同质量保证人员（QA）的协调；支持项目计划编制以及对项目的跟踪。

（1）在项目启动过程的角色与责任

① 为项目产品开发提供评估意见；

② 保证项目需求是切合实际的，并合乎目前可得资源的状况；

③ 从完整性、相关性及清晰性等角度分析需求。

（2）在项目计划编制过程的角色与责任

① 开发技术方法；

② 分配并参与项目任务；

③ 在编制成本估算以及进度计划方面提供支持；

④ 协助编制质量保证计划以及配置管理计划；

⑤ 保证所有的项目组成员理解项目计划；

⑥ 识别项目人员的培训需求；

⑦ 保证项目实施人员充分理解各种需求。

（3）在项目实施过程的角色与责任

① 创建产品或流程方案；

② 跟踪项目实施情况以及递交项目进展报告；

③ 进行项目内部审查以及协助进行外部审查；

④ 编制配置控制文件及其基准文件；

⑤ 编制测试计划并协调各种测试活动；

⑥ 实施分配给的各项项目任务。

（4）在项目控制过程的角色与责任

① 识别问题并提出变更进度申请；

② 协调质量保证活动、审查质量保证结果以及纠正各种偏差；

③ 识别风险并对出现的各种风险采取应对性措施；

④ 参与变更审查。

（5）在项目收尾过程的角色与责任

① 参加经验/教训交流会议；

② 识别能够改善项目流程的方式；

③ 向项目经理交付各种与项目有关的文件以归档。

5. 相关职能部门负责人

项目是临时性的，完成项目所需要的资源大多掌握在那些相关职能部门负责人手中，没有这些人员对项目的支持，项目的成功实现同样是十分艰难的，甚至是不可能的。

相关职能部门负责人的角色和责任一般包括：将企业需求进行排序，同时将其包含在部门计划中；确保进行各项项目活动所需的资源；保证相关人员得到相应的培训；评估并推荐可用的项目管理工具。

（1）在项目启动过程的角色与责任

① 推荐或选择项目经理以及在人员配备方面提供协助；

② 审查并批准项目风险分析；

③ 确保项目经费供应。

（2）在项目计划过程的角色与责任

① 审批项目计划、预算及建立管理准备金；

② 在成本估计时，提供专业方面的支持；

③ 保证项目人员的可获得性。

（3）在项目实施过程的角色与责任

定期对项目实施进行管理的审查。

（4）在项目控制过程的角色与责任

① 审查、批准项目计划变更；

② 审查项目风险管理计划；

③ 审批合同执行中的变更。

（5）在项目收尾过程的角色与责任

① 参加经验/教训交流会议；

② 参与并保证客户以及项目发起人对项目的验收；

③ 确保会计/财务收尾。

"泛项目" 中利益相关方的作用

现实的项目中，真正能够理想化地将工期、费用和质量目标在启动前就能够定义清楚的项目、能够完全按照商业合同来规范启动的项目只是少数，更多的是我们可以称之为"泛项目"的项目，即不能预先将项目目标、范围等定义清晰、只能大致明确其目的的项目。伊拉克战争就是"泛项目"，人们在发动前只能确定它的开始时间，不能确定其结束时间，也不能确定其费用、WBS、Gantt 图等规范项目管理中需要的数据和方法；同样，新产品研发（如抗 SARS 药物的研制）也是"泛项目"，人们无法预知该项目将遇到何种技术难题、它们究竟需要多长时间才能攻克。"泛项目"占了各类组织项目中的大多数，真正能够规范定义的项目在数量上只是少数。通常"泛项目"不像大型的、正规的商业项目那样引人注意，但由于其数量极多，如果不加注意，它们会像《笑傲江湖》中任我行的吸星大法一样将组织的资源消耗殆尽。

《西游记》述说的西天取经是一个"泛项目"。它并没有一个良好的开始：项目虽然有一个产品的标准（三藏真经），但质量标准很含糊（师徒四人到达西天后，如来只是吩咐阿傩、伽叶"将我那三藏真经中三十五部之内，各捡几卷予他，教他传流东土，永注洪恩"）；它并没有限定时间和费用指标（就连观音菩萨也认为取经时间是"未定，约莫二三年间，或可至此"，唐僧更是认为"或三二年，或五七年"）；它没有限定项目范围；此外，这个项目既没有周密计划，又没有考虑风险。但这个项目又无疑是成功的：它的利益相关方均对该项目的结局表示满意。

作为项目发起人，如来尽到了对项目的责任。首先，他明确提出了项目的目的（"到西天取得三藏真经，永传东土，劝人为善"）；其次，他提供了项目经理的条件（项目经理需要是"东土善信"，并且"肯坚心来此"）、为其提供了必要的资源（袈裟、锡杖可以使取经人"免堕轮回"、"不遭毒害"，"金紧禁三道箍儿"可以给取经人收服徒弟，"管教他入我门来"）；最后，他帮助协调职能部门经理们，让他们更好地支持项目（吩咐太上老君等支持除妖降魔）；第四，他提供了项目的管理原则（必须历经九九八十一难）；第五，他在取经的全过程关注项目，但并不过多干预，只在关键时候施以援手（例如只有在处理真假悟空这样的难题时才出手）；第六，他签发了项目的正式结束，并给予了绩效评价（给以项目团队评价和封赏）。

在《西游记》中，天上诸神乃是职能部门经理，其中又以观世音菩萨为代表（她的职能类似于人力资源部经理或项目管理办公室主任）。这些部门经理们为项目提供资源、规范项目的运行并记录项目的过程。当取经团队碰到困难时，他们总是及时施以援手，必要时会亲自出马。在西天取经项目中，职能部门的经理们从不与项目经理争夺资源。

一般而言，因为项目需要的支持难以预先明晰规定，"泛项目"需要其利益相关方给予更多的关注、理解和支持。他们的大力支持能够为"泛项目"的项目经理和项目组成员注入信心，这种信心是"泛项目"成功完成的重要保障。

有意思的是，西天取经项目中碰到的诸多障碍也正是职能经理们和项目发起人造成的：虽然有其他的妖魔鬼怪，但给项目造成真正麻烦的是职能经理们的徒弟、坐骑等，而他们的出现恰恰是项目发起人如来刻意安排的，是为了考察项目团队的虔诚。这与现实中的项目是何其相似！

作为项目经理，唐僧虽不杰出，但无疑是称职的。首先，他懂得业务（会念经，也知道真经假经）；第二，他熟悉佛家规则、能够坚持原则，十分明了项目的使命而且信念坚定；第三，他与项目发起人、客户与职能部门经理们有良好的关系［他与如来是师徒关系、与项目客户唐太宗是结义兄弟，这两种关系使他在神、凡两界游刃有余：在神界，诸神仙看在如来的份上对其照顾有加，使其免受妖魔侵害（西天取经是一个"一把手工程"）；在凡界，大唐天子的威信使他在各沿途小国被当作"上僧"，获得食宿、签证等方便］；第四，他对项目团队的管理颇有艺术。

"泛项目"的目标是难以一下子准确定义的，它需要在项目进行的过程中不断修正和明晰，监控、集权等管理方法用在"泛项目"上往往不会有的放矢，不仅不能有助于项目的进行，还可能挫伤项目团队的积极性。

有人说，唐僧太无能了。其实无为而治是唐僧最大的法宝。西天取经的一个直接目标就是达到雷音寺，然而，即使像唐僧这样的佛学老手也有误认雷音寺的情况发生。如果将项目经理换成孙悟空之辈，取经项目极可能会以失败而告终。

对于项目管理而言，"外行领导内行"是十分正常的，下属在某些方面比上司知道得多，这正是他们的价值所在。

正因为唐僧手无缚鸡之力，因此，他必须既能调动项目团队成员的积极性，又必须能够规范项目团队成员的行为，使他们的能力向着项目成功需要的地方发挥。在这两个方面唐僧做得很好：一方面，他满足了几个徒弟在专业方面的虚荣心，让他们勤奋工作；另一方面，他用紧箍咒控制悟空，用悟空控制八戒……真正做到了"放手与放心"的管理。

在项目组成员中，孙悟空无疑是技术人员的代表，或者说他是一个"技术牛仔"。他爱好自己的专业（降妖除魔）并且专业水准高超。但也正因为如此，他有着技术人员的"通病"：做事往往从专业角度出发，而忽视（甚至无视）项目目标；他做事追求个性、不合乎社会规范；他爱耍小性，如不满意即要辞职（而由于其技术能力，他不愁找不到新的工作）。沙僧是一个最好的项目秘书，他勤恳、做事认真、能力一般。白龙马是一个项目辅助人员，他帮助调拨项目所需要的设备。值得一提的是猪八戒。八戒技术水平一般，既自私又胆小。尽管有许多弱点，他却是团队的凝聚剂：他使"技术牛仔"有情绪发泄的地方，因而，悟空闹"辞职"时他是最佳的思想工作者！

值得注意的是，无论是唐僧还是悟空、八戒等，所有的取经团队成员均是戴罪之人，然而，这些戴罪之人却组成了一个极佳的团队并建立了不朽功勋。这一点值得现实中的项目管理人员深思。对于"泛项目"而言，人—技术—流程之间的和谐才是极为关键的，只看重英雄的项目组会毁了项目团队的建设。

作为使用取经项目成果的项目客户，唐太宗在《西游记》中出现得很少，而且他不是佛学行家，并不懂项目产品的质量标准。这一点与现实中的"泛项目"很相似：客户并不都是行家，他们不能用规范的术语定义客户需求。然而，唐太宗的作用非同小可：由于东土大唐的威望，使项目团队一路获得了诸多方便，他们很容易获得关文，换句话说，他们容易得到批准进入项目的下一个阶段……

定义项目需求的挑战

企业的每个项目都是为了实现某些商业目的而存在的。如果这些商业目的不能够明确表达出来并予以文档化，项目的失败率就会明显增加，甚至会失去项目存在的价值。

此外，项目目标、项目需求、项目产品的特征与特性三者是不一样的。项目需求是项目发起人或项目客户对项目的期望，项目目标则不仅包含项目发起人或项目客户对项目的期望，还包含其他项目利益相关方对项目的期望，而项目产品的特征与特性只是项目提交给客户的交付物的质量标准。

在定义项目的商业价值方面应善于使用商业专家，即便是纯技术项目，商业专家的介入常常也是很有价值的。

技术人员在定义项目需求时常犯以下两种错误："需求镀金"和"需求过滤"。所谓"需求镀金"是指技术人员不顾客户的实际需求，片面强调和夸大技术的先进性，所得出来的产品属于"镀金产品"；所谓"需求过滤"是指技术人员会根据自己的技术偏好对项目的需求进行主观筛选。

技术人员大都很热爱自己的技术，对那些技术高手（我们宁愿称他们为"技术牛仔"）来说更是如此。然而，这些人懂得项目的专业技术性工作常常并不是他们对项目最大的优点，反而有可能是他们最大的缺点。技术人员是实干家，只要在做他喜欢的工作，他就感到幸福。他对项目的兴趣不在于项目的商业成果，而在于项目过程的刺激、在于对项目成果技术先进性的追求。当然，金钱也是他们所喜欢的，但他们会认为"技术的目的是为了达到项目的商业目的"属于另外一个话题。如果项目经理是一个极端的技术至上者，那么他很可能是项目的职业杀手，因为了解一个项目需要何种技术和了解需要这种技术的项目是不一样的。

对于一个软件工程师来说，永远没有完美的项目。只要时间允许，他/她总能发现可以进一步修改的地方。

实践表明，缺乏商业专家参与的项目所产生出来的东西一般是能力过剩的、不适用的、甚至是完全不能用的。

然而，无论是作为使用项目产品的客户（他们很可能不属于相关技术行家），还是商业专家，都很难对项目的需求进行准确定义。客户和商业专家尽管也可能会用一些数据来帮助他们将需求定义清楚，但更多的情况下是通过描述性的语言来进行需求说明的。这些具有二义性或多义性的需求描述会造成利益相关方对项目需求理解上的不一致（见图6-2）。

图6-2　利益相关方对项目需求的误解

即使项目目标符合了 SMART 原则也并不意味着我们已经完成了目标的设定。

一个年轻人在旅行途中走累了，要休息一下。他看到路边有个长椅，便想去坐。但长椅上只有两个位置，其中一半坐着位老人，另一半上面蹲着一条狗。很显然，只有让狗牺牲一下了，他想赶走狗，又怕被狗咬，就问老人："老先生，您家的狗咬人吗？"老人回答："不咬。"于是，年轻人就去用手去抚摸狗，以示友好，也想顺势将狗从长椅上赶跑。结果他还是被狗咬了。年轻人愤怒地问老人："你不是说它不咬人吗？它怎么咬我？"老人回答："对啊，我家的狗是不咬人，但这个不是我家的狗。"

在设定目标的过程中，没什么比上下级之间、与实现目标有关系的人员之间对目标的理解达成一致更重要！目标清晰了，不见得是理解一致的。我们很多企业都挂有一些标语，诸如"创新"、"团结"等，但究竟这些词汇在企业中的具体含义是什么，恐怕很少有企业能够做到使全体员工理解一致。如果人们的理解不一致，所有的目标也成了一句空话。

没有重视使利益相关方之间就项目需求和目标达成理解上的一致，是项目启动过程中普遍存在的一个问题。很多项目管理者低估了这方面的难度，很多项目其实是在目标和需求没有定义清楚的情况下匆忙启动的。

下达给所有相关方的《项目章程》

企业是根据什么工作的？在多种场合我们问过多家企业的管理人员，甚至许多大型企业的 CEO，但令人遗憾的是，大多数人忘记了公司章程是企业一切行为的准则。企业工作是根据公司章程，部门工作是根据部门职责，个人工作是根据岗位说明书，那么，临时性的项目是基于什么工作的呢？

文化，特别是民族文化对人思考问题的方式、行为准则和生活习惯有很大影响。中国人普遍受儒家文化的影响。按照儒家文化，人与人之间的关系除了敌我关系外，是基于以下五种关系基础上的：君臣关系、父子关系、兄弟姊妹关系、夫妻关系、朋友关系。从这五种关系中我们可以看出，人与人之间缺乏商业关系。在商业行为中，我们常常用这些关系去确定彼此的角色。与竞争对手是敌我关系，彼此之间大有势不两立之势；与上司几乎是君臣关系（原来的政企关系也是如此），不仅在工作中上司有绝对的权力，甚至这种权力会延展到下属的日常生活中……更为普遍的商业关系是朋友关系。因此，我们在做生意的过程中需要拉关系、请客吃饭。合同可以不签订就能开展工作，签订了合同也可以不当回事……

为了确保项目这个临时性的任务得到必要的资源保障，为了确保临时性的项目经理具有足够的权限来对项目的成功完成负责，为了使项目的利益相关方明确和兑现各自对项目责任的承诺，需要有一种文件来界定项目的正式存在。这种文件就是项目章程。

编制项目章程的目的是表明项目及项目经理已经得到管理层的支持，它是一个简单、功能却很强大的文件。作为一项公告性文件，项目章程有多种表达形式，例如备忘录、书信、电子邮件等，然后将其发送给那些与项目有关的人员或组织实体，将项目情况以及新任命的项目经理告知他们。

创建项目章程的另一个目的是向项目的利益相关方沟通项目的存在，明确他们对项目的责权利。项目章程签发后就表明了项目的正式存在。

项目章程一般包含以下内容。

1. 项目目的

"为什么要做这个项目？"是项目章程要向所有利益相关方说明的问题。特别是对于那些需要项目利益相关方投入大量资金与时间的项目来说，对项目目的的说明是非常重要的。掌握这个问题的答案会使利益相关方对项目投入自己掌握的资源注入信心。

尽管项目目的中存在着许许多多的"为什么……？"，项目章程并不试图回答所有问题，因为项目章程不是项目可行性研究报告的代替物。

2. 项目目标

项目目标主要是指项目的绩效目标。项目绩效可直接上溯到企业的战略目标、使命及商业目的等。

项目目标不仅包含项目甲方对项目的期望，也包含项目乙方及其他利益相关方对项目的期望，这也是为什么企业不可能将客户合同直接交给项目经理作为项目实施依据的原因。

有位当企业老总的朋友，也算事业有成。有一次我和他聊天，问起他最高兴的事是什么。他讲了一个有趣的事情：

"有一天晚上我正在休息。大概半夜 1 点多的时候，突然听到有人'咚、咚、咚'地敲门，把我惊醒了。这么晚敲门肯定没有什么好事啊！我问道：'谁呀？'来人说是检察院的。吓得我出了身冷汗：公司又出什么事了？开门一看，发现他们找错人了。把他们送走了之后，我高兴得不得了了。"

对商务合同负总责的是企业的法人代表，因此他不应该用合同代替项目章程。

3. 项目工作范围

项目范围是指项目所要完成的任务范围。项目范围的说明应当能够清楚辨别将来额外增加的工作是否超出了计划的项目任务范围。

在范围说明中，要特别指出项目不能提供的东西，尤其是可能被误以为已经包括在项目范围内的东西。同时，需要区别产品范围和项目范围，因为项目范围增大了，产品范围可以保持不变。

4. 项目权力

由于项目的复杂性，利益相关方需要作出许多决策来保持项目不偏离轨道。基于这种原因，项目章程必须定义清楚解决潜在问题的权力和机制。

至少有三个领域的问题必须要解决。

第一，企业的高级管理层（项目发起人）要签发项目章程，以明确管理层将为项目提供组织资源而且对影响它的因素拥有控制力。

第二，项目章程必须指定一位项目经理，并且赋予他计划、实施以及控制项目的权力。

第三，项目章程必须在项目与高层管理及其他利益相关方之间建立联系以保证存在一种支持机制来解决项目经理权力范围之外的问题。

这样，项目章程就成为高级管理层与项目经理之间的合同，双方对于项目都负有责任和义务。在项目章程中需要有一页内容专门用于签字，因此所有相关方都应在上面签字以表明他们对项目章程说明内容的理解、认可和承诺。

5. 项目角色与责任

项目启动、计划、实施以及收尾过程的角色和责任都必须在项目团队成员和其他项目利益相关方之间进行分配。为实现这个目的，清晰识别需要做的工作、识别工作之间的依赖关系、准确地估计工期、清晰定义工作和产品质量标准以及建立衡量项目工作执行情况（绩效）的标准等内容是非常重要的。

用于详细描述项目活动角色与责任的工具是责任矩阵。使用责任矩阵，可以避免个人、部门以及组织等相互之间在沟通交流上的中断，因为在责任矩阵上能够清晰地看出某项活动的负责人。

6. 管理检查点

为了保证项目取得令人满意的进展，应当清晰定义管理检查点，确定衡量项目进展的日期。

检查点属于高层重大里程碑。高级管理层运用重大里程碑（检查点）来批准一个项目过程或里程碑的结束，并作出是否继续进行项目下一过程的决策。

7. 项目产品说明

项目产品说明就是对项目所要提供给客户的产出结果的说明。

项目启动前必须制定一个详细的产出结果说明。如果没有详细的产出结果说明，项目团队成员就不能确切了解所做的工作是什么，所有其他重要的指标可能都是徒劳。

项目章程是一个随时间而发生变化的文件，因此，如果发生的项目变更非常大而使原来的项目章程的目的不再可行，那么就需要签发新的项目章程。此外，企业之外的利益相关方有时并不能够一下子将其责任界定清楚，这些也将随着项目的进展逐渐补充到项目章程中去。

别忘了召开项目启动会议

在项目正式启动之前，将项目的利益相关方召集到一起举行一次启动会议是十分必要的，它可能现场澄清项目有关概念的内涵，以确保大家取得理解上的一致；还可能公开落实项目利益相关方的角色和责任，提高他们对项目承诺的兑现程度。此外，项目启动会议也是大家相互认识和好的社交场合，毕竟良好的人际关系有时候比什么都重要。

项目启动会议的议程一般有如下 13 项❶。

1. 欢迎和介绍

要确保关键的利益相关方或其代表到场或能利用远程视频设备进行交流。要向与会人员提供所有参会人员名单、头衔和联络方式。要向利益相关方面对面地介绍项目组主要成员。

2. 介绍会议目的

介绍召开的是什么项目的启动会。通过会议确保项目客户、供应商等对项目管理方法、角色和责任、变更管理办法等的认可。

必须安排人记录并分发会议纪要。

3. 介绍项目背景

说明为什么发起这个项目，尽可能用数字说明问题。

4. 说明项目范围

简单但完整地说明项目包含什么、不包含什么，并说明主要项目产品及重要里程碑。

5. 说明项目利益相关方的角色和责任

利用责任矩阵予以说明。

6. 介绍项目经理将采取的管理方式

必须强调的是，项目的管理方式必须得到所在企业及项目利益相关方的认同，而且特别重要的是，必须包含项目沟通方式。

7. 说明项目变更控制方式

可以使用变更控制流程图辅助说明；明确变更管理的责任人；说明何时需要客户参与；说明谁有签字权等。

8. 说明项目行动要点和风险点

简单介绍项目所采取的工作方式，例如一些主要的度量和控制办法等。

9. 说明客户对项目成果的接收标准

说明项目将提供给客户何种产品，它们的质量判断标准是什么，客户将如何验收该产品。要尽量获得客户对项目计划、管理方法、客户的角色和责任、变更管理办法及其他项目工作方式方面的认同。

---

❶　参考美国北电网络（Nortel Networks）公司管理规定。

10. 说明项目沟通的方式方法

说明项目利益相关方之间沟通什么、何时沟通、以何种方式沟通、谁负责沟通以及沟通反馈等规则。

11. 回答与会人员的问题

告诉项目利益相关方能够随时联系的方式，以便有问题可以及时咨询。

12. 对会议进行总结

说明本次会议取得的成果和结论；感谢大家的参加；说明会议纪要发放的方式和时间等。

13. 结束会议

善始善终，要努力使项目其他利益相关方对项目组，特别是项目经理，留下最佳印象。

项目启动阶段出现的很多问题是项目后期问题的隐患。一般来说，从关键的项目利益相关方（最高管理层）及客户那里获得承诺的难度最大。

当项目出现明显的经济效益前，一般不会得到公司高层的支持。当出现明显的经济效益后，公司高层会对项目表示支持。支持的方式是成立一个委员会，这个委员会经常要听你的汇报，但当你需要它的时候，它的成员往往找不到。

人们不支持项目可能有很多原因。如果在项目的后期出现这种情况，问题可就严重多了。项目需要资金或其他资源，如果控制资金/资源的人对项目支持的意识不强或者对项目不感兴趣，项目就容易失败。在项目早期，高层领导就应当及时提供必要支持，并将这支持贯彻到整个项目生命周期中。

要尽量完美地、无缺陷地启动项目。

有效的项目组织管理

民既专一，则勇者不得独进，怯者不得独退，此用众之法也。

——《孙子兵法·军争篇》

项目需要资源才能完成，资源需要合理组织。据调查，项目很少由于技术和"硬"方法方面的原因而失败，却常常因为组织、人、管理等"软"能力方面的原因而失败。项目失败的原因中，由于组织和管理不当造成的问题占到 48%，可见其对资源有效组织的重要性（见图 7-1）。

在项目组内部谈项目管理的效果是十分有限的，因为项目的组织管理问题来自 3 个方面：① 临时性的项目组、稳定的职能部门及与其他项目组的关系；② 企业和其他外部项目利益相关方之间的关系；③ 项目组内部的成员关系。前两种关系引起的项目管理问题比后一种严重，解决这些问题超出了项目经理的权限范围。当然，严格说来，企业和其他外部利益相关方的关系不属于项目的组织管理问题，而应该是项目合作伙伴管理问题。

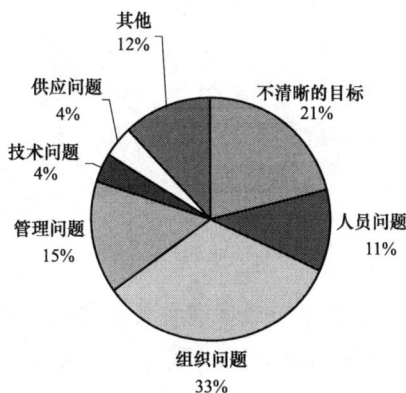

图 7-1　项目失败原因调查

其他 12%
不清晰的目标 21%
供应问题 4%
技术问题 4%
管理问题 15%
人员问题 11%
组织问题 33%

项 目 组 织 的 特 点

项目组织是组织的一种，但又和一般的组织不同。由于受项目以及项目管理的特性的影响，项目组织本身有着显著的特点，这些特点也使项目经理面临着巨大的挑战。

1. 项目组织为项目任务而设

项目是临时性的，因而项目组织也是临时性的。因为有项目才产生了项目组织，随着项目的结束，项目组织也随之解散。

项目经理是一种临时性的职位，而临时性职位的权力对人们的影响是有限的，它不如职能部门经理这样相对长期的职务"说话管用"。

小张是技术处的一名职工，最近被抽调到某新产品开发项目组工作。有一天，小张接到他的处长老李的电话："小张，你现在能不能马上回处里一下？"小张正好在与项目客户讨论一些项目的技术细节，一下子很难走开，他想向处长解释一下。可是，没等他讲完，李处长便轻轻将他的话打断了："你很忙啊，好，好，那你看着办吧。"结果会怎么样？小张立刻放下手头的工作，气喘吁吁地赶回处里，问处长有什么事。"其实也没什么大事，就是我的一份资料找不着了，想请你回来帮着找一找。"处长不介意地说。小张有脾气吗？没有，因为他知道对他来说处长远比项目经理重要。

2. 项目组成员拥有多种技能

企业职能部门的划分一般采取以下步骤：确定企业的目标、对目标进行分解、明确为完成上述目标所需的活动、将活动按照类型进行归类、将同类活动分配给相应的职能部门、分配部门所拥有的权力和责任等。因此企业中的各职能部门人员拥有的专业技能大多是类似的，每个部门具有专门的技能。

然而，项目组面向的是产生最终的成果，它不像职能部门那样面向某种类型的活动，因此，项目组必须具备从项目开始到结束所需要的所有技能。如果说职能部门的经理能够熟悉本部门所有业务的话，项目经理却很难做到这一点，他们不可能对完成项目所需要的知识、技能、方法和工具都很熟悉，总有某些项目组成员拥有项目经理不擅长、不熟悉的知识和能力。

"外行领导内行"是长期以来深受批评的，然而对于项目来说，外行管理内行却常常是一种客观事实。这种情况所带来的后果是，项目经理的权威性面临强大的挑战，他们必须具备更强的领导能力，具备更强的管理内行的能力。

3. 项目组没有冗余人员

项目所需要的人员（以及其他资源）是动态变化的。在不同的环节，需要技能不同以及数量不同的人员来完成项目任务，而当任务完成后，他们将离开项目组。换句话说，项目组没有冗余人员，当项目需要人员的时候，要有胜任的人来；当项目不需要人员的时候，要能够让那些不需要的人走。

那么，这些人员从哪里来、往哪里去？很显然，从各相关部门来、到相关部门去。因此，部门经理们会认为："我们不是收容所。如果项目需要人我们就给它人，不需要人时我们还要接收他们，那么部门的工作就没法干了。"这种情况造成的结果是，项目经理需要的是"贤人"，但部门提供的是"闲人"。部门经理和项目经理常常为了抢夺项目资源而起纠纷。

4. 项目可能被误认为是对职能部门工作的批评

企业按职能划分各个部门，同时将职责也分配下去，每个部门都承担一定的责任，他们只需要将各自的工作做好，便是完成了交付的任务。这种方式在商业环境变化缓慢，责任能够清晰划分的情况下是可行的，当商业环境变化剧烈、责任不能预先设定清晰的情况下，便产生了项目方式。

职能工作和项目工作对一个企业来说都是必要的，它们可以相互补充，以此实现企业的目标。然而在实践过程中，很多部门经理会误认为之所以采取项目方式是对其职能工作的不信任，是因为削弱了他们应有的价值，因此，经常会出现部门经理与项目经理争功、部门经理对项目支持不力的情况。

5. 项目组成员目标各异、忠诚度不够

任何一个组织都应当是一个有机的整体，必须具有共同的目标。但项目组成员是来自于各职能部门，他们清楚地知道，项目结束后，还要回到原来的部门，他们只是被暂时使用，部门才是真正的归属。

很多情况下，项目经理对于项目组成员奖惩的影响是很弱的，真正的权力常常在部门经理手中，因此项目组成员"人在曹营心在汉"的现象难以消除。

要用好项目资源，有效的项目组织是前提，而要建立有效的项目组

织，必须充分考虑以上几种项目组织的特点。

项目组织构成的一般方式

通常人们会简单地认为项目组织解决的是人力资源的来源问题，但项目需要的资源有很多种，除了人力资源外，还有资金、材料、设备、设施、信息、工具、规范、方法等多种资源。项目组织形式必须描绘项目所需所有这些资源的来源。

通常可以采用以下几种形式来组织企业内部的项目资源。

1. 职能制形式

所谓职能制形式是指项目资源分散在各职能部门中，当项目需要这些资源时，由各职能部门经理予以安排和使用（见图 7-2）。

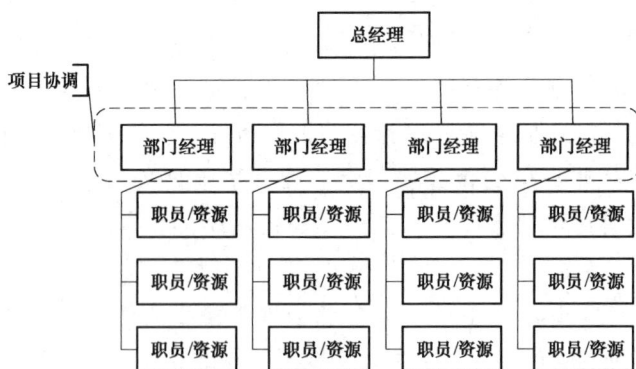

图 7-2　职能制项目组织形式❶

很显然，职能制形式的优点在于它能够充分利用企业的资源。当需要某些人员或其他资源参与项目工作时，职能部门经理将临时调动这些人员或资源去完成这些任务。在碰到较困难、较紧急的项目任务时，部门经理可以集中整个部门的力量来完成这些任务。当这些人员完成项目任务后，他们很自然地继续原有的职能工作。在整个项目生命周期内，项目组成员

---

❶　需要说明的是，本章采用的组织图形式中，包含的不仅是人员，更主要的是资源。读者在看到其他项目管理书籍中的组织结构图时，可以比较其中的差异。

并不脱离所在的部门，他们只听从职能经理的指挥。

　　这种方式的缺点是没有一个项目经理，各职能部门均是对分配给自己的项目任务负责，而不是对项目最终成果负责。也就是说，这种方式难以获得项目资源对项目取得最终成果的承诺。

　　在项目任务能够清晰划分、稳定划分的情况下，这种形式是可行的。当项目中的不确定因素较多，很难预先明确责任时，这种方式很容易出现相互推诿、在项目活动流程的下游部门/人员吃亏的情况。所以，职能制形式最适合于项目界面和技术上相对独立的项目。

　　此外，这种形式只适合于在一段时间内只有单一项目的情况。如果有多个项目同时进行，那么各职能部门经理可能对项目的优先次序理解不一致，这将产生各项目都延期的情况。

　　当多个职能部门共同完成一个项目 A 时，项目被切成一块块交给这些部门完成（见图 7-3）。但是，这些部门还有其他项目需要完成，它们追求各自局部效益（资源利用效率）最大化的决策结果必然会造成其对项目 A 的优先次序不一致，这种排序不同的结果会增加项目 A 延期或失败的可能性（见图 7-4）。对于项目导向型企业来说，企业同时会有多个项目存在，这种职能制组织形式是难以满足其需要的。

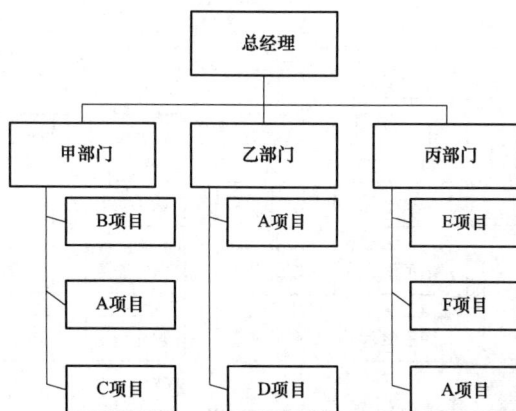

图 7-3　项目 A 由企业各部门同时承担而这些部门又
同时承担多个项目的状况示意图

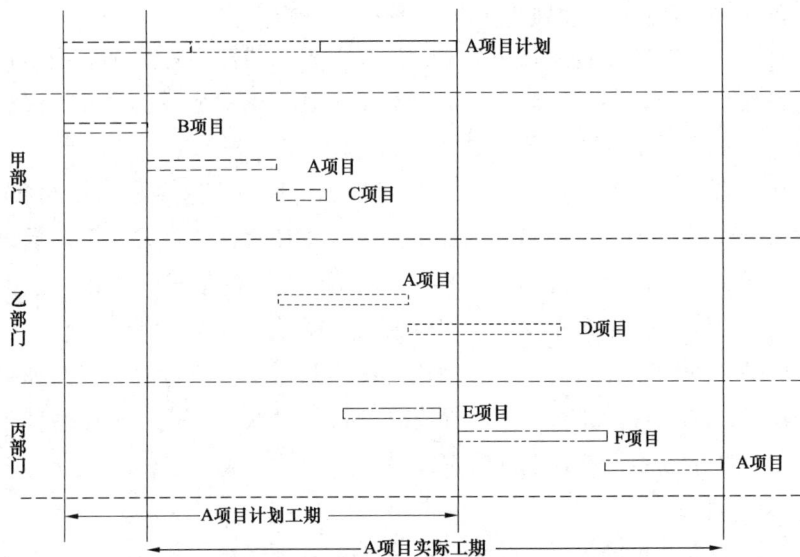

图 7 - 4 各部门对项目 A 的优先次序
不一致而导致项目 A 延期

2. 项目制形式

与职能制形式相对应的是项目制形式。这种组织形式是以项目组作为独立运行的单位，项目组拥有专用的项目资源（见图 7 - 5）。

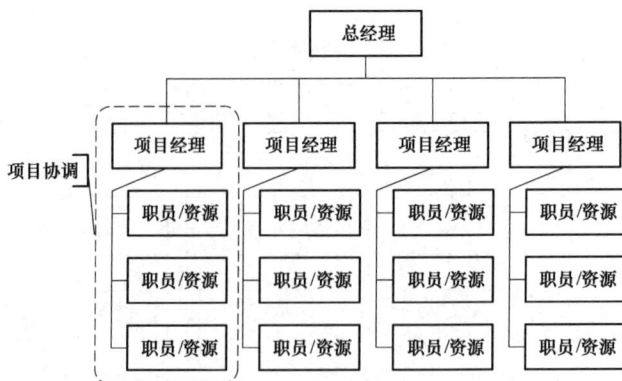

图 7 - 5 项目制组织形式

这种形式的优点在于具有明确的项目经理对项目结果的实现承担责任，可以充分利用项目组的专用资源。

然而，这种方式的缺点也是很明显的：它对企业的资源利用程度不足。项目资源被各项目组独占，当项目需要这些的时候固然能及时获得，但当项目不需要这些资源时，它们/他们却很难从项目组释放。当项目遇到技术难题，需要调用企业更多力量时，这种形式也颇为不便。

项目制形式对于那些进度或产品性能极为重要，对技术、质量的要求较高而对项目开发成本相对不重要、企业资源相对充裕的项目来说，是个较好的选择。

3. 矩阵制形式

既能够有人对项目目标负责，又能够更有效利用企业资源的项目组织方式是矩阵制形式。

根据对项目资源占有程度的大小，可以将矩阵制形式分为 3 种类型。

（1）弱矩阵形式。这种结构形式十分类似于职能制形式：项目任务由企业相关部门提供资源来完成（见图 7-6）。在这种组织形式中，没有正式任命的项目经理，或者说虽然有个项目经理，但实际上该项目经理只是充当了项目联络人角色，对资源的支配权大多仍然掌握在职能部门经理手中。

由于没有正式的、有权力的项目经理，所以很难让人对项目的最终结果承担责任，职能经理对项目的支持程度将对项目成功起着十分重要的作用。在这种结构中，项目组成员大部分时间均在完成其所在部门的工作，它们只是一些"业余的"项目组成员。

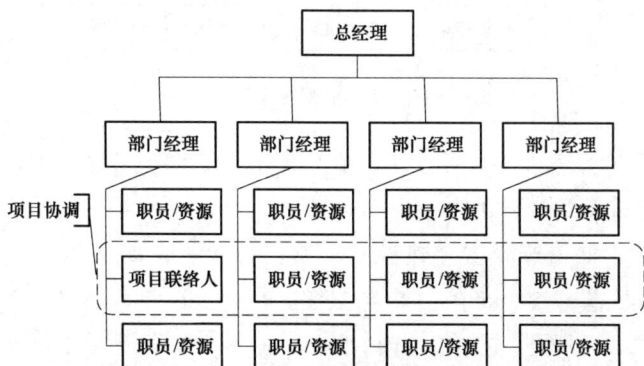

图 7-6 弱矩阵制项目组织形式

老马是个空降兵，因为在 X 公司杰出的表现被 Y 公司不惜重金挖了过来。老马的第一项任务就是从各个部门抽调精兵强将组成项目组，进行公司产品的市场调查。老马知道这个项目至关重要，不仅与他本人的前途有关，对公司的前途也有很大影响，于是他找到各相关人员，问他们能否参加该项目，大家均回答很忙、没有时间，没有办法参加。

对于弱矩阵结构来说，由于项目协调人缺乏权力和对项目资源的有效控制，协调能力、影响能力和人际关系都是项目协调人十分重要的素质，它们将对项目的结果产生重要影响。

（2）平衡矩阵形式。平衡矩阵形式如图7-7所示。在这种形式中具有一个明确的项目经理，他/她将对项目的结果承担责任。但是，这种项目经理不是独立于职能部门的，他/她在负责项目的同时，还需要参与或承担部门的工作。如果说弱矩阵形势只有项目协调人而没有项目经理的话，平衡矩阵形势虽然有一个项目经理，但这种项目经理常常也是"业余的"。

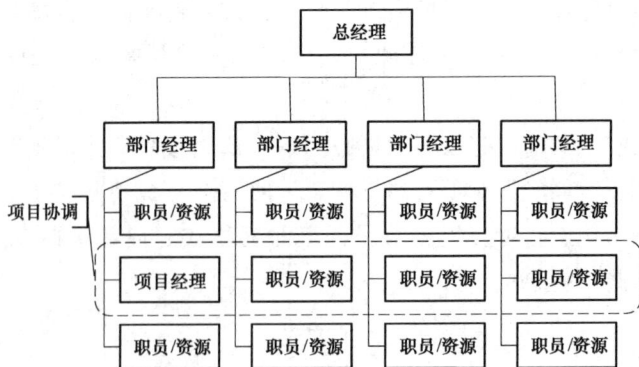

图7-7 平衡矩阵形式

小李是Z公司信息部副经理。他最近承担了一个项目：要在一个月内拿出公司局域网的设计方案。他制订了一个项目实施计划，其中需要公司人力资源部、市场部和企管部派人参加。由于小李是公司的技术权威之一，而且与这些部门的经理们具有良好的私交，因而，这些经理都愿意帮助他。现在的问题是，小李的部门业务十分繁忙，他不得不经常停下手头项目的工作去处理那些"分内的"事务。

一个月过去了，虽然小李完成了对公司局域网建设的设计方案，但该方案提交后并没有得到公司的认可，反而有些公司领导对他的技术能力产生了怀疑。小李知道这是由于自己对项目投入精力不足造成的。不过他没法跟公司领导解释，因为在项目启动初期，公司就召开了正式的启动会议，宣布了他这个项目经理的正式存在和"充分"的权力与责任。此外，各个部门也配合得很好。甚至本部门经理大刘也很支持他，尽量不让他处理部门的日常琐事，只有在召开部门例会、处理一些由小李分管的工作时才占用他的时间。

对于平衡矩阵结构来说，项目经理有两份"分内工作"，他们必须在项目与部门工作之间找到平衡，但遗憾的是，这种平衡常常难以做到。

（3）强矩阵形式。强矩阵形式较类似于项目制形式（见图7-8）。在这种结构形式中，项目经理是专职人员，在项目期间他不再属于职能部门，也不需要完成职能部门的工作。同样，项目组成员大部分的时间也都在进行项目，项目经理比职能部门经理对他们更具有指挥权力。

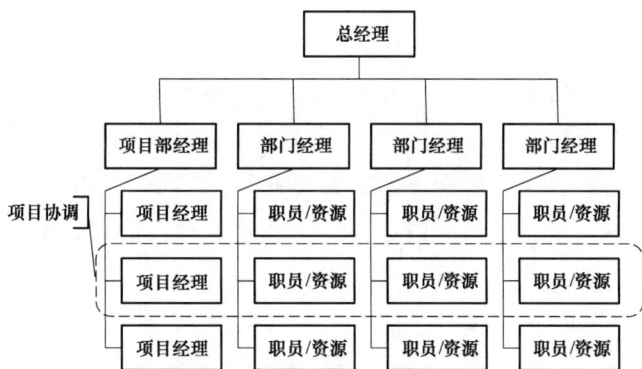

图7-8　强矩阵形式

小张是个工程师，业务比较突出，被抽调到某个项目组干了一年。项目组成绩不错，受到了公司的表扬，小张也得到了奖金，回到了部门。部门经理大刘问他参加如此成功项目的感受，小张回答说："感觉很好，但是以后这样的项目不要再派我参加了。"

对于强矩阵形式来说，虽然项目经理有足够的权力来使用项目组成员，但当项目结束后，长期离开本部门的项目组成员却会面临一种归属问题。同样，这些项目组成员所在的职能部门经理们也不会愿意他的下属长期离开部门工作，因为需要的时候他指望不上这些下属，而当他不指望这些下属时，他们却可能要回来了。

弱矩阵、平衡矩阵、强矩阵这三种形式反映了项目经理和职能经理对于项目影响程度的大小。随着矩阵由弱到强的变化，项目经理对项目的影响程度越来越大，而职能经理对项目的影响程度则越来越小。

但是，所有的矩阵制形式均存在一个问题：一个人会有两个或两个以上的上司。

在一个人有两个以上的上司的情况下谁会感到苦恼？按理说是下属，因为他/她必须满足两个或多个人对他/她的要求。但事实上，上司们也会感到麻烦：这个人如果实在不能满足他们的愿望，如果分身乏术，他们负责的工作均会受影响。更令上司们防不胜防的是，这个人有可能会造成两个上司之间的矛盾而使自己从中获利！这种例子在现实中屡见不鲜。

在选择矩阵结构时，要考虑项目经理是否有权管理资金并与职能经理有业务关系，包括获得职能经理们的正式承诺和对项目计划制定的参与。如果是的话，矩阵就会很好地发挥作用；相反，如果项目经理仅仅被看成一个协调员，依靠部门经理尽力去执行项目的话，矩阵结构就会失效。

项目任务的分配

职能制、项目制和三种矩阵制形式只是描绘了项目所需要的人力和其他资源的来源。本节将说明项目应该如何使用这些资源，如何分配项目的任务。

1. 相同形状的分配方式

所谓相同形状的分配方式，是指将项目任务按照 WBS 划分成不同的部分，每一个部分由项目组的一个小组负责完成。

假如我们要写一份项目标书，这个项目的 WBS 如图 7-9 所示。我们可以在项目组中设立如图7-10所示的四个项目小组，由它们分别去完成这四项任务。

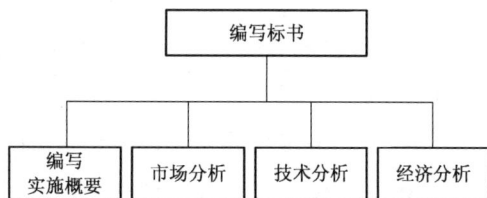

图7-9 某项目标书编制的 WBS 图

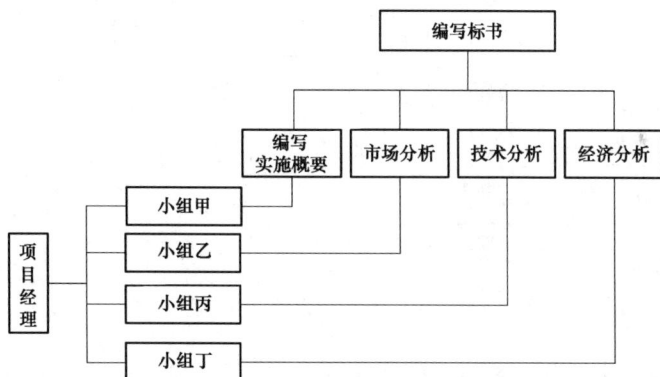

图7-10 相同形状的项目任务分配方式

这种项目任务分配方式的优点在于这些项目的任务有可能并行开展，但缺点是可能导致项目最终的任务很难集成。每个小组分别编写标书中的一个章节可以做到分工明确、加快标书的完成速度，但最后可能各小组编写的内容、观点不协调甚至有矛盾，各章节的格式也可能会不一致。

这种方式只适合那些项目各部分相对独立的情况，而且项目经理要完全承担起协调、指挥各小组的责任。

2. 基于专业能力的分配方式

为了保证项目各项任务完成的质量，我们可以按照项目组成员的专业能力对项目任务进行分配。

仍以编写标书项目为例。假设项目小组甲和小组乙都对项目的整体情况比较熟悉，因此，由这两个小组共同负责标书中"实施概要"部分的撰写。由于小组乙和小组丁对项目市场情况比较熟悉，因此由这两个小组负责标书中的"市场分析"部分的撰写。由于只有小组丙对项目技术熟悉，因此由该小组负责标书中的"技术分析"部分。小组甲和小组丁对经济分析比较专业，由这两个小组共同负责标书中"经济分析"部分的撰写（见图7-11）。

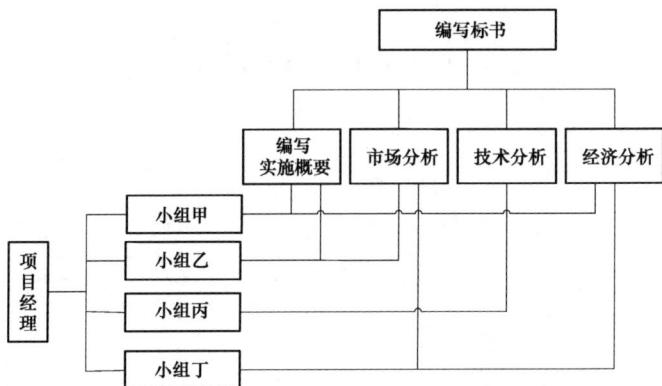

图7-11　基于专业能力的任务分配方式

采取这种方式的优势在于项目每一部分都可以发挥项目组最强的专业优势。从项目的各个局部看，专业水准会较高。但这种方式也存在一些问题。首先，这种方式可能存在责任不清的问题，当我们说某些工作由两个或多个人"共同负责"时，其结果可能是无人负责。其次，这种方式可能会存在工作量不平衡的情况。最后，这种方式同样需要项目任务之间相对独立。

3. 集体协商方式

所谓集体协商方式是先由项目组成员就项目各项任务的内容、特点、工作方式、任务分工等进行协商，然后根据协商的结果进行工作。

仍以标书编写项目为例。为了保证标书质量以及各部分风格、内容等的一致性，也为了保证项目组成员责任明确、工作量均衡，大家经过沟通、协商后对项目任务进行了分配（见图7-12）。

这种分配方式虽然在项目开始时效率较低，但一旦大家根据协商的结果进行工作后，效率却很快，因为那时项目不仅可以并行实施，而且最后

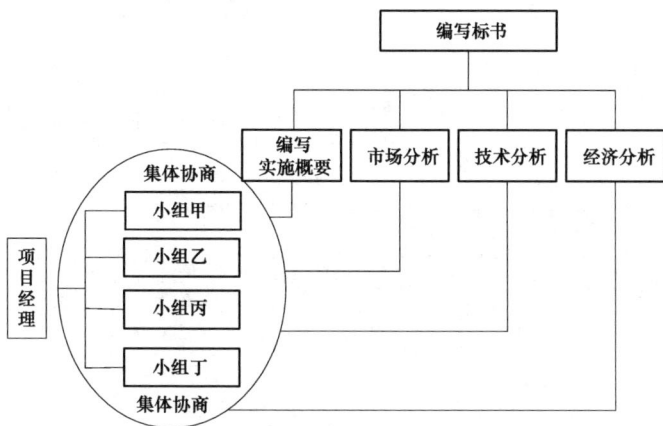

图 7 – 12　集体协商方式

的集成问题也较少。这就是所谓的"磨刀不误砍柴工"。

采用这种方式存在两个方面的问题：第一，项目规模不能太大。如果项目规模较大，需要协商的内容就很多，工作量不仅很大而且很难达成一致。第二，项目组成员需要相对稳定。如果在项目过程中，项目组成员流动过大，那么原先协商的结果就必须重新与后来者协商，这样会造成项目效率的降低和项目冲突的上升。

4. "首席专家"方式

在有些项目，特别是软件项目、科研项目、外科手术项目中，有时采取"首席专家"方式，即虽然项目组有很多成员，但他们大多充当某个专家的助手，为其准备资料、收集信息、提供辅助性支持等。

在编写标书，特别是小型标书时，可以由某位业务能力比较全面的人（也可能是项目经理）来起草标书，其他人则为他/她提供资料、文字处理等（见图 7 – 13）。

这种方式能够使项目进行得较快，它不需要集成，但项目成果的质量与专家的个人水平有很大关系。

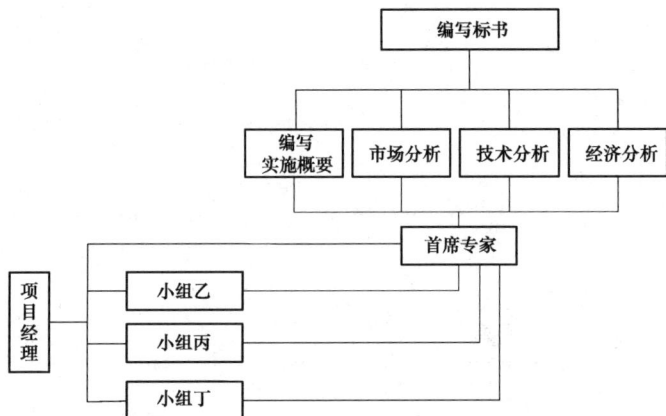

图 7 - 13 "首席专家"方式

以责任矩阵明确利益相关方责任

为了确保项目利益相关方承担其对项目的责任，必须要做到以下三点：

（1）任务落实，即每一个完成项目所必要的任务都有明确的责任人。为了防止相互推诿、扯皮和责任不清的情况，每项任务必须有且只能有一个人对其负责。如果出现一项工作由两个人负责，其结果一般是没有人负责。

（2）人员落实，即项目利益相关方均应承担一定的项目责任。项目的利益相关方之所以成为利益相关方是由于他们将会对项目产生影响。因此，必须尽量确保项目利益相关方具体到人，避免是一个组织、一个部门、一个小组。不能让任何一个项目利益相关方对项目只有权利而没有义务。

（3）组织落实，即要为每项任务的成功实现提供组织上的保障。例如，确保在项目组织和实施方面的人员、流程和使用管理平台/技术/工具之间的协调一致，建立相应的激励措施等。

为了实现以上的"三落实"，在项目利益相关方之间建立责任矩阵是很有帮助也是很有必要的。

一般的责任矩阵是一个二维表格（见表7-1），其中包含利益相关方名单、完成项目需要的活动或任务，以及每项活动或任务与各利益相关方的对应关系。

表7-1   项目责任矩阵表（一般格式）

角色与责任 / 利益相关方 / 项目任务/活动	利益相关方1	利益相关方2	利益相关方3	...	利益相关方 N
活动1					
活动2					
活动3					
⋮					
活动 M					

某软件项目的项目追踪与管理流程如图7-14所示。为了确保该流程取得应有的效果，该公司对利益相关方进行了定义，并建立了如表7-2所示的责任矩阵。

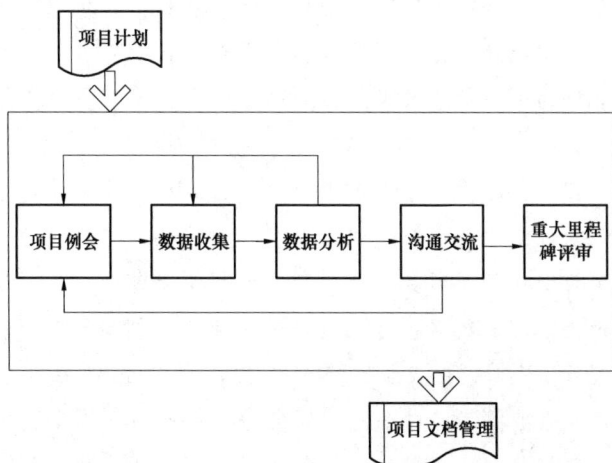

图7-14 某软件项目的追踪与管理流程

表 7 - 2　　　　　　　某软件项目追踪与管理流程的责任矩阵

F - 负责；P - 协助；C - 参加；R - 报告	项目经理	项目成员	QA 人员	客户	企管经理	分管副总
项目例会	F	P	C		R	
数据收集	F	P				
数据分析	F				C	
沟通交流	F	P		C		
重大里程碑评审	P		C	C	C	F

项目利益相关方需要对项目尽责，但他们中的很多人不是项目经理的下属、不是项目发起人的下属，甚至不是承担该项目企业的员工，如何使这些人确实承担起对项目的责任是项目管理面临的挑战。

基于职能和职权的组织难以满足项目管理的需要

职能制形式、项目制形式、矩阵制形式各有其优缺点：职能制形式能够充分利用企业资源，但这些部门很难对项目结果作出承诺；在项目制形式中，虽然有项目经理对项目结果负责，但项目资源的使用效率较低；矩阵制形式倒是结合了职能制形式、项目制形式的优点，但又存在一个人多个上司的权力冲突问题。是什么原因造成了这些困难？原因就在于基于部门职能或静态岗位职权的管理不能适应动态项目和商业环境的需要。

矩阵制组织形式存在一个人多上司的问题，本质上是临时性权力与稳定性权力之间对资源争夺而引起的冲突。项目是临时性的任务，在项目实施过程中，项目经理只在项目生命周期内掌握资源使用权力，这种权力具有明显的临时性；职能经理相对于项目经理而言，拥有稳定的权力。在资源有限的情况下，这两种权力的交汇点则必然落在资源的争夺上，如图 7 - 15 所示。企业的目标被分解为两部分：一部分为各部门的目标，另一部分为各项目的目标。目标的分解意味着责任和压力的分解。为了实现目标，人们需要资源。按照常规的理解，资源主要是指人、财、物这些排他性资源，因此，项目与部门之间存在资源竞争。由于项目是临时的而部

门是相对稳定的、项目的考核目标刚性大而部门的考核目标柔性大、部门
的权力实在而项目的权力虚化，这些资源更易于被部门使用。其结果是企
业的项目很难顺利完成，企业表面上可能是项目导向型的，但实际上还是
基于稳定部门的分工来完成项目。但是，职能部门也常常难以承受企业分
配给它们的压力，因为同样有很多外部因素它们控制不了。例如，企业人
均利润率常常被作为人力资源部的考核指标，但是，由于销售、企业结构
等方面的原因，人力资源部并不能承担这样的压力，这样的指标即使很容
易考核也没有实际意义。这种管理方式表面上是为了使各部门和项目都为
企业目标承担责任，实际结果却是目标发散，各部门、部门与项目之间相
互扯皮、推诿，从而形成"企业里的每个人都在忙，忙着掩盖事实的真
相"这种局面。

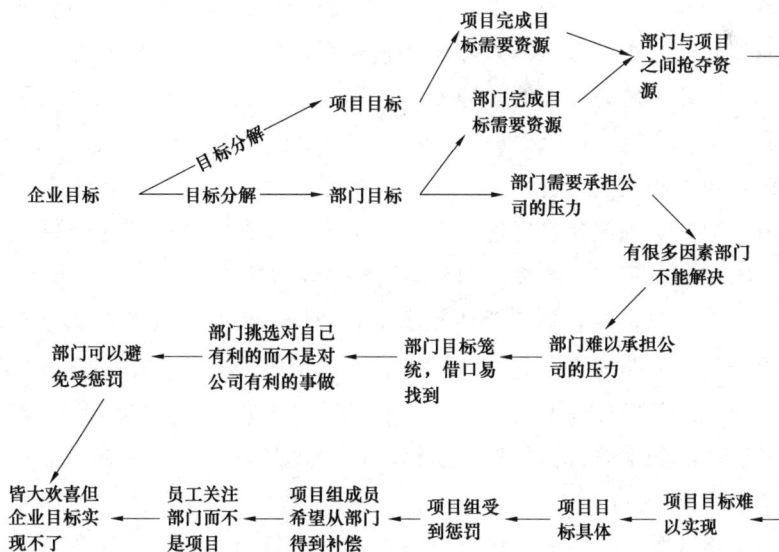

图 7-15 项目与部门资源冲突的成因分析

目前，有关项目组织的研究成果大多侧重于组织形式、组织中各部门
之间的关联性等方面，而对促使项目组织运转的驱动力方面却没有加以应
有的重视。然而，尽管组织形式对项目运行的有效性有重要影响，但如果
基于同样的驱动力，即使组织形式有明显不同，其效果也难有根本区别。
换句话说，是项目组织的驱动力而不是组织形式的不同决定了项目组织有
效性的差异。

19世纪比利时画家马格立特画过一幅画，画上是一支烟斗，但画的名字却是《这不是一支烟斗》。他的意思是说，这仅仅是关于烟斗的一幅画而已，并非真正的烟斗。同样，如果我们要画一个项目的组织结构图，那么这个组织结构图也应称为《这不是一个组织》，因为组织结构图远远不是组织的全部。

职权是岗位职能所规定的权力，它是一种指挥和要求人们服从的权力。一个项目如果其组织的构成是以职权为驱动力的，将具备以下特征。

（1）独占性。职权来自于正式的职位，它体现在人们所熟知的上下级关系中，拥有职权的上司有权力分配下属的任务、确定其工作的先后次序、进行决策、给下属的工作设定时间限制、聘任或解聘下属等。下属作为上司的一种资源，上司可以占有这种资源，至少在工作上上司对下属有控制的权力。这种占有是具有排他性和等级性的，一个下属不能被两个上司占有。既然下属是上司的一种资源，那么，下属的工作意义就在于实现上司的目标，在这一点上他们与一部工作机器并没有不同。

正是由于职权的独占性，才使矩阵制形式会出现一个人多个上司的难题。因为职能经理和项目经理都想享有对项目组成员（或其他资源）的独占性，因而会出现权力冲突，而使项目组成员左右为难。

（2）封闭性。在以职权为驱动力的企业中，每个职能部门的运作是围绕着预先设定的职能进行的，它们关注的范围就是其职能范围。一项任务经过一个职能部门处理后转给另一个职能部门处理。每个职能部门的目的是实现该职能的绩效目标，除了总经理以外，其余的人只能看到也只需要关心企业的一个片断。

如果用这种方式完成项目，必须具备一个假设：项目的任务可以通过明确的、一成不变的分工来完成，当分工后的工作分别最佳化地完成后，项目的任务就最佳化地完成了；只要各个职能部门的绩效最佳，项目的绩效也就最佳。这种权力的封闭性就是项目的职能制形式缺陷的来源。

（3）反应式。在以职权为驱动力的组织中，信息的传递是反应式的：上司下达指令，下属对指令作出响应；思考活动由上司完成，执行活动由下属完成。在这种组织中，直接创造项目价值的人恰恰是那些处于最底层的、最微不足道的人，上下级之间有信息传递但没有对等关系，不同职能部门之间直接的信息传递只有在例外情况下或非正式渠道中才会发生。

在这种等级式的系统中，项目组成员之间并没有一种真正的协作关系。

（4）制度是管理的基础。体现职权的载体是制度，在以职权为驱动力的项目组织中，管理基于各种各样的制度。由于项目组面临任务的独特性、创新性和项目所处环境的不断变化，制度更新的频率很快，而频繁的制度变化会使项目组成员无所适从。

"计划不如变化快"是项目的特点，在某种程度上对项目组管理的重点在于对变化的管理。制度与生俱来的官僚性难以适应这种快速变化，一个项目组如果被笼罩在重重制度之下，其结果常常是维护了制度而牺牲了机会。

有效项目组织管理体系的建设

要避免基于职能和职权的项目组织管理的缺点，形成有效的企业项目组织管理体系，需要解决以下问题。

1. 企业部门和项目组角色的重新定位

在变化的时代，企业的核心工作是完成不同类型的项目，企业价值源于一个个项目目标的实现。因此，企业的部门应该分为两类基本部门：一类是完成项目的动态部门，即项目组，它们是项目资源的使用方；另一类是支持项目完成的静态部门，即项目资源的提供方。为了化解矩阵式组织中存在的问题，需要改变企业部门在职能设定中的思维习惯，项目导向型企业中职能部门中的"职能"应从"管理""生产""采购"等转变为"资源保障"，它们必须变成各种专业资源的供给和维护部门（见图7-16），职能部门经理也需要变成"资源经理"。这里的"资源"是个广义的概念，它不仅是指传统意义上的人、财、物，更主要的是指信息、规则、方法等。

2. 实现部门间角色转变的驱动力

实现部门角色转变的驱动力在于建立相应的绩效评价关系，因为"你先告诉我你将考核我什么，我再告诉你我将怎么做"是人们普遍的心态。改变了评价方式就改变了一切，否则什么都改变不了。很多企业在制定绩效考核指标时，各部门同时、独立地将考核指标呈报给上级。独立制定考核标准，只有在部门与部门之间可以独立开展工作时才能适用，对于面向

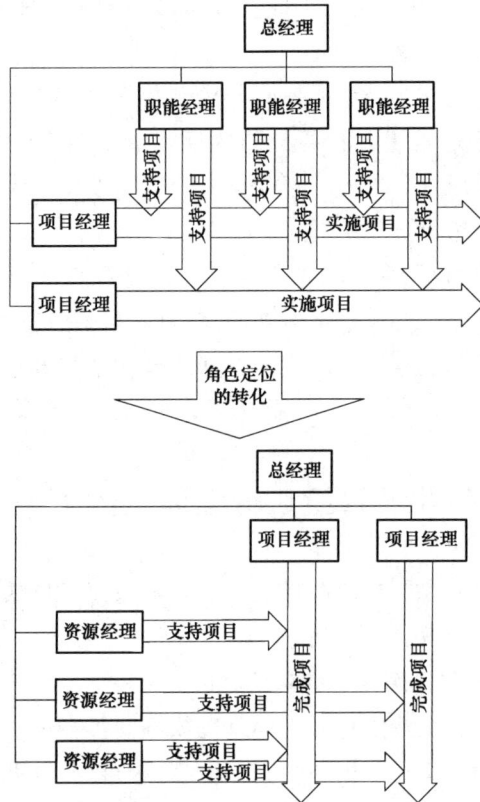

图 7-16　职能部门的角色转变

项目的组织来说，各部门需要以项目为平台协同运作，这种方式是不可行的。

企业的绩效考核方式应该以产生效益的项目目标为导向，以此倒推出静态和动态部门的责任。很多企业都面临职能部门难以考核的情况，其实，如果明确了其对项目的支持方角色，这种考核就不难了。其基本原则在于：由资源的使用方考核资源的提供方。但实践中却常常相反，难怪这类问题总是解决不了。

在图 7-17 中，甲、乙、丙表示企业的三个部门，其中甲部门（项目组）负责项目的实施，乙、丙部门作为项目的资源支持方。企业有效的绩效考核方式应该从甲部门开始，首先制定甲的绩效目标，甲根据其绩效目标提出相应的要求，如需要丙提供某种资源支持等。丙针对甲的要求，相应地提出对乙的要求，乙为满足上述要求，则提出对甲、丙的要求……这些彼此之间的要求被指标化后，按照部门汇总便会很容易形成各部门的绩效考核指标。在图 7-17 中，对角线部分是部门内部考核，非对角线则是供需方的考核关系，这样就形成了内部市场机制。

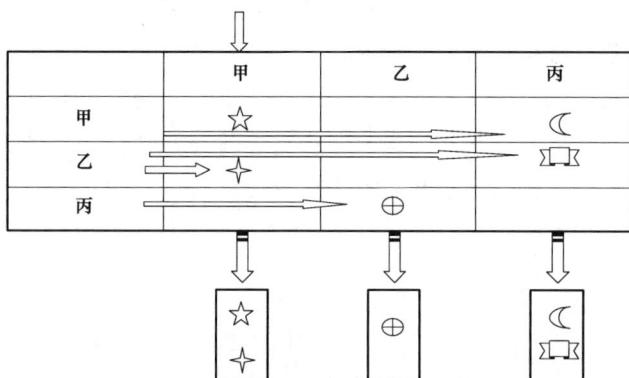

图 7-17   项目导向的各部门之间考核连带关系

3. 企业知识的积累和复用

在变化的环境中，企业必须具备同时承担多个项目并能够高效完成这些项目的能力。在所有的企业资源中，最能够影响项目效率的是人力资源和知识资源。人力资源对项目的重要性不言而喻。如何让项目组成员迅速进入角色、迅速发现问题、迅速拿出解决方案、迅速提交项目成果、在完成任务后能够及时退出项目角色以承担新的角色是企业需要解决的问题。速度的敌人是变化，而变化的克星是知识，在这些无形资产中，与效率有关的最重要部分即是属于企业、可以复用的知识。企业必须善于从不同的项目中寻找共同点，并将处理这些共同点的经验和方法提炼，固化为企业知识并建立相应的促进机制提高这些知识的复用率。这项使命需要由"资源经理们"完成。

部门角色的变革、驱动力的形成、知识的提取和复用等是项目导向型企业组织机制的主要组成部分，这些内容可以简单地用图 7-18 表示。在图 7-18 中，总经理依据项目目的对项目经理提出考核要求（项目目标任务），而项目经理则据此明确项目目标并向资源经理提出资源需求。资源经理根据需求向项目经理提供资源（此处以项目组成员为例），项目经理给项目组成员分配任务，当项目组成员完成了各自任务，项目经理可以向总经理（企业）提交项目成果并据此获得项目利益（如奖金等）。项目经理依据项目组成员完成任务的情况决定其参与项目的收益（如项目奖金）并将其在项目中展现出来的能力和态度反馈给其所在的资源部门，项目组成员回到部门后需要将在项目中形成的知识提炼留给部门。资源经理根据项目经理对项目组成员的能力评价和项目组成员提炼知识的有效性对其工资级别（即企业的工时单价）进行调整。资源经理由项目经理基于其提供的资源数量和质量进行评价，总经理依据上述评价的结果对资源部门加以奖惩。在这整个过程中，项目经理最有效的权力是对部门和项目成员的评价权。

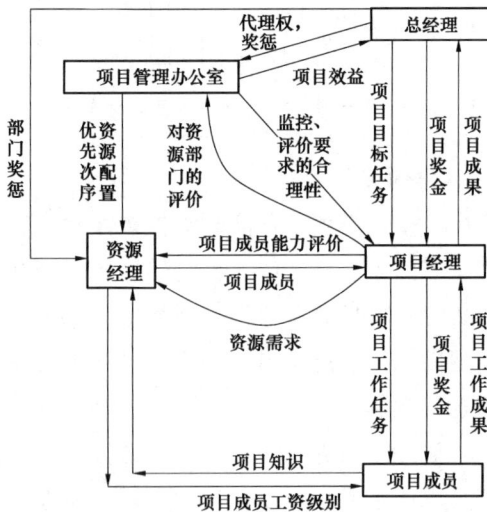

图 7-18　项目导向型企业组织机制形成过程

无论哪种企业或哪个项目，要想得到有效的组织管理机制都需要经过3个步骤：流程优化、结构划分和考核推动，这三者的顺序不能改变。

要实现图 7-18 所示的转变，有三个问题需要解决：首先，谁来判断项目经理对资源要求的合理性？其次，当多个项目在资源需求上存在冲突时，资源供给部门如何确定优先次序？最后，项目经理只负责正确地完成项目，那么谁来提供正确的项目？这三个问题的解决在于在企业内部设立项目管理办公室（Project Management Office，PMO），PMO 将行使公司委托代理权,对各项目进行监控并对公司的项目执行收益负责。项目经理依据项目目标向资源经理提出资源需求后,PMO 依据项目对企业价值和效益的贡献程度对上述资源要求进行评估,以此确定资源需求的合理性及安排优先权,在某种意义上讲,PMO 是企业中真正的管理机构。PMO 既可以是一个部门,也可以是几个部门的联合体。当职能部门变成资源提供部门后,职能部门与项目这个资源使用部门之间争夺项目资源的问题将转化为项目与项目之间争夺资源,"一个人多个上司"这个难题将产生质的变化,从而可以由 PMO 决定的资源投入优先次序来解决。

项目管理办公室的职能构成如图 7 - 19 所示。

```
                    ┌──────────────────┐
                    │   项目管理办公室   │
                    └──────────────────┘
          ┌─────────┬──────────┼──────────┬─────────┐
     ┌─────────┐ ┌─────────┐ ┌─────────┐ ┌─────────────┐
     │ 文档管理 │ │ 工具&方法 │ │ 质量保证 │ │ 项目管理咨询 │
     └─────────┘ └─────────┘ └─────────┘ └─────────────┘
```

图 7 - 19 项目管理办公室构成图

项目管理办公室的职能主要有如下几点:

(1)管理企业项目文档,并在此基础上开发和维护企业的项目管理标准、方法和程序,以形成企业项目管理知识;

(2)为项目经理提供项目管理咨询和指导;

(3)为企业提供合格的项目经理;

(4)为企业提供项目管理培训;

(5)对项目交付成果的质量进行管理;

(6)为企业提供有关项目管理的其他支持。

"多头管理"是现实中常见的现象,即一个工作会有几个部门管理。这种现象违背了"每一件事都必须有人负责,每一件事都只能一个人负责"的基本管理原则。一个解决多头管理的方法是"大部制",即将这些部门合成一个部门,这样就不会有多个部门负责了。但是,大部制只能解决问题发生后谁承担责任的问题而不能减少问题发生。更何况,一个部门牵涉到多个工作,企业各部门环环相扣,我们不可能将一个企业合成一个部门管理。大部制表面上是有人负责,但更多的情况是:要么效率降低,要么权力过于集中而滋生腐败。因为责任明确但化解风险的方法和资源局限，容易形成人人自危，人们往往倾向于寻找"临时工"这样的替罪羊或者是先捞一把以达到"高风险高收益"的效果。其实，多头管理是一种假象。

图7-20表明的就是多头管理现象，一个工作由A、B、C、D四个部门协作完成。在图7-20中，工作是作为一个"黑箱"来对待的，当我们将这项工作进行分解后可以看到（见图7-21），其中的各项工作都只是有一个部门负责。因此，"多头管理"在某种程度上是一种假象，它是由于工作没有细分、流程不清晰造成的。要解决这个问题，需要细分工作和明确责任流程，而不是简单地将各部门合并了事。

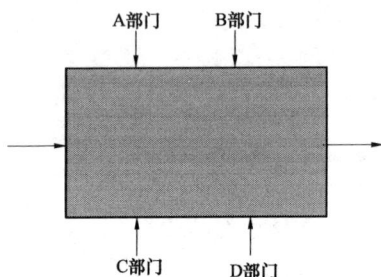

图7-20 多个部门负责一项工作的"多头管理"

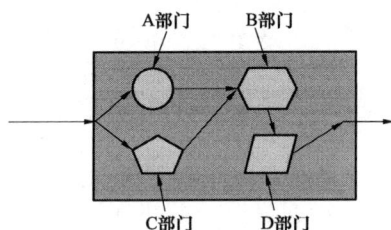

图7-21 消除工作"黑箱"后的工作责任

由于项目面临任务的独特性、创新性和项目所处环境的不断变化，"岗位"已不足以应对灵活的任务而需要代之以针对任务而言的"角色"。目前，在人才市场中劳动者的薪金行情日益看涨，企业占有劳动者（特别是知识工作者）的代价将越来越高，投入产出比将越来越低，这些变化都促成了企业必须以项目为载体动态地使用员工。企业人力资源管理的核心是提高能够以动态的资源去应对动态的任务能力，为此需要将资源的"部门隶属制"转变为项目"角色调配制"，将静态的岗位变成动态的角色，只有这样，才能走向真正的项目组织管理之道。

8

建立共赢的项目合作伙伴关系

知予之为取者，政之宝也。

——《管子·牧民第一》

多个企业共同参与项目已是很普遍的事情，这些企业各自为了自己的目标走到一起，他们可能共同协作，也随时可能背信弃义。采取何种策略，取决于由此带来的利益。此外，参与一个项目的各个企业本身又有多个其他项目在同时进行。企业的资源是有限的，它们理所当然地需要在将这些有限的资源投入到那些项目中去进行权衡。简单地以项目边界为管理范围，理想地认为项目的资源会充足供应、可以通过项目经理依靠权力和合同来管理只会令人失望。

"竞争对手"是狭隘的概念

自从美国管理专家迈克尔·波特（Michael E. Porter）于 1980 年出版《竞争战略》（*Competitive Strategy*）以来，很多企业将自身的发展归结于能否在竞争中取胜。我们可以用图 8 - 1 来简单表示如今企业之间的竞争形势：市场逐渐被那些"大鳄"侵吞，在越来越少的剩余市场里，有多家同类企业在激烈竞争。它们或者相互兼并，或者大打价格战。

让我们先来看兼并。或许大家已经感觉到，前几年为人们所津津乐道的企业兼并之风已不再盛行，"打造航空母舰"的提法也日益稀少了。兼并不成功的案例俯拾皆是，不仅国内如此，国外也如此。兼并企业本来的目的是迅速扩大企业规模、增强企业实力，然而，结果却出人意料。好比一个人想进补，然而吃了狗肉却得了狂犬病、吃小鸡炖蘑菇却得了禽流感一样，大多数企业不仅没有通过兼并增强实力，反而因文化的冲突和资源的分散搞得自己元气大伤。

图 8-1　企业之间的竞争态势

再看看价格战。现在价格战在我国进行得如火如荼，几乎涉及各行各业。时髦的 IT 业也变成"挨踢"业卷入到价格战当中而变得利薄如纸。

有规模的软件企业最害怕的不是与知名大企业间的价格竞争，而是与许许多多的"游击队"之间的价格战。大量的小型软件公司在竞标过程中把合同的价格压得特别低。它们固然会因为自身能力不足拿不到合同，但是当其他竞标企业拿到合同时，客户所给的价格也将很低。其结果是，不拿这个合同你出局，拿这个合同你又亏本。想想当年长虹挑起电视机价格大战时是何等威风，然而，如今的长虹已雄风难再。这些年，电商之间的价格战依然十分激烈，可以预见，低层次的价格战不仅不会促进行业的发展，反而会导致企业的毁灭和行业的衰败。

价格战使得国内企业伤痕累累，但是价格战就像是鸦片一样使企业上瘾。企业为了在激烈的商业竞争压力下先活下来也只有走这条不归之路。"商场如战场"这句老话依然被很多人认可。其实，价格战存在的假设在于以下几个方面。

（1）市场空间是固定的。在这种假设下，我们拿到的市场份额越大，竞争者拿到的份额越小。最反映这个假设的就是"市场占有率"，市场占有率越高给人们的感觉就是企业越大。这种假设又建立在客户需求的同一性方面，即客户的需求都是一样的，企业提供满足客户需求产品也是一样的。显然，这些假设是不正确的。市场空间不是静态的，客户的需求每天都在变化，每天都会有新的需求产生。市场占有率大的企业未必能够代表企业能够占据未来的市场优势，反而会使企业产生麻痹，最终使企业陷入"成长的极限"，即因为领先所以发展规模，规模带来利益，利益带来满足，满足带来停滞。很多企业发展到一定规模就迅速出现衰退，都是因为没有逃脱这个成长的极限。"教会了徒弟饿死了师傅"也同样是基于类似的错误假设，即职业机会是固定的，因而大家不愿意将自己的经验教给别人。基于这样假设的企业、行业、个人很难产生创新和发展。

《三十六计》中"瞒天过海"的解说为：备周则意怠，常见则不疑。同样，当客户满意度上升到一定程度、当企业市场占有率达到一定程度时，企业衰亡的拐点就出现了。《道德经》中所说的"天之道，损有余而益不足"也反映了这个道理，符合"人之道"而"损不足而益有余"的"马太效应"尽管能让企业兴旺一时但会加速企业的衰亡。

宋朝苏洵在《权书上·攻守》说："吾观古之善用兵者，一阵之间尚犹有正兵、奇兵、伏兵三者以取胜。……故兵出于正道，胜败未可知也；出于奇道，十出而五胜矣；出于伏道，十出而十胜矣。"即使将商场比作战场，价格战也只是其中硬碰硬的"正兵"而"胜负未可知也"。

（2）打败了对手就能够赢得顾客。这种假设是顾客只能在有数的竞争对手中挑选合作伙伴。互联网和发达的物流（物联网）已经打破了人们以往面临的时空限制，WTO等贸易协定也使人们逐渐打破了交易壁垒，在这种趋势下，顾客的选择权丰富了很多，相应的企业竞争对手的数量也扩大了很多。对于广大的中小企业来说，打败了对手绝不等于赢得了顾客；相反，有可能被第三方渔翁得利。企业应该将更多的精力放在关心客户的需求方面，而不应该分散精力到关心竞争对手方面。所谓的竞争对手只是我们应该学习和借鉴的同行，而不是你死我活的敌人，因为对手死了也不意味着你能活。国内挑起价格战的几乎无一例外快速衰败就是这个原因。

两个小伙子同时看上了一个姑娘，因此两人约定找时间决斗。结果是一死一伤，而最后姑娘却与第三个小伙子结婚了。要想和姑娘结婚重要的是讨得姑娘的欢心而不是与其他人决斗。

在田径比赛中，很少有短跑选手能像博尔特那样边跑步边看别的选手。一般选手都是拼命朝着终点跑。博尔特这样的神人很少见，大部分选手在赛跑时只能全力以赴盯着目标。其实，打高尔夫球的真正魅力在于你永远在和自己的目标（能否在打少一杆）比较，而不是在和对手比较。很多企业高管喜欢打高尔夫，但依然不明白其中真正的乐趣。

疑 人 要 用

苏格兰经济学家亚当·斯密在 1776 年出版的《国富论》中就明确提出了社会化大分工的理念，它是西方工业社会发展的基础。尽管 200 多年过去了，我们有很多企业的管理人员依然没有学会如何在社会化大分工的环境中生存和发展。

随着社会变化速度的加快，企业没有足够的时间去学习新的东西，也不可能一直拥有领先的人才。同样，人才会越来越忠实于自己的专业，而不会忠实于某个企业。学会与不属于本企业的人才合作是企业未来人力资源管理的重要内容，学会与不同的商业伙伴合作也是企业必须掌握的基本技能。两千多年前，齐国的政治家管仲说过一句话："善者，用非有，使非人"，即能干的人是那些善于利用不属于自己的东西、不属于自己的人力的人。

"把专业的事情交给专业的人干"，这个道理听起来很简单，但是很多企业做不到，其原因在于对合作伙伴不放心。

"用人不疑，疑人不用"这句话在商场上并不适合，更适合的话可能是"用人要疑，疑人要用"。

古时候有一个叫叶天士的名医。一天，他的母亲得了一种奇怪的病。叶天士在为他母亲治病时有一味药拿不准。如果用对了，就能把病治好；如果用错了，则可能致死。为慎重起见，叶天士去问另一位医生究竟该不该加这味药。那个医生听后，毫不犹疑地说应该加上这味药。他的心思很简单：如果用药加对了，自己将名声大振，因为连叶天士都向他请教；如果药加错了，反正死掉的不是自己的妈妈。

这则传说很适合用来比喻企业所有者和经营者之间的关系。所有者委托经营者为其创造价值，但对经营者总是不那么放心，而事实上经营者也确实作出了很多不让所有者放心的事。无论企业是否已经实现所谓的"现代企业制度"，都会出现类似于安然、安达信那样的有意识产生的问题，更会出现无数主观上没有错的错误。因而，所有者们就需要干预，就需要对经营者控制。这就是公司治理的由来，也是所有者对经营者"用人要疑，疑人还用"的痛苦所在，也就产生了诸如"交易费用"、"激励约束机制"等深奥但又透着无可奈何的词汇。有没有彻底的解决办法？似乎没有这样的迹象，这就是"管理是一种有残缺的美"的原因。

"要做事，先做人"常常被人称道，其实做人和做事的规则并不一样。要说做人，恐怕项羽更好一些。项羽做事恩怨分明，有很强的气节，注重爱情。而刘邦则相反，做事原则模糊，行径无赖，好色之徒。项羽能够因为无颜见江东父老而自刎；刘邦则百战百败，在逃跑的途中居然嫌自己的儿子碍事多次将他推下马车。项羽会心地善良地放掉刘邦的父亲，而刘邦则会谈笑自若地告诉项羽可以将煮其父的汤分一杯给自己喝喝。因为会做人，项羽手下拥有范增、钟离眜、龙且、周殷等出众的人才；而刘邦手下的人呢，则大多是像陈平所说的"贪图私利、缺少节义，废物一样的人"。可是，刘邦得到了天下！

与刘邦本人一样，他手下也很少有气节高洁之人，萧何在做秦朝官时与黑社会结交、韩信背叛项羽……最值得一说的是陈平。陈平年少时家境贫寒，其兄陈伯对其呵护到无微不至，不让他干一点农活。可是，"平居家之时盗其嫂"。他为了提高地位，不惜和当地张大财主的孙女，一个结过五次婚、面貌丑陋的女人结婚，他反复无常、收受贿赂、恩将仇报……就这样一个人格低下、道德败坏之人，刘邦依然重用了他，就连刘邦的亲信周勃和灌婴都认为使用陈平是"用了一个可算是毒药的人"。但是，刘邦重用了陈平，不仅如此，陈平后来还做了汉朝的宰相。原因是什么呢？作用又是什么呢？

陈平的引荐人魏无知的一席话帮刘邦下定了决心："如果现在尾生和孝己还活在世上，你会用他们吗？"尾生为履约而死，孝己则是出名的孝子，两人可谓做人的楷模，刘邦认为："当前正处于决定胜负的关键时刻，尾生之信，孝己之孝，没有任何益处。"刘邦重用陈平后，陈平给他出了几个重要的计谋，这几个计谋非常有效，但全是"毒计"，是讲求做人的君子所不愿采纳的。幸亏刘邦不是君子，这才有了后面的历史。在项羽围困荥阳城时，陈平献计，让非常忠诚于刘邦的纪信冒充刘邦，让周苛冒充守城的将军，让两千名妇女冒充守城的士兵。这样，这些无辜的、没有享受过刘邦好处但对刘邦很好的人全部死亡，纪信被烧死，周苛被烹杀，刘邦则从后门逃跑了。

——司马辽太郎《项羽与刘邦》

我们再一次强调，管理的对象是普通人，或者说是正常人而不是超常的人。他们能否被信任不能依靠其所受的教育和道德修养给他们带来的自我约束，而要看我们的管理方法能否减少其不可靠程度。

了解合作伙伴的心态和状况

项目，特别是较大型的项目大多是有多个企业共同参与的，为了对这些合作伙伴进行有效管理，必须了解他们的心态和状况。

1. 充分考虑项目价值增加值

由多个企业来共同完成某个项目并不是指简单的总包、分包、转包方式。简单的总包、分包和转包方式常常只是增加了项目的成本和费用而没有增加项目的实际价值，它们不能称为真正意义上的"共同完成项目"，它们可能只是为了有些不合理、不合法的利益而造成项目造价的上升。换句话说，这些方式的结果是项目价值没有增加但项目价格增加了。

真正的由多个企业共同完成的项目应该是这些企业围绕增加项目的价值开展工作，每个企业都为该项目价值的增加而做贡献并因此分享项目的收益。多个企业与项目的关系应该是一种价值网络关系。

由于资本成本的原因，西方越来越多的企业使用 EVA（Economic Value Added，经济增加值）的概念。EVA 是公司税后经营利润扣除债务和股权成本后的利润余额。EVA 不仅是一种公司业绩度量指标，还是一个全面财务管理的架构，它可以作为经理人员和一般员工薪酬的分配机制。人们在运用资本时，必须为资本付费，就像付利息一样。由于考虑到了包括权益资本在内的所有资本的成本，EVA 体现了企业在某个时期创造或损坏了的财富价值量，真正成为股东所定义的利润。假如股东希望得到 20% 的投资回报率，那么只有当他们所分享的税后营运利润超出

20% 的资本金时，他们才是在"赚钱"。而在此之前做的任何事情，都只是为了达到企业投资可接受的最低回报而努力。有效利用 EVA，能使管理者和股东利益相一致，从而结束两者之间常常不可避免的利益冲突。

同样，要使多个企业能够共同协作完成项目，在构建项目价值网络以及制定它们之间的分配方式时，我们可以借鉴 EVA 的衡量方式，将"项目价值增加值（Project Economic Value Added，PEVA）"作为衡量由多个企业承担项目有效性的衡量指标。

PEVA 的衡量需要从项目投资方和项目客户入手进行分析。关于成本、价格和利润的观念有如下两种：一种是"价格 = 成本 + 利润"；另一种是"成本 = 价格 − 利润"。尽管二者从数学上看没什么两样，但前者是从企业自身出发的，企业根据自己所花费的成本加上期望获得的利润来决定价格，而后者则是从市场出发的，企业根据市场价格和自己期望的利润来决定可允许的成本，两者完全不同。同样道理，PEVA 的计算只能从项目成果开始倒推。尽管我们常说人类创造了财富，但是，财富不会凭空而来，它的总量是守恒的，一个财富的获得总是由另外一种或几种东西（物质或非物质）转化来的。项目各承担方通过参与项目所获取的 EVA 来自于项目成果的 PEVA。也就是说，我们可以将 PEVA 定义为"项目成果给项目投资方或项目客户以及所有项目成果实现方带来的 EVA 的总和"。当 PEVA 总量不够，而项目总包、转包等期望更高的 EVA 时，必然产生弄虚作假、偷工减料、成本转嫁等不良结果。

在项目过程中，难点有时候不在于一个企业内部如何对项目进行管理，而在于多个企业共同参与项目时如何使其明确和愿意接受各自的角色。我们很难有足够的自觉性去帮助项目投资人完成项目，我们没有义务也没有责任这么做。我们之所以合作是因为合作能够给我们带来我们想要的东西。从经济理性的角度看，我们之所以合作是因为我们可以从中得到我们期望的经济附加值。尽管人不完全是经济动物，但不能否认经济利益的促进作用，有效的项目管理方式必然建立在项目参与各方均能接受的能够给他们带来的 EVA 的基础之上。

古之圣王，所以取明名广誉，厚功大业，显于天下，不忘于后世，非得人者，未之尝闻。暴王之所以失国家，危社稷，覆宗庙，灭于天下，非失人者，未之尝闻。……然则得人之道，莫如利之。

——《管子·五辅第十》

2. 了解我们的项目不是合作伙伴的唯一项目

企业经常会有多个项目同时进行，这些项目之间将争夺有限的资源。同时，未来的商业形态要求企业做到创新与效率并存，每个企业都需要与其他企业结成价值网络，在这个网络中，每个企业只做自己最擅长的某个方面。完全由一个企业独立承担项目（特别是大型项目）的情况将越来越少，而由多个企业之间彼此协作完成项目任务的情况则越来越普遍。

当多个项目完全由一个企业承担、项目带来的收益和损失也完全由一个企业承担时，企业可以在多个项目中进行权衡和取舍以追求整体效益最大。当项目由多个企业承担时，单个企业追求自身效益最大化的决策结果可能恰恰使他们参与的所有项目都不能按时完成。

假设有这样一种情形，如图8-2所示。项目A需要甲、乙、丙三个企业协作才能完成，而甲企业还有B、C两个项目，乙企业还承担着D项目。从企业项目管理的角度考虑，甲企业需要权衡A、B、C三个项目给其带来的利益和风险，乙企业需要权衡A、D两个项目给其带来的利益和风险。假设甲企业权衡后，将A项目的优先次序放在第二或第三位，那么在资源出现紧缺时（这种情况时常发生），就可能拖延或放弃A项目。在此情况下，无论乙、丙两企业多么努力，项目A也难以按时完成。即使甲企业要为此承担一定的损失也难以弥补项目失败造成的损失。这种问题并不能通过由甲、乙、丙三个企业建立虚拟企业的方式解决。虚拟企业需要相对长期的稳定和信任关系，而在以上的情形中，这三个企业可能只是合作这一次，为了各自的利益既不可能有一个公认的领导，又难以为三者共同的利益而放弃自己的利益，虚拟企业难以存活，常常会徒有虚名。

现在的项目管理方式中，项目群管理、项目组合管理、BOT方式、BT方式、EPC方式等花样百出，各种名词缩写使人莫名其妙，但是，这些方式大多是将项目放在一个广义的职能制组织方式下进行的，由于没有充分

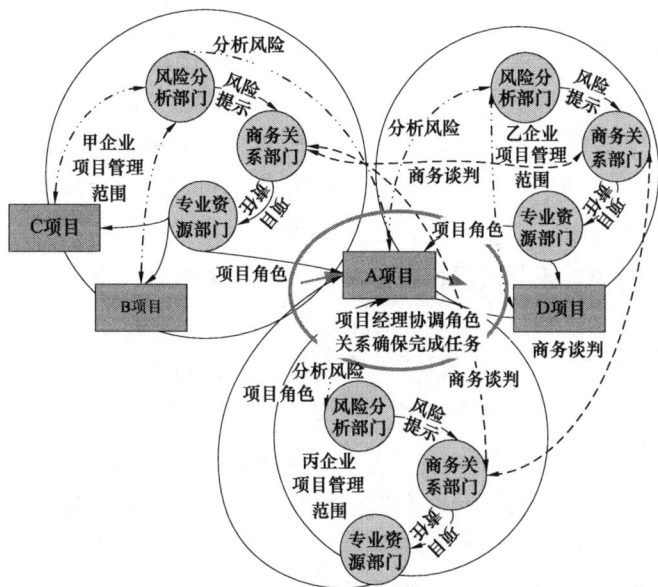

图 8 − 2　多企业参与多项目时彼此之间的关系

考虑如何处理多个企业需要同时介入项目的现实，简单或变相复杂化的"社会化分工"的项目方式未必能够取得理想的效果。

合同管理需要强调"风险"二字

很多人迷信合同的作用。殊不知，对我国来说，合同就像在金库外面加了一把简单的挂锁一样，只防君子不防小人。建立合同的过程是一个谈判的过程，是一个讨价还价的过程，用更学术的词汇说，是"博弈"的过程。当然，这里面存在欺诈、信息隐匿等多种手法。也就是说，有信息对称和信息不对称等情形下的博弈。谈判的各方也会抱有一锤子买卖和建立长期合作关系等多种意图，因此，有一次博弈、多次博弈、竞争性博弈、合作性博弈等多种情形。

根据纳什定律，所有的博弈都存在均衡状态，即站在博弈各方立场上、基于理性考虑的最佳结果。也就是说，只有建立在纳什均衡策略上的合同才是多赢的，否则必有一方受损，这样的合同就不稳定。而在纳什均衡中，如果我们能够找到一种特殊的均衡（学术上称为 Pareto 最优），那么，博弈的任何一方破坏了合同就会使自己先受损，在这样条件下建立的合同关系就是较为可靠的。

所有的博弈都必须基于企业对其参与项目的期望值。企业对项目的期望和投入是多样的，我们可以将其映射到资金上使其变成"效用"，这样就可以将企业参与项目变成一种投资行为。企业投入资金后，期望能够在项目过程中、过程后得到收益，这是一种风险收益。因此，企业参与项目的过程是一种风险投资过程，项目治理活动在某种程度上也是一种多风险资本的管理活动，项目也成了一种金融工程。

商人要讲诚信，这一点没错，大多数企业都想讲诚信，不过想不想讲诚信和能不能讲诚信不是一回事。西方人的逻辑和中国人不一样，他们的逻辑基础是形式逻辑，具有同一律、矛盾律、排中律这三个基础，正确与不正确之间界限较明确，而我们的逻辑则超出其外，常常是怎么都对，又怎么都不对。我们常说"情、理、法"，即所谓"做事要合情、合理、合法"，合法被放在最后，而合情的标准则不一定，要因人、事、时间、场合等多种情况而定。法律固然重要，但对中国人来说，仅靠法律是不够的，不到万不得已的情况下，国人不愿意打官司，即使打赢了也常常得不偿失。

我们希望别人遵守法纪、恪守承诺，又希望自己能够享受法制之外的利益。我们没觉得其中有矛盾，没觉得其中有什么不妥，我们甚至会羡慕能够做到这样的人。这种思想由来已久。正如林语堂所说，"在公元前136年后，就明显显示出来：官吏尊孔，作家诗人则崇老庄。然而，一旦作家诗人戴上官帽，却又走向公开激赏孔子，暗地里研究老庄的途径。"

由于项目存在风险，只有在合同履行期内能够使参与项目企业的信心得到保持或增强，这样的合同也才能得到可靠的落实。沟通机制和合同中适当的弹性是必不可少的。在项目生命周期内，变化不可避免。过于刚性的合同，不仅会使对方遭受损失，也常常会使自己陷入被动。有了弹性，则会"与人方便，自己方便"，也会使充满商业气息的合同变得更有人情味，更合情理，也就更符合国人的习惯。中国生意场上有句老话：没有谈不成的生意，只有谈不拢的价格。谈判的基本原则是

"决不让步，除非交换"，那么，交换什么呢？交换的就是合同中的弹性。项目的参与企业可以要求合同中存在弹性，但需要为换取弹性提供交换的条件，这种条件需要能够补偿其他项目相关方由此引起的损失。

当然，最基本的还是项目成果所产生价值能够足以被参与企业瓜分，只有建立在此基础上的合同才具备被执行的前提。项目经理考虑项目交付，但项目参与的各个企业则考虑参与项目对企业的价值，考虑投入和产出比例，考虑机会成本等。只有在每个参与企业都能够得到它们合理期望价值的前提下建立的项目价值联盟才是可靠的，项目的成功也才是可靠的。对于有多个企业参与的项目来说，我们需要比对项目价值和项目参与各方期望从项目中获得的价值之间存不存在可行解。如果可行解不存在，我们就需要考虑新的增值方式。否则，合同不可靠，项目也就不可靠。

合作伙伴在规定的时间提供规定数量的、规定质量的资源并不能等同于满足实现项目目标对他们的需要。合作伙伴会关心如何使项目成功吗？不会。合作伙伴会将自己作为项目团队的一分子吗？不会。当项目遇到挫折而需要调整供应方式时，合作伙伴会自愿响应吗？同样不会。在供需过程中，合作伙伴很可能并不知道我们需要他们来完成什么项目、不知道项目成功的标准和成功后给大家带来的价值。面对这么多否定的答案，我们怎么能够奢望合作伙伴与我们齐心协力来完成项目任务呢？合作伙伴很少会关心项目成功后会给我们产生什么效果，我们也很少会考虑由于项目成功我们获得收益中有多少应该反馈给合作伙伴作为对他们所作贡献的报偿。

项目存在大量风险，在某种程度上项目管理就是风险管理。商务合同中虽然考虑了不确定性而带来的风险，甲乙双方希望通过目标考核来降低这种风险：谁没有完成目标谁将受到不同程度的惩罚。这种结果不足以解决以下两种风险。

一种风险是合作伙伴没有能够按时提供完成项目必需的资源。一个合作伙伴可能有几个甚至几十个项目需要其供应物资，这些物资的型号各不相同、交货期也各不相同。由于价格的压力，合作伙伴当然会考虑规模效益，会尽量将同一型号的需求集中起来一起生产。尽管这种方式可能会造成对某些项目供货时点的延迟并因此要承担由于违约带来的损失，但只要在整体上规模效益合算，合作伙伴就有理由这样做。当然，合作伙伴也会由于自身的资源限制而不能按时交货。

另一种风险是合作伙伴的按时供应反而会给我们和项目带来损失。由于我们自身以及其他方面的原因，会造成项目范围、工期等的变化，这时候，我们需要合作伙伴作出相应的调整。如果合作伙伴仍然按照合同规定准时供货的话，也会对我们造成损失。例如，在房屋建设项目中，由于下大雨等原因造成房屋完工工期拖延，但合作伙伴仍然按照合同规定的时间要求从海外将昂贵的家具运到了现场，这些家具没有地方存放、不能及时安装，造成的损失自然要由我们自己承担。它们被大雨淋坏后不能使用，也会对项目造成重大影响。

如果我们不能将合作伙伴作为长期的工作伙伴来对待，也应该像对待临时性项目团队成员一样对待他们，而不仅仅是通过商业合同将需求委托给合作伙伴了事。

"价格是合作伙伴最为关心的事，是决定合同的最重要因素"，这一点几乎成了常识。然而，很多问题恰恰来自这些常识。合作伙伴关心价格，我们也同样关心价格。在与合作伙伴的谈判过程中，我们双方斗智斗勇，最后一般会在双方都认为自己占了便宜的价格点上达成交易。过多地关心价格，是我们忽视了项目的价值而没有充分考虑如何让合作伙伴和我们一起来增加项目价值。

由于合作伙伴延迟交付给我们带来的损失不只是我们不能按时得到项目成果，还包含我们的人员及其他资源陷入项目中不能及时撤出、由此带来的市场机会的丧失和其他机会成本等，这些损失常常远大于在会计账面上能够显示出的数额。当然，如果由于我们遭受的损失，我们的现金流减少了甚至我们破产了，我们就没有能力及时付给合作伙伴货款，甚至永远不能付给他们货款，其结果是，合作伙伴的现金流也会减少、合作伙伴也有可能破产。

对大多数项目来说，在保证质量的前提下的完工是至关重要的，甚至有时候在某种程度上降低质量的情况下的赶工同样是至关重要的。合作伙伴应该因为其供货周期的缩短而给项目增加的价值获得相应报偿，他们有权力根据他们对项目价值的贡献来要求合同价格，而不是由"成本 + 利润"来决定价格。

形成有效合作关系的统一过程

目前很多企业签订合同经过两个步骤：明确彼此的需求和明确彼此的责任。由于合同中充满风险，从管理角度看，有效的商务合同需要经过以下 4 个步骤[1]。

1. 项目合作伙伴的需求（Requirements）获取

项目要取得成功离不开项目合作伙伴的支持。合作伙伴之所以愿意帮助实现项目目标，是因为他们期望从项目中得到他们想要的东西。任何合作伙伴参与项目都可看成是一个风险投资过程。他们需要为此花费时间、人力、金钱、设备、智力等，因此，要吸引他们的支持，首先必须识别和定义清楚真正的项目合作伙伴是谁，必须摸清他们的期望究竟是什么。项目合作伙伴的期望并不是都可以清晰定义的，也不是都可以写进合同里的。

2. 项目相关方的治理角色（Roles）定义

项目合作伙伴之间是一个利益网络，彼此之间既有需求又有责任。为了满足一个项目相关方的需求，可能需要一个或几个其他相关方来承担不同的责任。也就是说，需要由其他相关方来扮演不同的角色来满足一个项目合作伙伴的需求。在项目生命周期内，一个项目合作伙伴可以根据需要在不同的时间、不同的项目任务中扮演不同的角色。

彼此关联的项目治理活动构成了一个系统。米勒和赖斯曾对系统所能设计的活动类型进行了划分，并识别了三种基本的活动类型[2]。我们可以借鉴这种分类将角色分为三种基本类型：第一种角色是操作角色。这种角色负责完成项目的具体任务，他可以由项目的供应商担任，也可以由项目的分包商担任，更主要的是项目经理带领其项目团队来承担。这类角色通常也可以划归为项目管理活动。第二种角色是维护角色，它们的责任与操作角色不同，主要是为了获得和补充服务于操作角色的资源。这些资源包含人、财、物、设备、工具、信息等。维护角色的范围非常广泛，也会因

---

[1] 这个过程不仅适用于合作伙伴之间的管理，也适用于一般合作伙伴关系管理，因而其中的"合作伙伴"可以替代为"利益相关方"。

[2] 戴维·穆尔. 最优结构［M］. 北京：中华工商联合出版社，2004.

项目不同而不同。第三种角色是规划角色。该角色的责任包含以下内容：使操作角色之间相互联系起来；使维护角色和操作角色联系起来；将操作角色、维护角色和规划角色三者联系起来。

3. 项目治理角色实现的风险（Risks）识别

项目合作伙伴承担相应的治理角色时存在大量的不确定性，这些不确定性构成了项目治理风险的来源。一般说来，这些不确定性存在于以下几个方面：① 项目合作伙伴发现新的商业机会。每个合作伙伴参与项目的过程都可以简单折算成投资过程。既然是投资过程，就必然要考虑机会成本。当合作伙伴在项目过程中发现有新的、更有回报的投资机会时，他们就会延缓、撤出或减弱对该项目的投入。每个项目合作伙伴都可能是站在多项目管理的角度来看待这个项目的价值的。② 项目合作伙伴会追求信息不对称带来的利益。信任就像一个水晶瓶，一旦打破很难修复。合作伙伴之间的信任关系在商业利益面前常常会显得很脆弱。③ 由于项目计划的缺陷造成了连锁变更。由于各种各样的原因，例如出现技术难关、自然灾害、政策变化等，项目计划很难做到十分准确，临时变更时有发生。由于这些变更的出现，项目合作伙伴的整体部署可能就被打乱了。在这三类风险中，第一种是合作伙伴主动造成的角色风险，第二种是其故意造成的角色风险，而第三种则是被动造成的角色风险。

4. 项目合作伙伴之间规制关系（Relationships）的建立

一般说来，项目合作伙伴之间的规制关系是通过商业合同来建立的。商业合同是离散的点与点之间的联系，是局部责任与局部利益之间的约束激励关系，它们不能及时应对项目固有的变化特征，不能有效应对项目固有的技术风险和环境风险，也不能有力控制项目相关方有意产生的角色风险。换句话说，要减低项目治理的角色风险，建立起项目合作伙伴之间可靠的角色关系，仅靠签订商业合同是远远不够的。要使项目合作伙伴之间真正形成一种可靠的价值联盟，需要在缔结关系之前，彼此要了解对方的价值渴望和价值贡献，在缔结关系时，要就责、权、利、过程、方式等进行谈判以形成绩效契约、心理契约而不只是商业契约，在缔结关系后，要维护、促进这种关系，在项目结束后也好进一步稳固彼此之间的价值依靠。

随着项目生命周期的进程，随着项目合作伙伴的进入和退出，需求（Requirements）、角色（Roles）、角色风险（Risks）和角色关系

（Relationships）这四者将反复迭代，而项目合作关系的管理过程就是在整个项目生命周期内处理好这四个 R 的迭代过程。

防止企业内部业务之间的不良竞争

企业为了激励其内部员工，常常会在不同的业务部门（如事业部、子公司、分公司等）之间提出竞争策略。且不说企业的发展是否一定需要"竞争"，但"竞争"不能直接跳跃到"内部竞争"，更不能将其等同于"内部利益分配竞争"。这种内部竞争的假设前提并不真实。一个企业内部是不产生任何业绩的，业绩都存在于企业之外；同样，一个部门内部不会产生任何业绩，业绩都存在于部门之外。内部竞争的效果常常是某个业务部门将眼光放在其他业务部门身上，而不是放在企业外部、客户身上。彼此之间相互拆台、内部压价，甚至产生"宁予友邦不与家奴"的思想。在这种情况下，"攘外需先安内"是一个必要的策略。

内部要不要竞争？要，因为人毕竟有懒惰、自私、贪心等弱点。但是，竞争什么则是管理者需要考虑和理清的。企业竞争无非有两大领域：效益和效率。效益主外，效率主内。内部竞争主要在于效率之争，而对外竞争者是以效益为主。简单说来就是"对外开源，对内节流"。

对于项目管理来说，效率之争在于建立在质量、费用和进度基础上的利益相关方满意之争，如果以质量作为常量（尽管由于需求挖掘等方面的原因经常变化），项目管理的效率之争主要在于费用和进度之争。对照不少的现实，这两方面恰恰是越来越糟，其原因在于这些企业并不是鼓励内部效率之争，而是鼓励内部利益之争，大家不是"对外开源，对内节流"，而主要是"对外妥协，对内拆台"。拆台可能不是主观的，但其结果就是造成了力量和资源发散，使一个有竞争力的企业变成了一个个在企业名义下小作坊式的混合体。这样的例子绝非偶然。

尽管有些企业也采用了"项目""项目管理"等说法，但并未能够以动态的资源去应对动态的任务，而采用的是以静态的资源去应对动态的任务，其结果必然是占该类企业成本中最重要的人力资源成本的上升，不仅如此，由于资源割裂，还会造成所承担的各类项目的延期，从而影响企业的信誉。

我们来看某建设设计院的例子。图8-3是该设计院的局部组织结构图。在图中设计一室、二室和三室是三个主要的业务部门，每个设计室下面有若干设计小组，除地域、业主所在的行业等外并没有实质性的不同。为激励这些业务部门多拿合同，该设计院采取了"内部竞争机制"，实质上是类似于业务提成制。目前，该设计院的内部竞争氛围浓得有些失控：彼此之间互不信任，对同一合同甚至内部竞价、相互拆台。设计院的合同额虽然一度有明显增加，但随之而来的是合同拖期现象越来越严重，合同利润率下降，人员经常加班而疲劳不堪，员工抱怨、离职现象时有发生，设计院陷入临近亏损状况。

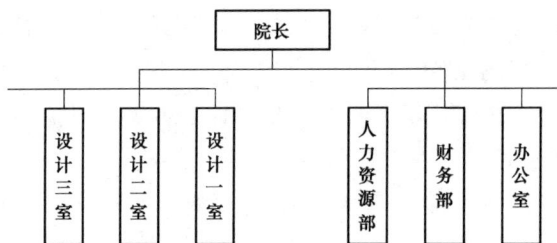

图8-3　某建设设计院组织结构图（局部）

为什么人人面向竞争、各设计室和设计人员整天生活在竞争压力下仍然会出现如此不理想的状况？为什么人员加班的时间越来越长、劳动强度越来越大、合同数量越来越多但设计院的效益却反而下降？

设计院的利润决定于两大因素：客户给的合同价格和内部成本。合同价格越高、内部成本越低则设计院的利润越高，反之则会降低。客户的合同价格会受到承担方之间竞争的影响，竞争越激烈，客户给的价格越低，反之则越高。承担方的竞争来自两方面：设计院之间的竞争和设计院内部竞争两方面……我们可以用图8-4表示设计院的内部激励政策出台引起的连锁反应。

在图8-4中，箭线表示影响因素（箭尾）和被影响因素（箭头）之间的关系，箭线上所带有的"＋""－"号分别表示正相关和负相关。例如，客户价格越高则设计院利润也越高，客户价格越低则设计院利润也越低；交货期越短则客户利润越高，交货期越长则客户利润越低。利用图8-4，我们可以很容易构成各种因果图，来分析每个因素形成的原因以

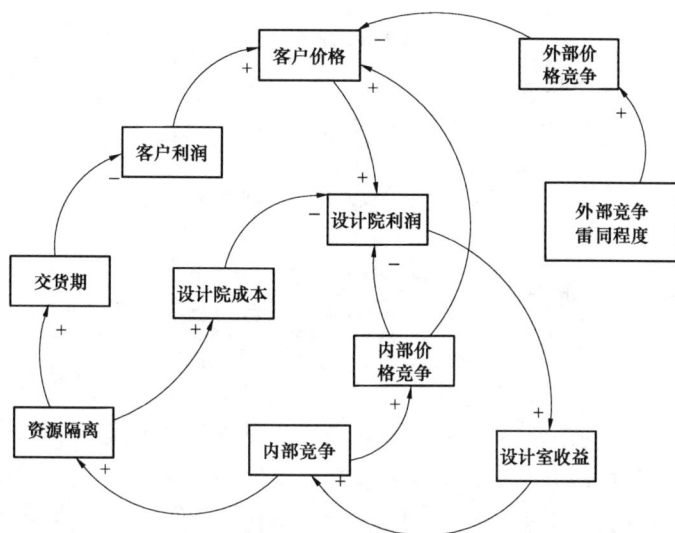

图 8 - 4　设计院内部竞争引起的连锁效应

及造成的后果❶。

　　我们先从制定政策的设计院的角度来看解决方案。影响设计院利润的因素如图 8 - 5 所示。在图 8 - 5 中，能够由设计院控制的因素有："内部竞争"和"资源隔离"两种。而从图 8 - 4 看出，"内部竞争"越激烈则各设计室之间资源互不通用造成的"资源隔离"情况越明显。"内部竞争"和"资源隔离"的后果分别如图 8 - 6 和图 8 - 7 所示。

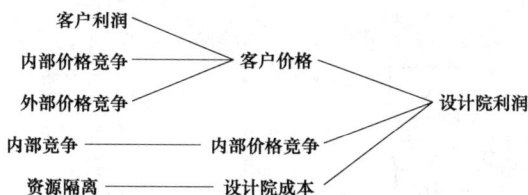

图 8 - 5　影响设计院利润的因素

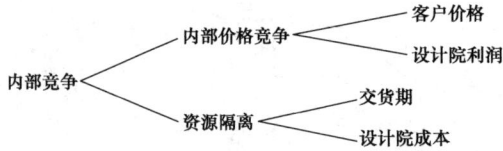

图 8-6 "内部竞争"的后果

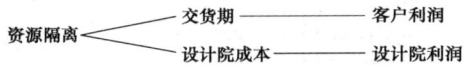

图 8-7 "资源隔离"的后果

我们反复强调，只有项目利益相关方都满意的项目才是真正成功的项目。在该案例中，只有客户、设计院以及设计室都满意的项目管理方式才是真正好的方式。在图 8-4 中，包含客户利润、设计院利润和设计室收益三要素的回路如图 8-8 所示。在图 8-8 中，带有"-"号箭线的个数为基数（一个），因而它是一个调节回路，而且其中正好包含"资源隔离"和"内部竞争"两个可控因素。可见，从这两个因素着手可以找出解决设计院面临问题的方案。

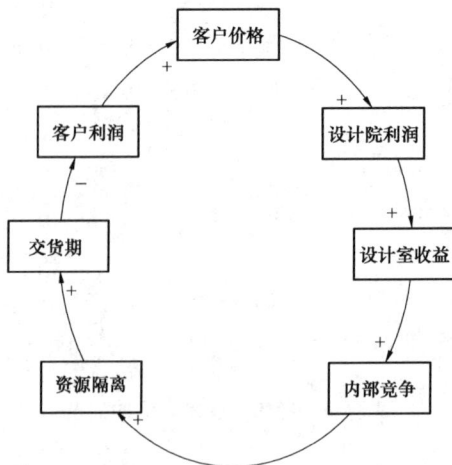

图 8-8 客户、设计院、设计室三赢因素图

图 8-8 所示的各因素之间的循环关系既可以是一种良性循环，又可以是一种恶性循环，其转换的关键在于内部竞争的定位和资源隔离状况的严

重程度。在企业管理中，存在专业化发展还是多元化发展之争，大多数的评价标准会从市场、资本、核心技术等方面来考虑。但是，只要能够迅速集中资源，企业就有多种选择余地，也无所谓多元化还是专业化。换句话，无论是专业化还是多元化，都需要以企业整体的力量去应对，需要"全心全意"，而不能采用化整为零的方式来运行。

人人都知道项目管理需要系统思维，但是，顾此失彼、专注局部利益而损害了整体利益、解决了一个问题而产生了一个或一连串更难解决问题的现象比比皆是。该设计院需要将资源的部门所有制转变为项目所有制，将岗位责任制变成角色责任制，将内部的效益竞争转变为面向外部的效益之争和面向内部的效率之争，只有这样，才能走向真正的项目管理之道。

对于需要广泛动态协作的企业来说，组织结构的设计也会与现在通行的方式大不一样，有三个部门必须得到加强：一个是风险分析部门，该部门将建设企业整体的风险管理体系（EPM）并据此分析其每个试图参与项目的风险和由此带来的商业利益；另一个部门是商务关系部门，该部门将充分展现"企业的利益是通过谈判得到的"这句话的价值；另外一个（或一类）部门为专业资源供给部门，该部门提供资源以扮演经过谈判后确定的企业项目角色，承担项目责任并消除或减弱项目风险和企业风险。

仅用"项目人力资源管理"将容易使项目经理产生误解，也难以凸显跨企业项目的特点，更为合适的概念应该是"项目合作伙伴管理"。与一个企业对其所属的人力资源管理相对容易不同，管理来自其他企业的合作伙伴将产生很多难度，企业需要加强构建规范、系统地识别项目合作伙伴、他们对项目的影响程度以及他们受项目影响程度的分析体系，并将其纳入企业风险管理系统中去。

在流动的项目资源越来越普遍、同时需要多个企业的资源越来越普遍的情况下，加强企业风险管理、项目风险管理、建立在此基础上的项目责任制，是保证未来项目成功的基本前提。

9

控制项目范围

天下难事必作于易，天下大事必作于细。

————《老子·道德经》

项目范围是指为了实现项目目标所必须完成的项目工作。在需求日益变化、客户普遍声称需求变化是合理的、是其应有权利的时代，控制项目范围将面临更多的挑战和需要更多的创意。

确 定 项 目 不 做 什 么

"有所不为方有所为"。实践经验告诉我们，在进行项目范围定义或者说在划分项目边界时，确定项目不做什么比确定项目做什么更为重要。

有一家具有丰富经验的咨询公司，主要从事期权制的设计。所谓期权制，简单说来就是为企业的高级管理层和技术骨干等设计一种持股制度，以便激发这些人努力工作以提高企业股票的市值。这种方法是给企业的关键人员戴上"金手铐"，据说有利于他们为公司的整体利益、长远利益而努力。

这家公司与一家年轻的 IT 企业签订了期权制设计的商业合同。合同约定，该公司在 2 个月内向客户提交最终方案；如果乙方使项目工期延误一天，则甲方将扣除合同额的 1% 作为罚金。

接下来的项目工作是在双方积极协商的基础上完成的。可是，项目的最后完工日期推迟了 3 个月，即计划 2 个月完成的项目变成了 5 个月才完成。

原因是什么？当项目已经延期一个半月的时候，这家咨询公司的老板找到我，询问怎样才能控制项目工期。当我听取了情况介绍并察看了项目合同时，发现这不是工期控制的问题，而是项目范围的问题。因为合同上有一条："乙方在项目过程中需帮助甲方完善其人力资源管理体系。"而合同末尾还有一句我们常见的话："未尽事宜，双方协商解决。"

"完善人力资源管理体系"对一个企业来说是永无止境的事！如果以此作为项目的一项任务，或者说将其包含在项目范围之内，那么该项目也将永无止境了。

项目的工期、费用等无不与项目范围的大小有关，因此，包含在项目范围内的工作必须是既必要又充分的。同样的项目目标可以通过不同的工作方式来实现，也就是说，对于相同的项目成果的特征与特性而言，有不同的项目范围。然而，在管理项目的实践过程中，经常遇到要么将项目目标混同于项目范围、要么将达到项目目标的一种方式等同于达到项目目标的唯一方式的情况发生。

根据 Standish Group 的调查，"最小化的项目范围"对项目的成功是很重要的。它对项目成功的影响度排在"高管层的支持""客户参与""有经验的项目经理""清晰的商业目的"之后，位列第 5 位，影响度为 10%[1]。

项目范围管理中存在的问题通常有以下几种。

1. 项目方案设计问题

项目达成目标的总体策略、方式上存在着不合理性对项目范围的影响极大，这种不合理性一般不是项目可行与不可行的问题，而是项目实施效率高和低的决定性问题。对达成项目目标的方案设计是决定项目范围合理与否的关键。

软饮料经生产后推向市场是一个十分直接的过程。饮料的原料浓缩原汁由原生产厂生产[2]。浓缩原汁运到各包装厂，添加一些其他成分后就完成了最终饮料的生产。接着将最终的产品瓶装、罐装后运往分销中心，最

---

[1]　参见 www.standishgroup.com.
[2]　本案例改编自中欧国际商学院《项目管理》课程讲义。

后到零售网点销售。这一供应链直到饮料最终客户为止，其中有许多客户和供应商关系。在每一个这样的关系过程中，都必须满足客户的期望才能把握得当。客户的期望包括准时交货、饮料供应量充足以及饮料的价格和质量等。为了更清楚地观察这一供应链怎样运作，同时找到一个能够适用于有较大地域差异的各地区普遍的客户服务经验，许多公司都试图加强一般被称为 CRM 的客户关系管理。

FDC 公司是一家从事饮料包装和分销的公司。公司将买来的浓缩原汁进行包装、仓储并分销给下一级的分销公司和零售商。公司按地理位置分为 6 个地区，每个地区都有自己的包装工厂和中央仓储仓库。地区公司总经理领导一个小型的经理班子，他们的职能包括公司业务（包装和仓储）、后勤（原材料管理和分配）、财务和信息技术以及销售。各部门人数不多，但都为本部门的工作尽心尽力。公司以往从来没有集中的客户服务部门，而客户方面的问题则由业务经理负责。公司总部提供财务、信息技术、经营、营销、公共关系、法律、管理和人力资源等职能服务。

不同的地区和部门对客户的投诉有不同的处理办法。新任命的全国公司的总经理对此很不满意。客户的投诉内容很多，有关于饮料派送的，也有关于国外事务的。全国总经理希望客户能够将 FDC 看作是一个在不同地区都能够向客户提供同样优质服务的组织。

各地区公司内都没有专门的客户服务部门，它们采用自己的方式来向客户提供服务。客户服务方面的许多信息都丢失了。这些信息若能保存下来的话会有助于改善客户服务和潜在的商业业绩。全国总经理和 6 个地区总经理就在南部地区的分销中心内建立一个集中的客户服务部门一事达成了一致。尽管有些地区的总经理还是偏向于建立地区自己的客户服务中心，但最后还是一致认为在现有的技术条件下花 6 个月时间投资 500 万元建立一个中央组织更为有效。

什么是这个项目的范围？它可以采用由项目组亲自完成布置办公室、采购家具、招聘人员、开发信息系统、制定管理政策等工作，也可以采用将开发信息系统、招聘人员等活动外包的方式。不同的方式将产生项目工作量、工期、费用的巨大差异，但它们都能够实现项目目标。

"向管理要效益"是人们熟知的流行语，然而，管理的真正目标是效率。对于一个企业来说，效益大多决定于其盈利模式，而管理则是以何种效率去实现了这种盈利模式。把盈利模式的确定也划归管理的内容同样扩大了管理的范围。

2. 项目范围蔓延问题

由于各种各样的原因，项目利益相关方会在项目实施过程中加入很多"细小的"计划外工作，项目范围就会像爬山虎一样悄悄蔓延。项目管理者并不一定意识到其对项目的致命性破坏，直到有一天这些蔓延由量变引起质变彻底摧毁项目为止。

曾经有一个古老的试验，将一只活蹦乱跳的青蛙投进热水锅里，青蛙会立即跳出水锅；如果把青蛙放在凉水锅里，下面用火慢慢加热，青蛙会舒舒服服地浮在水里，当它感受到烫，想跳出热水锅时，却已无力逃生。

项目范围管理过程中也同样会出现"凉水煮青蛙"的故事，只不过这种故事有个学名，叫作"范围蔓延（Scope Creep）"。

项目范围蔓延产生的原因主要有两种：一种来自客户；一种来自项目组自身。

客户在项目过程中，一般会提出一些小的、略微增加一些工作量就能实现的工作。这些工作虽然与项目成果的特征与特性无太大关系，但会使客户更愉快、更满意。然而，这些细小的变化积累起来就会形成项目工期的拖延、项目费用的超支，而到了那时不仅是项目发起人对项目不满意，客户同样会对项目不满意。客户不会因为对项目组在项目过程中所做的额外工作的满意而抵消对整个项目延期的不满。更有甚者，尽管项目的延期可能是由于客户带来项目范围的蔓延引起的，但如果对这些范围蔓延不加以记录和确认，还可能会造成一些法律纠纷。

为了避免客户造成项目范围的蔓延，记住这一条原则是十分有用的："决不让步，除非交换"。变化是客户的权利，但任何项目范围的改变都需要通过商业谈判完成（尽管它可能是不正规的），必须在项目工期、费用或质量基准方面作出相应的、正规的变更。

来自项目组自身的原因造成的项目范围蔓延同样值得注意，因为这种情况的发生是没有人买单的，所造成的损失只能由项目组或其所在企业承担。试图通过范围变更而增加合同额的"钓鱼工程"只对不成熟的客户有用，对于成熟的客户这种做法只会自取灭亡。

项目组自身造成的范围蔓延较为隐蔽，它一般是由项目人员的技术心态造成的。技术人员从技术中获得成就感的渴望促使他们自觉不自觉地按照自己的兴趣去生产一些没有必要的、不合理的、满足自身情感需要的产品。

因此，不仅清晰定义项目的需求和目标十分重要，定义清楚项目的边界，即决定哪些活动不属于项目范围同样是十分重要的。

对于 FDC 公司集中客户服务中心的建设项目来说，其范围说明必须包含两个方面：项目要做哪些工作，项目不做哪些工作。

例如，项目范围包括：

（1）完成客户关系管理信息系统的软件设计、开发、安装和调试工作；

（2）完成客户服务中心的办公环境设计、办公设备和设施的采购和布置工作；

（3）完成对信息系统使用人员的培训。

以下工作虽然对本项目的成功实现十分重要，但不包含在本项目组的工作范围内。

（1）与客户关系管理信息系统相关的硬件设备的采购、质量检查工作；

（2）对 FDC 公司相关客户的调查和分析工作；

（3）公司原有数据的录入工作；

（4）信息系统使用人员的招聘工作；

（5）办公室管理制度的建设工作。

魔 鬼 藏 在 细 节 中

对细节的把握程度反映了一个企业、一个项目经理的管理水平。"魔鬼藏在细节中"，如果不能将藏在项目细节中的含糊的、不确定的、不合理的成分展示出来，我们永远不能尝到管理的乐趣，我们永远不能摆脱想当然带来的内心不安。

工作分解结构（Work Breakdown Structure，WBS）是帮助人们揭示项目细节的有效工具，也是界定项目范围、进行项目预算和沟通等的有效工具。

WBS 是为了完成项目产品的所有工作的等级表示，是一个项目产品的系谱层级图，图中所有内容均为实现项目最终目标所需做的工作。然而，与一般系谱图不同，WBS 那些在较低分支上的产品在时间上比在较高分支上的产品生产得早。通过工作得到的项目产品可能是硬件（如工具、设备等），也可能是服务（设备操作、测试与评估、管理活动等），还可能是数据（技术报告、工程数据、管理数据等）。

在一个 WBS 中会包含多个层次（见图 9 – 1）。第一层次仅包含项目的定量目标或最终应完成的项目产品；第二层次包括项目的主要组成部分，即子项目；第三层次包括子项目中主要的产品细分或称为概要工作（Summary Task），概要任务并不是实际执行的任务，它是下层工作的总和；最后一个层次为工序或称为工作包（Work Package）。工作包是为完成某一特定工作所需要的具体活动的集合，如完成某个施工图、采购某设备、完成某项数据采集等。

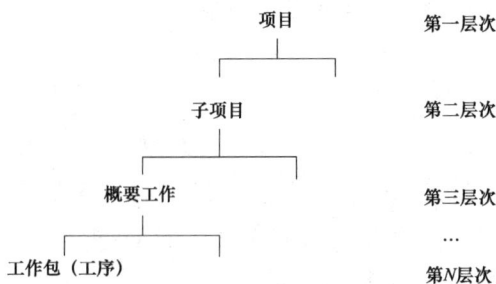

图 9 – 1　项目 WBS 的一般形式

编制项目 WBS 的程序如图 9 – 2 所示。

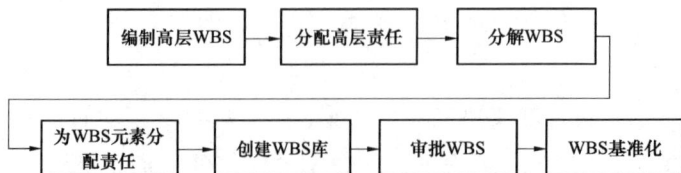

图 9 – 2　项目 WBS 建立的一般程序

第一步，编制高层 WBS。一般来说，项目章程中规定了项目总体工作范围，因此可以将项目章程作为编制高层工作分解结构的基础。

第二步，分配高层责任。在定义了 WBS 高层元素以及完成项目的组织（一般称为项目组或部门）建立后，就要给组织内各相关管理人员分配高层 WBS 的责任，这样就可以保证管理层专注于将高层元素分解成更具体、明确的产品/服务，以界定项目各项工作的具体范围。

第三步，进一步分解 WBS。高层 WBS 被分解成更多的低层次产品/服务，结构层次每降一级就表示更细节化、更具体地将工作范围进行定义。

第四步，为分解的元素分配责任。WBS 分解到最低层次以后，就应当为所有工作包分配责任。在更高层次上分配责任可以保证管理层对整个项目负起应负担的责任来，而较低层次的人员则负责计划、完成并交付产品。

第五步，创建项目工作说明书。一旦定义了各项目的工作包，就应对其进行描述，我们将这样的说明文件称之为"项目工作说明书（Statement of Work，SOW）"，它包括工作名称、完成方法、需要资源、相关责任和验收标准等。创建项目工作说明书的目的就是确定每一工作包的活动和责任范围。项目工作说明书明确了不同组织或人员在交付上的边界，是一个用于 WBS 编制时参考的独立文件。

第六步，审批 WBS。项目高级管理层负责审查并批准 WBS 及其附属文件。审批 WBS 这一步骤很重要，因为可以确保管理层对项目所作出的承诺。

第七步，将 WBS 基准化。界定 WBS 并获得利益相关方对其认可后，就要对 WBS 进行基准化，并将其置于变更控制之内。

许多项目非常复杂，需要自动化工具来协助管理并汇报项目信息。由于 WBS 是一种"层级"结构，为了实现在组织内汇报的自动化，需要建立一种"母子"（层级）关系。为了做到这一点，可以建立"编码表"并为 WBS 各元素指定编号，编码的形式越简单越好。需要注意的是：WBS 编码后要尽可能少做编辑修改，如果 WBS 在某种程度上不稳定，就不能进行编码。使用这种方法就可以防止使用过分复杂的编码表，以及由于 WBS 的变更需要重新编码的不良现象。

当项目较复杂时，WBS中所包含的内容较多，这时也可用目录式的表达方式。

有一个发展迅速的公司计划安装一套小型的商用计算机设备，以处理会计、股票管理及相关日常事务。公司管理层希望这套设备可以在该财政年底之前投入使用，确切地说，还有26周的时间。如果该目标不能达成，那么公司势必要招收额外雇员以应付日益增长的工作量，而这将增加一笔可观的人工费用。

在整个工作运行起来之前，必须用5周时间来进行可行性研究。假设可行性研究得出的结论是肯定的，员工就要参与到该项目中去，开始购置电脑。

整套计算机设备从订货算起到送货需要10周的时间。制定订货细则和将订货单发给选定的生产商需要1周时间。订货以后，要准备该设备安装的地点，这需要4周的时间，安装计算机需要1周的时间。

这套设备所需的工作人员包括系统分析员、程序员、操作员以及数据收集人员。招聘数据收集人员需要4周时间，培训需要3周时间。这些人员必须在这套计算机系统的运行阶段，即该项目的最后一个阶段就已准备就绪。运行阶段需要2周时间。系统测试一经完成，对用户的培训就可以开始了，这需要1周的时间。这些必须在系统进入运行阶段之前完成。招聘计算机操作员需要6周时间，培训需要3周时间。在计算机安装完成进入程序测试的2周时间内，这些操作员必须进行程序测试，另外，员工的办公室已经准备就绪。招聘有经验的系统分析人员需要8周时间。他们要能够在可行性研究之后开始为期7周的系统分析与设计工作，并且必须在程序员开始工作前完成。招聘程序员需要8周时间，培训需要4周时间。系统分析和设计结束后，程序员需要4周时间编写程序。

该项目带有4级编码的目录式WBS如下：

1.0.0.0　安装计算机系统

　1.1.0.0　可行性研究

　1.2.0.0　安装电脑

　　1.2.1.0　拟写和发出订单

　　1.2.2.0　电脑到货

1.2.3.0 准备安装场地

1.2.4.0 安装电脑

1.3.0.0 招聘和培训人员

1.3.1.0 招聘系统分析

1.3.2.0 招聘和培训程序员

1.3.2.1 招聘程序员

1.3.2.2 培训程序员

1.3.3.0 招聘和培训操作员

1.3.3.1 招聘操作员

1.3.3.2 培训操作员

1.3.4.0 招聘和培训数据收集人员

1.3.4.1 招聘数据收集人员

1.3.4.2 培训数据收集人员

1.4.0.0 设计、开发和设计系统

1.4.1.0 系统分析与设计

1.4.2.0 编写程序

1.4.3.0 测试程序

1.5.0.0 员工培训和系统实施

1.5.1.0 培训负责用户的员工

1.5.2.0 实施系统

WBS 明确了项目管理活动的必要细节。构建一个项目 WBS 的目的首先是为了界定项目范围。尽管项目可行性研究及项目章程等已经在概念层次上界定了项目范围，但全面的范围描述则是由工作分解结构作出的。

其次，构建项目 WBS 有助于监控项目管理过程。WBS 中的每个工序的活动内容、所需资源和所需时间等都应该是可以衡量的，这样得出的每一个项目工作包都可成为监控项目过程的基础，成为项目利益相关方之间沟通的基础。

再次，构建 WBS 有助于准确预算项目成本和进度。SOW 中详细地列出每一项任务所需的设备、劳动力、材料的成本。

最后，WBS 有助于建设项目组。每个项目组成员都希望有明确、清楚的工作分配，以便能更好地了解自己的工作应该如何进行。而工作分解结构可以满足这一要求。

WBS 在项目范围的控制中起着关键作用。因此对工作分解结构划分得越详细越容易对项目进行控制。但是对于工作分解结构详细到何种程度，没有一个简单的程式来确定，然而在编制 WBS 时，掌握以下要点是非常有益的：

（1）将项目分解到能够对执行任务所需的资源和付出的成本进行较为准确的估计的程度。

（2）确保界定清楚每项任务的开始与结束日期。WBS 最低层级的任务（工作包）在合理的持续时间内进行，最好在两周范围内。

（3）确保项目中的人员都要分配到任务，每个工作包都能具体落实到某个人负责。

（4）工作包之间应尽量相对独立完整，即每个工作包都要有个可监测、可验证的产品。

（5）所有工作包的总和构成了项目需要完成的所有工作。而且，严格地讲，不能执行 WBS 中没有包含的任务。

（6）尽量用"动词＋名词"的表达方式。

WBS 是企业的无形资产

在同一企业中，尽管所有项目各不相同，但有许多项目在较高层次上是相似的。如果这些企业能够花费较大的气力去编制涵盖这些同类型的项目内容的标准 WBS，那么，这样的 WBS 就成了企业的一种无形资产。根据项目的实际情况对标准 WBS 进行减裁就成了该项目可以采用的 WBS（见图 9-3）。不仅如此，这些 WBS 中的项目工作说明书也同样是企业的无形资产（工作说明书的汇总又被称为"工作包词典"），新加入项目组的成员或企业外部人力资源能够根据项目工作说

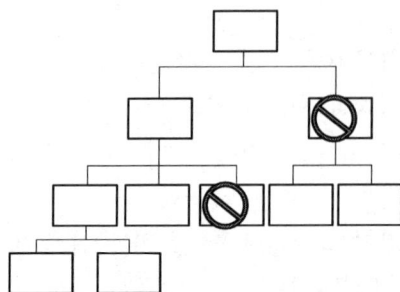

图 9-3　对标准的 WBS 进行减裁

明书迅速确定其工作内容和明确其工作标准。这种方式虽然一次工作量较大，但这种企业知识形成以后，项目经理们就能够迅速界定项目范围、可靠进行项目预算，不仅提高了速度，也提高了项目的可靠性，降低了项目风险。

某企业员工培训项目的标准 WBS 如下：

1.0.0.0.0　××企业员工培训项目

  1.1.0.0.0　完成培训计划

    1.1.1.0.0　分析企业战略和年度计划

    1.1.2.0.0　形成培训课程计划

      1.1.2.1.0　确定课程内容

        1.1.2.1.1　进行课程内容调查

        1.1.2.1.2　编制课程大纲

        1.1.2.1.3　获取员工对课程大纲的反馈

        1.1.2.1.4　修改课程大纲

        1.1.2.1.5　获取公司领导对课程大纲的批准

      1.1.2.2.0　确定参训人员范围

        1.1.2.2.1　核实员工的工作计划

        1.1.2.2.2　选择参训人员

        1.1.2.2.3　获取参训人员上司的认可

      1.1.2.3.0　选择培训师资

        1.1.2.3.1　收集相关师资的材料

        1.1.2.3.2　就课程内容和形式与师资进行沟通

        1.1.2.3.3　选择确定培训师

        1.1.2.3.4　签订培训合同

        1.1.2.3.5　获取培训材料

      1.1.2.4.0　编制培训预算

      1.1.2.5.0　确定培训结果评估办法

        1.1.2.5.1　编制培训课堂调查表

        1.1.2.5.2　编制培训投入／产出分析表

  1.2.0.0.0　组织培训实施

    1.2.1.0.0　接待和安排培训师

1.2.1.1.0　接站

1.2.1.2.0　安排住宿/用餐/活动

1.2.1.3.0　准备培训辅助资料

1.2.2.0.0　准备培训场地

1.2.2.1.0　联系培训场地

1.2.2.2.0　准备培训设备与设施

1.2.2.3.0　准备学员食宿

1.2.3.0.0　参训人员的管理

1.2.3.1.0　安排签到

1.2.3.2.0　发放培训资料

1.2.3.3.0　发放培训调查表

1.2.3.4.0　安排接送车辆

1.2.3.5.0　安排学员食宿

1.2.4.0.0　课程记录

1.2.4.1.0　安排录音/录像

1.3.0.0.0　总结培训成果

1.3.1.0.0　培训考核

1.3.2.0.0　编写培训总结报告

1.3.3.0.0　更新员工技能信息系统

如果该企业是进行内部培训，而且培训是在企业内部进行，那么，这种培训可以通过在标准的 WBS 中删除以下工作即可达到：

1.1.2.3.1　收集相关师资的材料；

1.1.2.3.4　签订培训合同；

1.1.1.4.0　编制培训预算；

1.2.1.0.0　接待和安排培训师；

1.2.2.1.0　联系培训场地；

1.2.2.3.0　准备学员食宿；

1.2.3.4.0　安排接送车辆；

1.2.3.5.0　安排学员食宿。

如果删除了 1.2.1.0.0，则包含在这个概要任务内的所有任务也将被删除。

建立这种标准 WBS 的责任在职能部门，而不在具体的项目组。当然，如果能够获得项目组的帮助，将是职能部门的福气。

需要注意的是，即使是小型项目，定义项目工作范围也不是一件容易的事。

WBS 作为项目管理的重要工具，把握它的编制规模是非常重要的。如果 WBS 过分复杂、庞大，就会成为管理层的管理负担。正常情况下，应当根据工作范围各元素的风险水平来编制 WBS 并分解各元素。

基于 WBS 的项目知识管理和角色调度

执行效率的高低在很大程度上决定了项目价值的大小，提高执行效率是项目管理的核心所在。要提高项目的执行效率，必须提高项目的构件化程度，并提高这些构件的复用性。

所谓构件化项目管理就是通过将完成项目的 WBS 进行标准化和提高其复用性，将企业内外属于个人的项目经验转化为属于企业可复用的知识和工具，从而减少对项目组成员个体知识和能力的依赖，并提高他们的个体工作效率和项目总体执行效率的管理体系。

我们可以从两个方面理解项目的独特性：一方面，对承担项目的企业来说项目本身是独特的，但是，如果将项目进行分解再分解，我们就会发现这些细分部分中有很多是我们以前做过的，或似曾相识的。另一方面，对承担项目的人员来说项目是独特的，但在企业范围内，曾经有人完成过该项目或完成过该项目中的一部分。我们的主要问题不在于项目的特殊性，而在于不知道该如何细分项目任务，我们不知道其他人是怎么成功完成项目任务的。

知识管理越来越受到人们的重视，但是，只有将知识转化为技术才能提高项目的执行效率；反过来，只有知道何种技术对提高项目执行效率有帮助，我们才知道如何提炼、积累和运用知识。常见的情况是，我们寄希望于那些"复合型"的、有足够经验的人才，希望他们能够提高项目的执行效率，而不去探究他们的工作中有哪些是可标准化、哪些是可复用的。如果没有足够的能人，我们会用更多的人来参与项目，其结果是项目越复杂，完成项目所需人数会呈指数增长，而管理的复杂程度则增长更快。很多企业拥有的关于项目的知识远不如它的员工拥有的知识多，管理者们也知道这一点，所以我们会自觉不自觉地放弃了管理责任，而希望通过激励员工的积极性来提高项目的执行效率。遗憾的是，结果常常使我们失望。

> 智者知之，愚者不知，不可以教民；巧者能之，拙者不能，不可以教民。非一令而民服之也，不可以为大善；非夫人能之也，不可以为大功。
>
> ——《管子·乘马第五》

企业要实现构件化项目管理需要经过以下步骤。

（1）依据 WBS 将项目拆分成构件，并对这些构件进行标准化、封装以提高其复用性。项目由以下构件集成：① WBS 分解后得到的活动（工作包或工序），即为提供符合要求的结果而进行的工作。② 角色，每个项目活动都被分配给具体的角色，角色代表项目中个人承担的任务，并定义其如何完成工作。③ 工件，即流程的工作产品。工件提供活动的输入和输出，并提供活动之间的通信机制。工件包含文档（使用指南、标准词汇、模板、用例等），模型（分析模型、设计模型、实施模型等）和工具（开发工具、测试工具、配置管理工具等）。角色使用工件执行活动，并在执行活动的过程中生成工件。这些项目构件之间的关系可用图 9-4 简单表示。

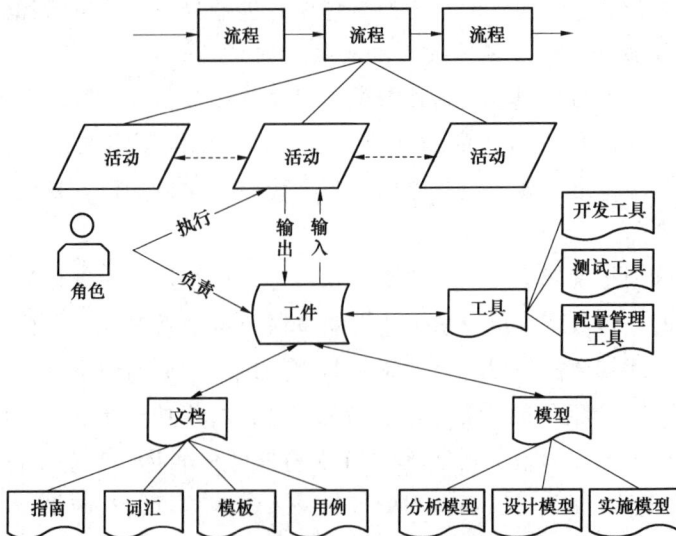

图 9-4　项目管理的构件及其关系

　　将项目分解为构件，并将其进行标准化和封装有时十分困难，因为其中会存在我们不知道的东西。即使我们对很多工作已经很熟悉，要对这些"很熟悉"的工作进行定义也不是一件容易的事，它需要依靠企业范围的知识管理，需要创造性，更需要持之以恒。

　　对项目进行构件化的任务需要在项目经理及项目组成员帮助下进行，但是，这些人不是构件化的主要责任者，因为他们没有时间去做这些工作，而且他们也一般不能全面了解完成项目需要哪些构件，对此承担责任的是项目管理办公室，如果企业没有项目管理办公室，则该项任务需要由职能部门来承担。

　　需要注意的是，构件必须达到能够封装的程度才是有效的。所谓封装，表明只要对一个构件的两次输入一样，其两次输出结果也一样。就像一个集成电路，我们只要处理好它与外部的接口，而不需要了解其内部的细节，就能组合成不同功能的、复杂的产品。构件化、封装、复用是简化项目复杂度、降低项目成本、保证项目质量的可靠性、提高项目进度的3个关键词。

　　（2）按不同的角色对项目组成员进行训练。提高人员的可替代性会使企业在激烈的人才竞争、人才流动日益频繁的商业环境中占据主动。不可否认，每个企业总有不可或缺的人员，但这些人员一定要控制在很小的比例。其实，没有什么人是完完全全不可代替的，我们说某个人的可替代性弱，真正的含义是指要找到替代者需要更长的时间、更高的费用。因此，我们需要找到缩短时间、降低费用的途径。这个途径就是专业分工。现在很多人都在提复合型人才，但真正有效率又价格合理的是专业型人才。高效完成项目需要能够按照不同的角色分工有效地整合各种专业人才，需要使人们去干他们最擅长、最有效率的事情，而将不擅长、低效率的工作交给更合适的人去做。很多企业缺乏有效的整合人力资源的机制，而将责任放在拥有综合技能的人员身上，其结果是造成了人员的可替代性弱、工作效率低。

　　只有当我们能够对项目角色进行定义、细分后，才能有效地对项目组成员进行培训，使他们迅速胜任项目角色，也才能消除企业中普遍存在的岗位设定与实际工作不一致的情况。

（3）建立机制，使项目组成员能够按照构件化的方式进行工作。与前面两个步骤相比，这个步骤最困难。要实现该步骤，需要转变人们的观念和调整企业的管理体系。

效率与个性化常常难以共存，希望在项目中既能提高执行效率又能满足项目组成员个性和独特风格是不现实的。因为项目的活动密切关联，一个活动的弹性会引起连锁反应，最后引起项目计划的大幅震荡，使计划名存实亡。为了实现构件化项目管理，我们必须首先建立"高效工作，快乐生活"的观念，毕竟能够从工作过程得到乐趣的只能是少数人，如果奢望人们都能快乐工作，其结果很可能是将工作与生活混为一谈，既影响了工作又影响了生活。我国企业管理人员，特别是高管人员普遍难以享受节假日就是明证。

当然，企业毕竟不能将人看成机器，也不能认为员工只受经济利益驱动，但这些不是体现在完成项目工作上，而是主要体现在项目工作之外的激励、岗位调配、培训发展等方面。因此，企业必须设定相应的管理体系，以保证"高效工作，快乐生活"的实现。同时，企业还必须使项目组成员能够随时知道项目角色之间及其任务之间的关联关系、局部变更对整体的影响，以及处理好封装构件之间的接口、规范的沟通等，只有这样才能保证构件化项目管理的实现。

由 Rational 公司开发的 Rational Unified Process（简称 RUP）就是一种具有代表性的构件化产品。它是一个面向对象的软件工程通用业务管理方法，描述了一系列相关的软件工程流程，这些流程具有相同的构架。RUP 中的核心流程有业务建模、需求、分析设计、实施、测试、部署、配置与变更管理、项目管理、环境等，每个核心流程都与特定的模型集相关，并辅之以工作流程明细图以显示流程所涉及的角色（分析员、架构设计师、架构复审员、封装体设计员、代码复审员、数据库设计员、实施员等）、输入和输出工件（用例模型、设计模型、设计类、用例、文档模板、源代码、可执行程序等）以及执行的活动（查找主角、查找用例、建立主角与用例的交互方式、生成用例模型、评估结果等）。RUP 对所有这些内容进行了标准定义和细化，并提供了与需求管理、可视化建模、自动测试、变更管理等相关的工具集，如 Rational Rose、RequisitePro、ClearCase、ClearQuest、TestStudio 等。RUP 汇集了现代软件开发中多方面的最佳经验，为适应各种项目及组织的需要提供了灵活的形式，它为在开发组织中分配任务和职责提供了一种规范方法，其目标是确保在可预计的时间安排和预算内开发出满足最终用户需求的高品质的软件。由于 RUP 能够通过增加软件开发工作的复用性、降低在知识和经验方面对各种角色的要求、提高软件开发的效率和可靠性，IBM 花费 21 亿美元收购了该公司，以体现构件化的价值。

基于 WBS 确定项目预算和合同报价

合理的项目预算是有效使用项目资源的基础，WBS 不仅为控制项目范围提供了一种有效工具，也为项目预算的确定提供了一种可靠基础。

正如我们反复强调的那样，每一个项目都是独一无二的，项目越是特别，作出准确的项目预算越困难，项目预算只能是建立在某种基础上的猜测。以往的历史经验尽管会给现在的项目预算的制定提供有用的参考，但它们往往不可靠。更何况对有些全新的项目来说，几乎没有以前的经验可以借鉴。

除此以外，项目预算的难点还存在于以下几个方面。

（1）预算分析人员可以在历史或经验数据的基础上根据项目中的变化来进行预算预测，但是他们很难有办法预测项目究竟会发生哪些变化、这些变化的强度有多大以及变化会发生在项目的哪个过程中。虽然预测变化和将变化写入项目计划中的技巧是有很多科学方法的，但归根结底，还是需要预算分析人员的经验和直觉。

（2）预算分析人员对项目组成员的了解度不够。项目组成员掌握的特殊技能和知识将影响成员自己的生产力，也将影响项目预算。但是，在预算分析人员和项目组成员之间存在一种"信息不对称"，即团队成员的生产力情况预算分析人员很难了解透彻，而项目组则会清楚应该怎么申报需要多少费用和其他资源才是对他们最有利的。

（3）新技术带来的预算问题。项目中经常需要应用新技术，新技术的可靠性及其效率都会影响项目预算的准确性。

（4）在项目的可行性研究中，项目预算也面临严峻的考验。项目对企业来说是一种投资，不准确的预算会导致错误的投资决策。

由于市场竞争的加剧，项目投标活动中竞相压价的情况愈演愈烈。很多企业在这种情况下面临两难选择：如果要想中标，必须压低报价，这表明项目还没做就注定要亏本；如果不压低价格，就不能中标，而失去了合同企业也难以生存。这就是所谓的"中标了是找死，不中标是等死"。其结果不仅对市场秩序带来了很大的冲击，也滋生了"豆腐渣"工程等劣质项目和腐败现象的发生。

（5）预算的准确性受其他项目预测水准的影响。不正确的工期预测、对项目分包方和供应方可靠性等的预测都将对项目预算造成很大影响。

虽然项目中有许多不确定的因素将影响到预算的准确性，但是以下常犯的错误会使它雪上加霜。

（1）草率得出结论。来自上司、市场、时间等方面的压力，或者来自项目经理和项目组成员过度的自信心或英雄主义心态都会促成我们草率得出预算答案。

当上司或者客户在电梯或者走廊中遇见我们并问起预算情况时，我们可能会以一种乐观的、全凭借直觉的猜测作出答案。为了避免这种乐观的猜测，有下面的一些建议。

建议一：不要很快地说出答案，可以深思熟虑后回答说："这个项目有很多不确定的因素将影响到项目的完成。我想我们应该找个地方详细地与你谈谈。"

建议二：拿出纸笔写下上司询问的事项；同时开始列出得到预算必须回答的问题。如果上司急于得到答复，就提出一些让上司有助于理解本项目预算的问题，帮助上司意识到项目的预算不是简单的一个答案而已。

建议三：如果真的需要马上给出一个预算结果，那么你可以比你乐观猜测更乐观 2 到 4 倍的情况作出回答。这是一个让上司都觉得无法实现的答案，或者婉言拒绝在没有任何准备下回答预算结果。

（2）在没有明确项目范围的时候就开始进行预算估计。通常在建筑行业很少发生这样低级的错误，但是在软件开发项目中却经常发生这样的问题。某个人有了想法，得到了批准，那么就有了资源、时间和费用的预算。大家都在热火朝天地工作，但实际上没有人知道下一步该如何走。

（3）夸大预算。在项目中增加金钱或其他资源，可以有很多理由：用来增加抗风险的能力、防止因为项目组成员生病或者休假导致项目完成时间的增加等。风险防范确实需要预留资金，但是以此为借口而增加资金的投入会使有价值的项目变得无利可图。而且这种行为还将造成与企业其他项目抢夺资金和其他资源的情况，使得其他有价值的项目最终失败。因此，提供客观的项目预算是最佳选择，这种诚实的态度也容易赢得项目利益相关方的信任。

借助于 WBS，我们可以较方便地对项目进行预算估算，这种预算分解又可以成为 CBS（Cost Breakdown Structure）。估算的办法有两种。

1. 自上而下估算法

自上而下的估算方法是将项目的总体预算（通常由商务谈判、历史经验或企业总资金能力得出）按照一定的比例分配到项目 WBS 的各下层元素中去，直至项目工作包（见图 9 – 5）。

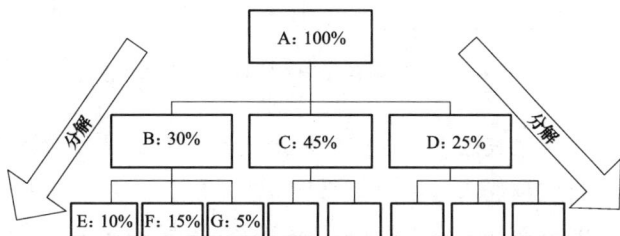

图 9 – 5　基于项目 WBS 的自上而下的估算

使用这种方法的优点是，做出来的项目预算不会超标。但是，这种预算技术是建立在对以往类似项目的历史数据归纳的基础上的。历史项目的情况必须与现在项目非常相似，这种估算方案才能比较准确。同时，因为预算是自上而下的，所以只有在项目整体预算准确的情况下，每一个部分的预算才能准确。

尽管自上而下的估算技术在准确度方面容易发生偏差，但是在项目立项过程中仍不失为方便的、可选择的技术。

2. 自下而上估算法

正如其字面意思一样，自下而上的估算是先对项目 WBS 中最底层的各工作包所需要的预算进行估计，然后将其逐层向上合并，从而得到项目的总预算（见图 9 – 6）。自下而上的预算技术对估算时间和技术的要求最高，但其结果也是最准确的。

既然自下而上的预算技术比较准确，为什么项目预算中并不总是使用这个方法？其主要原因并不是该估算方法花费的时间长，制定准确的预算而多花费一些时间是非常合理的。主要的原因是来自于这种估算方法本身。因为在项目启动阶段，人们没有足够的信息对整个项目生命周期进行详细的估算。

自下而上的预算技术只能用于详细计划阶段的预算。

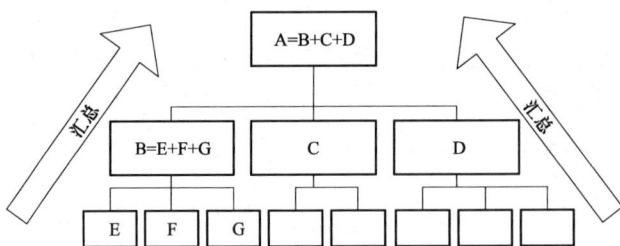

图 9 – 6　基于项目 WBS 的自下而上的估算

在项目预算制定过程中，人们一般要将这两种方法结合起来使用。但即便如此，项目预算也永远不可能做到 100% 准确。要实现 100% 的准确，需要人们能够准确预测未来所有项目的变化并且能够控制这些变化，这两方面的要求永远都不可能得到满足。当然，越准确的预算固然更好，但有时候也会过犹不及。

即使我们作出了完全准确的项目预算，我们可能还是不能顺利地完成项目，因为我们在做预算的时候都假设项目或企业有充足的资源，但实际情况恰恰相反。每个项目实际所拥有的资源都是有限的，而且大多数情况下并不是项目组所能直接控制的。如何使这些有效的资源充分发挥其作用以满足项目的需要对项目经理而言是个严峻的挑战。

同样的工作在同样的环境下，如果由不同的人进行估算将会得到不同的结果，即使是由同一个人估算，在不同的时间估算出来的结果也不一样。

之所以在谈判中乙方常常需要靠低价中标，很重要的原因之一在于没有用好 WBS 和 CBS。甲方在报价时经常采用自上而下的分解方法，因为这样总预算可以控制。因此，乙方要想取得较高的价格，就需要采取自下而上的成本编制方法。客户要的是成果，在达到同样成果的情况下当然报价越低越好。对乙方来说，必须拿出证据来说服甲方，为了达到期望的项目成果必须要有哪些费用。如果乙方不能够拿出 CBS，就只能和甲方站在同一个角度看问题，即采取自上而下的报价方法，这样是将主动权掌握在甲方手里。自上而下的预算方法常常产生乙方低价中标，但项目实施过程中试图通过项目变更而获得利益的"钓鱼工程"，或者由于甲方变更控制严格而导致偷工减料形成"豆腐渣工程"，或者乙方自认倒霉。因此，合同报价谈判时，甲乙双方需要反复使用自上而下、自下而上这两种方式进行磋商。

项目范围必须得到严格的控制，而 WBS 是一种有效的工具。尽管制定 WBS 的工作可能是项目管理中最需要创意和最具有挑战性的工作，我们必须将其做好，并将其变成企业的知识资产。

管 理 范 围 变 更

利用 WBS，我们可以更清晰地定义项目范围。然而，在项目的实施过程中，范围仍然极有可能会发生变化，一成不变的项目范围是很少见的。因此，我们必须做好管理这种变化的准备。

为规范化项目变更管理，需要制定明确的变更管理流程，其主要内容是识别并管理项目内外引起超出或缩小项目范围的所有因素。它包括三个主要过程：对引起工作范围变更的因素进行识别；确定确实需要发生变更并施加影响以保证变更是有益的；管理那些实际发生的变更。其一般流程如图 9 - 7 所示。

发生范围变更不是问题，问题是许多变更处于"非管理状态"。变更请求的形式多种多样：口头的或书面的；清晰的或微妙的；内部的或外部的；操作上的、管理需求上的或者技术限制性上的。

在图 9 - 7 中，CCB 是变更控制委员会（Change Control Board）的简称。项目范围变更很可能需要额外项目资金、额外的资源与时间，因此，

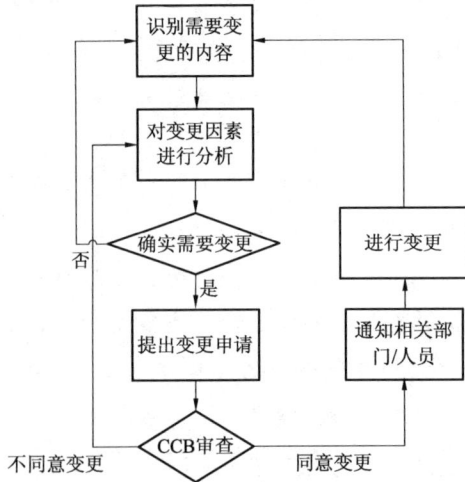

图 9 - 7 项目范围变更管理的一般流程

应建立包括来自不同领域的项目利益相关方在内的变更控制委员会，以评估范围变更对项目或组织带来的影响。这个委员会应当由具有代表性的人员组成，而且有能力在管理上作出承诺。

CCB 需要界定以下几个问题：范围变化发生时要确定项目经理能做些什么以及不能做些什么；规定一个大家都同意的办法，以便提出变化并评估其对项目基准的影响；说明为何批准或者不批准变化所需的时间、工作量、经费。尤其重要的是，CCB 需要加强以下工作：评审申请的变更引起的配置项，即这项变更会引起哪些连锁的变更，以及如何对这些变更进行管理；变更效果达到后要不要更改企业管理标准等。

此外，范围变更会影响整个项目计划编制阶段的各种文件，要对诸如 WBS 和项目进度等的文件重新评价、更新，考虑范围变更所带来的影响。项目经理应将范围变更的有关内容及时与项目组或项目利益相关方沟通清楚，项目组成员需要理解范围变更对他们在项目中的角色所带来的影响并确保参与项目的各方面得到的是项目范围变更后的最新信息。

10

把握项目工期管理的脉搏

兵贵速，不贵久。

——《孙子兵法·作战篇》

在瞬息万变的时代，商业机会稍纵即逝，如何在限定时间内完成预期的项目成果是每个项目经理面临的挑战。

据统计，在对软件项目进度与成本估算时，开发者对自己工作的估算比现实要乐观，大多数项目实际完成时间超过估算进度的 25%～100%，少数的进度估算精确度达到了 10%，能控制在 5% 之内的项目十分罕见。

由于项目工期的拖延，技术和环境的变化将促使客户需求的变化和项目范围的蔓延，而需求的变化和范围的蔓延又将导致项目工期的进一步拖延，从而使项目陷入恶性循环。

我们经常会听到上司和下属之间关于项目工期的这种对话。

上司："小张，你那项目需要多长时间才能完成?"下属："80 天左右吧，王总。"

上司："别跟我说'左右'，准确一点，究竟多少天?"下属："那就80 天。"

上司："80 天太长了，给你50 天吧。"

下属："50 天实在太短了，王总。"

上司："那就 65 天吧。别再讨价还价了，就这么定了!"

下属："好吧。"

其结果是，下属的奉献和上司的给予导致了一个"精确"的项目时间限制。这种时间限制会转化为一个复杂的图表（如网络图，Gantt 图等）

挂在会议室里。然而，人们在实施计划的过程中一般对它视而不见。项目究竟什么时候完工，取决于某些外部的因素，或者像迪尔伯特所说的那样，"所有项目的成功主要取决于两件事：运气或一个很好听的名字"❶。

用好项目里程碑

实践表明，设定项目里程碑对控制项目进度是十分重要的。项目里程碑就是在项目过程中具有重要意义的事件的开始或结束时点。

项目里程碑的设定与以下因素有关。

（1）顾客/合同的要求。顾客为了获得对项目的信心或控制对项目的资金投入，一般会在商业合同中设定项目里程碑，以便尽早得到中间成果，或对项目需求、范围、费用等及时进行相应调整。

（2）项目特点和生命周期的要求。即便是对于同一个项目，如果采取了不同的生命周期划分方式（或开发方式），里程碑的设置也是不一样的。在不同生命周期阶段将由不同的利益相关方承担责任，因此，需要根据生命周期的变化明确里程碑，明确项目利益相关方的责任界面。

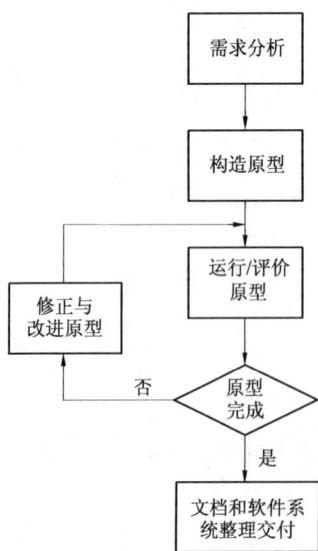

图 10-1 为软件开发项目所采用的进化型原型法（Evolutionary Prototyping）。这种开发方式的里程碑有：

① 软件需求初步确定；
② 软件原型构造完成；
③ 对原型的评价测试与完善完毕；
④ 系统交付完成。

图 10-1　进化型原型法

如果该软件开发采取如图 10-2 所示的螺旋模型，它将使用一套"定位点"（anchor point）式的里程碑方式，即用 LCO（生命周期目标）、LCA（生命周期架构）、IOC（初始操作能力），不断推动目标的完成，同时也

---

❶ 斯科特·亚当斯. 迪尔伯特原则［M］. 海南出版社出版，1997.

用来比较项目的进展情况。这三个里程碑同时也确定了利益相关方在生命周期中的承诺点。LCO 是对架构进行支持的承诺；LCA 是对整个生命周期进行支持的承诺；IOC 是对后续操作进行支持的承诺。

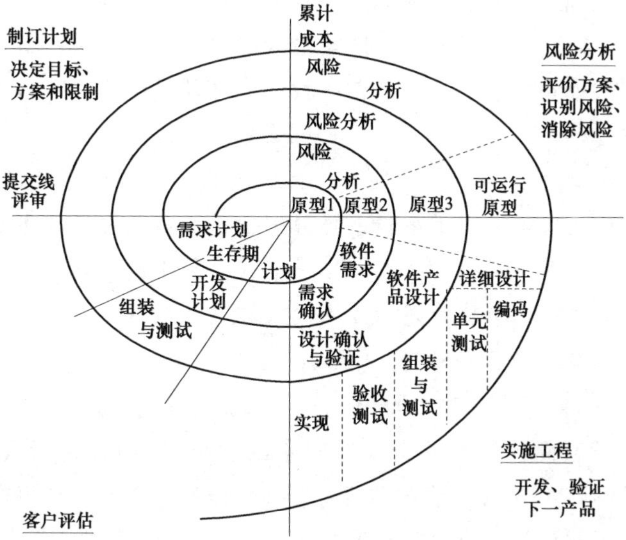

图 10 - 2　螺旋模型

（3）激发项目组成员士气的需要。实施项目常常是一个艰苦的过程，其中会涉及到很多繁琐的劳动。在这种情况下，保持项目组成员的士气、保持他们的技术效率是项目经理必须解决的问题。里程碑能够使项目组成员不断有成就感，也能够使他们产生压力，以保证项目如期进行。

在 1984 年东京国际马拉松锦标赛上，日本人山田本一出人意料地获得了冠军。记者去采访他，请他介绍夺冠的经验和感想。山田的回答是："靠的是智慧。"记者认为他有些故弄玄虚，因为他认为耐力才是决胜马拉松的关键。

两年后，在意大利米兰举行的国际马拉松赛上，山田本一又得了冠军。还是这个记者去采访他，问的还是同一个问题，而山田的回答也和上次一样。这一次，记者让他解释一下其中的原因。山田说："当我第一次跑马拉松时，还没有跑到一半就跑不动了。后来，每次跑马拉松赛之前，我首先开车沿着赛程跑一圈，并将沿途有明显标志性的树木、房屋等记

住。在正式比赛时，我就以那些东西为目标，这样就能够使我保持良好的
竞技状态和毅力，直到坚持到最后，拿到冠军。"

（4）风险管理的需要。项目充满风险，即使我们做了充分的应对项目
风险的准备，风险依然像幽灵一样萦绕着项目。我们不可能等到项目出了
大问题才去评审它的状态、总结它的教训，必须设置里程碑以不断评审和
修正项目方向。

企业高管同时会有多个项目需要管理，因此他们必须了解各个项目处
于哪个里程碑阶段。在召开企业项目例会时，两个会议期间没有里程碑的
项目可以不用参加，以减少会议成本。只有在此阶段或下个阶段有里程碑
的项目才值得高管们花费时间。

编制项目工期计划是一个随时间不断优化的过程。在制订工期计划
时，首先是制订主要的里程碑计划。在此基础上，制订框架式的网络计
划。然后，再制订第一个里程碑里的详细计划。依此类推（见图10-3）。

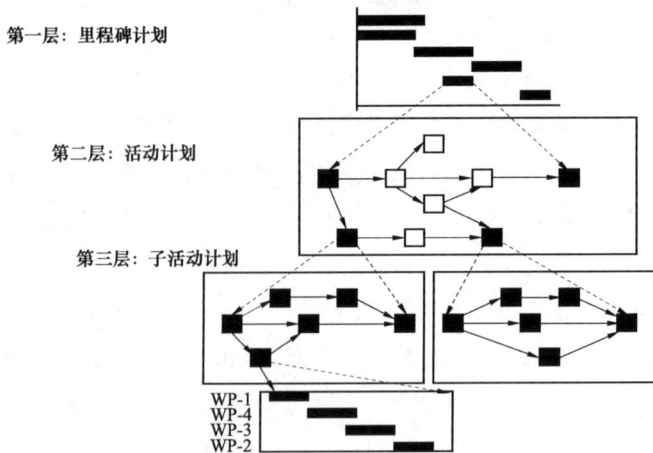

图 10-3　项目工期计划的细化过程

一般说来，项目网络计划图有两种。一种是双代号网络图，又称 AOA
（Activity on Arrow）网络图，即以箭线代表项目的活动，它可由箭头和箭尾
的代号来表示。图 10-4 为双代号网络图，其中"活动甲"可用（2，4）表

示；"活动乙"为虚工序，它只表示项目活动之间的逻辑关系，没有资源和时间等的消耗。另一种是单代号网络图，又称 AON（Activity on Node）网络图，它用图中的节点表示项目的活动。

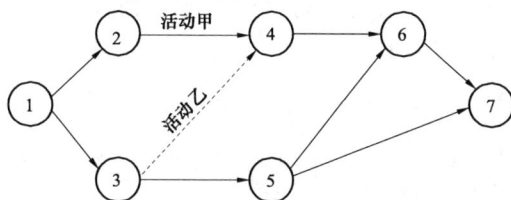

图 10-4　项目双代号网络图

图 10-4 所示的双代号网络图可以表示为图 10-5 所示的单代号网络图。由于单代号网络图比双代号网络图表示的信息量更大、更方便，并且无需使用虚工序，因此，单代号网络图更经常被采用。本书中如无特殊说明，所用的网络图均指单代号网络图。

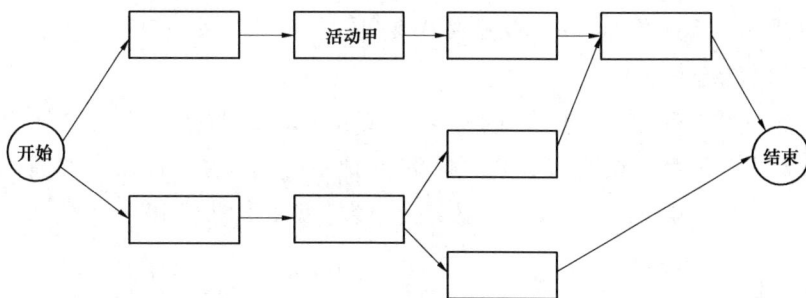

图 10-5　项目单代号网络图

单代号网络图的绘制有如下规则。

（1）流程为自左至右；

（2）箭头表示顺序和流向，箭头所指的活动为箭尾所连活动的紧后活动，而箭尾所连的活动为箭头所指活动的紧前活动；

（3）每一个任务是唯一识别的；

（4）不允许循环存在；

（5）只有一个开始和一个结束节点。

在单代号网络图中，每个项目活动都有以下 9 种参数。

（1）活动名称；

（2）活动代码；

（3）活动持续时间 t；

（4）活动最早可以开始的时间（ES）；

（5）活动最早可以结束的时间（EF，EF = ES + t）；

（6）活动最迟结束时间（LF）；

（7）活动最迟开始时间（LS = LF − t）；

（8）活动总时差（TF）；

（9）活动自由时差（FF）。

在网络图中，某个活动的 ES 为它的所有紧前活动的最早结束时间中的最大值；该活动的 LF 为它的所有紧后活动的最迟开始时间中的最小值；该活动的总时差为它的 LS − ES；该活动的自由时差为它的所有紧后活动的最早开始时间与该活动最早结束时间的差额中的最小值❶。

在网络图中，工期最长的路线（或总时差最小的活动连起来的路线）称为关键路径，关键路径上的活动称为关键活动。关键路径上的任一活动只要延长一天完成，项目工期也将拖延一天，因此，关键路径上的活动是项目经理管理的关键。

尽管网络图能够帮助人们正确分析项目活动之间的关联关系，而且可以帮助人们把握关键路径，但这种方式有失直观。在实际项目管理工作中，最常用的是 Gantt 图（又称横道图、条形图等，见图 10 − 6）。

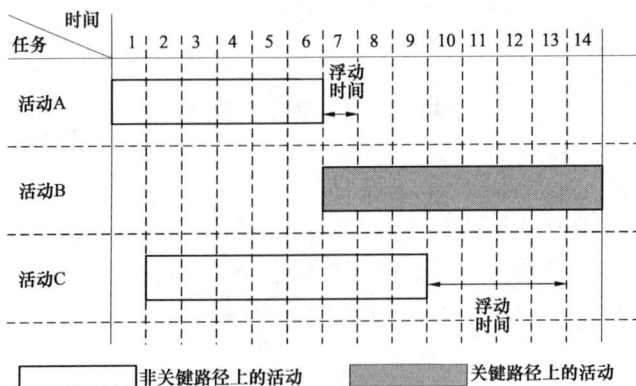

图 10 − 6　Gantt 图示例

---

❶　关于网络图的详细计算方法，参见 HaroldKerzner, Project Management, 8th, John Wiley & Sons, Inc., 2003.

需要注意的是，项目里程碑必须有交付成果而不能只是一些活动或过程。对于里程碑状态的评审，只能有两个结局：一个是已完成目标，一个是未完成目标，而不能是"正在进行"、"按计划进行"等表示过程的描述。

对于软件开发项目所采用的进化型原型法来说，各里程碑的交付成果是十分明确的，它们是：

（1）软件需求初步确定。此时用户对系统只有一个模糊的想法，无法完全清楚地表达对系统的全面要求，软件开发人员对于所要解决的应用问题也未形成清晰、明确的认识。双方围绕系统功能的确定进行讨论并形成初步的《软件需求分析说明书》。里程碑交付物：初步的《软件需求分析说明书》、会议记录、《需求跟踪矩阵》。提交标准：《软件需求分析说明书》上有用户签字认可。

（2）构造软件原型完成。在快速分析的基础上，根据初步的《软件需求分析说明书》，使用有效的开发工具尽快实现一个可运行的软件版本。里程碑交付物：《软件设计说明书》、软件原始模型、《需求跟踪矩阵》。提交标准：《软件设计说明书》通过评审，软件原型满足初步的《软件需求分析说明书》。

（3）对原型的评价测试通过。这里包含一个不断循环迭代的过程，用户对提交的原型系统进行试用，亲身感受并受到启发，作出反应和评价。开发人员根据用户的意见对原型加以改进，再提交测试、评价与修改。如此周而复始，逐步明确各种需求细节，减少分析与通信中的误解，并适应需求的变化，从而最终彻底满足用户的要求。里程碑交付物：用户测试记录，单元、综合、确认测试记录，软件需求变更，软件设计变更、《操作手册》及手册内容变更、《需求跟踪矩阵》、新的软件原型版本。提交标准：用户测试记录与需求变更有用户签字、软件设计变更、操作手册变更要通过评审。控制策略：采用配制管理方法，以每次循环用户对原型评测为基线，对各配置项的管理方法依据《软件配置管理办法》进行。

（4）系统交付完成。里程碑交付物：软件原型的最终版本和所有配套文档。提交标准：用户对软件原型的最终版本满意并签署验收报告。

在设定项目里程碑时，需要具体执行工作的项目组成员和其他必要的利益相关方的参加。

制定项目里程碑需要职能经理的支持。得到职能经理的认可，可以保证项目在进行中、在需要的时候得到充足的资源。当职能经理知道每一个具体的里程碑时，他们就可以在项目需要什么资源之前准备好项目需要的资源。

虽然设立里程碑有很多优势，但里程碑中也存在种种陷阱。

第一，人们在项目的里程碑被设定以后，易于误用目标管理的方式，认为"目标管理是只问结果，不计过程"，从而忽视对项目过程的监控而导致项目里程碑不能按期达到。大多知识型企业的从业人员属于知识工作者，他们对授权的要求较强烈，这方面的误区更易发生。

第二，对里程碑控制不严。因为大部分里程碑毕竟只是一些项目的中间结果，在项目过程中人们易于放松对里程碑变更的控制，易于出现里程碑大多按期完成而项目难以按期完成的现象。项目活动彼此是有关联的，一个里程碑的延迟会导致连锁反应，甚至可能导致项目工期的失控。

第三，里程碑的设置只是由项目组根据项目本身的特点而确定，却忽视了与项目利益相关方的沟通并得到他们的承诺。

为避免落入项目里程碑陷阱，企业要特别强调客户、供应商等利益相关方对这些里程碑提供相应的承诺，并通过建立各方签字的责任矩阵将其锁定。

风险时间常常无效

我们工作时经常受到很多干扰，它们影响了我们的工作效率。同样，我们还必须完成其他的一些工作，这些工作中有些是我们的日常工作，有些涉及其他项目。但是，在进行项目活动持续时间估算时，我们常常会不自觉地假定这个项目是我们从事的唯一的一个项目，并据此估算这项工作所需要的时间。

假定制定一份企业市场开拓方案需要花去某市场部经理 30 小时的时间。他一天工作 8 小时。那么，这项工作的持续时间为：

$$30/8 = 3.75 \ （天）或接近 4 天$$

但现实中该经理的效率究竟如何呢？以下是他典型的一天工作：

08:30 上班，大家相互寒暄。然后他泡了杯茶，打开电脑，登陆电子邮件系统。

08:45 他开始浏览电子邮件，其中有许多邮件必须立刻答复，他开始回复这些邮件。

09:15 邮件回复完毕，开始到公司的资料员那儿去查阅公司相关市场资料。20 分钟后他终于拿到这些资料。

09:30 开始边思考边起草方案。

10:30 一位他的下属有些问题向他请教，该问题对部门的工作很重要，于是他花了半小时的时间与下属讨论。

11:00 继续工作。

12:00 午餐。

13:00 回到办公室。午饭后有些反应迟钝，于是，他浏览上午的文稿让自己集中注意力。

13:30 继续开始工作。

14:00 电话铃响了，是一个重要客户打来的电话。客户告诉他自己的女儿终于考上了大学。于是，他又花了 35 分钟与客户谈她女儿的事。

14:35 他重新开始工作。由于工作被打断，他不得不花 5 分钟的时间整理思路。接下来的一个小时进展顺利。

16:00 他去参加临时召开的部门经理会议。

17:30 会议结束，是下班的时候了。

从以上过程可以看出，该经理在 8 小时工作时间内真正用的时间只有 3 小时 50 分钟，工作效率只有 3.83/8 = 48%。在这个基础上预期完成任务所需要的时间为：

$$30/(8 \times 0.48) = 7.8 \ （天）或大约 8 天$$

研究结果表明，完成一项项目活动所需的时间并不能确定，它服从 β 分布。每项活动的完成时间可以由三种时间构成：乐观时间，即一切顺利时所需的时间；悲观时间，即几乎所有的风险都发生时所需要的时间；可能时间，即一般情况下、正常情况下所需要的时间。如果项目的某个活动越复杂，它的悲观时间将越长。

20 世纪 50 年代后期，美国海军部开发了一种 PERT 方法来计算项目的工期，其中每个项目活动所需时间为（乐观时间 + 4 倍的可能时间 + 悲观时间）/6（见图 10 - 7）。

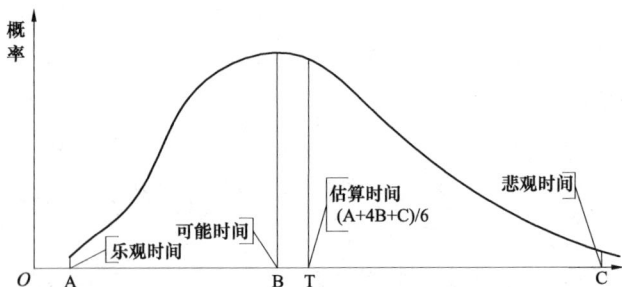

图 10 - 7　项目活动可能完成时间的分布曲线

PERT 方法可以简述如下。

第 1 步：计算项目网络图中每一个活动的 σ_{ti} 和 t_{ei}。

$$\sigma_{ti} = \frac{t_{pi} - t_{oi}}{6}, t_{ei} = \frac{t_{oi} + 4t_{mi} + t_{pi}}{6}$$

其中 t_{oi}，t_{pi}，t_{mi} 分别为完成第 i 个活动的乐观时间、悲观时间和可能时间。

第 2 步：确定网络图中的关键路径 P_c，P_c 是网络图中按照 t_{ei} 设定每一个活动时间时，整个项目工期最长的路径。

第 3 步：计算项目完工的期望时间 t_e 和方差 σ_t^2。

$$t_e = \sum_{i \in P_c} t_{ei} \text{ 和 } \sigma_t^2 = \sum_{i \in P_c} \sigma_{ti}^2$$

第 4 步：假定 P_c 中包含足够多的活动，因此项目完工的时间 t 服从正态分布，其均值为 t_e、方差为 σ_t^2。所以，可以计算出在要求时间 t_s 内完成项目的概率。

$$p\{t \le t_s\} = p\left\{Z \le \frac{t_s - t_e}{\sigma_t}\right\}$$

$p\{t \le t_e\} = \dfrac{1}{2}$，即在 t_e 内完成该活动的概率为 0.5。

在实践中我们发现，由于项目充满风险，一般人们在签订合同、向上司请求项目时限时，并不是按照图 10 - 7 中的 T 来要求的。因为在 T 时间内完成该活动的概率只有 50%，风险太大了。一般说来，当有 80% 的把握能够完成时，这样的时间才容易被人们接受。因此，人们一般会申请比可能时间长一倍的工作时间（见图 10-8）。

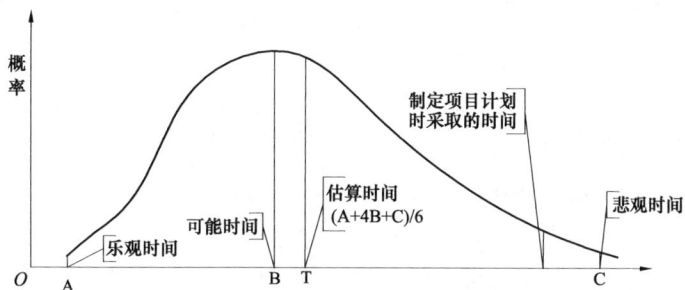

图 10-8　实际项目计划中人们采取的工期时间

　　然而，值得我们深思的是：既然人们在制订工期计划时已经充分预留了风险，将完成项目各活动完成的可能性提高到了 80%，那么为什么项目实际按期完成的比例平均不到 40%？

　　某个星期五的上午，公司企管部经理小张一上班就被总经理叫去。"小张，下周四公司要开一个高层管理会议，会上我们将讨论下个季度公司的市场策划方案。这样，你先拿出一个初步方案来。"因为今天还有些部门的事要处理，而且小张也希望仔细准备一下以便能够展示自己新的创意，尽管小张有把握半天即拿出策划方案，他还是对总经理说，下周三上午提交初步策划方案。"星期三？太晚了，我还要先看一看。这样吧，你周末辛苦辛苦，星期一一早交给我。"小张为争取到了三天的时间暗暗高兴，他下定决心，一定要好好将策划方案做好。

　　那么，小张会在什么时候开始撰写策划方案呢？一般说来会有以下三种情形。

　　第一，拖到星期天下午做。这种情况是最常见的，因为只要半天就可以完成了嘛。遗憾的是，星期天下午常常有事，而且这些事常常是不得不做。那么，小张只能晚上加班了。那时，"在策划案中充分展示创意"等已经无暇顾及了，其最后的结果是，要么星期一上午不能按时提交，要么提交的策划案连小张自己也不满意。

　　第二，小张星期五上午就完成了。但是，他会将方案提交给老总吗？

一般不会，因为到星期一上午交差是争取来的。如果星期五上午就提交的话，很可能不仅不会得到表扬，还会得到批评："这么快就完成了？不要偷工减料，不是说了星期一上午给我吗？周末好好弄一弄，搞漂亮点。"

第三，星期五上午小张就完成了，而且也提交给了老总。即使老总表扬了小张，但他的提前完成会使公司的高层管理会议提前召开吗？不会，因为计划是在下周四召开，那些与会者已经将下周四之前的时间做了别的安排了。

这个案例的情形在现实中经常出现：我们在制订工期计划时，考虑了风险、考虑了要使质量完美需要的更多的时间，然而，在实施计划时，我们要么将这些计划无谓地浪费了，要么我们的提前并不会使项目的工期提前。也就是说，尽管我们预留了风险防范时间，但这些时间并不能真正防范项目工期风险。

局部偏差对项目整体的影响

对项目活动任何精确的时间估算在实施过程都会出现偏差，即使对任意一个活动来说这种偏差可能不大，但如果项目中的活动很多，则这些局部的偏差将会使项目产生较大延期。

从图 10-9（a）中我们可以看出，即使活动甲、乙分别提前了 5 天和 10 天完成，只要活动丙是按期完成的，活动丁也只能按期开始。而从图 10-9（b）中可以看出，即使活动甲、乙分别提前了 5 天和 10 天完成，只要活动丙拖期 1 天完成，活动丁也只能拖期 1 天开始。

那么，如果在项目实施过程中一些活动拖期了，我们是否可以通过努力将拖延的工期弥补过来而不至于耽误项目整个工期呢？可以，但可能性很小。

以色列物理学家兼企管顾问高德拉特（Eliyahu M. Goldratt）在其著名的《目标》中记了一个例子可以说明这个问题❶。

假如一个项目有两道活动：一道活动为人进行零件加工，另一道活动

---

❶ 高德拉特. 目标［M］. 齐若兰，译. 上海：上海三联出版社出版，1999.

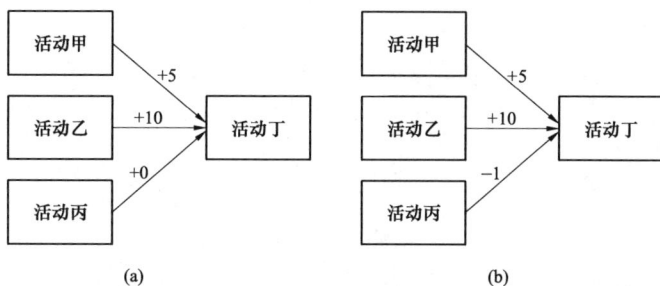

图 10－9　项目活动的关联性对工期的影响

为机器对人加工后的零件进行再加工。项目的开始时间是中午 12：00，人和机器每小时加工零件数均为 25 个，要求到下午 5：00 时生产完成 100 个零件。这个项目的计划如图 10－10 所示。

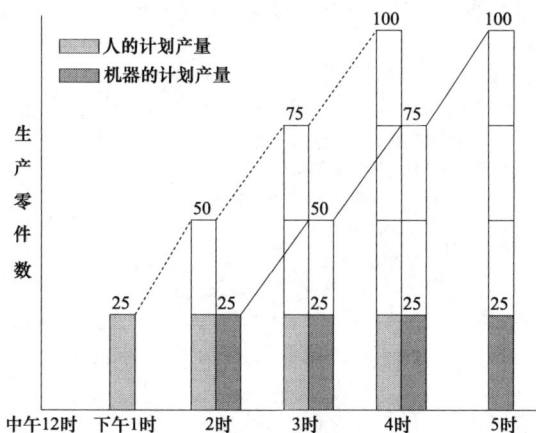

图 10－10　生产零件项目的计划

　　在项目实施过程中，由于人在进行项目的过程中需要有熟悉工作、准备材料等过程，在第一个小时内只生产了 19 个，在第二个小时内生产了 21 个。然而，当人熟悉该工作后，他在第三、第四个小时内分别生产了 28 个和 32 个零件。到了下午 4：00 时，人完成了计划的工作（生产 100 个零件），平均每小时生产 25 个。也就是说，人的进度赶上来了（如图 10－11 所示）！

　　那么，机器的工作情况会怎么样呢？从图 10－12 可以看出，虽然人通过努力赶上了工期，但机器却难以按进度完成，项目在下午 5：00 时，只生产了 90 个零件。

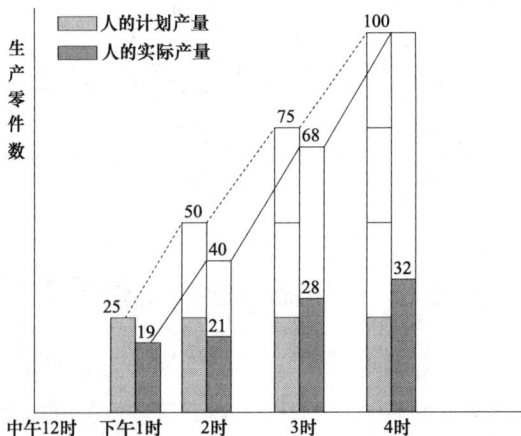

图 10-11　人的计划和实际加工零件情况

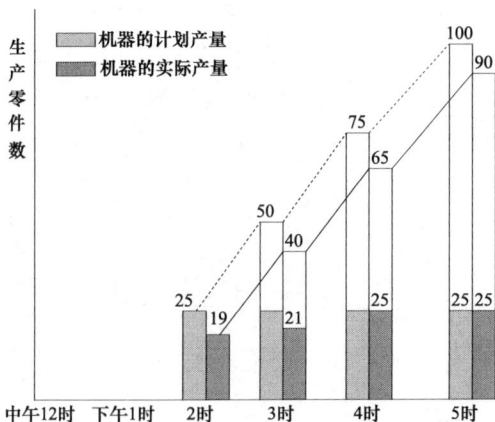

图 10-12　机器的计划和实际加工零件情况

在这个案例中，谁是造成项目未取得预期结果的责任者呢？如果说是人，那么人平均每小时完成了 25 个，尽管中间过程有偏差，但这种偏差也是合理的。如果说是机器，那么显然也不合理。这个案例只是说明，在项目的实施过程中，局部的工期偏差是难免的，但正是这些难免的、合理的偏差会导致项目工期的拖延。

给关键人员整段的时间

项目经理都希望项目组成员是一些"能人"，这些"能人"确实能对项目的效率产生重要的作用。但在一个企业中，这些人的个数是有限的，他们很难完全归某个项目所有。他们经常被迫在多个项目中充当消防队员或清洁工的角色。

项目关键人员的时间如果不能集中使用，如果不能给他们整段的时间，不仅会造成他们超负荷工作，而且会造成多个项目工期的拖延，形成事倍功半的结局。

假如某个企业有三个项目 A、B、C，它们的工期都为 10 天，并且都需要企业的某个关键人员 X 才能完成［如图 10 - 13（a）所示］。俗话说："会哭的孩子有奶吃"，这三个项目的项目经理均向人力资源部极力呼吁要优先将 X 给其负责的项目使用。人力资源部经理只好安排 X 到这三个项目轮流工作。假如 X 到项目 A 工作 5 天后就得赶到项目 B "救火"，在项目 B 工作 5 天后又不得不到项目 C "救火"，在项目 C 工作 5 天后才能再回到

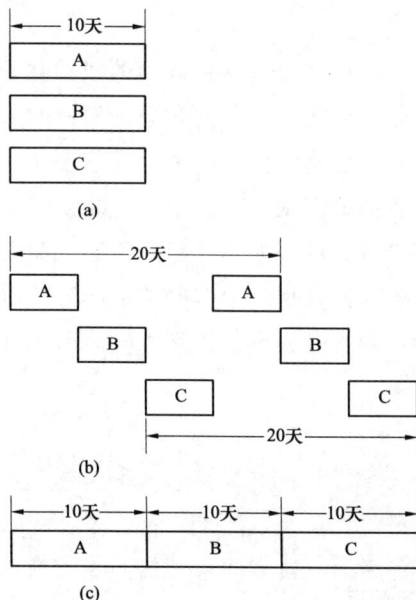

图 10 - 13　关键资源的使用方式对项目工期的影响示意图

项目 A，那么即使 X 每天都在辛勤劳动，但项目 A、B、C 的工期却都延长了一倍的时间［见图 10 – 13（b）］。如果能够将 X 集中使用，尽管项目 B、C 的开始日期会有所拖延，但它们的结束日期却会比图 10 – 13（b）所示的方式提前，而且它们都会在 10 天内完成［见图 10 – 13（c）］。

设 置 缓 冲 时 间

网络图和横道图（又称 Gantt 图）是典型的、最为人们所熟知的（经常也会被认为是最有效的）项目工期计划工具，甚至人们一提起项目管理就会自然而然地想起它们。

通过 Gantt 图，我们可以很直观地看出项目各项活动的计划开始和结束时间，也可以很直观地比较项目活动实际进度与计划进度之间的差异。通过网络图，我们可以通过关键路径法（CPM）计算出项目的关键活动，可以分析项目各项活动之间的关联关系，可以判断一项活动拖延或提前完成时将产生何种连锁反应。但遗憾的是，这些方法自 20 世纪四五十年代以来并没有产生如人们期望那样的价值，很多企业要么不用网络图、要么是根据经验简单画一些横道图，它们常常会在项目实施的过程中将这些图形抛在一边。

很多人一直以为，美国北极星导弹计划的成功在很大程度上归功于网络计划和 PERT 技术，但对这个计划重新进行的研究却发现，这些工具只是充当了一些辅助工具，因为它们无法解决人们在工期管理中存在的无谓增加和浪费风险预留时间、活动合理偏差、关键资源分散使用等问题。

此外，CPM/PERT 等方法一般不能起到预警工期偏差的作用。以 CPM 方法为例，它能够告诉人们在项目中哪些活动的延期将会导致项目整个工期的延期，但它不能帮助管理者事前识别工期风险的征兆，不能帮助管理者防患于未然。

假如有一些人员徒步旅行，他们排成一列，彼此之间的先后顺序保持不变。随着旅行的距离越来越长，这支队伍的第一个人和最后一个人之间的距离也会越来越长，因为中间有些人可能要停下来系鞋带，也有些人可能会因为看风景会略停一下。后面的人如果要保持和第一个人的距离，必须快步追上那些拉开的距离，但前面极可能又有些人要停下来系鞋带、看风景。当旅行的距离越长、参加的人员越多时，行进的队伍也会越拉越长。

为了使旅行队伍的长度保持不变，可以采取多种办法。例如，一种办法是让队伍中的每一个人都保持行进的速度绝对一致，这种办法可以从理论上假设，但现实中很难做到；另一种办法是用一根绳子将队伍中的每一个人都拴起来，这种办法意味着管理中对每一个人都需要进行同等的关注，而关注所有的人往往等于谁也不关注；还有一种办法是将队伍走在最前面的人和走在最后的人用绳子拴起来，这种办法能够控制队伍的长度，又有控制的焦点，问题是走在队伍最后的人不一定是造成队伍拉长的人，我们有可能会抓错"罪犯"。有效又合理的一种办法是在队伍最前面人和队伍中走得最慢的人之间拴上绳子！同时，为了保证队伍行进的速度不受影响，必须确保队伍的最前面的人按计划的速度行进。简言之，为了保证队伍既能按照预定的速度行进又能控制队伍长度的办法有三步：首先，找出队伍中走得最慢的人；其次，用一根适度长短的绳子将队伍中最前面的人和走得最慢的人拴起来；最后，保证走在最前面人的速度。

项目与这样的旅行队伍有共同之处。项目的活动之间有一定的顺序，当项目所包含的活动越多、项目参加的人员越多、项目工期越长时，项目延期的可能性也越大。为了保证项目不延期，我们同样必须找到其中"走得最慢的人""绳子"和控制"走在最前面人的速度"的办法。

高德拉特（Eliyahu M. Goldratt）提出的关键链（Critical Chain）方法是一种控制项目工期的有效方法，它能够解决人们在工期管理中存在的无谓增加和浪费风险预留时间、活动合理偏差、关键资源分散使用等问题❶。关键链的步骤如下。

第一步，对项目每个活动进行持续时间估计，并画出项目网络计划图。

假如某 CC 项目的网络计划图如图 10-14 所示，其中的活动时间单位为天。

---

❶ Eliyahu M. Goldratt. Critical Chain. The North River Press，1997.

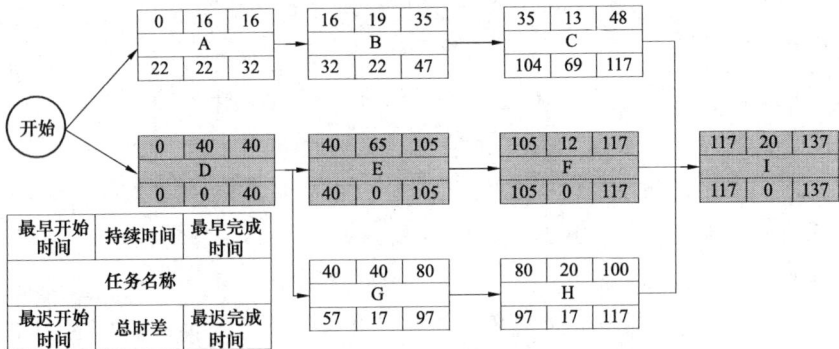

图 10 – 14   CC 项目的初始工期估算网络图

第二步，对项目每项活动进行仔细分析，尽量剔除其中的风险预留时间。此外，列出需要关键人员（资源）的活动。

CC 项目中的各项活动经项目经理与项目组成员仔细分析和谈判后，得出的结果如图 10 – 15 所示。其中活动 G 需要用到项目紧缺人员 X。

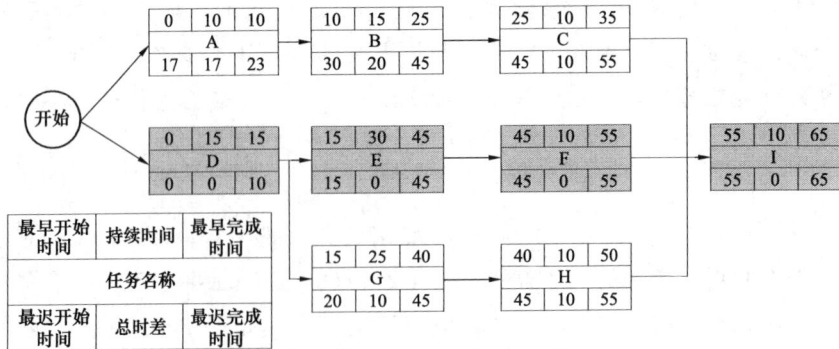

图 10 – 15   CC 项目的工期压缩网络图

很显然，按照图 10 – 15 制定的项目工期计划面临很大的项目风险。

第三步，确定缓冲时间放置的位置。缓冲时间放置在三种位置：项目最后一项活动的后面、项目网络图中非关键路径活动与关键路径活动接口的地方、需要紧缺关键资源才能完成的项目活动的前面（见图 10 – 16）。

这些缓冲时间同样是风险防范时间，但是它们的目的不是为了保护每一个项目活动。设在项目最后一项活动后面的缓冲时间是为了保证项目的总体工期。在项目网络图中非关键路径活动与关键路径活动接口处设置的缓冲时间是为了保护关键路径的活动按时开始，而在需要紧缺关键资源才能完成的项目活动前面设置的缓冲时间是为了保证关键资源一到位就能立刻投入工作。

关键路径上的活动、需要紧缺关键资源的活动可以比喻为旅行队伍中走得最慢的人，项目预定完工日期可以比喻为旅行队伍中走得最快的人，而各项缓冲时间就是为解决旅行队伍长度拉长所采用的"绳子"。

CC 项目的网络图中设置缓冲时间的位置如图 10 – 16 所示。

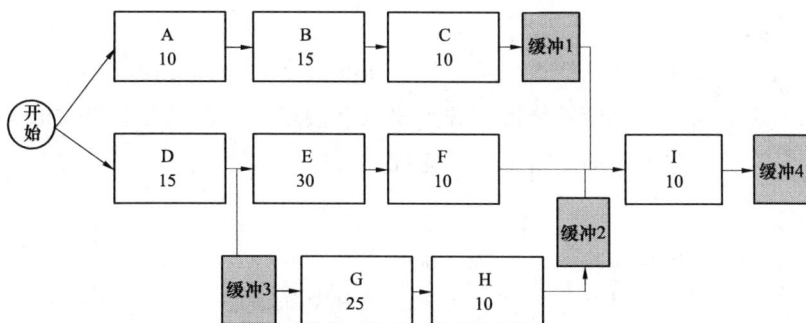

图 10 – 16 CC 项目缓冲时间的设置

第四步，确定最早缓冲时间的大小。缓冲时间是从对项目各活动估算时间的压缩中得来的。所谓最早缓冲是指网络图中最早出现的缓冲。

从图 10 – 16 可以看出，最早缓冲为缓冲 3。假如将 CC 项目中各活动压缩下来的时间的 50% 左右作为缓冲时间。对比图 10 – 14 和图 10 – 15 可以看出，活动 D 的最早结束时间被压缩了 40 – 15 = 25（天），因此，可以设缓冲 3 的时间为 12 天。

第五步，对各缓冲时间进行监控。项目经理每天或定期监控各缓冲时间的消耗情况。如果某缓冲时间没有被消耗，则表明它前面的活动路线是按期进行的；如果缓冲时间已被消耗，虽然这种消耗还没有对项目工期产生实际影响，但必须加强对其前面活动路线的控制。

在 CC 项目中，项目经理每天检查缓冲 3 的时间是否被消耗。判断方法是，如果将缓冲 3 作为一项项目活动，那么它的最早开始时间为 15，最早结束时间为

$$15 + 12 = 27 \text{（天）}$$

如果每天检查时，缓冲 3 的最早开始时间仍为 15，则它前面的活动没有延期。如果它的最早开始时间变为 18，则表明它前面的工作已经延期了

$$18 - 15 = 3 \text{（天）}$$

这时需要对它前面的工作进行监控和加强管理。由于 18 小于 27，表明缓冲 3 前面工作的延期还不至于影响整个项目工期。

当某一缓冲时间全部被消耗完毕，或时间未被消耗完而它前面的项目活动已经完成时，更新网络图，并找出更新网络图中的最早缓冲，转向第四步。将此过程反复循环直至项目完成。

为了控制项目工期，还有两点需要特别注意。

第一，不允许项目组成员在没有系统规划情况下工作。"缺乏系统思考的盲目主动"是项目管理实践中最容易出现的问题之一。很多技术人员长于具体行动而短于商业思考，而很多管理人员也会自觉不自觉地认为"只有行动才是工作"，这些因素均会导致项目实施缺乏计划性，导致项目返工等情况的增加。

第二，在没有评估变更的影响和获得正式批准前，不能进行变更。任何项目的局部变更都会引起其他活动、资源等的连锁反应，缺乏变更控制的项目会造成项目管理的混乱。需要引起注意的是，不仅项目中不得已而采取的变更如此，有利于项目工期缩短、质量提高等"正面"的变更也同样如此，如果不加强变更控制，项目局部有利的变更也可能会造成整个项目的被动。

项目工期在某种程度上决定了项目的价值，项目经理必须把握项目工期的脉搏，只有这样，才能真正控制它。

判断项目计划有效性的标准

有人将很多项目的管理方式归结为"六拍运动"，我深有体会，特将其整理如下，希望我们能够警惕这种"运动"。

第一拍：拍脑门。经常有些领导有了做一个项目的想法后，不是组织相关人员严格论证是否可行，而是自己觉得可行就上马。

第二拍：拍肩膀。领导拍完脑袋后，为了鼓舞士气，调动项目组成员的积极性，大多会采取一些激励手段，例如，拍拍大家肩膀说："好好干，前途无量。"

第三拍：拍胸脯。受到领导激励的项目组成员为了让领导放心，也会有所表示——拍胸脯，而且往往还会说出一句话："放心吧，包在我身上！"

第四拍：拍桌子。项目进行一段时间后，领导忽然发现项目进展情况与自己的预期相去甚远，于是大发雷霆，拍着桌子训斥项目组成员："你们都在搞什么？这么长时间了，花了这么多钱，项目才刚刚进展到这里，还有这么多问题！回去好好检讨，不能按期完成项目，工资奖金都别想了！"

第五拍：拍屁股。项目组成员受到严厉批评后，不少人往往会"拍屁股"——"当初不计划清楚，现在项目做不下去了，就知道训我？我还不干了呢！走人！"或者是再也没有热情，消极怠工，这种人留在项目组中不仅对项目毫无益处，反而会打击努力工作者的积极性。

第六拍：拍大腿。以上"五拍"之后的结果必然令所有人大失所望。这个时候，从决策层到项目经理再到项目组成员，大家都"拍大腿"——痛心不已，却又无可奈何："唉，早知如此，当初就应该……"

造成"六拍运动"的原因有很多，其中项目没有有效的计划性是一个很重要的原因。由于项目是一种临时性的、独特的任务，因此，对任何一个项目的管理在某种程度上都是风险管理，项目计划的一个重要目的在于有效降低项目风险。那么，什么样的项目计划才是有效的呢？项目生命周期中存在许多变数，如果不允许变化，项目计划就会只是一种理想化的纸上作业。可是，如果允许变化，又该如何避免"计划不如变化快"这种状况呢？作为企业高层管理人员可从哪些方面判断一个项目计划是否有效呢？

有效的项目计划必须包含下 5 个"可"。

1. 目标可预期

有效的项目计划必须能够明确、可靠地说明项目利益相关方在何时能得到何种成果。项目目标的可预期性包含以下几方面的含义。

首先，项目计划包含了项目利益相关方对项目成果的预期，包括对各类中间结果的预期。利益相关方不会无缘无故地支持项目，他们需要从项目中得到自己想要的东西。很多人在设定项目目标时只考虑了客户或者其他少数利益相关方对项目的期望，这是远远不够的。

其次，项目目标应该得到所有项目利益相关方一致的理解和认同。立场的不同会使人们对同样的事物产生不同的看法，或者说，我们能够看到的从来都不是客观世界本身，我们只能看到在我们心目中反映出来的世界。因此，项目目标需要考虑到不同利益相关方的立场、考虑到可能产生的歧义和冲突。只有在消除了歧义和冲突之后得到的目标才能是一个有效的目标。

最后，目标要经过可行性论证。我们现在看到的有很多是"可批性论证"，这是一种先有结论再去寻找理由、先射箭再画靶子的做法。当然，还有更可恶的做法，就是"莫须有"，即拍脑袋，根本不需要论证的做法。后者在我国很有市场，这与长期以来形成的个人崇拜文化有关，被下属"惯坏的"上司有时候过于相信自己的直觉。一切项目所需的资源都需要通过有效的管理才能起作用，不包含管理可行性研究的项目"可行性研究"是不能予以接受的。

2. 资源可调度

我们不能说"先把项目骗到手"的"钓鱼工程"是主流的，但是，这种现象确实存在。在申报项目、争取项目立项时，企业会将其所有优质资源都作为该项目可以完整使用的资源。等项目拿到手后，实际能够被项目使用的资源与立项时相差很远。对于多个项目同时进行的情况来说，无资源可调度、资源调度效率低下的现象更是比比皆是。如果不能解决这个问题，项目计划只是一个用来打水的竹篮，其结果一定是一句空话或者是谎言。

项目资源的可调度性包含以下几个含义。

首先，项目计划中的资源能够得到组织保障。这里说的组织保障，主要还不是指项目组的组织，而是在企业层面上乃至包含企业外部项目利益相关方在内的项目资源的来源、相互关系和权利/责任平台，简单说来就是"任务落实、人员落实、组织落实"。所谓任务落实，是指项目的每项任务都有责任人；所谓人员落实是指每个项目利益相关方都明确和接受各自的责任；所谓组织落实，是指确定包含人员配合、共同协调的机制和方式。

其次，对资源的需求数量、质量、需求时间、释放时间有清晰定义。这方面需要解决的问题是"来得了、干得好、走得成"。要使资源在需要的时候能来，就要求对资源的数量、质量做好估计，这是一个常识。然而，容易被人忽视的是，常见的项目计划中对资源可获得性途径描述得不够。这似乎是一些职能部门的事情，但是，它们的确是项目计划中不可或缺的部分。要使项目资源特别是项目人力资源到位后能够迅速进入角色、迅速产生成果，就需要对他们的任务内容、任务接口关系、可（需）使用工具等做好充分的准备，这些也必须包含在项目计划中。使资源在被使用后能够顺利撤出项目以便被其他项目等使用是十分重要的，要做到这一点，在进行项目计划时，就需要说明项目知识的效果显现、分享方式。

最后，利益相关方将项目资源纳入其管理计划。企业的职能部门掌握着项目所需要的很多资源，还有一些资源存在于企业外部的其他利益相关方那里。这些部门或机构并不是只为一个项目服务，因此，在做项目计划时自觉或不自觉地假设它们拥有的资源就是项目能够调用的资源是不现实的。有效的项目计划需要与这些部门或机构的资源使用计划相匹配，如果做不到这一点，项目计划的有效性就要大打折扣。

3. 变化可控制

变化是计划的敌人，可惜的是，对项目来说，计划与变化就像一个硬币的正反两面，缺一不可。如何将这矛盾的两者和谐地统一到一起是项目计划必须解决的问题。

在这方面，项目计划需要考虑以下几点。

首先，搭建稳定的项目架构，架构稳定了，在项目实施过程中由于变化造成的损失就会小很多。很多变化是由于客户对项目的需求发生了变化而引起的，遗憾的是，我们一般不能期望客户一下子将需求定义清楚，更合理的做法是，我们认可对需求的变化是客户的权利，建立实现项目需求的稳定的项目技术框架、基线（baseline）等则是我们的义务。在严格的稳定架构基础上的有限自由度是控制项目需求变化的基本原则。要做到这一点，需要和客户谈判，要让客户乃至必要的其他利益相关方参与项目计划的制订，至少让他们参与计划的评审。我们给客户的任何承诺都是有条件的，但是，客户一般只会记住我们的承诺，而将条件忘得一干二净。从这个意义上看，项目的成果不是干出来的，而是和利益相关方谈判得来的。

其次，项目计划需要考虑刚性和弹性结合问题，要尽量做到以刚性换弹性。由于项目中存在诸多不确定性，一个没有弹性的计划是无效的。"牵一发而动全身"是对项目变更的写照，对项目来说，很受一些人称道的"弹性工作制"一般不能适用，因为一个人工作时间的弹性会引起其他资源的连锁反应。与部门工作不同，项目资源都是临时性的，它（他）们在不同时间段将用于不同的项目，一个资源计划的变更会引起一个或多个项目的震荡。项目计划的刚性与弹性的结合方式有以下几种：资源到位的时间允许有弹性，但是资源被占用的时间则是刚性的；非关键资源的到位时间是弹性的，关键资源的到位时间则是刚性的；一般活动的变更控制是弹性的，关键活动的变更控制则是刚性的。

最后，借助配置管理（Configuration Management）提高项目变更的管理力度。通过变更控制委员会（Change Control Board，CCB）来对项目变更进行评审是众所周知的，但是，配置管理这个词似乎还只是在软件开发项目等少数领域为人所知。配置管理的一个重要目的在于当项目某个局部发生变更时，能够迅速将这种变更传递到关联的各方，使它们同步变更，以尽量减少项目各部分的冲突。既然变更在所难免，因此，项目计划中也必须包含配置管理的计划，仅仅依靠评价、审批等方式来控制变更是不够的。

4. 问题可预见和追溯

项目实施过程中会出现很多问题，"只要可能出错就一定会出错""当你觉得一切进展顺利时，某个问题已经发生了""当你解决一个问题时，将会产生一个更难解决的问题"等都是对项目问题的经验之谈。问题虽然在项目实施过程中才暴露出来，但是根源却在项目计划上。如果不能预见问题的项目计划不仅是无效的，而且是有害的，因为它会带来实施过程中大量资源、时间的浪费，这些损失有可能是永远无法弥补的。

首先，要系统地识别项目风险。"不战而屈人之兵，善之善者也。"同样，避免问题的发生是解决问题的最高境界。但是，我们永远不能做到预知一切，我们能做的是尽量使风险发生时我们不至于感到意外。在项目计划中要有系统的风险识别、分析、处置和监控方法，要有明确的责任人；要预留必要的资源，以免风险发生时措施成了一句空话；要清晰定义风险的触发机制。

其次，要能够追溯问题发生的原因。即使我们已经进行了风险分析，也难保没有问题产生，所以，在项目计划中就需要有问题发生了该怎么查找原因的流程和方法，以保证同样的问题不要重复出现。

最后，包含改进工作的方法。这种方法的要点是：重视系统与重视人并重。要有能够反映 PDCA（计划—执行—检查—修正）循环的方式方法，要有沟通机制、会议计划等。

5. 业绩可评价

项目是以成果为导向的，项目是否取得成功需要评价，利益相关方是否尽到了对项目的责任、是否兑现了对项目的承诺需要评价，管理方法是否有效同样需要评价。几乎所有的项目结束后都会评价，但是，只有很少的项目在计划中就明确说明了将如何评价，项目评价一般作为单独的文件提供。评价方式是个指挥棒，因为人们会持有"你先告诉我你怎么评价我，我再告诉你我怎么做"的态度。

那种"法医式"的、事后评判的方式是不行的，它们只会带来借口，就像斯科特·亚当斯所描述的那样："在现实中，（业绩评定）就像在后院发现一只死松鼠，最好的办法就是用棍子挑起来扔到别家的屋顶上。接着，你的邻居再将其往别处扔。最后，没有人不高兴，不高兴的只是那只死松鼠。"❶ 有效的项目计划需要使项目利益相关方知道何时、由谁、如何评价他们对项目的贡献，如何评估项目业绩和利益相关方的贡献是项目计划的一部分，而不是独立的管理文件。

首先，项目计划中需要包含如何评价项目团队的业绩。注意，这里说的是"团队业绩"。关于团队，似乎人人都明白它的含义。然而，所有的团队都面临一个共同的问题：如何让团队成员共同承担责任。其实，我们永远也不能奢望人们能够自觉地共同承担责任，我们能够做的是评估和保

---

❶ 斯科特·亚当斯. 迪尔伯特原则［M］. 李斯，译. 海口：海南出版社，1997.

持适当的压力、提供适当的方法，"迫使"团队成员意识到只有暂时忘记个人的利益才能实现项目目标，也才能给他们自身带来利益。如何提供这些方法、如何衡量这些压力是否适当等都需要在项目计划中注明。

其次，包含对项目其他利益相关方业绩的评价方式。特别是对企业职能部门的业绩评价方式要与项目团队、项目成果的评价方式相呼应，并通过这些评价来体现职能部门的价值。

最后，包含对团队、团队成员、职能部门乃至外部利益相关方的利益分配方式。评价、建议、推荐等权利也是一种利益。经过清晰定义的项目经理、职能经理、外部利益相关方等的评价、建议、推荐权同样对他们是有效的激励。

当然，项目计划中还包含很多内容，但是，以上5个方面是容易被忽视的。大多数的项目计划呈现的状态是：上下级之间在讨价还价、拍脑袋与拍肩膀的基础上产生一个"精确"的项目时间线。项目时间线会转化为一个复杂的图表挂在会议室里，好让人们很容易地视而不见，直到某些外部的因素决定实际的完工日期。这种计划尽管包含了目标、工期、成本、质量、采购等项目计划元素，但它们更多的是启动了"六拍运动"，而不能产生项目成果。

建设真正的项目团队

圣王之治人也，不贵其人博学也，欲其人之和同以听令也。

——《管子·法禁第十四》

"团队"是当今企业运作中最为人们所耳熟的词之一。20多年前，当沃尔沃、丰田、通用食品等公司将团队概念和运作方式引入其生产过程中时曾轰动一时，成为新闻的热点，因为当时没有几家公司这样做。但是，在如今的企业乃至非营利性组织中，团队正逐渐成为人们关注的焦点，甚至比尔·克林顿上任美国总统后也对白宫重要的行政人员进行了团队建设的训练。在学术界，有关团队的研究也已经成为热点，发表的研究成果难以计数。

将项目组建设成为真正的团队是每个项目获得成功的前提，也是项目管理的一大挑战。彼得·圣吉在《第五项修炼》中提出的质疑是值得所有项目管理者深思的："为什么在许多团队中，每个成员的智商都在120以上，而整体智商却只有62？"

项 目 团 队 的 障 碍

什么是一支真正的项目团队？什么是项目团队建设的障碍？下面的试验可以帮助我们理解团队、理解团队建设的障碍。

任选十个身高差不多的志愿者，让他们共同托着一个轻、细、长的木杆，要求所有的人都要用双手的食指呈水平状托着木杆。他们的任务是把木杆从头部的位置下降至腰部的位置。在整个过程中不允许任何一个人的食指离开木杆，一旦有一个人的食指离开了木杆就算团队失败，必须从头开始。

请你设想一下，木杆会出现什么情况？或许你会认为它会倾斜、会掉下来、会旋转等，但在几十次的试验中，我看到的几乎全是木杆很快上升了而不是下降了！

以下是项目团队面临的几种障碍。

1. 协作反而导致惩罚

所有参加这个试验的十个人都是有明确目标的，即使木杆向下走，而且这十个人也都希望向下放木杆。也就是说，所有参加的人员都有共同的目标，都为共同的目标在努力，里面没有坏人。然而，木杆之所以向上，肯定有一个人给了木杆一个向上的力。可这个人是谁？大家都不知道，因为是潜意识的，一个人无意中做的一件事情却破坏了大家的努力成果。之所以说是潜意识的，是因为这个人自己还认为自己所做的是对整个集体有利的事情。"如果我不用劲，这个木杆就离开手指了，游戏还要重新开始"。可是当这个人稍稍用力托住木杆时，其他的人立刻感到木杆在向上移动，他们也不想让木杆离开自己的手指，因此也不断地托着木杆，导致最终木杆向上移动。

在项目团队中，每个人（或者说绝大多数人）都希望项目能够成功，可是，比期望项目成功更重要的是人人都不希望自己挨批评、受惩罚，每个人首先是在站在自己的立场，然后才考虑项目的成败。

"先保护自己再获取成果"是人们习惯性的、自觉或不自觉的做法。假如我们想要使一个人跑得快一点，有一种方式是在这个人后放一条狗，当人跑慢时，则狗会咬他。那么，这个人会因此跑得更快吗？不会，他会爬到树上去，只要狗咬不着他就行了。"引入内部竞争机制""末位淘汰"等我们津津乐道的做法迫使人们时刻想着如何防卫自己，这些做法推动了这种习惯的形成。

企业各部门的生产能力和效率常常很难完全一致。假如一个公司有两个部门：部门甲和部门乙，部门甲每个月的最大生产能力为20，那么我们应该为其设定的月度生产目标也将是20。因为如果超过20，则明摆着任务不可能完成；如果只设定10，则意味着该部门可以以低效率的劳动却获得标准的工资。同样，如果部门乙每个月的最大生产能力为10，则考核标准也将是10。但是，企业部门之间是有关联关系的，如果部门甲、乙之间的关系如图 11 - 1 所示，那么，部门甲每月的生产目标是多少呢？如果设成 20，则会形成中间产品积压，给企业带来损失；如果设成 10，则意味着该部门可以以一半的劳动效率而获得完整的工资；如果设成 15，则情况更糟，因为这表明部门甲既以低效率获得高报酬，又形成了中间产品积压。

部门甲 → 部门乙 → 市场

图 11 - 1　部门甲、乙之间的关系示意图

在这种情况下，很多人会建议对部门甲进行裁员，但这表明哪个部门的效率高，哪个部门却有被裁员的威胁。在这种情况下，部门甲为了自身的安全，很可能采取表面上努力工作但实际上却是每个月只生产 10 的做法。这种做法我们可以称之为"积极的怠工"，这种现象在每个企业都有，其危害比消极怠工还要大。

项目的成功需要项目团队成员之间的密切协作，协作需要有人作出局部的牺牲，然而，如果谁牺牲谁吃亏的话，这种协作就不可能形成，团队也因此而不可能形成。

2. 目标没有挑战性

在木杆试验中，木杆难以放下的另一个原因在于杆太轻了。如果我们采用铁棍等较重的物件，那么它会很容易地被放下来。

在制定项目目标时，必须使目标具有一定的挑战性，或者说，有压力才有团队。当项目压力和项目团队成员能力相吻合的时候，会产生正面的激励结果；当压力大于能力的时候，项目成员就会牢骚满腹，甚至破罐子破摔；当压力小于能力的时候，就会人浮于事，无所事事，无聊、自负（见图 11 - 2）。

3. 缺乏协同一致的方法

如果参与木杆试验的每个人都能够保持同样的速度，那么木杆同样很容易放下。可惜的是，保持同样的速度很难做到，协同一致并不是想象的那么简单。

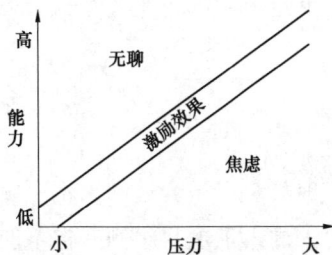

图 11 - 2　团队压力与能力的关系

我们要想把木杆放下来其实也很简单，只要每个人把手合起来，就可以很简单地把木杆放下来。所以，需要建立一种系统或运行机制来限制每个人的缺点，而不是奢望能够改变每个人的缺点。人善变但不愿意被改变，改变一个人的缺点所花费的代价之大会超过我们的想象，而有效性之低也会超出我们的想象。

4. 人员太多

木杆之所以不能顺利地从上向下放，还有一个原因：参加试验的人太多了。

人多了不是更多地完成了工作，而是更多地产生了工作。每个人为了证明自己的价值可能会做一些没有必要的工作。此外，人多了沟通的难度迅速增加。只有一个人时，不需要沟通。两个人之间需要 1 条沟通渠道，三个人之间需要 3 条沟通渠道，n 个人之间需要 $n(n-1)/2$ 条沟通渠道。一般说来，当超过 20 个人时，就很难形成一支真正的团队了。

在项目管理中存在一种"人月神话"，即当项目工作量（人·月）一定时，人们常常会误认为人数越多时，项目所需要的时间越短。这种想法隐含着一种假设：人员和时间是可以互换的。对于可以完全分解、彼此相对独立的任务可能如此，但对于复杂的、需要密切协作的任务则可能会产生人员越多工期反而越长的情况。

总结上面我们不难得出什么才是真正的项目团队：

项目团队就是由少数有互补技能、愿意为了共同的、有压力的项目目标和方法而相互承担责任的人们组成的群体。

选择合适的团队成员

项目组有了合适的人不一定能够形成一支真正的团队，但如果有不合适的人进入了项目组则一定不能形成真正的团队。因此，选择合适的成员对团队建设来说是至关重要的。找到合适的人就等于成功了一半。

企业中的人大致可以分为四类：认同企业价值观又有企业所需能力的、不认同企业价值观又没有企业所需能力的、认同企业价值观但没有企业所需能力的、不认同企业价值观但有企业所需能力的。对待第一、第二种的人的方式较简单，分别是重用和辞退。然而，对于第三、第四种人的方式则不那么容易了。典型的第三种人是企业的老职工，他们对企业很忠诚、负责，可是随着年龄的增加，他们的知识和能力逐渐老化。如果我们简单地将其辞退会使后来者寒心。典型的第四种人是"空降兵"，企业将他们挖过来后当然要用，但他们与企业未必一条心，而且这样做可能会产生"引来女婿气走儿子"的结果。然而，对于项目经理来说，应该只选择第一种人，即对项目有责任感又有完成项目所需能力的人。

选择合适项目团队成员的标准有很多，主要有以下几个方面。

（1）具有与任务相关的知识与技能。这是最基本的条件。要做到这一点，需要对项目的工作进行分解并对完成各项活动所需要的知识和技能进行定义。一般说来，一支有效的团队需要三种不同技能类型的人：具备技术专长的成员、具备定义问题和决策技能的成员、具备解决冲突和建立人际关系技能的成员。这些人的技术、能力、知识结构应尽量能够互补。

（2）个人对项目任务感兴趣并能兑现承诺。兴趣是最好的激励手段，当一个人全身心地投入到一项工作中去的时候，能够激发个人更大的潜能，把工作做得更好；而如果从事这个工作的人员不喜欢这个工作的时候，就有抵触情绪，项目工作的质量和进度是很难保证的。

（3）有时间参与项目。任何一个项目团队都希望找到能人或者专家，然而，能人或者专家是各个项目团队都想得到的人，他们忙碌于各个项目或者工作中。很多项目失败的原因不是由于项目团队成员的专业能力不够，而是由于这些人员对项目的投入程度不够。

（4）喜欢团队合作。项目工作中经常碰到"技术牛仔"，他们有很高超的专业技能，但很难与他人合作。这些人进入项目组一般会对项目团队的建立造成较大危害。

每个企业都有自己的人力资源管理信息系统，一般说来，这种系统中包含的信息有：员工姓名、年龄、籍贯、所受奖惩记录等。然而，仅有这些基本信息是不够的，要迅速建立有效的项目团队，企业需要建立如图 11-3 所示的人力资源信息库，它包含以下几部分内容。

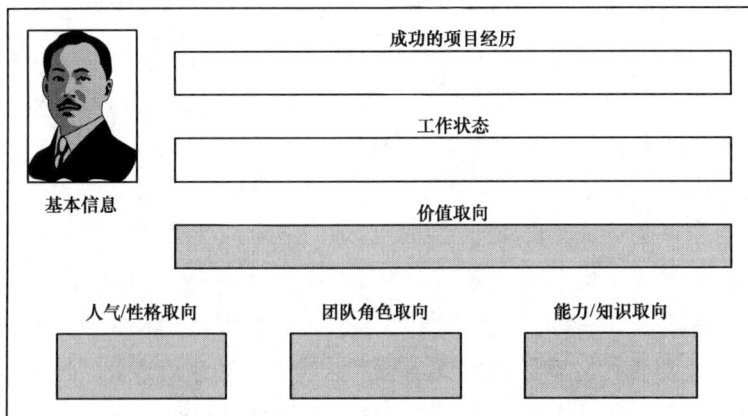

图 11-3　人力资源信息库构成图

（1）成功的项目经历。"尽量发挥一个人的优点而不要着重于改变人的缺点"是管理常识。一个企业可能有很多项目，这些项目可能是全新的，但一般来说多少总与企业以前承担过的项目有些相同或相似之处，因此，能够迅速找到有过类似项目经验的人是十分必要的。人力资源信息系统中的"成功的项目经历"部分就是记录一个员工曾经成功地进行了哪些项目、他们在项目中承担了什么责任，以及项目的相关信息资料的链接。

（2）员工的工作状态。仅仅找到有过相似项目经验的人还不够，企业还需要了解该员工的工作状态，他/她正在承担何种项目（任务）、工作的饱和度怎样，以及企业整体上员工的工作负荷情况。基于这种信息，企业才能判断哪些员工有时间能够投入项目。

（3）员工的价值取向。所谓价值取向是指员工所看重的东西及其优先次序。一般说来，员工之所以到一个企业来工作，大体上看重三个方面：企业形象（它可以激发员工的自豪感和增加其履历）、薪酬待遇以及专业能力得到提高的机会。了解这些信息可以帮助企业做好吸引和激励人力资源的准备。

（4）人气/性格取向。多年来，心理学家和管理专家开发了一系列的心理和性格测试方法来帮助我们理解人的行为。其中著名的是一种 Myers-Briggs 类型分析方法。这种方法用四种特征对人群分类，即：外向—内向、注重事实—注重感觉、理性—感性、决断—思虑。这四类倾向可将人划分为 16 种类型❶。每一种性格类型都联系着某些行为特点。如果知道项目组成员的性格类型，我们就能很快想象出人们在不同环境下的行为，这不仅对项目经理很重要，对于项目组成员如何与其他成员和谐相处也很重要。

（5）团队角色取向。根据组织行为学的研究成果，人们在团队中喜欢扮演 9 种团队角色。

① 创造者。这种人一般富于想象力，善于提出新观点或新概念，他们希望按照自己的习惯和方式工作，不太愿意接受团队制度约束。

② 探索者。这种人愿意接受和支持新观念，他们善于利用新观念。

③ 组织者。这种人喜欢制定操作程序，以使新创意变成结果，他们善于制订计划、组织人力。

④ 生产者。这种人在团队中承担着具体的工作任务，是他们亲手将创意变成了结果。他们引以为荣的是自己生产的产品符合质量标准或自己具有高超的专业技术能力。

⑤ 检查者。这种人最关心检查规章制度是否得到遵守。他们善于检查细节以免工作出现差错。

⑥ 维护者。这种人做事有很强的原则性，他们会积极支持其他团队成员，能够增强团队的稳定性。

⑦ 倾听者。这种人是很好的听众，他们擅长为团队收集信息。

⑧ 评价者。这种人具有很强的分析能力，他们擅长分析、评估项目方案。

⑨ 协调者。这种人能够尽力在团队成员之间建立合作关系。

如果我们只是根据专业技能和资历等通过责任矩阵锁定项目组成员的角色，这样的项目组要建设成真正的团队将面临很多困难。人们非常愿意承担的角色通常只有两三种。

管理人员必须了解各项目组成员能够给团队带来贡献的个人优势，并据此选择人员与分配团队角色❷。

（6）能力/知识取向。在这个信息系统里还要记录人员相关的技能等级。例如 Delphi 水平的级别，Java 编程语言达到的级别等。只有掌握了上

---

❶　关于 Myers-Briggs 的详细资料参见 J. D. 弗雷姆著. 郭宝柱译. 组织机构中的项目管理. 北京：世纪图书出版公司，2000：66－76.

❷　判断项目组成员适合何种角色的方法参见罗宾斯著. 组织行为学. 北京：中国人民大学出版社，1997.

述的这些信息，我们才能做到动态调动人员，实现人员分级管理，契约制的项目组织形式也才能实现。此外，如果某些人员离开了，我们能够迅速判断还有多少其他人员可以代替他们，还有多少人员经过何种培训就可以达到这些人员的水平等。

快速识别项目团队成员的性格特点

项目管理最大的挑战之一在于项目经理必须能够快速识别项目团队成员的性格特点，并能够采取相应的应对策略，使其能够为项目服务。

Myers-Briggs 方法能够对我们分析人的心理类型产生帮助，但它不很直接，也不太容易让人掌握。还有很多的调查和测试方式也可用来帮助我们判断人的性格特点，但是，人们在填写调查表时很容易选择那些"好的"而不是"真实的"答案。

对于项目经理来说，那种"张总，我们第一次见面，可能你不太了解我，其实，我这个人……"在商业活动中常见的说法是不适用的。如果不能迅速识别一个人，不能根据他/她的特点进行有针对性的商务活动，对项目经理来讲是一个致命的弱点。换句话说，项目经理必须能够迅速判断临时组织起来的项目组成员、第一次接触的项目客户等是什么样的人，并采取适合他们特点的人际交往方式。只有这样，项目才有了一个良好的基础。当然，项目经理不可能要求这些人员去填一张性格测试表，也不可能要求他们提供生辰八字、血型、星座等资料，他们只能靠自己的观察判断他需要打交道人员的性格特点。

对待人的方式有两种：第一种方式是"己所不欲，勿施于人"。这种方式在很多情况下有效，但有些时候也不尽然，你自己不喜欢的不见得别人也不喜欢，你喜欢的不见得别人也同样喜欢。因此，就有了第二种待人方式，即别人希望你怎么对待他/她，你就怎么对待他/她。这种方式在商业场合可能更有效，因而，第一种方式可称为"黄金定律"，第二种方式可称为"白金法则"❶。

---

❶ 托尼·亚力山德拉和迈克尔·奥康纳两位博士提出的"白金法则"是提供给项目经理们的一种简单、有效的性格观察方法。具体内容可参见托尼·亚力山德拉和迈克尔·奥康纳著. 白金法则. 北京：经济日报出版社出版，1998.

人的性格一般会通过言谈举止反映出来，同时，既没有哪种性格是绝对的好，也没有哪种性格是绝对的差。图 11 - 4 将人的性格分成了四大类型。

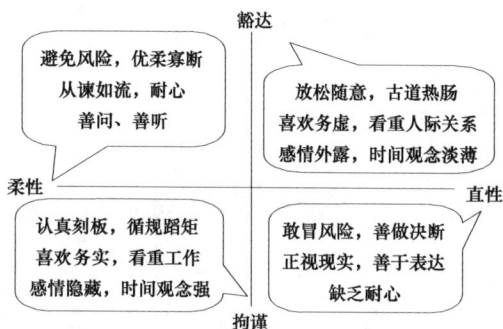

图 11 - 4 人的性格特征坐标分类法

在图 11 - 4 中，直性、柔性、豁达、拘谨分别表示四种性格特征。每个性格特征都有好的方面和不好的方面。直性—柔性维度用以描述一个人影响别人和左右局面的程度。柔性代表避免风险、优柔寡断，这些特征似乎不是很好；但是柔性又代表从谏如流、耐心、善问和善听，这些又是比较好的性格特征。具有柔性性格特点的人不太喜欢冒风险，办事情瞻前顾后；但是这种人喜欢听别人的意见，却很少直截了当地表达自己的意见。具有直性性格特点的人正好与此相反，他们敢冒风险，善于做决定，但是缺乏耐心。

豁达—拘谨维度用以描述人们的内心思想、感情和动机。具有豁达性格特点的人比较随和、热心肠、注重人际交往，但是时间观念比较淡薄，不喜欢做具体的事情。他们善于随机应变，做事情比较灵活，原则性相对较弱。拘谨和豁达相对应。具有拘谨性格特点的人主要表现为认真刻板，感情方面比较内向，喜欢周密的计划。他们关注工作而忽视人的情感。

这两个维度结合起来，就有了 4 种人员分类，如图 11 - 5 所示。

1. 指导型的人

以直性和拘谨为主要性格特点的人可称为指导型的人。这种人敢说敢干，善于冒风险、做决定。但是这类人考虑更多的是工作而不太关心人的情感问题。他们办事情比较认真，喜欢看重工作成果而不太关注工作过程的细节。

图 11 – 5　人的性格特征所属类型坐标分类法

指导型的人大多雄心勃勃，把工作干好是他们的主要目标。他们说话节奏快而且铿锵有力，说话时会伴随一些挥舞的手势。他们说得多、听得少，通常说的都是一些有力的阐述和论断，而不是提一些问题。他们善于引导人们实现工作成果。

指导型的上司欣赏那些能够完成任务的、能够应对挑战和勇担责任的人。对于能够实现业绩目标的下属，他们总是爱护有加，甚至偏袒下属的缺点。与指导型的上司打交道，需要直截了当地表明自己的观点，汇报需要简短干脆，要提供方案供上司选择，而不是只提出问题。

指导型的下属一般善于独当一面，他们不愿意凡事都向上司请示汇报，他们会将职权充分发挥。这样的下属同样看重工作和成果，但不会关注工作过程的细节。他们都是干才，但要么不出错，要出错就会出那些很麻烦的错。因此，对这样的下属应该加强对工作过程的监控和指导。

2. 社会活动型的人

以豁达和直性为主要性格特点的人可称为社会活动型的人。这种人性格开朗，对人热情，比较随和，但是过多地看重人的感情而不是工作原则。他们会有很多新思想，善于表达、能说会道，但是缺乏耐心、难以持之以恒。

社会活动型的人与指导型的人一样，也是开朗外向的人。但是，这种人更善于交际、爱开玩笑和富有情趣。他们的兴趣更多的是在人身上，而不像指导型的人那样放在工作上。他们谈论得更多的是人和想法，喜欢使用比较感性的词汇。与指导型的人一样，他们也是缺乏耐心的人。

社会活动型的上司喜欢下属对他的人格魅力表示欣赏，他们喜欢给下属出主意而不是对下属的建议进行选择。他们常常能够给下属提出一些绝妙的构想，但他们多变的思路又常常令下属无所适从。

社会活动型的下属希望得到上司和同事对他人品的尊重，希望得到他们对他的思维方式和新观点的欣赏。但是，他们对工作有可能不如对人热心，因此，要提醒他们必须取得工作成果，仅有好的想法是不够的。

3. 合作型的人

合作型的人是以豁达和柔性为主要性格特点的人。这种人对人随和，看重人际关系，对人的感情比较敏感，但是他们不喜欢冒风险，不善于表达而更愿意倾听。

合作型的人说话有分寸，当他们想说话时，常常是因为有问题要问，而不是想袒露自己的想法或感情。他们与人为善、敏感细腻。他们喜欢问别人的观点，很少将自己的观点强加给别人。

合作型的上司一般不会对下属进行尖锐的批评，更不会对下属讽刺挖苦。这种上司很善于化解人与人之间的冲突，但有失冒险精神。"领先一步是先进，领先两步是先烈"是他们对待创新的态度。因此，在向这样的上司提出建议时，需要先广泛征求意见，"会签"常常是一种下属用来对待这种上司的有效方法。

对待合作型的下属需要关怀，需要对他们的善良、谦和以及良好的同事关系表示赞扬，但是，更需要鼓励他们勇担责任。

4. 理智型的人

理智型的人是以柔性和拘谨为主要性格特点的人。这类人也是回避风险、优柔寡断，但是这类人看重工作却不是很看重人际关系。他们做事情很认真，时间观念比较强，有时失去了灵活。

如果说指导型人的笑是放肆的开怀大笑、社会活动型人的笑是带有夸张和表演性的笑、合作型人的笑是谦和的微笑的话，那么，理智型的人就是不笑。理智型的人不苟言笑，他们总是给人以矜持和做事不紧不慢的感觉。他们头脑清晰，特立独行，做事认真严谨，都是矜持少言。但与合作型人不一样的是，理智型的人平和之后暗藏锋芒。他们希望解决问题，办好事情。

理智型的上司一般都有好得出奇的记忆力，他们对工作细节的严格要求和对业务知识的深入了解常常令下属感到压力。因此，他们需要对下属更宽容，更要懂得如何授权、如何调动下属的积极性。当然，下属在与这样的上司打交道时更需要做好充分的逻辑和细节方面的准备。这种上司最欣赏那些专业能力强的人。

理智型的下属是最不需要监督和鼓励其努力工作的人。对于感兴趣的工作，他们会十分努力，会"把自己折腾得很惨"。但是，他们常常会"一叶障目，不见泰山"，会陶醉在自己的业务中，而忘了工作的目的。此外，对于他们不擅长、不感兴趣的工作，他们会感到彷徨和无助。

我们不妨设想一下公司春节上班后第一次开管理人员会议的情景。当管理人员正在交谈春节期间的一些见闻时，老板走进来了。

假如该公司的老板是社会活动型的人，那么他会有怎样的表现呢？他会与这些管理人员开开玩笑，甚至拍拍打打。他的到来使会场氛围变得更热闹。然后，他会说："好了好了，别扯了，开会吧。"是谁在扯？是老板自己。

如果该公司的老板是一个指导型的人，那么他会有怎样的表现呢？他会在走进会场后，在自己的椅子上坐下，然后清清嗓子："人都到齐了吧，我们开会。"全场立刻安静下来。

如果该公司的老板是一个合作型的人，他会在走进会场后，与大家寒暄："大家春节过得还好吧？春节过去了，今年大家还得辛苦辛苦。"整个会议会在轻松的氛围中进行。

如果该公司老板是一个理智型的人，他会在走进会场后就慢条斯理地谈公司的年度计划。当他开始一段时间后，可能有些人才意识到会议已经开始了。

在现实生活中，很少有人的性格能够完全符合上述性格分类的某一个类别，很多人都具有"复合"的性格类型。人们做事、说话的方式会随着场合、情绪的不同而变化，但他们的主要性格特征还是可以识别出来的，通过细心的观察我们就能够发现他们主要的性格特征，并采取相应的对待方式。

项目团队的能力来自和谐

项目团队最需要的是和谐。缺乏和谐的项目组是很难成为团队的，也是没有战斗力的。

我们有 5 个手指，那么哪个手指最重要？有的人说是大拇指，有的说是中指，还有的说 5 个手指一样重要，不同的人有不同的观点。其实当你不小心把手指弄破时，那个破了的手指最重要。同样，团队最重要的是和谐。

项目的和谐是指项目（包括项目本身的特点、项目顾客和其他利益相关方）、项目团队、项目管理机制（包括项目工具和方法等）三者之间和谐，如图 11 - 6 所示。

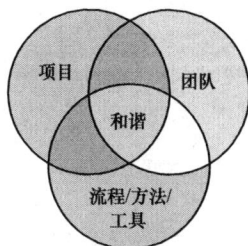

图 11 - 6　项目的和谐

项目组成员之间的和谐是项目组成为项目团队的基础，也是项目成功的基础。要成为一支真正的团队，项目组成员必须能够互相支持和共同承担责任。当项目复杂、不可能预先将各项责任清晰无误地分配给每个成员时，任何制度、规范都不可能代替项目组成员之间和谐的人际关系。项目团队之所以不能发挥其功效的最大原因在于管理者过多地关注团队成员具备的知识和技术，而忽视了团队成员个性之间的差异。

项目团队成员之间必须具备互补的技能，其中互补的性格特点也是必不可少的。例如，指导型的人能够使项目团队永远明确项目方向，能够使项目团队树立成果意识，能够激发团队成员克服项目障碍的斗志；社会活动型的人是调和团队矛盾的大师，只要有了他们，项目团队内部的冲突决不会演变成不可收拾的灾难；合作型的人是天生的合作伙伴，也是项目团队的润滑剂；理智型的人是严密的分析家和对质量精益求精的人，他们能够帮助项目团队界定项目范围和识别项目风险，能够制订可靠的项目计划并确保工作质量能够得到控制。

当然，一个成员性格多样的团队也可能带来管理上更多的麻烦。如果项目团队中一个成员不明白或不懂得如何适应和欣赏其他性格类型，项目团队就可能会形成彼此之间的隔阂和排斥，团队就难以形成。

因此，项目团队成员的选择顺序应如图 11 -7 所示。

项目团队成员的选择是建立在工作分析的基础之上的。要进行工作分析，可以使用 WBS（工作分解结构）等工具，工作分析的结果是项目究竟

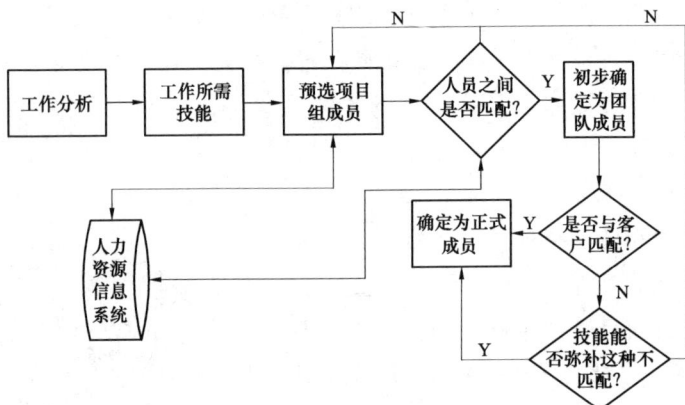

图 11 - 7　项目组成员的选择

包含哪些任务，每项任务的完成需要哪些知识和技能，这些需要经过仔细的定义。

　　定义了完成项目任务所需要的知识和技能以后，就要寻找哪些人员具备这些知识和技能。这个过程叫作预选项目组成员。如果企业具备了前文所说的人力资源管理信息系统，那么这一步骤可以通过其中的"成功的项目经历"、"工作状态"和"知识和能力取向"这三部分实现。这一步实际上也是判断项目组能否与项目特点相和谐。

　　在预选了项目组成员以后，要考察这些成员相互之间能否合得来，在性格上是否匹配，在团队角色上是否相称。如果互相匹配，就初步确定为项目团队成员；如果互相不能适应，就得重新选择项目团队成员。这一步可以通过分析人力资源管理信息系统中的"人气/性格取向"和"团队角色取向"实现。

　　在微软的招聘过程中，如果招聘小组由 7 个人组成，其中有 2 个人认为这个人不能进入这个小组，那么这个人就不能被录用。如果这个招聘小组由 4 个人组成，如其中有 1 个人认为这个人不能进入小组，那么这个人就不能被录用。因为，人员之间的这种相互融洽对项目团队来说是非常重要的。

　　如果项目组成员之间相互融洽了，那么还要看这些成员和顾客能否相互融洽。需要再次强调的是，项目的任务是项目团队和其他利益相关方，尤其是与顾客共同完成的。如果没有客户对项目的支持，很难实现项目的目标，更不可能满足客户的需求。如果预选的人员能够和顾客相互融洽，那么这个人就可以成为正式的团队成员；如果这个人不能够和顾客相互融洽，那么还要看这个人所具有的技能是否能够弥补这种不足。如果项目组成员的知识和技能水准确实高超，它们能够弥补他们与顾客在人际关系方面的不和谐，则其也可以成为正式的成员。如果他们拥有的知识和技能不足以弥补这种不和谐，那么就需要重新选择项目组成员。

对于那些以实现最终目标为关键任务的项目来说，指导型的人扮演的是主角。一个以指导型人居多的项目团队喜欢迎接挑战，他们能够使项目局面得到控制，使问题得到解决。

当项目的关键任务是关注人的感性需要和精神境界时，社会活动型的人将成为主角。因为他们对人更关注，而且最不愿意看到人与人之间的矛盾和冲突，所以他们会尽力寻找各种方法来化解人与人之间的紧张关系。

当项目的关键任务是相互协作时，合作型的人将成为最佳人选，因为他们最乐于包容不同的观点。由合作型的人居多的项目团队能够广泛收集到各种想法，然后能够集中每个人的智慧形成一整套完善的解决问题的方案。

当项目的关键任务是通过周密计划来保证目标实现时，理智型的人将成为举足轻重的人。一个以理智型人居多的项目团队办事会井井有条，他们能够事先将各种可能的项目风险充分估计，然后针对每一种风险制定出详细的应对之策。

除了项目团队成员之间、项目团队与项目任务和特点之间的和谐以外，采取何种项目管理和工作方式也是十分重要的。在选择项目团队成员时，我们很容易产生这样的假设：只要选择的项目团队成员既有工作能力又有工作积极性，那么就万事大吉了。其实不然，只有采取了与团队任务、团队成员特点相和谐的管理机制、管理工具和管理方法才能使团队产生良好的成果，否则不仅降低了团队的效率，还会使团队产生冲突最后导致团队的瓦解。

使项目团队度过完整的生命周期

项目是有生命周期的，同样，项目团队也有生命周期。典型的项目团队从建立到解散需要经过 5 个阶段，即形成期、风暴期、规范期、成果期和结束期。

1. 形成期

项目团队的组建阶段为形成期。在这个时期，团队的主要特征就是"礼貌"。人员刚刚到来，彼此之间不一定很了解。他们均带着对实现项目成果和个人期望来到一起，彼此之间非常礼貌。

在项目团队形成时，确定项目目标和项目团队的工作原则与方法，使其成为大家共同关注的焦点是十分重要的。项目团队必须能够缩短这个时期。在这个阶段，项目团队的每个成员都会自觉不自觉地对自己的行为进行约束，但是，他们会私下自问这么一些问题：这个集体值得我付出努力吗？我到底是否适合这里？还是作为局外人为好？哪些人可能成为我的朋友，哪些人可能成为我的对手？

在这个阶段使项目团队成员从心理上融入团队是十分重要的，因此，指导型的人将扮演重要的角色，因为他们善于分析问题、定义概念。凭理性分析能力，他们能够使项目团队成员领会到项目的真正目的，使大家看到齐心协力的好处，以及能够帮助大家确定迈出第一步的方法。

不同的团队发展阶段需要选择不同的管理风格。对于形成期来说，最好的管理风格是参与式和集权式相结合的方式。通过鼓励成员参与，可以加强彼此之间的理解和信任，也可以提供更多的关于项目方案和风险的设想。通过集权，可以将大家关注的焦点统一起来。

有一个上校想在三个优秀的上尉中挑选一位作为助手，这个位置很重要，它将负责很多管理类的工作。上校将这三个少尉分别找来，给他们分配了同样的任务：每个人带一个班的士兵，在各自的营房前竖立一杆军旗。三个少尉知道此事对他们很重要，便努力去做。任务完成后，他们又分别被叫进上校的办公室，去汇报工作的过程。第一个少尉汇报说："我给每个人都分配了明确的任务，大家按照各自的任务去工作。在整个过程中，我都在旁边看着。"第二个少尉汇报说："我们首先开了一个'诸葛亮会'，大家商量该如何干这项工作。最后我们根据商量的结果将任务完成了。"第三个少尉汇报说："我将班长叫了过来，向他布置了任务并让他在需要我支持的时候找我。后来，班长带着他的部下将这件任务完成了。"

管理风格就是上司对待下属的方式方法。第一个少尉采取的是集权式管理风格。这种风格适合于任务紧急、大家意见很难达成一致而又需要进行强制性推进的时候。第二个少尉采取的是参与式管理风格。当需要创新、相互协作、增强团队氛围，而且要有足够的时间时，可以采用这种管理风格。第三个少尉采取的是授权式管理风格。在下属比较有能力承担责任，而且倾向于培养下属的情况下，可以采取这种管理风格。

与人的性格一样，管理风格也没有绝对的好坏之分。当它们与任务和人员的特点相匹配时，就是好的管理风格；否则，就是差的管理风格。

2. 风暴期

当项目团队真正开始工作时，会遇到各种各样的问题，成员之间将产生各种各样的冲突。这个阶段被称为团队的风暴期。很多团队因不能平安度过这个阶段而夭亡。

这个阶段是多事之秋。在短暂的礼貌之后，人们就不只是单纯需要精神动力了。现实问题常常会对人们产生困扰，项目团队成员开始感到项目任务的艰巨和挑战，人们对项目的观点、方法等产生了不同的理解。在这个阶段，指望项目团队成员和谐、全力以赴地投入工作是不切实际的。

这个阶段必须处理好权力、原则等问题。要做到这一点，团队成员必须多沟通、多与他人协作、多提建设性的意见和建议，否则就可能人心涣散。因此，社会活动型的人应发挥其重要作用。社会活动型的人能够鼓励其他团队成员相互沟通想法和感情，从而促使他们对团队工作给予更多的关注，帮助他们树立团队意识和体会到团队的温暖。

有很多项目团队不能迈过这个阶段，它们可能会奔命于各种各样的协调会议中。虽然人们都彼此告诫要"精诚团结"，但实际上很少会取得理想的效果。项目团队成员之间互相提防或攻击，他们不能将自己视为团队中的一员。

这个阶段项目经理需要同时采取集权、参与和授权三种管理风格。首先需要鼓励大家沟通和交流，因为很多误解和冲突都是由于沟通不够造成的。其次要有意识地授权给那些和你观点一致的人，这样不仅激励了这些人员，也会使更多的人能够帮助你争取更多人的支持。最后可以采取集权方式，不管怎么样，别忘了你是项目经理，你需要对项目成果的实现负总责。

3. 规范期

如果项目团队能够安全度过风暴期，就进入了团队生命周期的第三个阶段：规范期。

在这个阶段，项目成员之间的冲突得到缓解，他们开始在很多方面达成一致意见。通过风暴期的磨合，沟通和协作的必要性得到广泛认可，团队开始逐渐建立一种公认行为标准或者价值观，团队绩效和士气开始增加。团队成员中的自我意识逐渐被团队意识取代，团队工作效率得到明显提高。

在这一阶段，合作型的人悄悄成为举足轻重的人，因为他们擅长包容不同的观点并能够将人们个性上的差异和观念上的分歧转化为工作的合力。

这个阶段较适宜的管理风格同样为参与、授权和集权，但与风暴期相比，授权的比重得到明显增加，而集权的比重逐渐下降。

4. 成果期

在这个阶段，项目团队已经成为一个真正有战斗力的团队，项目团队以团队为荣，他们已经知道如何协作和相互支持，团队士气高涨，每个人的自我管理和自我约束能力已悄然变成了他们的习惯。这个时期的特点就是"交付"，会出现大量的项目成果。

对于前三个阶段来说，指导型的人都是需要的，因为需要他们去作出决策和力挽狂澜，但在这个阶段，这种专断、控制型的人已经丧失了用武之地。不仅如此，独断专行、强硬的管理方式反而会造成团队新的不和谐和团队效率的降低。在这个阶段，理智型的人如鱼得水，他们会将其专业能力发挥得淋漓尽致。当然，这个阶段的管理风格是以授权式为主流的。

5. 结束期

随着项目接近尾声，项目团队成员逐渐离开团队，这个时期称为项目团队的结束期。如果有新的成员加入，那么团队就进入了一个新的团队形成期。

这个阶段又会出现效率较低的情形，因为项目团队面临调整，许多项目团队成员必须考虑其将来的去向。在这个阶段，四种性格特点的人各有用处：指导型的人需要确保项目交付，合作型的人需要对业绩评价进行调和，社会活动型的人需要团队成员对团队留下美好的记忆以及消除他们对未来工作可能出现的彷徨顾虑，而理智型的人必须保证项目交付物的质量，以免团队成员离开后出现问题。在这个阶段也需要采取集权、参与和授权三种管理风格：通过参与积累团队经验教训，通过授权维持团队效率，通过集权处理评价和分配中的纷争。

关于项目团队的生命周期还有一点需要说明。尽管项目有生命周期，项目团队也有生命周期，但这两个生命周期的长度并不是一样的。项目生命周期的各个阶段、各个过程都可能是由不同的团队来完成的，这些团队都会经历 5 个阶段，项目从头到尾均有一个固定成员的项目团队完成的情况是很少见的。

提高项目团队的执行力

在如此快速变化的商业环境下，企业任何战略目标的实现都是通过具体的项目来完成的，而管理的核心内容是确保成果的交付。既然要交付，就需要行动。然而，"行动"二字谈何容易！

要提高项目执行力、提高现代项目管理方法在企业的应用程度，转变人们的观念是基础。但是，仅有观念转变还远远不够，还需要营造执行的环境，还需要做好以下管理工作。

1. 榜样的力量是无穷的

很多企业"领导"很愿意听到"执行力"、很愿意听到"没有任何借口"这样的话。这些方面的书也很畅销，它们大多是企业老总购买分发给员工学习的。老总们忘记了这么一个事实：员工是很聪明的，他们不会轻信上司的话，他们更看重上司是如何做的。如果上司要求下属认真做好项目计划，而自己则办事随意；如果上司要求大家填报项目日志，而自己则行踪莫测；如果上司要求下属节省项目开支，而自己则大手大脚，那么，就别指望下属能够执行有力。这种"领导"行为带来的结果必然是"上有政策下有对策"，必然是"人人忙着掩盖事实的真相"。我们不能否认，企业老总需要高瞻远瞩，但对中国企业来说，很多细致、枯燥的基础管理工作也需要他们以身作则。

要提高项目执行力，企业老总记住这句话会很有帮助："你首先必须变成项目管理的疯子，否则项目管理的问题会让你变成疯子"。要提高下属的执行力，老总们自身的执行力首先需要提高，否则就会"人心散了，队伍不好带"。最典型的一个案例是开会。一年中，企业要召开许许多多的会，但是，这些会很少能按时开始、按时结束。更多情况下，会议只有开始时间，而没有规定结束时间；会议没有预期成果，也没有结论。如果公司老总对开会这样简单的项目都控制不好，怎么能奢求员工能将更复杂的项目管理好呢？

2. 各司其职

近年来有个很时髦的词，叫作"首问负责制"。在企业中，常常碰到这样的情况：谁提出问题，解决这些问题的责任也落在他们头上。久而久之，大家明白了一个道理，既然"首问"要负责，那么我们就尽量不要成为被首问者。

首问负责制是保证不让工作掉在空里的一种办法，这种办法背后隐含着职责不清的无奈。更有甚者，谁能干就调谁去解决更棘手的问题。这是一种谁能干就让他增加失败的可能性的做法。无论"勇挑重担""奉献精神"等说法如何好听，员工就是不上当，他们会尽量做一些讨巧的、雷声大雨点小的事情。"猫抓老鼠，老鼠戏猫"是普遍的管理现象，可笑的是，管理者和被管理者都是天生的演员，都觉得自己演技高明。

要提高项目执行力，必须使员工认可完成项目是他们的责任。如果员工认为有其他事比提高项目执行力更重要，如果员工觉得这超出了他们的职责范围，他们就会找出千般理由来按照自己的想法做事情。常见的情形是，项目组忙着完成任务，由于工期、费用的压力，他们完成任务的方式可能会像泼妇打架，没有任何招式，一通乱抓乱扯，只求能将对方制住。这时候我们不能要求他们学习、使用正规的武术招数，如果我们这么做，反而会被人们嘲笑。因此，必须有人专门研究适合本企业的项目管理办法，在闲时训练员工使其养成习惯，这样在战时（在项目中）才能派上用场。研究、提炼适合本企业的项目管理办法，以及训练员工等职责主要落在相应的职能部门，特别是项目管理机构身上，如果只指望项目组，不仅难以提高执行力，反而会弄得不伦不类，使人们丧失对项目管理的信任。

3. 营造安全的氛围

人善变但不愿意被改变。如果我们要改变人们的工作习惯，必须先给他们安全感，如果变革给人们带来不安或恐惧，那么，变革的阻力就会很大。在竞争激烈的职场中，任何给员工带来职业不安全感的事情都会被他们敏感地察觉到。当他们料想到做此事的负面效果，要么会想方设法地让别人去"踏雷"，要么会费尽心机地使这件事情办不成。

将技术、知识从员工分离以及促使这些技术、知识的共享会提高整个企业的项目执行效率，但是员工会认为这种执行效率的提高将给他们的职业安全带来隐患，因此，他们不愿意将自己的技术和知识贡献出来，这样可以使自己成为"不可或缺"的人，即使企业日渐衰落，但他们的安全感却得到保持。尽管"磨刀不误砍柴工"这句俗语人人皆知，但具体到一个项目，"磨刀"则很可能会暂时误了"砍柴"。如果这种误工可能使自己受到惩罚，人们就不会去"磨刀"，而宁愿将"钝刀"交给别人让他们受罪。企业老总希望员工采用现代项目管理方法，但他们一般不会允许暂时的"误工"。但是，如果谁听从指令反而受到惩罚，执行力一说便成了痴人说梦。

4. 把握节奏

一口吃不成胖子。很多企业恨不能一天就具备高超的管理水平，他们引进了很多管理新理念，结果是消化不良，肥了咨询公司，反而伤了自己。对于管理而言，只会有错误的答案，而不会有正确的答案。换句话说，对管理不应用正确与否来判断，而要用是否合适、是否有效来判断。

在企业推行项目管理方法可以先从改良组织方式和流程入手，如果从培训等开始，则效果太缓，老总们等不及；如果直接引入网络计划、挣得值（Earned Value）方法又会欲速则不达，不仅起不到作用，反而会使人们对现代项目管理丧失信心。很多企业在还没有做好基础准备的时候，就在大谈目标管理、定量考核等，这种缺乏系统思考的积极主动只会降低执行力。

一个简单有效的做法是不要急于将提高项目执行力、引进现代项目管理方法与考核和利益分配挂钩，而应该从改革项目会议方式入手。在项目会议中，可以强化项目计划的评审、计划与实际结果的偏差分析、改进措施的制定等，这样既有利于项目绩效的改进，又避免由于与利益挂钩而引起的责任推诿，那样就很难发现问题的真相。这种做法并不是说要放弃绩效考核，事实上，如果有人经常完不成任务，他们在项目会议上的日子会很难过，以后调整他们的岗位等也会有众所周知的依据。

要提高执行力，除了做好以上4个方面外，还需要回避以下3点。

1. 避免技术成了"免死牌"

尽管大量的统计结果表明，项目失败的原因大多来自组织、管理方面，单纯由于技术原因造成项目失败的比例很低（4%左右），但是在大量的项目实施过程中，技术原因却是人们最普遍提出的理由之一。

"外行领导内行"曾经受到人们的广泛批评，对项目来说这种情况却难以避免。无论项目经理是否具有专业背景，项目中总有一些技术问题他们不明白。在专业技术人员心目中，在技术方面是外行的管理者仍然是他们从心理上、从潜意识中不愿意接受的。因此，当项目出现效率低、工期拖延等问题时，"技术原因"就成了技术人员最好的挡箭牌。另外，管理人员由于是外行，在管理上也常常底气不足，当技术人员祭出"技术原因"这个法宝时，管理人员即使有所怀疑，也难以分辨，不得不接受这个"事实"。此外，企业的高层经理也很可能是技术外行，负责项目的管理人员也乐得引用"技术原因"来为自己辩解，以求推卸责任，高层经理对此也就无可奈何。久而久之，"技术原因"就成了"免死牌"，其效力之大、使用面之广令人惊叹。

2. 避免经验成了"神牛"

项目经理在项目中起着至关重要的作用，他们大多是一些有成功经验的人。不幸的是，这些经验多半来自他们个人的体会、经历、悟性或直觉，更为不幸的是，他们可能只信任自己的经验，而对其他理论、方法等不屑一顾。娃哈哈的宗庆后曾有个著名论断：我向来不相信那些市场调查公司，我的办法是自己到市场上转一转就可以拿定主意。对很多成功（或准确地说到目前为止是成功的）人士来说，很难让他们改变自己的工作方式、工作习惯。尤其当他们大权在握时，更是如此。看看我们的许多企业，老板的名气往往比企业还要大，这些"神人"很难相信那些不如他们成功的人提出的理论和方法。走在印度的大街上，我们会看到一些牛在逍遥地走来走去，这是印度人的"神牛"。如果我们过于依赖经验，那么，经验也会成了挡在我们推行现代项目管理道路上的"神牛"。

3. 避免员工太清闲

俗话说：无事生非。要提高执行力必须将员工的时间安排满。适当增加员工的工作量，使他们没有太多的空闲时间，就减少了相互扯皮的现象而达到提高效率的效果。对于需要创意的工作，一般我们不提"执行力"，因为自由的思考时间、允许胡思乱想才能产生更多的创意。执行主要是针对任务明确的情况而言的。有外部压力就团结，没有外部压力就内斗也算是人类的一个劣根性。因而，地理环境恶劣的地区人们比较热情、团结，而风调雨顺、环境宜人的地区人际关系相对淡薄就是如此。

《道德经》中所言的"圣人之治"为："虚其心，实其腹，弱其志，强其骨。常使民无知无欲，使夫智者不敢为也。"我们不能简单将其理解为愚民政策，其实对于提高执行力而言它是有效的。泰勒的《科学管理原理》中提出的劳资分工也同样如此，它使体力工人的效率提高了50倍。

提高项目执行力有些像减肥。人们都知道每天慢跑20分钟不仅有助于减肥，更有益于身体健康。但是，人们很少去这么做，反而会花很多的金钱去买那些减肥药。人们一次次对减肥药不满意，一次次受到减肥药物副作用的伤害，一次次花钱去换新的减肥药，反而慢跑被遗忘了。同样，我们一次次对现行的项目管理办法失望，一次次承受管理失败造成的损失，一次次求助新的管理办法，而忘记了我们早已知道的有效方法。

项目需要靠团队来完成，因此，无论是项目经理还是项目团队成员都需要理解团队的建设过程、团队成员的性格特点，并寻求适合于项目、团队和人性特点的管理方式，只有这样，才能建设成为一支真正的项目团队。

12

化解项目冲突

对矛盾总体和矛盾各方的特点都不去看，否认深入事物里面精细地研究矛盾特点的必要，仅仅站在那里远远地望一望，粗枝大叶地看到一点矛盾的形相，就想动手去解决矛盾。这样的做法，没有不出乱子的。

——毛泽东《矛盾论》

项目冲突就是项目管理中存在的各种矛盾。没有矛盾就没有项目，因此冲突是项目与生俱来的。无论是在工期、费用和质量这样经典的项目目标中，还是在项目利益相关方对项目的期望中，冲突无所不在。所以，项目经理在某种程度上就是冲突管理者。要管理好项目冲突，需要了解冲突的来源和特点，要抓住其中的主要矛盾和矛盾的主要方面，要从事物的内外在联系中寻找解决冲突的方法。

理　解　冲　突

关于冲突，有以下 3 点值得注意。

1. 冲突与选择有关

冲突是在选择的过程中间产生的。选择对应于放弃，如果只能从两个难分伯仲的方案中选择一个，就存在冲突。如果不用选择或者可以全部选择，则是没有冲突的。

下面 12 条建议对建设一个项目组是有帮助的。现在希望你能够根据你个人认为的重要性，对所有的建议按照最重要到最不重要的顺序进行排列。

（1）如果我们不得不迟到或缺席，我们将至少提前一天通知团队协调人、联系人，或某个团队成员。

（2）我们总是参加按照事先已收到的议程而举行的会议。我们的准备工作和收集的资料都是完备的，可以在会上根据议程进行讨论。

（3）我们总是尊重每个人的意见和感情。每个成员在会议上都有平等的参与权。讨论团队业务的时候，成员们应该积极参与，并认真听取他人的意见。

（4）我们总是避免因团队成员的缺点而批评他。当团队不能很好地完成任务时，我们将检查团队程序是否有问题，并想办法进行改善。如果某些成员实现承诺有困难，团队将尽其所能来帮助他们。

（5）成员要支持团队作出的决定。破坏或背后议论团队的决定、对团队以外的人诋毁团队及其工作等行为是不能接受的。

（6）成员要信守对团队的承诺，要认识到如果做不到这一点，将会影响整个团队的进程。如果有可能完成不了自己的任务，应及时通知团队其他成员，以便得到支援。

（7）面临决定的时候，我们首先要确定如何做决定。基本原则是：① 说出问题所在；② 讨论不同的想法；③ 分析不同方案的利弊；④ 选择我们都支持的一个方案。

（8）我们将以有效的方式来处理争议。我们处理争议的基本原则是从争议双方的角度尽可能深入地了解问题所在。为做到这一点，我们将听取所有争议方的看法，收集事实和证据。如果对事实仍有争议，我们将收集更多的资料。当明确问题所在后，团队将帮助争议方找出一个解决方案。

（9）我们认识到团队协调一致常常会产生高质量的想法和决定。如果我们发现并没有从团队合作中获得这种收益，我们会停下来评估一下自己的工作，直到对团队和团队工作有了更好的理解。

（10）我们不会进行会外讨论，无论讨论的话题是否与会议议题相关。相关的谈话应该与所有团队成员交流。

（11）由于时间限制而且我们希望让所有的成员都充分参与，所以要将外部干扰降低到最低限度。

（12）团队讨论和作出的决定要保密，不得与团队以外的任何人交流，除非所有的人都同意可以向外公布。

你的答案会是什么？如果我没有猜错的话，你会花一定的时间来将这12条建议进行排序。如果我们用一个小组来做这个练习，小组成员的观点可能会存在很大差异。如果小组非要得到一个结论的话，那么得到结论的方法可能是抽签决定的，也可能是通过举手表决、少数服从多数决定的，还可能是小组成员中的某些强权人物将另外一些成员的意见强压了下去。可以肯定的是整个过程是存在冲突的。

那么，这个练习真的存在这些冲突吗？不是，这12条建议本身并没有冲突，并不是我们选择了一条就不能选另一条，它们对一个团队都是重要的，也是可以同时成立的。所谓的冲突来自我们的假设，也来自我们的选择。

我们已经强调过，不要将我们的环境误认为我们的问题。当我们对一个事物、一件工作确实别无选择时，将其看成冲突是没有意义的，因为我们只能接受它。

2. 冲突与人们的心理和思维方式有关

冲突常常起始于一方感觉到对方对自己所关心的事产生消极影响和将要产生消极影响。很多冲突是由于人们的心理、假设、思维方式等造成的。

我们再来做一个出牌练习。如果我们有几个人或十几个人来参加这个练习，这些人员被分成小组A和小组B。每个小组都可能有两种选择方案：出红色牌或出黑色牌。各小组的得分规则如图12-1所示。

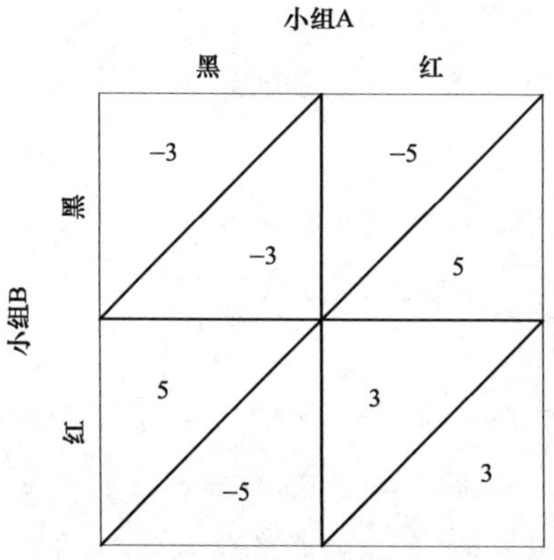

每个方格内上部的数据为小组A的得分，下部数据为小组B的得分。

图 12-1　小组 A、B 得分图

该练习有两条规则：两个小组不能相互偷看其决策结果，小组决策结果交给练习组织者宣布；各小组必须取得一致意见才能作出决策。最后得分为最大正分者获胜。

这是一个博弈练习，如果两个小组都选择出红色牌是最佳结果。但我们在不同企业做的几十次练习中，很少有小组能够做到这一点。大多数情况是，会有一个甚至两个小组选择一个对对方不利的方案，而这种情况一旦出现，另一组便会出现疯狂报复，也会选择对对方不利的方案。在各方博弈的过程中，谁先违反双赢规则谁就会获益，但这样做的结果是两个小组最终的得分都是负分，也就是说，没有一个小组获胜。

2000 年 6 月，包括康佳、TCL 在内的国内九大彩电骨干企业领导人聚集深圳，宣布成立中国彩电企业峰会，建立彩电价格联盟。但价格联盟内部矛盾重重，金星彩电和西湖彩电并没有执行限价政策，以致 6 月底价格联盟成员企业重又汇聚南京，解决内部矛盾。最终价格联盟以失败告终并爆发了更严重的价格大战，其结果是中国家电企业中没有赢家。2013 年中国再次爆发猛烈的电商价格大战，其结果使主要几家电商沦入口水战，并没有真正的胜利者。

双赢局面是商务谈判的最佳结果，而双赢的最大障碍在于我们都希望自己比别人要赢得多一些，在于我们会误认为"打败对手就是胜利"。"商场如战场"，但是，如果我们把商业上的竞争者（甚至是合作伙伴）看成是战场上的敌人就大错特错了。如果我们允许别人比自己赢的更多一些，占的份额更大一些，才更有可能取得双赢的结果。

假如在 100 万元中，你能得到的份额是 60%，那么你得到的数量是 60 万元。假如在 1000 万元中，你得到的份额只有 10%，那么你得到的数量就是 100 万元。

很多人很看重市场占有率，似乎只要自己的市场占有率上升、别人的市场占有率下降就是胜利。看重市场占有率可能没有问题，但是，如果将市场空间看成是固定的就有问题了。在商务活动中，不一定你赢到的就是我输掉的。不要认为打败了竞争对手才是胜利，只要能让自己胜利，便是胜利了，不需要其他任何附加条件。

3. 冲突有可能是有益的

从传统观念上看，冲突是有害的，应该避免和消除。但是，有些冲突是有益的。

欧洲人喜欢吃沙丁鱼，鱼的死活是影响价格的重要因素。一位聪明的挪威渔船船长在捕获沙丁鱼后总爱在鱼槽中放入几条鲶鱼。鲶鱼会四处游动捕食沙丁鱼。为了躲避天敌的吞食，沙丁鱼在有限的空间里快速游动，结果它们中的大多数都能活着返港。

企业只有放到竞争的环境中才能成为真正的企业，管理人员需要善于对冲突因势利导。

项 目 冲 突 的 来 源

在项目的生命周期过程中，冲突来源于多种原因。根据调查，项目冲突主要体现在7个方面，按照冲突强度从大到小排列分别是：

（1）进度冲突。时间成了各企业争夺最剧烈的资源，项目经理在项目进度方面存在最大的压力，因为进度是项目其他冲突因素的最终反映。当然，进度是以符合质量要求为基础的。

（2）项目优先权的冲突。所谓项目优先权是指在项目资源不足的情况下，企业在多个项目之间对资源分配的优先顺序。有时企业缺乏对项目进行优先权定义，这将就会出现"会哭的孩子有奶吃"现象，各项目、各部门对资源的争夺会愈演愈烈。

（3）项目人力资源冲突。这种冲突主要来自于项目组和职能部门对于人力资源的争夺。如果企业的组织结构不进行合理的改变，或者职能经理不作出正式的承诺服务于项目组，人力资源方面出现的问题会很难消除。这种情况对项目的进展是非常不利的。

（4）技术冲突。项目组成员来自多个专业领域，对实施项目方案需要的技术会有不同的理解。这些不同技术或对技术的不同理解，将导致项目集成的困难。此外，项目在某种程度上都具有创新性，会碰到很多技术方面的难题。

（5）管理程序冲突。项目管理的特点与企业日常运营的管理会存在很大的不同。每一个项目都具有独特性，因此，各项目组采取的管理方式也会不同。它们均会与企业的管理程序不一致。

（6）项目组成员之间的个性冲突。人们在个性上的差异会导致处事方式等方面的冲突。虽然个性冲突没有其他的冲突来得激烈，但处理这些冲突却比较困难。糟糕的是，个性问题很容易和技术问题、沟通问题相混淆。有时技术人员之间、技术人员与项目经理之间对于技术问题的争执，可能真正的原因在于他们之间的个性冲突。

（7）项目费用冲突。和项目进度冲突一样，项目费用是项目管理中最基本的衡量指标。项目费用的冲突有两种可能性：一种是没有足够、专门的项目费用；另一种是项目费用被挪用而不能及时到位。

以上这些冲突在项目生命周期各个过程的强度也各不相同，项目经理需要抓住主要矛盾。

（1）项目启动过程的主要冲突。在启动过程，最重要的是确定项目在企业中的位置，决定项目的优先权。项目经理要努力提高项目在企业中的地位，要尽量获得企业最高管理层的全力支持。这样会给项目的后期活动所需要的资源和权力做好准备。

此外，管理项目要采用独特的方式，项目经理要在这个阶段确定这些管理方式并取得企业高层的理解和支持。比如项目组织结构的设计、项目经理对人员、设备及其他材料的支配权，以及职能经理对项目的支持方式等问题，都要在项目启动过程得到协商和承诺。

（2）项目计划过程的主要冲突。项目计划过程的主要任务是将今后要进行的工作尽可能地文档化。计划是用来指导今后工作的、得到批准的文件，该过程并不需要消耗很多的资源。但很多经理人员却忽视计划的重要作用，而追求尽快地出效果、出成绩，"立竿见影"的心态比较严重。正确的做法是花费一定的时间认真做好计划，切忌没有做好准备便深入到工作中去。"慢慢计划，快速行动"是项目管理的重要原则。

和在启动过程一样，项目优先级的确定仍然是项目经理要首先关注的问题。只有作出计划，项目究竟需要多少资源、何时需要这些资源才能够明确。这时候争取项目的优先权更具有实质性的作用。

虽然还没有真正实施，但项目进度方面的冲突亦不容忽视。项目计划过程需要定出关键里程碑进度和其他项目活动进度计划，这些进度计划需要与利益相关方协商取得一致意见，并获得他们对各自责任的承诺。

在此过程中，管理程序方面的冲突开始减弱但技术方面的冲突有所上升。这是因为在制订项目计划时需要考虑实施计划的技术方案。由于项目尚处于计划过程，各种资源还没有真正投入进来，所以费用等冲突的程度不是很大。

（3）项目实施和控制过程的主要冲突。在项目的实施和控制过程，各方开始关注项目的实际进度，因此，进度冲突上升到第一位，成为项目经理需要解决的主要问题。

在这些过程中，技术方面的冲突也成为主要的冲突因素之一。在项目实施与控制过程中，各种专业技术方案、技术工具将产生实际效果，它们之间的矛盾会经常出现。它们的可靠性和质量标准、各种设计问题和测试程序方面的问题，也会在此过程集中爆发。

技术方面容易出现的问题是"银弹迷信"，就是技术人员通常会认为采用新的技术、工具会缩短项目工作的时间。但事实并非一定如此，因为新的技术、工具需要技术人员花费很多的时间去熟悉和掌握，特别是在项目工期比较紧张的情况下，使用不熟悉的新技术反而更有可能导致工期的延误。

在项目实施和控制的过程中，由于对人力资源的需求增大，也会导致项目组与职能部门的冲突进一步加大。

（4）项目收尾过程的主要冲突。项目实施与控制过程产生的进度方面的冲突会延伸到项目收尾过程，而且进度的拖延会积累起来，在最后阶段对项目造成严重的影响。

项目组成员个性方面的冲突上升到了第二位。首先是因为在项目结束的时候，项目组成员会对他们未来的工作感到紧张不安、对未来企业对自己的认可程度更加关注。其次，由于对项目在进度、费用、技术以及项目目标方面的严格要求，会让项目组成员的压力倍增。

值得注意的是，费用问题造成的冲突一直不是最主要的，原因就在于项目费用控制虽然比较麻烦，但一经确定，很少再有争辩的余地。

处理项目人际冲突的一般方式

项目中人际关系的冲突从发生到处理完毕，可以分为 5 个阶段。

（1）潜在的冲突。由于性格差异、沟通无效、组织和文化等方面的原因，项目总是存在潜在的人际关系冲突。需要注意的是，有些冲突实际上是不存在的，但人们往往凭自己的直观感受主观地断定冲突的存在。

（2）对冲突的认知。冲突的一方或双方已经知道了冲突的存在，各方体验到了紧张和焦虑，不得不开始正视冲突的存在，冲突开始出现明朗化。在这个过程中，双方要决定冲突是什么性质，这一点很重要，因为定义冲突的性质将在很大程度上影响到冲突的可能解决办法。

（3）产生行动意向。这个阶段介乎于一个人内心的认知和外显的行为之间，指采取某种特定行为的决策。将这一阶段划分出来，主要是强调行动意向会导致行动。很多冲突不断升级，其原因就是由于一方对另一方的意图进行了错误的判断。行动意向主要从两个角度进行考虑：一个是冲突一方愿意满足对方愿望的程度；另一个是冲突的一方愿意满足自己愿望的程度。

（4）采取行动。到此阶段，冲突已经表面化，到了非采取行动不可的地步。

当人们意识到冲突的时候，他们将作出什么样的反应，有着很多的选择。依据满足自己的愿望还是满足别人的愿望的程度，可以有从竞争到协作、从回避到迁就以及折中等5种解决方式（见图12-2）。

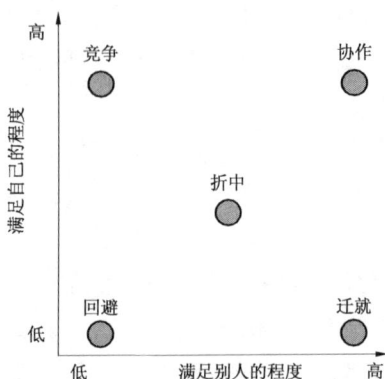

图 12-2　处理人际冲突的一般方式

① 竞争。所谓竞争是指一方更多地满足自己的愿望，而较少考虑满足另一方的愿望。

竞争结果一般是"我赢你输"。竞争常含有权力因素，常常是一方通过施加压力，迫使另一方放弃。

在以下情况可以采取竞争的策略：

当迅速果断的行为极其重要时；

当你需要实施一项不受人欢迎的重大措施时；

当你是正确的时候；

当你正处于生死存亡的关键时刻；

当利害关系非常明显的时候；

当基本原则受到威胁的时候；

当你占上风的时候。

当冲突的一方选择竞争作为策略时，另一方也常会使用竞争作为策略。

② 协作。所谓协作是指尽可能地满足双方的利益，努力做到让大家都满意。

成功的协作可以使冲突当事人都能够成为赢家，达到"双赢"的局面，当事人会对结果产生很强的责任感。协作需要创造性，双方需要积极思考新的方法。

协作的方法能否成功，关键在于是否可以使双方都能够受益。冲突的双方可以先定义清楚问题，对各自要达到的目标排序，然后双方找出可行方案，若不可行，可以定义可接受的范围。

如果某一方案能使双方利益最大化，但对其中一方更有利的话，应该对另一方进行适当的补偿，以使双方均衡。

在以下情况下可以选择协作的策略：

当你发现结果对双方都十分重要并且不能进行妥协和折中时；

当你的目的是为了学习时；

当你需要融合不同人的观点时；

当你需要把不同人的观点合到一起而达到大家的承诺时。

③ 回避。回避就是既不寻求满足自己的愿望，也不寻求满足他人的愿望，先把事情放到一边，留待以后处理。

回避冲突对解决冲突是没有作用的，但对于处理琐碎事件，特别是那些能够自行消亡的事情非常实用。如果遇到因为情绪问题引起的冲突，在最初采用回避策略可以使人冷静下来，为今后提出建设性的解决方法做准备。

在以下情况，你可以选择回避的策略：

当问题微不足道或还有重要的事情迫切需要处理时；

当你意识到不可能满足你的要求时；

当问题的解决得不偿失时；

当收集信息比立即决策更重要时；

当他人能更有效地解决冲突时；

当一个问题是另一个问题的导火索时；

当你通过拖延能够获胜的时候；

当你认为问题会自行解决的时候。

④ 迁就。迁就就是一方尽量满足对方的愿望或者屈从对方的意愿，以他人的利益为重点。迁就主要表现为传递愿意改善关系的信息，或者赞扬对方，或者为其提供帮助。

如果冲突是因为情绪产生的，迁就能够避免冲突升级，有利于帮助改善双方的关系。但如果冲突涉及资源规划、责任分配等实质性问题，迁就不仅不能解决问题，反而会造成项目后期的更多问题。

在出现以下冲突时可以迁就对方：

当你知道自己是错的，并希望表现出自己通情达理时；

当该结果的实现对别人比对你更重要时；

为了对以后的事情建立彼此信任时；

当别人胜过你，但造成的损失较小时；

当融洽和稳定至关重要时；

当你允许下属从错误中学习时。

⑤ 折中。折中是冲突双方的一种交易，双方都希望在现有条件下能够获益最大。所以双方都会折中地考虑别人的愿望，都会做一些让步，放弃一些东西。折中的关键是让双方都感觉公平。

折中在双方都有达成一致的愿望时会很有效，但前提是在满足双方的基本期望的同时，双方必须保持灵活的态度，而且必须要相互信任。

采取折中的策略，带来的最消极的影响是双方会因为满足短期利益而牺牲了长远利益。比如两位项目经理为各自的项目做预算，需要资金的投入。由于资金有限，两人会通过折中而各自分得一些资金。但这种方式造成的结果是，两个项目都可能会因为资金的短缺而导致项目的失败。

在出现以下情况时，可以采取折中的方式：

当目标十分重要，但不值得采用更为自我肯定的做法而造成"过犹不及"的破坏时；

当对手拥有同等的权力能为共同的目标作出承诺时；

当为了一个复杂的问题达成暂时和解时；

当时间十分紧迫需要一个权宜之计时。

一般说来，如果不能取得双赢，其原因主要在于人们采取了错误的心理假设，而折中的结果最终总会留下后遗症。

（5）得到冲突处理结果。冲突双方之间的行为和反应相互作用导致了最后的冲突处理结果。如果冲突解决后能够提高项目的质量，激发革新与创造，调动项目组成员的积极性，那么这种冲突的解决是有益的，它可以提高组织的绩效。如果冲突解决后带来的是沟通的延迟，凝聚力的降低，组织成员之间明争暗斗，这种冲突的解决便是破坏性的，非但会减低项目的绩效，有时甚至会对企业的生存带来威胁。

项 目 平 衡 的 策 略

出色的项目管理意味着我们可以在更少的时间里，以更少的资金做更多的事情。项目一般会面临资源的限制，因此成功的项目管理需要在进度、费用、范围和质量等方面取得平衡。项目经理一方面需要使项目的利益相关方满意，另一方面又必须控制利益相关方不合理的要求和对项目不恰当的期望。

项目需要平衡的内容包括以下几个方面：项目不能在规定预想的时间内完成；项目可以按照进度提交合乎质量标准的产品，但是费用太高；项目费用可以被接受，但是需要的资源（人员、设备、材料等）难以获得。

项目平衡可以采取以下策略。

1. 对项目工期或费用进行重新估算

在项目估算中，人们常常会过多地考虑风险因素而在工期和费用方面留下风险防范时间和资金，因此，我们可以通过重新分析，合理地减少某些悲观估算，以此压缩工期或费用。

但是，这种策略也有可能使我们落入如意算盘而变得过于乐观。当我们感到进度或费用压力时有必要对这些估算的假设进行分析以确保这些假设是合理的，这样可以提高项目估算的准确性。

美国宇航局的软件工程实验室，是世界上最成功的软件开发组织之一。他们在项目需求确定后就作了初步估算，然后先后 5 次在整个过程中进行修正和完善。每次修正估算时，开发团队都就项目的剩余工作量作基准估算，然后对估算的基准数据加权以重新界定可能的范围。

2. 有效利用进度计划中的浮动时间

为了加快进度，可以将非关键路径活动的一些资源调整到关键路径的活动上，以压缩工期。

在图 12 - 3 中，活动 A 和活动 C 存在资源的冲突，不能同时进行。如果将活动 C 安排在活动 A 之后进行，则项目工期将延长 1 天，而如果将活动 A 安排在活动 C 之后进行，则项目工期延长 8 天。

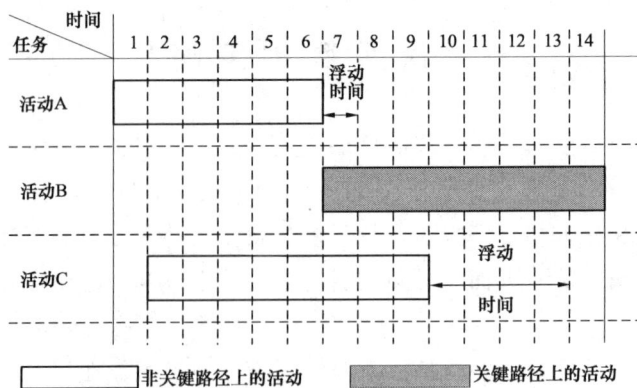

图 12 - 3　工期平衡

但是，这种平衡策略需要注意以下两个问题：首先，这些项目活动需要的资源是同一类型的资源；其次，非关键路径活动有足够的浮动时间可以推迟完工日期，而不会延误整个项目的完工日期，因为将资源从非关键路径活动移至关键路径活动时，将减少所有非关键路线的浮动时间，有可能使项目的关键路径发生变化。

3. 为项目增加人员

在项目过程中，我们通常会通过增加人员来缩短工期。这种方式可以增加同一时间内可以从事任务的数量，或者可以增加某一任务的参加人数。因为项目每天可用的劳动力增加了，可以集中优势兵力消灭项目中的瓶颈，达到缩短工期的效果。

但是，这种方式同样具有很大的负面作用。由于人员数量的增加同时也就增加了人员之间沟通的难度和协调的难度，其结果是人员的增加反而带来了项目效率的下降。使用这种方式要警惕"人月神话"，当项目活动相对独立，不需要人们大量协作时，可以采用这种策略。

4. 使用企业内部效率高的专业人员

企业内的专家也是项目可以利用的重要资源。我们都知道一些人比另一些人劳动生产率高，因此我们在项目中要尽可能用好这些高效率的人员。这些人员不仅可以保证项目进度加快，而且能够降低项目费用。这些人员的劳动生产率可能是普通成员的 5 倍，但是他们的回报很少达到其他人的 5 倍。除此之外，他们还能够使工作成果的质量更可靠。

使用这种策略需要注意的是，将这些专家放在一个团队中，意味彼此之间要相互协调，但是这些专家可能谁都不会主动"低头"。这样不但不能提高项目组的劳动生产率反而会适得其反。同样，专家可能还要做一些低于其能力的工作，这些工作一些初级员工就可以干好甚至能做得更好。此外，当企业的其他项目有困难的时候，这些人员可能会被调去"救火"，这样也可能延误项目进度。

要在项目中充分组织和调度人力资源，需要实现人力资源的"分类分级"管理。

由于没有对人力资源做到在专业分工基础上的动态调度，大量企业的人力费用难以降低，项目组织运行的效果也难以保证。由于竞争的加剧，降低项目费用成了当务之急，而降低项目所占用的人力资源费用更是重中之重。目前，许多企业对项目人力资源的使用可以用"5 个人干 3 个人的活拿 4 个人的钱"来概括，要想改变这一点，做到"3 个人干 5 个人的活拿 4 个人的钱"这种理想状态，有效的办法是实现人力资源的"分类分级"管理。

企业采取"分类分级"是指将企业员工划分成需求不同的专业类别，

如分析员、系统分析员、设计人员、编码人员、测试人员和 QA 等，并界定其不同的能力等级，能够做到可以测量出不同类型、不同层次的人员的小时价格。这种价格是制定项目人力资源预算和费用控制的基础。

目前，很多企业强调"复合型人才"，这容易产生一个误区。在许多软件企业的项目中，有相当多的人既做设计又做编码还做测试，这不仅使项目的运行效率低、出错率高，也使项目的人力费用增高、人员还不满意。合理的方式是在专业分工、"分类分级"的基础上，通过有效的项目组织机制将各类人员整合起来。

5. 用好企业外部专业资源

现在企业都是没有严格边界的，项目同样需要外部资源的支持，通过使用企业外部的专家资源来提高劳动生产率。

外部专家和内部专家在项目中的使用基本上是一致的，但是外部资源由于不是企业所能控制的资源，在使用过程中就必然存在额外的不确定性。首先，有些外部专家由于自身的或非自身的原因不能兑现承诺，致使项目对他们的依赖性落空而降低了项目效率。其次，寻找到合适的外部专家同样也是费时费力的事情。最后，外部专家的经验不能留在企业，会造成企业项目经验的遗失。

高效地使用外部专家能够加快项目的进度，同时保证项目的质量。为此，必须让这些专家积极地融入项目工作中，参加项目产品开发、设计、计划、估算等。尽量避免让这些专家单独工作、长期游离于项目组之外，成为项目中的"孤岛"。企业高薪聘请来的外部专家要让他们利用其最擅长的知识和技能来解决项目遇到的难题。而且，重要的是在他们离开项目之前，应该对他们的产出进行记录并对其知识和经验等进行总结。此外，要尽量与这些外部资源建立长期合作关系。

6. 项目外包

如果本企业没有足够的资源能够完成项目的某些工作、这些工作可以与项目的其他工作有明显的界面、从经济等方面考虑不值得本企业去开发相应资源时，可以采取外包的方式来进行平衡。

这种做法会有利于提高效率，缩短项目工期。但是，如果企业没有足够的管理能力对这些外包的部分进行管理，有可能会出现进度和费用的失控，或外包方提交的成果难以与项目的其他部分集成而对整个项目带来风险。

7. 调整项目交付方式

当项目所需的资源难以获得时，有时可以采取分阶段交付项目成果的方式来解决这个问题。尽可能快地交付一些有用的东西可以使得项目利益相关方对项目最终完成充满信心。一方面，分阶段交付产品可以把有限的资源集中在某个阶段进行使用；另一方面，由于项目利益相关方对项目充满信心，在资源的使用上也会积极地给予配合，满足项目对资源的需求。同时分阶段交付产品，可以减少项目组的规模。一个较小的项目组可以降低协调和沟通的费用，降低人力资源的使用。这些因素可以提高项目的劳动生产率，从整体上降低了项目的费用。

虽然分阶段交付产品有上述的好处，但是并不是所有的项目产品都适合使用分阶段交付产品的方式。部件可以独立运行的模块化的产品可以分阶段交付。

决定如何分阶段交付产品时，必须考虑这部分产品的工作基础和所需资源在项目中的使用状况。同时还要确认后续要完成的部件。需要说明的是在确认过程中要使用相同的评价标准。

8. 变更项目范围

当项目所需的资源难以获得，又无法获得其他可替代资源时，可以考虑缩小项目范围。但是，该项决策已经超出了项目经理和团队的职权范围，对项目范围重新评估是所有利益相关方的职权，特别是项目客户和项目发起人的职权。

重新评估项目范围绝不是降低项目产品的质量标准。通过降低工作或产品的质量标准作为节约项目资源、保证项目工期的方式是不可取的，因为这样做往往得不偿失。一方面，由于工作质量的下降，可能带来项目的返工，其结果是"欲速则不达"，反而会增加资源的使用，并延误工期；另一方面，由于项目产品质量的下降有可能导致客户拒收项目成果，这个代价更加巨大。如果因为项目质量的原因导致项目的失败，对企业的声誉也会有很大的影响，企业会因此陷入更大的被动局面。

变更项目范围的基础是重新评估客户需求的真实性。过高的质量要求带来的是过多的资源需求。所以缩小某些不需要的项目范围，不但不会降低项目质量，而且还会减少项目资源的过多使用，保证项目在资源允许的情况下得以完成。

如果重新评估产品要求和缩小项目范围后，项目的资源仍不能满足项目的需求，那么就要重点考察客户对项目产品的使用情况，明确哪些客户需求是可以修改的，哪些是必不可少的。这时候需要重新构造项目的 WBS 和 QFD，使其成为对每一项活动进行评估的工具。

在资源的限制和约束下，企业要慎重决定做哪些项目和不做哪些项目。在项目中进行筛选是很困难的事情，每个项目都有一些非常重要的理由认为不能被放弃。但是，当企业用只可以完成 8 个项目的资源去完成 10 个项目时，结果是可能 10 个项目都只完成了 80%，尽管所有的资源都投入进去了，可是没有一个项目得以完成。

虽然资源的有限性是每个项目经常遇到的问题，但是我们总是有办法解决它，关键是要为资源的获得和使用提供组织上的保证。

理想的项目冲突管理结果一定是项目利益相关方均满意的。换句话说，共赢是项目冲突管理的最高目标。

控制项目风险

必得之事，不足赖也；必诺之言，不足信也。

——《管子·形势第二》

如同生活一样，项目也是变化无常的。项目都是独特的，都是在某种程度上具有创新性的，因而它们充满不确定因素。所有的项目都包含风险，但是，没有风险的项目也就没有实施的价值。

风 险 需 要 管 理

"风险"是项目管理中人们常说的一个词。什么是风险？简单说来，风险就是可能影响项目成功完成的任何潜在因素。从这个定义看，风险的发生既可能对项目产生有利影响，也可能对项目产生不利影响。本书按照人们的思维习惯，将前者划归为"机会"，而后者则划归为"风险"。

风险是项目固有的东西，它来源于无数的不确定性。无论我们工作多么努力、技艺多么高超、知识多么丰富，也不可能在项目结束前消除这些不确定性（见图 13 – 1）。

图 13 – 1 项目中的不确定性永远不能消除

项目中存在的不确定性有两种：一种是已知的不确定性；另外一种是未知的不确定性。所谓已知的不确定性，就是我们能够预测这种不确定情况发生的可能性。只有能够预测发生可能性（哪怕不那么准确）的不确定性才是我们关注的对象。如果不知道威胁来自何方，我们就很难利用有限的资源和时间去做好充分的防范准备。因此，在项目管理过程中，我们必须尽量减少未知的不确定性，尽量使它们变成已知的不确定性。

当我们拥有关于某一事件发生的概率的客观数据时，我们是在风险条件下进行决策；当我们没有上述客观数据时，我们是在不确定条件下进行决策。例如，我从窗户往外看，天空阴沉沉的，我决定带雨伞去上班，以防下雨。这是在不确定条件下的决策。如果我打电话到气象台，得知今天下雨的概率为90%，我决定带雨伞去上班。这就是在风险条件下的决策。

要完整定义一个项目风险，必须做到以下三个方面。

什么因素将产生不确定性？

这些因素发生的可能性有多大？

这些因素发生后将对项目产生何种影响？

此外，务必要区分项目的直接风险和间接风险。简单地说，直接风险是我们能够在一定程度上加以控制的风险，而间接风险则是我们无法控制的风险。虽然我们不应当对间接风险一无所知，但它们并不具有重要的实际意义：因为我们无法改变它们，所以对它们担心也没有用。

项目风险管理的真正含义并不是要彻底消除风险（尽管这种结果是最理想的，但直到项目完成为止，要达到这种理想状态是十分困难的），而是要提高对直接风险的认识程度，当它们发生时我们不但不会感到惊讶，而且已经做好了准备。

哪怕是具有丰富科学知识的人也可能会因项目风险而丧失生命。一些多次去南极探险的科学家们曾找到了一些若干年前在南极牺牲的探险家们的尸体。他们是被暴风雪困在帐篷里饥寒交迫而死的。奇怪的是，帐篷里有充足的食物，只是装燃料的油桶是空的。科学家们经过仔细察看后发现，这些桶是用锡焊接的，在低温度下，锡变成了粉末，使燃油全部漏光。当疲惫不堪的探险队员回到基地帐篷中时，因为没有燃料取暖，而食物又冻得像岩石般坚硬，探险家们只能无可奈何地坐在那里等待生命最后时刻的到来了。

项目风险管理计划的基本流程如图 13－2 所示。

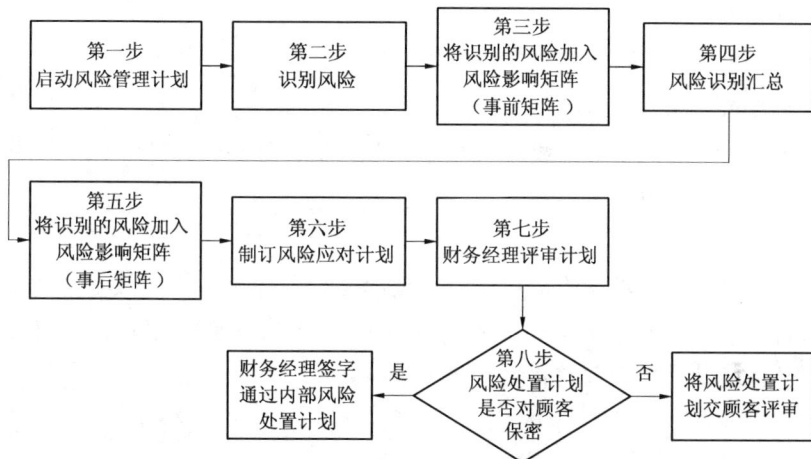

图 13－2　项目风险计划的一般流程

启 动 风 险 管 理 计 划

项目风险管理计划应该在项目计划编制过程就确定，并使其成为项目计划文件的一部分，以便在项目实施过程执行。

风险管理计划将描述在项目各个阶段进行风险管理的所有因素，这些因素一方面涉及风险识别及分析步骤，另一方面涉及管理各种风险领域的负责人、项目实施期间跟踪风险的方式、如何执行风险应急措施以及预留的项目风险"应急储备资源"的数量等。

项目风险"应急储备资源"有两种形式：一种是应急准备金（主要针对已知的不确定情况）；另一种是管理准备金（主要针对未知的不确定情况）。

应急准备金是在风险计划结果的基础上建立的，通常由项目经理决定，以确保即使风险发生，项目也能成功地实施下去。管理准备金是由企业管理层决定建立的，当获得额外预算的能力影响到项目成功的时候就应当将管理准备金准备就绪。管理准备金是项目预算的组成部分，但不属于风险计划。要在整个项目生命周期期间对项目风险进行识别、监控及管理，在项目计划编制阶段识别风险以及建立风险准备金是非常重要的。

制订风险管理计划的输入内容包括：

项目章程；

企业现有的风险管理政策与程序；

项目 WBS；

企业的项目风险管理模板（包括风险类别的划分方式）；

关键项目利益相关方对风险的可承受范围。

项目风险管理的策略应在风险计划编制会议上完成。会议参加人员包括项目经理、项目发起人、企业内负责管理风险计划编制与执行活动的人、其他关键的项目利益相关方及必要的人员。

识 别 风 险

1. 决定识别风险的负责人

风险识别涉及的主要内容是确定影响项目的各种风险并将其特点文档化。参与风险识别的人员一般应尽可能地包括项目组、客户、其他相关项目的项目经理、项目其他利益相关方以及外部专家等。

项目经理应负责跟踪风险并为已经识别的风险编制应急计划。有时，在风险识别的早期阶段可使用"头脑风暴法"等方式来识别各种风险。采用这种方式有利于项目组成员理解风险的各个方面，更好地把握整体情况。

风险识别是一个反复迭代的过程。首先由项目组（或者风险管理小组）人员来完成；其次则由整个项目组和其他主要项目利益相关方来完成。为了能得到公平的分析结果，再次就应由未参与项目的人员来识别。

2. 决定进行风险识别的时间

项目风险识别在项目启动过程就应该开始。在项目计划编制过程，应进一步识别、记录风险并编制相应的风险应对策略。

风险的识别、分析以及应对策略的内容贯穿于从项目启动过程到收尾过程的整个项目生命周期。

随着项目的进展及内外部环境的变化，可能出现许多新的项目风险。当风险事件的发生概率增加或某项风险已经成为现实时，项目经理就必须依照风险应对策略对付出现的各种现实问题，并需要根据预算变更、进度变更和资源变化等情况重新编制风险管理计划。

3. 确定风险类别

为了迅速、完全地识别项目风险，企业需要根据项目的特点和以往项目管理的经验、教训对项目风险进行分类，并明确风险分类依据，以体现不同的风险来源。

一般说来，可以将项目风险简单分成以下几种。

（1）技术、质量或绩效风险。例如项目对那些未被充分证明的新技术或复杂技术的依赖程度、极具挑战性的绩效目标、所使用的技术发生变化情况、项目期间行业标准的变化以及客户对项目产品规格要求的变化等。

（2）项目进度风险。例如项目总工期、关键里程碑的实现工期及对项目任务持续时间估计的准确性等。

（3）项目管理风险。例如不合理的时间与资源分配方式、项目计划的质量问题、项目经理缺乏充分授权以及使用不同的项目管理工具所带来的风险。

（4）组织风险。例如成本、时间和范围与企业要求不匹配、不同项目的先后顺序不明确、资金到位不及时或中断以及企业内其他项目造成的对该项目资源需求的冲突性要求。

（5）外部风险。例如法律与商业环境的变化、客户喜好的改变、天气情况以及基于政策的风险，还有卖方（承包商）的合同风险（包括与承包商的关系、合同类型及承包商对可交付成果的不完善而应负的责任）。

每个企业都应注意对项目的经验教训进行总结，以便形成项目风险检查表。这种检查表可以帮助同类项目有效进行风险管理，它属于公司重要的知识资产。以下为风险检查表的一般示例❶：

组织方面的风险

□ 对该项目是否有足够的支持（包括管理人员、测试员、QA 和其他

---

❶ 参见 Rational Unified Process，2000.

外部的相关人员的支持）？

☐ 这是否是该企业做过的最大项目？

☐ 项目管理是否有明确定义的流程？

资金方面的风险

☐ 完成项目所需的资金是否到位？

☐ 是否为培训和指导项目组成员分配了资金？

☐ 是否有预算限制使得项目产品必须以固定的费用交付，否则将被取消？

☐ 费用估算是否准确？

人员方面的风险

☐ 是否可以获得足够的人员？

☐ 他们是否具备合适的技能和经验？

☐ 他们以前是否在一起工作过？

☐ 他们是否相信项目会成功？

☐ 是否可以找到用户代表来担任联络员？

☐ 是否可以找到领域专家？

工期方面的风险

☐ 时间表制定的是否现实？

☐ 是否可以为了满足时间表而对功能进行规模管理？

☐ 对交付日期的要求有多严格？

项目规模方面的风险

☐ 项目成功是否能够被评测？

☐ 是否有关于如何评测项目成功的协议？

☐ 需求是否相当稳定并得到了充分的了解？

☐ 项目规模是固定不变还是在不断扩展？

☐ 项目开发的时间范围是否太短、不够灵活？

技术方面的风险

☐ 技术是否已经过证明？

☐ 重复使用技术是否合理？

☐ 当前可用的技术框架是否合理？

☐ 是否有特殊或苛刻的技术需求（如要求项目组处理他们不熟悉的问题）？

☐ 成功是否依赖于新的或未经试验的产品、服务或技术？是否依赖于新的或未被证明的硬件、软件或技术？

□ 对于与其他系统（包括企业以外的系统）的接口是否存在外部依赖性？是否存在必需的接口或必须创建它们？

□ 是否存在极不灵活的可用性和安全性需求（例如"系统必须永远不出现故障"）？

□ 系统的项目客户是否对正在开发的项目产品类型没有经验？

□ 技术的新颖性是否导致了风险的增加？

外部依赖性方面的风险

□ 该项目是否依赖于其他（平行的）开发项目？

□ 成功是否依赖于外部产品或外部开发的构件？

□ 成功是否依赖于开发工具和实施技术的成功集成？是否有替代计划，可以在没有这些技术的情况下交付项目？

4. 风险识别的方式

进行项目风险识别的方式多种多样。

（1）研究项目说明书和项目交付成果的规格要求。因为项目要创造的产品/流程都是新型的，所以研究产品说明书及规格要求是一种明智的做法。它可以用来确定项目需求方面是否存在潜在风险。

（2）审查项目文件。审查诸如项目章程、WBS、成本估计、人员配置计划、各种假设与约束条件等文件都可以启发人们识别那些在编制以上文件时所没有识别的潜在风险。

（3）拜访项目专家。与从事过相似项目的专家交谈及审查以前的项目文档有利于项目经理进一步弄清楚潜在风险会出现在什么地方。此外，与身边的那些熟悉（或负责）政府环境的人员交谈也是极其有益的。

（4）采用头脑风暴法。让关键的项目利益相关方和项目组成员聚在一起，让他们自由发表意见并记录下各种想法、观点，然后将这些想法、观点进行分类并评价。

（5）类推比较法。审查相似项目的经验/教训有助于识别潜在的风险。在企业内建立实施过的项目数据库对识别项目风险是十分有帮助的。

有很多现成的管理工具可以借鉴过来作为风险识别的工具，其中一种就是质量管理中的鱼刺图。我们可用它来简单、清晰地描述项目风险（见图 13 - 3）。

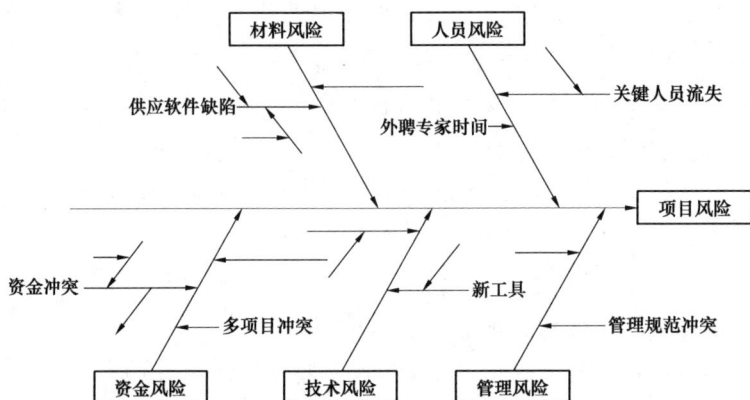

图13-3　识别项目风险的鱼刺图

5. 将风险记录文档化

应当把各种项目风险用文档的方式记录下来，这样既有助于采取相应的应急措施以减轻风险带来的后果，又有利于跟踪和对比项目风险处置前后的效果。

在进入项目实施过程以前，项目经理要再次审查风险管理计划，并加入新识别的风险。随着项目的进展，项目组成员要识别新的风险区域并将它们更新到风险管理计划中。同样，在项目控制过程，要随时去掉一些早期识别并经过处置的风险。

构造风险影响分析矩阵

要完整地识别风险，除了确定风险来自何处外，还必须对风险因素出现的可能性以及一旦风险出现后它们对项目的影响程度作出分析。

1. 风险定性分析

在风险出现的可能性或影响程度难以精确定义时，采取定性分析的方法是十分有益的。

风险定性分析的步骤：

（1）列出所有的风险因素；

（2）将风险因素出现的可能性按照从小到大的顺序分为"极小""较小""中等""较大""极大"五个等级；

（3）将风险因素一旦出现将对项目产生的影响程度按照从小到大的顺序分为"极小""较小""中等""较大""极大"五个等级；

（4）将各识别的风险因素的可能性、影响程度进行归类，以确定各风险因素的风险等级。

风险定性分析将产生各风险因素的风险等级。所谓风险等级是指风险可能性与影响程度的综合评价。可以分为"风险严峻""风险严重""风险较大""风险值得关注""风险较小""风险极小"等不同级别（见表 13 - 1）。项目经理需要根据不同的风险评级制定不同的风险管理制度，以便为其分配管理责任人员及其他资源。风险管理制度应得到相关人员的确认。

表 13 - 1　　　　项目风险等级的划分矩阵（风险影响矩阵）

			可能性		
		可能性极小	可能性较小	可能性中等	可能性较大	可能性极大
影响程度	影响极大	风险需要关注	风险较大	风险严重	风险严峻	风险严峻
	影响较大	风险较小	风险需要关注	风险较大	风险严重	风险严峻
	影响中等	风险很小	风险较小	风险需要关注	风险较大	风险严重
	影响较小	风险极小	风险很小	风险较小	风险需要关注	风险较大
	影响极小	风险极小	风险极小	风险很小	风险较小	风险需要关注

风险严峻：必须安排专人实行每日监控制度，随时（每周至少一次）召开由项目经理、相关职能部门经理、项目组相关人员等构成的风险分析会议，必要时邀请项目发起人和顾客代表参加。采取措施以风险规避为主。

风险严重：必须安排专人实行每日监控制度，每周召开一次项目风险分析会议。

风险较大：必须安排专人负责，实行里程碑风险分析会议制度。

风险需要关注：必须安排人员负责对风险进行监控，在项目例会上提出风险分析报告。

风险较小：项目组成员需要关注风险，必要时在项目例会上予以说明。

风险很小：必要时予以关注。

风险极小：暂时不予考虑。

2. 风险定量分析

进行风险定量分析的目的就是从数值上分析每项风险发生的概率及其对项目目标的影响程度。一般来说，风险定量分析应在风险定性分析之后进行。

风险定量分析针对以下情况进行：识别的风险要求有准确的概率；量化数据容易得到；需要有准确概率的大规模项目以及定性分析断定风险很大的项目。

风险定量分析的输入内容包括风险管理计划信息（项目复杂性、技术成熟度、组织风险因素、风险假设等），以及已被识别的潜在风险、定性分析的输出内容中的其他任何有助于风险定量分析的相关信息。

将风险因素量化的方法有如下几种：

（1）德尔斐方法。与项目利益相关方及相关专家进行面谈，将风险发生概率及风险对项目目标的影响程度进行量化。

德尔斐（Delphi）方法又称为专家评价法，它是一种根据专家意见进行评价或预测的技术。德尔斐方法用于风险定量分析有如下步骤。

① 请有关专家对项目风险因素进行分析，并请他们就风险因素的概率和影响度提出定量判断。

② 收集和统计专家们的估算结果。

③ 把统计后的估算结果反馈给专家，并请他们再次重新各自估算。

④ 重复②、③两个步骤，直至专家们的意见一致。

（2）敏感性分析。敏感性分析可以帮助项目相关人员确定"哪些风险对项目的潜在影响非常大"。在保持其他不确定因素基准值不变的情况下，敏感性分析可以帮助人们审查某一项目因素的不确定性对项目目标的影响程度。

（3）决策分析。决策分析通常借助于决策树的形式来进行。通过决策树分析，就会在分析成本、收益的情况下算出期望值，接下来的工作就是做决策：取能够获得最大期望收益值的策略。

（4）模拟。通过 Monte Carlo 等技术来进行项目模拟可以较好地得出风险概率。

　　通过对风险因素的定性或定量分析，我们可以将这些风险因素纳入风险影响矩阵的不同区域。而不同区域所对应的风险处置方式将为进一步提出具体的风险管理策略提供有效的指导。

　　例如，我们通过对"银湖信息系统"开发项目进行分析，发现如下风险因素：产品设计中要求使用一种尚未正式发布的计算机操作系统，而系统供应商的信誉不太好，他们提供的产品质量可能不可靠，也可能会延期供货。

　　经过进一步调查，得出操作系统出现对项目有影响的缺陷的概率为15%；操作系统延迟1周交付的概率为70%。如果操作系统不能满足要求，客户软件就得重写；如果延迟供货，工期就得拖延。

　　假如将操作系统有缺陷设定风险代码 A，将延迟供货设定风险代码 B。概率15%为"可能性较小"、概率70%为"可能性较大"；"客户软件重写"为"影响度极大""延期1周交付"为"影响度较小"。则这两项风险因素在风险影响矩阵中的区域如表13-2所示。

表 13-2　　　　　　　　　　包含风险 A、B 的影响矩阵

影响程度		可能性				
		可能性极小	可能性较小	可能性中等	可能性较大	可能性极大
	影响极大	风险需要关注	风险较大 A	风险严重	风险严峻	风险严峻
	影响较大	风险较小	风险需要关注	风险较大	风险严重	风险严峻
	影响中等	风险很小	风险较小	风险需要关注	风险较大	风险严重
	影响较小	风险极小	风险很小	风险较小	风险需要关注 B	风险较大
	影响极小	风险极小	风险极小	风险很小	风险较小	风险需要关注

由表 13 - 2 可见，对于风险 A 需要安排专人负责，并举行里程碑风险分析会议；对于风险 B 则需要安排人员对风险进行监控，并在项目例会上进行汇报。

将表 13 - 2 中所得结果进行综合、汇总后，其结果可以放在项目的风险汇总表中。在项目风险汇总表中，需要提出对各类项目风险因素的处置方式，并分析采取处置方式后这些风险因素的相应变化。

"银湖信息系统" 开发项目的风险汇总表如表 13 - 3 所示。

表 13 - 3　　　　　　　　　　项目风险识别汇总表

项目名称	"银湖信息系统" 开发项目				
引用文献（风险管理文件的类别号）	风险因素	可能性	处置前的影响性和程度	处置方式	处置后的预期影响性和程度
管理制度 100A01	A	较小 15%	风险极大	规避。选择另一个基于稳定设计的新系统	风险很小
管理制度 100A01	B	较大 70%	风险较小	降低。参加 β 测试小组，缩短交货期	风险极小

在对风险因素识别、提出初步处置策略后，根据这些风险因素今后发生的可能性和影响程度进行归类，填入更新的风险影响矩阵。

对 "银湖信息系统" 开发项目识别、处置后的风险因素如表 13 - 4 所示。对风险 A 必要时予以关注，而对风险 B 则暂时不需考虑。

表 13 - 4   识别、处置后的风险 A、B 影响矩阵

			可能性		
	可能性极小	可能性较小	可能性中等	可能性较大	可能性极大
影响极大	风险需要关注	风险较大	风险严重	风险严峻	风险严峻
影响较大	风险较小	风险需要关注	风险较大	风险严重	风险严峻
影响中等	风险很小	风险较小	风险需要关注	风险较大	风险严重
影响较小	风险极小	风险很小 A	风险较小	风险需要关注	风险较大
影响极小	风险极小	风险极小 B	风险很小	风险较小	风险需要关注

（影响程度）

制 订 风 险 应 对 计 划

我们必须在风险的初步处置策略基础上制订切实可行的风险应对计划。如果识别的风险真的发生，就可以启动应对计划来处理。

为了合理地实施风险应对计划，项目经理应掌握相应的风险应对资金和时间。当风险成为一个现实问题时，如果没有应急准备金和时间，项目经理常常被迫临时去寻求资金和时间来对付，这样会带来更多的风险。理想的情况是：保持一定水平的应急准备金，从初始预算及进度编制范围内做好解决可能出现问题的准备。

风险应对计划中需要开发各种解决策略并规定决策程序以便当风险出现时可以迅速确定将采用哪种策略来减弱各种项目风险对项目目标的威胁。这些策略应得到各利益相关方的认可，同时指定专人负责。

风险应对计划中可采用的解决策略包括：

（1）风险规避。风险规避是通过变更项目计划以消除特定风险事件的

威胁。尽管项目组并不能清除所有风险事件，但是有些具体的风险是可以规避的。提出适当的风险规避策略需要创造性地开展工作。

假如为了防止房屋着火，我们可以采取在房屋里不生火的办法。这就是风险规避。风险规避可能会造成收益的降低。

（2）风险转移。风险转移是力图将风险通过合同条款、保险条款或卖方履约保证函等方式转移给第三方。需要注意的是：将风险转移给第三方并不意味着风险就不发生了。

购买保险就是一种将风险转嫁给保险公司的方法。某人与他的妻子和孩子一起乘飞机，当机场办理保险人员问他是否买保险时，他拒绝了："我们一家全在飞机上，买保险有什么用？"

有时，虽然项目风险可以转移，但风险还是可能发生。而风险一旦发生，仍将给项目带来损失。

（3）风险降低。风险降低是将不利风险事件的概率或影响程度降低到可接受的水平。

有时会出现任何办法都不能预防或处理的风险，如果出现这种情况，就应该尽可能通过降低事件发生的概率来管理风险。如果事件真的发生，项目经理就必须对项目计划进行更新，并把风险事件的影响后果包含进来。

在项目早期采取降低风险发生概率的行动要比在风险发生后竭力弥补其对项目的不良影响要有效得多。对由于项目需求不确定而造成的项目风险而言，尤其如此。

（4）风险接受。风险接受也是风险应对策略的一种，它是一种"到时候再说"的方式。在风险影响程度很小的情况下可以采取这种方式。

风险应对计划将产生如下结果：

（1）风险识别、风险描述、项目受影响的领域（例如 WBS 元素）、原因以及影响项目目标的形式。

（2）风险管理角色及责任分配。

（3）风险定性及定量分析的结果。

（4）风险规避、降低、转移以及接受策略。

（5）风险应对策略实施后仍旧存在的风险水平。

（6）实施风险应对策略的具体行动步骤。

（7）风险应对策略的预算与进度。

评审风险应对计划

风险应对计划中一般需要涉及资源和预算的安排，当然，项目的资源、进度等规划的编制也往往涉及风险。因此，项目风险应对计划必须经过包括财务经理在内的利益相关方评审后才能实施。

财务评审的主要内容为通过对项目风险的可能性和影响程度分析，估算采取风险应对策略需要的准备金数量，以设定风险接受程度。

当风险的应对策略可以由项目组或所在企业单方完成时，或者如果这些策略让客户得知有可能会影响客户对项目的信心时，项目的风险处置计划是对客户保密的。

当项目风险应对计划必须与客户沟通、需要客户在资源上提供新的支持或需要客户予以时间等方面的配合时，风险应对计划应交付客户评审，评审通过后才能实施。在这种情况下，有可能需要重新修订项目合同和项目章程、项目计划等文件。

在进行项目资源规划时要考虑使用以下一种或几种方式来处理风险。

（1）在识别了非常大的资源风险情况下，在 WBS 中应加入风险管理项，或者拨出"项目准备金"来应对进度的可能延期。

（2）在可以预见项目资源是个问题的时候，应适当延长完成任务的时间。至于采用什么时间增加系数，取决于风险程度以及资源问题对整个项目的影响程度，没有现成的经验。

（3）当使用新技术或者进行估计的人员一直持有非常乐观的态度时，就应适当增加具体任务的完成时间。要记住：技术人员往往低估完成某项任务的时间。

（4）如果项目成员的技能不足，就应增加培训这些人员所需的时间和资源。

项目风险管理并不是等到风险实际发生（并成为问题或故障）后才决定要对它采取什么行动。与风险发生后采取补救措施相比，及早管理项目风险几乎总会付出更少的代价，经历更少的痛苦。

不可忽视项目利益相关方之间的社会网络风险

项目风险要能够真正被管理，就需要了解项目利益相关方的行为，因为只有人的行为是管理的真正对象，各种风险管理都要依靠人的行为来解决。人的行为的不确定性是风险管理最直接风险。

项目利益相关方是多元化的，他们彼此之间相互关联，构成较为复杂的社会网络。项目利益相关方会有不同的价值诉求、资源投入，在参与项目时会权衡多种机会损失。当利益相关方由于某些因素存在不能兑现其责任承诺时，就存在角色风险。

将风险看作"事件发生的不确定性"并据此将对风险因素进行归类与分析的情况十分普遍。然而，该种视角并未充分考虑到利益相关方行为给项目目标带来的影响，没有抓住产生风险的"人"这个关键，因而未能从管理的本质上探讨项目风险问题。从管理的可实现性上来看，项目风险主要指"项目利益相关方不确定行为产生的可能性、影响程度及可管理程度"。

造成项目利益相关方不确定行为发生的因素可以分为两类：一类是只与某利益相关方个体有关的因素，这种因素因人而异，可以称为"属性风险"，例如，技术能力、健康状况、个人欲望等；另一类是与其社会属性有关的因素，这种因素受限于由利益相关方在项目中扮演的角色构成的社会网络，可以称为"结构风险"，例如，社会关系、职务等。结构风险具体是指"项目角色责任的兑现受到不确定外部影响的可能性、影响程度和可管理程度的大小"。结构风险是对属性风险的补充，其实质是影响网络关系稳定性的各种不确定性。结构风险又可以分为两种：一类是从某利益相关方立场出发的对其承担角色可靠性和有效性的判别，可以称为"关系风险"；另一类是对利益相关方治理角色构成的整体社会网络的可靠性和有效性的判别，可以称为"网络风险"。由此可见，风险包含两层含义：可靠性和有效性，可靠性与不确定性有关，有效性与项目管理的成功度有关。

利用社会网络分析方法来识别项目利益相关方承担的角色风险是很有帮助的[●]。

社会网络图的基本元素是点和线，其中点表示各个利益相关方，线代表利益相关方之间的关系。根据分析问题的需要，社会网络图可以绘制为有向图和无向图两种，线也可以根据关系的种类和强度进行赋权或不赋权。利用社会网络进行风险分析基于以下 6 种基本判别。

（1）某利益相关方所处的社会网络密度越大，受网络的约束程度越大，他的行为越可靠。所谓网络密度是指社会网络中某利益相关方之间的实际关联关系在所有可能的关联关系中所占的比例。密度越大，说明该利益相关方对其他利益相关方的依赖性越大，任何擅自行动都会受到其他各方的限制，因而，稳定性较高。

（2）一个利益相关方在社会网络中的中心性越大，他抵御其他利益相关方压力的能力越大。换句话说，他不受其他相关方约束的能力越大。所谓中心性表明网络中某一结点与其他各点之间相间隔的程度，表示一个点在多大程度上是图中其他点的"中介"。一个节点中介性越强，说明其他利益相关方之间的联系对该利益相关方的依赖性越强，因而该利益相关方就有更大的谈判能力。

（3）在其他条件相同的情况下，具有高密度和高中心性的利益相关方更容易与其他利益相关方之间采取协商和妥协的策略。因为他们之间彼此的依存关系很强，任何一方都难以取得明显的优势，妥协是最好的办法。他们是维持项目利益相关方之间关系平衡的重要力量。

（4）在其他条件相同的情况下，具有低密度和高中心性的利益相关方容易对其他利益相关方扮演控制角色，他们易于控制其他相关方的行为和期望。这些相关方受其他利益相关方的影响小而其他利益相关方对他们的依赖性大，因而他们就有更大的主动权。

（5）在其他条件相同的情况下，具有高密度和低中心性的利益相关方容易采取妥协的策略，他们容易调整自己的预期努力与他人合作。他们对别人的依赖性强，而其他利益相关方对他们的依赖性弱，因而他们不具备谈判优势。

[●]　有关社会网络分析的详细内容可参见林聚任. 社会网络分析：理论、方法与应用. 北京：北京师范大学出版社，2009.

（6）在其他条件相同的情况下，具有低密度和低中心性的利益相关方容易在项目中采取游离态度，他们与其他利益相关方相比没有谈判优势也没有谈判劣势，容易我行我素而产生项目风险，但也容易被别人结盟而改变整个社会网络的态势。

在社会网络"中心性"的描述中，有两种重要的度量方法：中心度与中心势。中心度指的是一个节点在网络中处于核心地位的程度，中心势则描述整个图的紧密程度或一致性，也就是一个图的中心度；利用中心势指标可以看到整个利益相关方网络的稳定程度。这种方法不仅可以管理项目利益相关方行为风险，也可以用来分析和管理重大项目的社会舆情等。

某市轨道交通 6 号线大型建设项目采用监理制组织形式。项目参建单位多、施工难度大且工程协调难度大。该项目中，监理公司面临很大的挑战。尽管商务合同有明确的规定，监理公司享有监控权，但是，在执行过程中，往往受到人为干预太多，这就需要考虑其社会网络关系及监理公司和其他相关方在社会网络中的地位。例如，如何应对来自监理公司本身、网络的缺陷对监理公司的制衡以及联盟对监理公司的挑战至关重要。

该项目涉及的各利益相关方如表 13 – 5 所示。社会网络图中的各个点为项目利益相关方。大型项目利益相关方之间有资源流动，可采用有方向的连线表达相关方间的关系。根据调查得到的关系，可以形成包含各利益相关方的邻接矩阵，利用软件 NetDraw 可以得到某市轨道交通 6 号线项目的规制网络结构❶。

表 13 – 5　　　　某市轨道交通 6 号线项目各利益相关方

利益相关方类别	利益相关方名称	利益相关方角色
业主方	某市轨道交通集团有限公司	
设计方联合体	中铁第一勘察设计院	联合体主办单位
	某市市轨道交通设计研究院	设计分包
监理方联合体	中咨监理	联合体主办单位
	中煤国际工程集团某市设计研究院	联合体协办单位

---

❶　该案例的项目计算过程和分析参见丁荣贵、刘芳、孙涛、孙华．基于社会网络分析的项目治理研究．北京：中国软科学，2010.

续表

利益相关方类别	利益相关方名称	利益相关方角色
施工方	中国建筑工程总公司	同时承建1号线和3号线的标段
	中铁隧道集团	同时承建1号线和3号线的标段
	中冶建工集团	因为在抗震救灾中有突出贡献，与某市市政府建立特殊密切关系
勘察方	某市市勘测院	该部门也是原先某市一号线的测量监理
供应商	美国罗宾斯公司	主设备 TBM 供应
	其他供应商	
上级主管部门	某市市政府	
	某市发改委	
相关管理部门	某市规划局	规划方面、电力协调
	某市质监局	
	某市安监局	
	某市交通部门	
其他利益相关方	被征地农民	

　　通过数据收集和社会网络图的绘制，某市轨道交通6号线项目的规制网络结构如图13-4所示。通过社会网络图，可以分析其整体网络密度和中心性。在项目治理领域中，这两个指标可解释为整体网络的沟通和协作

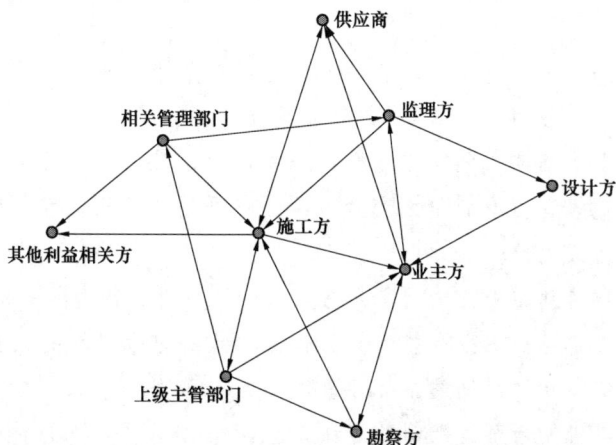

图 13 - 4　某市轨道交通 6 号线项目的规制网络结构

程度。监理公司可作为一个特殊参与者，通过分析其中心度、密度和结构洞等指标，来决定其能否以及怎样才能发挥应有的职能。

整个网络的密度为 0.3472，即 34.72% 的可能关系存在。在某市轨道交通 6 号线项目中，外向点度中心势（31.250%）明显小于内向点度中心势（45.313%），说明向外输出信息的利益相关方比起利用外部信息的利益相关方明显较少。中间中心性数值表明，网络中存在能够有效控制信息的利益相关方（35.16%）。整个网络的集中度不高。依据接近中心势结果，我们知道，内向接近中心势与外向接近中心势相比变动较小。接近中心势无法计算，这是因为图中具有孤立点，某些利益相关方之间的距离在计算时处理为无穷。

该项目网络具有较低的密度和较分散的权力中心，这可以从中国目前大型监理项目的现状中得到解释。在中国，由于社会各方面原因，相应体制不完善，导致监理方素质不高，绝大部分工程监理只懂工程专业，无法对工程进行全面和有效的管理。监理企业无法充分发挥职能，是网络密度较低和活动分布较松散的主要原因。

业主有最大的外向点度中心度（62.500），可认为它是网络中最有影响力的利益相关方。施工方具有较大的内向点度中心度（75.000）。中间中心度表明，施工方和业主更有可能对其他利益相关方施加影响。其他利益相关方具有较高的内向接近中心度（53.333），说明该行动者在较大程度上不受其他行动者的控制。业主方、施工方和上级主管部门具有较高的外向接近中心度（66.667），说明三者在项目治理过程中较少依赖其他利益相关方。

分析结果表明，施工方和业主方已经成为某市轨道交通 6 号线项目的中心，拥有巨大权力。监理方在实际项目中无法充分发挥其职能，权力小，力量薄弱。而在工程各方发生纠纷并诉致法院时，工程监理出具的证据又因其与建设单位有利益关系而不被法院采纳，工程监理制度在中国已开始有形同虚设的趋势。

此外，供应商与业主的关系具有较大的冗余度，因为其邻域内 75% 其他利益相关方也与业主存在关系。勘察方和施工方也以没有大量结构洞的方式嵌入网络。通过限制度指标可以得出，对监理方来说，与之存在关系的业主方对其控制最强，限制度为 0.24，业主方对监理方的要求因此是监理方最难忽视的。结构洞分析指标列出了每个利益相关方的有效网络规模、效率、总限制度和等级度数值。依据表中数据，监理方的有效网络规模是 3.286，受到的总限制度达到 0.519。结构洞分析结果再次印证了中国大型监理项目中监理方力量薄弱，易受控制。此时，监理组织作为独立的决策单位，会根据网络的嵌入关系、网络密度和集中度等采取治理策略应对来自业主、施工方等方面的压力。

通过上述分析可以发现，业主方为了自身的利益通常对监理方产生影响甚至与监理方联合。监理方的策略选择与施工方密切相关，因此实力雄厚的施工方亦希望通过与监理方的联合实现更多的网络资源控制。此时，不同治理策略下的网络规制关系如图 13-5 和图 13-6 所示。

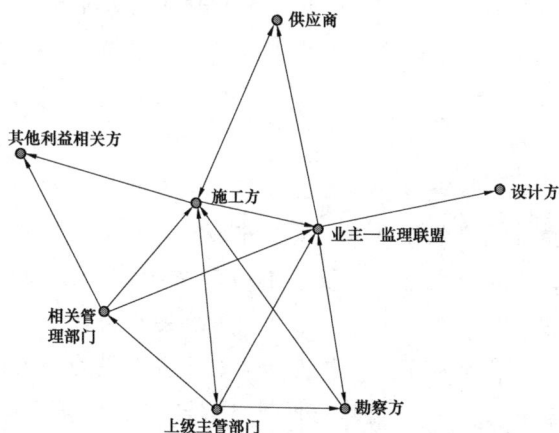

图 13-5　监理方与业主采取联合策略时项目的网络规制结构

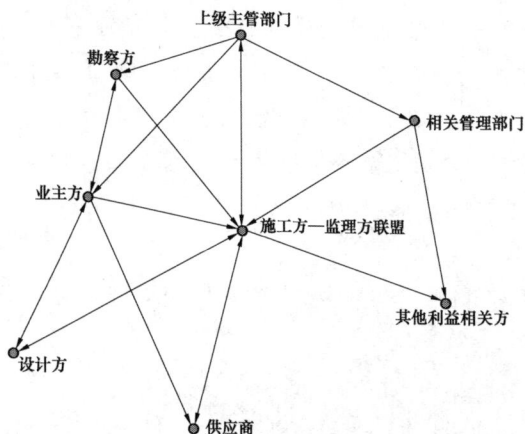

图 13-6　监理方与施工方采取联合策略时项目的网络规制结构

当社会网络结构中监理方与业主采取联合策略时，密度和度数中心势稍有降低，中间中心势值稍有上升。而监理方与施工方采用联合策略时，密度和网络中心势都有明显上升，此时整个网络呈现较高的权力集中态势。

当社会网络结构中监理方与业主采取联合策略时，施工方的权力中心地位依然稳固，同时，业主—监理联盟也成为交往活动的中心（57.143，71.429）。而监理方与施工方采用联合策略时，施工方—监理方联盟拥有最大的交易能力（71.429，85.714）。

当社会网络结构中监理方与业主采取联合策略时，施工方依然可以有效地控制其他行动者（42.857），联合策略使得监理联盟拥有较大的资源控制能力（34.524）。而监理方与施工方采用联合策略时，获益最大的是施工方—监理方联盟，它处于网络的核心的地位，拥有很大的权力（54.762）。

当社会网络结构中监理方与业主采取联合策略时，施工方、上级主管部门和其他利益相关方依然具有较高的中心度，可见其信息传递的独立性或有效性受该治理策略的影响不大。而监理方与施工方采用联合策略时，施工方—监理方联盟成为强大而独立的治理决策制定者。

总结起来，可依据以下三种情况对项目利益相关方风险进行管理：第一，当监理组织作为独立决策单位时，监理组织会根据网络的嵌入关系、网络密度和集中度等采取策略应对来自业主、施工方等方面的压力。具体来说，监理公司将难以回避来自业主的要求。第二，当社会网络结构中监理组织与业主采取联合策略时，项目利益相关方策略的选择会很不一样。此时的社会网络结构对施工单位有较大影响，项目的可靠性会降低。第三，如果监理组织与施工方采用联合策略，各个利益相关方形成的社会网络结构又会呈现其他特点，如网络密度和网络中心势增大，则可能将业主架空。

项目风险并不可怕，可怕的是直到它们变成现实时我们才"惊讶"地发现它们。

关键在于沟通

言必中务，不苟为辩；行必思善，不苟为难。

——《管子·法法第十六》

在所有的项目管理技能中，沟通是最重要的。项目经理的主要工作就是与项目利益相关方沟通，在某种程度上，项目的成败取决于项目利益相关方之间沟通的有效性。同样，如果企业的管理能力差一些，也可以通过加强有效的沟通能力予以弥补。

据《创世纪》记载，巴比塔是人类继诺亚方舟之后的第二大型工程，也是第一个失败的大型工程。在远古时期的一次从东方向西方迁徙的过程中，人们发现了苏美尔地区的一处平原，并在那里定居下来。接着他们烧制了砖块并打算建一座高耸入云的巴比塔，好让人们居住在一起，永不分开。上帝知道后说："他们只是一个种族、只使用一种语言，如果他们能够将巴比塔建成，以后就没有什么可以难倒他们了。"于是，上帝将这些人分散到世界各地，并在他们的语言中制造混淆，使他们彼此之间不能顺利沟通。巴比塔因此而不得不中止了。

巴比塔工程不缺乏清晰的目标，不缺乏时间和材料，也不缺乏人力和技术，它缺乏的是有效的沟通。因此，是沟通毁了这个项目。

谨防"信息漏斗"

沟通就是信息的传递和接收。那么，究竟什么是信息呢？

为了理解信息的真正含义，我们可以先看一看图 14-1。

从图 14 - 1 中我们可以看到两个头像，一个是年迈的老妇人，另一个则是年轻的女子。同一幅图，我们看到的却是不同的结果。

在 20 世纪初，有一支英国的探险队来到马来西亚南部的山区。在那里他们发现一个部落还保持着石器时代的生活方式。通过手势比划，他们发现该部落的酋长很有思想，于是就将酋长带到了新加坡。一个星期后，他们又将酋长带回到了他原来居住的地

图 14 - 1　双面人像

（资料来源：埃特温·波林 1930 年作）

方，并问他在新加坡一个星期印象最深的是什么。酋长的回答让探险队员出乎意料：给他留下最深印象的既不是高楼，也不是轮船，而是"我从来没想到一个人（用独轮车）能运那么多香蕉"。可见，我们看到的世界并非客观世界本身，它只是客观世界在我们心中的反映。

信息是经过加工处理的对人们各种具体活动有参考价值的数据资料。因此，信息是由于人们的需要而存在的，如果人们本来没有思想和需求，也就不会有信息的存在。

信息是因人而异的，人们会对客观的数据资料进行主观地筛选、过滤、加工和处理。

现在我们可以再做一个实验。假如你将下面一段话念两遍：

"一商人刚关上店里的灯，一男子来到并索要钱款。店主打开收银机，收银机里的东西被倒了出来。然后那个男子逃走，一警察很快接到报案。"

然后，让实验的参与者就以下 12 个题目选择答案，每道题的答案可能有三种：正确、不正确、不能肯定。

题 1：故事中涉及三个人物，店主、一个索要钱款的男子，一个警察。

题 2：抢劫者没有把钱带走。

题 3：店堂灯关掉后，一个男子走进来。

题4：抢劫者打开了收银机。

题5：索要钱款的男子拿走收银机里的东西后逃离。

题6：抢劫者向店主索要钱款。

题7：尽管收银机里有钱，但故事中没有说有多少钱。

题8：店主倒出收银机里的东西后逃走。

题9：打开收银机的那个男子是店主。

题10：来的那个男子没有索要钱款。

题11：抢劫者是个男子。

题12：店主将店堂内的灯关掉后，一男子来到。

你会发现，很少有人能够做对7道题，大多数人只能做对4道题左右。如果你将这段话给他们看一遍，然后再让他们选择，仍然有一些人会在第3题、第7题和第9题上出错。

信息沟通可以用图14-2所示的模型来表示。图中的每一个沟通环节都可能存在噪声、误解或其他障碍。

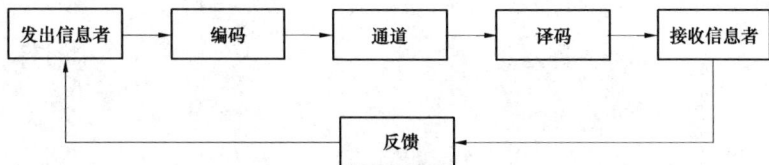

图14-2　信息沟通的一般模型

这些障碍会产生一种"信息漏斗"现象，这种现象可以简单地用图14-3表示。

假如我们想说的话是100%，那么受到各方面的影响我们实际上说出来的话可能只有想说的80%。

因为受到环境、说话人的语速、方言等各方面的影响，这些话被别人听到的可能只占我们想说的60%。

同样，这些话的含义能被听到者准确理解的程度可能只占到我们

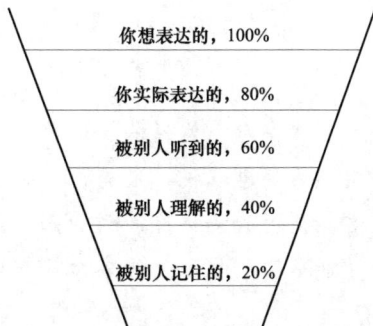

你想表达的，100%

你实际表达的，80%

被别人听到的，60%

被别人理解的，40%

被别人记住的，20%

图14-3　沟通中存在的"信息漏斗"

原先想表达意思的 40%。

理解之后，这些话能够让他们记住的也可能只占到原来我们想表达意思的 20%。

这些话能够起作用的就微乎其微了。

由于项目团队成员来自多种专业领域，有不同的专业背景和工作经历，因此，他们比职能部门中的成员更容易在彼此之间的沟通方面出现问题，这种"信息漏斗"现象更容易发生，而任何沟通的问题都将给项目带来危害（见图 14-4）。

顾客需求如此描述　　项目经理如此理解　　设计者如此设计　　开发者如此开发　　商业顾问如此诠释

项目文档如此编写　　项目安装如此简单　　项目投资如此巨大　　项目支持如此肤浅　　原来，这才是客户真正需要的

图 14-4　信息沟通问题给项目带来的灾难

（资料来源：Harold Kerzner, Project Management, 8th ed.
John Wiley & Sons, Inc., 2003, p228）

为了提高项目沟通的有效性，记住以下谚语是有帮助的。

对项目经理来说，最有价值又最少说的一个字是："不"。

客户只会告诉你你问到的东西，而不会告诉你他们所想的东西。

不能落实到书面上的东西就等于没说。

项目沟通计划必须规范

要完全消除沟通中的"信息漏斗"几乎是不可能的，但是保持项目沟通的有效性却是比较容易做到的。建立规范的项目沟通计划就是一种减少"信息漏斗"危害的有效方式，它比提高项目利益相关方的沟通技巧和沟通艺术更可靠。

尽管所有的项目都存在沟通的渠道，但在大多数项目中，人们在项目计划方面的主要精力放在预算和工期计划上而忽视了建立规范的沟通计划。

表 14－1 为企业信息沟通渠道调查表，从表中可以看出，企业自己认为的沟通渠道和它们实际采用的沟通渠道是有很大差别的。在实际采用的沟通渠道中，流言蜚语和小道消息居然占到了第 2 位，而自下而上的沟通渠道则被排到了 10 位以后！

表 14－1　　　　　　　　**企业信息沟通的主要渠道调查表**

信息来源	调查结果	实际情况
顶头上司	1	1
小组会议	2	3
老板/最上层经理	3	10
年度报告	4	8
员工手册	5	5
工作计划书	6	11
部门内部刊物	7	7
公司内部刊物	8	6
布告栏	9	4
自下而上的交流计划	10	15
群众大会	11	9
视听节目	12	14
工会	13	12
流言蜚语、小道消息	14	2
大众传媒	15	13

　　规范的项目沟通计划要解决如何才能将正确的项目信息在正确的时候以合适的费用和有效的方式传递给正确的项目利益相关方。

　　要形成规范的项目沟通计划，需要坚持以下 5 个步骤。

　　第一步：明确沟通的目的。不同的沟通措施是为了实现不同的项目管理目的。很多管理人员认为只有行动才是最重要的，他们很少在行动之前仔细定义清楚行动的目的。还有一种误区是将行动等同于目的。"慢慢计划，快速行动"是很重要又经常被忘记的。

　　第二步：明确沟通对象。要将正确的信息给正确的人，必须先明确谁是正确的人。需要再一次强调的是：信息的价值是因人而异的。如果我们不能识别和定义清楚我们的沟通对象，那么沟通也就失去了意义。由于不同的项目利益相关方对项目承担不同的责任，因此他们需要的信息是不同的。

　　第三步：确定沟通内容。沟通内容的确定需要包含以下几个原则。

　　（1）信息要简洁明了、重点明确、表述准确。在一次沟通过程中不能包含太多的信息量，一般不要涉及三个以上的问题，否则接收信息的人很难把握信息的关键，或者他们认为的关键与我们希望他认为的关键会不一致。

　　记住 KISS 原则，即 Keep It Simple and Short。

　　如果有一座金字塔需要 1000 块石头才能垒起来，目前已垒了 900 块石头，是不是就是完成了项目任务的 90% 呢？当然不是，因为垒起最后 100 块石头的工作量有可能会超过前面 900 块石头。因此，我们只能说"已经垒了 900 块石头"，而不能说"我们已经完成项目任务的 90%"。

　　（2）信息要诚实。信息的内容要有足够的可靠性，千万不要为了某些利益或为了使问题得到暂时的解决而提供虚假的信息，这些虚假的信息不仅会在项目后期引起更大的麻烦，而且还可能产生法律上的纠纷。千万记住："当你认为别人很傻时，有可能你自己才是最大的傻子。"

　　（3）信息要规范。规范化的信息不仅使人看起来清晰、理解起来容易，而且还会给人以良好的感觉，因为规范程度就是管理程度的反映。

　　第四步：确定沟通的方式和时间。沟通的形式有时候甚至比沟通的内容还重要。

沟通要把握恰当的时机，并以最适合于项目利益相关方角色特点和性格特点的方式展现出来。这方面常见的问题有以下几个。

（1）语言问题。项目沟通中的很多问题是由于所采用的语言不同造成的。由于项目团队成员来自不同的专业领域，他们或多或少会在沟通时采用各自专业领域内的表达方式，而忽视了项目的其他利益相关方可能会对这些表达方式产生理解上的歧义。

与合资企业的中方人员打交道时常会存在"语言障碍"。这些人员一般使用3种语言。第一种是汉语，第二种是汉语当中夹杂英语，这两种语言基本上还可以让其他人员明白。第三种是汉语夹杂英语和设备型号等专业外语。没有专业背景、甚至英语水平不高的人是很难和他们进行沟通的。

（2）知识层次的不同。由于项目利益相关方之间知识层次不同，对项目任务的理解程度是不一样的，在沟通形式的制定方面需要充分考虑这一点。

"一个人用一个金属的齿状物去撬动了一块由淀粉构成的物体。"这句话是什么意思？其实就是："一个人用叉子叉了一块土豆。"目前，学术界很喜欢以深奥的语言来表明简单的道理，这种现象有蔓延之势，在项目沟通时要警惕这种现象。

（3）缺乏面对面交流。随着现代通信技术的发展，越来越多的人喜欢通过电话、电子邮件等方式进行沟通，在远程项目管理过程中尤其如此。这些方式永远不能取代面对面的交流。信息沟通过程中没有面对面的交流将增加错误信息传递的可能性。

我们可以看看下面的一句话是什么意思：

"我没说他偷了我的钱"

根据说话者语气和停顿的不同，这句话至少将产生7种不同的含义！

有一个企业老总去参加一次国际会议。他是从加拿大回来的访问学者，有良好的英语水平。但由于与会人员大多数是中国人，所以他在用英语作了简单的问候后，便用汉语完成了他的演讲。讲完后，很多外国人向他表示祝贺。他感到很奇怪，就问这些外国人能否听懂汉语。有一个外国人回答道："我们虽然不懂汉语，也听不懂你在讲什么，但我能够看出来你知道你自己在讲什么。"

据调查，在演讲信息的传递效果中，非语言/肢体语言所传达的信息占到 55%，声音和语调占到 38%，而内容只占到 7%。

（4）沟通的时机不对。信息沟通既要及时又要注意沟通对象所做的工作和所处的精神状态。过时的信息是没有价值的。像"我忘了告诉你，他们昨天已经招标结束了"这样的信息非但没有价值，而且还很让人气愤。一般说来，在项目生命周期各阶段的过渡时期、里程碑节点、项目产生变更的时候都是需要加强项目沟通的时候。

第五步：建立有效的反馈机制。反馈机制主要回答以下三个问题：信息是否已经被接收？信息是否已经被理解？信息沟通是否已达到目的？

如果缺乏有效的反馈将不能及时纠正沟通中存在的关于信息理解的不一致等问题，还会产生"负反馈"，加剧项目利益相关方之间的误解。

假如你每天下午 6 点钟下班，6 点半到家。有一天，你在路上临时碰到点事，当时没有办法通知你的家人。6 点半了你没到家，7 点半了你还没有到家。那么，你家里人会怎么想？他们一定是往坏处想。

曾经有一个寓言：因为缺少一个钉子，一匹战马不能钉上马掌；因为缺少马掌，军队少了一匹战马；因为少了一匹战马，一个勇士就不能发挥作用；因为勇士不能发挥作用，整个战役失败了。同样，我们也可以提出这么一种寓言：因为没有反馈，项目利益相关方之间将产生误解；因为有了误解，利益相关方之间就失去了信任；因为利益相关方之间失去了信任，项目失败了；因为项目失败了，企业破产了。

规范的项目信息沟通计划还必须包含以下三部分内容。

（1）如何获得信息。这部分内容主要是告诉项目小组成员及其他利益相关方他们所需要的信息将从何处、以何种方式获得，包含项目文档/文件存在的地方，以及使用电子媒介存储哪些信息等。

（2）如何收集与更新信息。这部分内容主要讨论项目信息的种类以及信息的收集方法。当信息产生变更时，将如何保证项目利益相关方得到最新的、一致的信息。

（3）如何控制与传播信息。这部分内容的目的不是限制那些需要信息的人得到有关的信息，而是提供一种方式以防止那些试图危害项目的不轨之人获得敏感性资料。项目沟通计划中必须要有信息安全政策。

项目沟通计划中包含许多报告形式，例如：

项目关键点检查报告；

项目执行状态报告；

项目任务完成报告；

重大突发性事件的报告；

项目变更申请报告；

项目管理报告；

项目实施后评估报告。

在项目开始的时候必须要制定项目沟通方式，要在项目启动会议上得到利益相关方的确认。

把握项目的关键度量信息

项目经理既需要想方设法获得项目必要的各种资源，还需要协调多种利益相关方之间的人际关系。特别是对于大型项目来说，项目经理更是恨不能变成"千手观音"，因为他们要处理的事情太多了。

企业中的中层管理人员常被称为"被上司训斥，被下属讨厌的人"。他们经常要受到老总们的批评，这些批评常常不期而至。他们刚刚根据老总的指示做了改正，新的批评又来了。"每个项目都不一样，实在是没有规律可循。"一个某名牌学校毕业的 EMBA 曾这样抱怨。没错，项目确实是不一样的。然而，让我们看看医生是怎么工作的吧！每个病人都会在性别、年龄、性格、体质等方面有差异，那么，医生怎么知道谁是健康的、谁是有病的呢？因为医生知道什么是健康的人，因而他们知道去问什么、去检查什么。而很多管理人员并不知道健康的项目是什么样的，因而他们也就不知道如何、到何处去寻找信息。

项目管理需要项目经理具备"四两拨千斤"的能力。如果不能掌握项目的关键信息，不能根据这些信息来判断项目的健康状况并确定自己的工作重点，项目经理不仅难以保证项目健康，也难以保证自己的身体健康。

除了关键链方法外，挣得值方法（Earned Value Method）也是帮助项目经理把握项目关键信息的有效方法。

图 14－5 是某项目 X 的 Gantt 图。从图中可以看出，项目活动 A 计划为第 1、第 2 和第 3 周完成；活动 B 计划为第 3、第 4 和第 5 周完成；活动 C 计划为第 5、第 6、第 7 和第 8 周完成；活动 D 计划为第 8 和第 9 周完成。当我们在第 6 周末检查项目状态时，项目活动 A 已经完成，活动 B 仅完成计划的一半，活动 C 完成了计划的 5/8，活动 D 没有开始。也就是说，活动 B 落后于进度计划，活动 C 又比计划进度提前了。那么，该项目从总体上看进度是延期了呢，还是提前了呢？要回答这个问题，显然不能简单地将活动 C 比计划提前了 0.5 周与活动 B 比计划落后了 1.5 周简单地相加

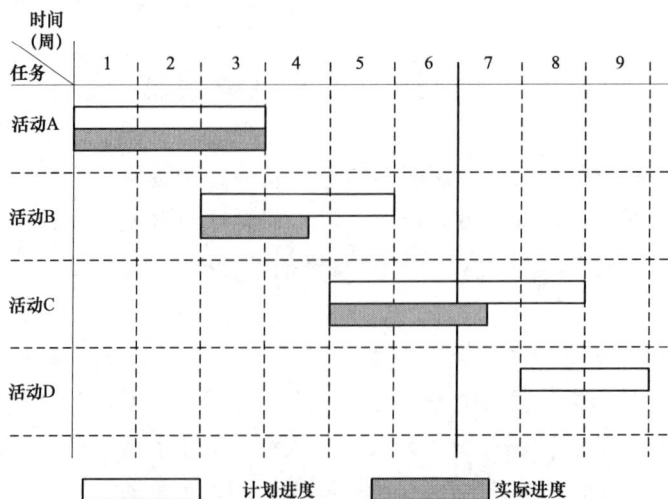

图 14－5　某项目 X 的计划与实际情况 Gantt 图

得出项目延期了 1 周的结论。因为活动 B 和活动 C 的难易程度、工作量大小均可能不同。

如果该项目各项活动的预算和实际支出情况如表 14－2 所示，那么该项目从总体上讲预算是超支了还是节支了呢？同样，要回答这个问题，我们也不能将各项活动的实际费用简单地加减后与预算费用相比较。

表 14－2　　　项目 X 各活动的预算及在第 6 周末的实际支出

活动名称	预算	实际支出
活动 A	100	90
活动 B	150	110
活动 C	200	100
活动 D	50	0

此外，如果按照目前的进展状态，该项目需要花费多长时间和费用才能完成呢？该项目的状态是可控的还是失控的，是只需要项目组内部调整，还是需要其他项目利益相关方介入呢？

挣得值方法中最基础的数据指标有如下三种。

（1）计划完成工作的预算费用（Budgeted Cost for Work Scheduled，BCWS），即项目实施过程中某阶段计划要求完成的工作所需的预算费用。

在计算 BCWS 时，我们通常假设项目的任意一项活动费用的支出都是均匀的，因此 BCWS＝计划完成项目活动工作量×单位工作量预算定额。

（2）已完成工作的实际费用（Actual Cost for Work Performed，ACWP），即项目实施过程中某阶段实际完成的工作所消耗的实际费用。

（3）已完工作量的预算成本（Budgeted Cost for Work Performed，BCWP），即项目实施过程中某阶段实际完成工作按预算定额计算出来的费用，即挣得值（Earned Value）。BCWP＝已完成的项目活动工作量×单位工作量预算定额。

在以上三种数据指标的基础上，我们即可利用如下几种指标对项目费用和工期的总体情况进行判断了（见图 14－6）。

（1）费用偏差（Cost Variance，CV）。CV 是指检查期间项目的 BCWP 与 ACWP 之间的差异，计算公式为 CV＝BCWP－ACWP。

当 CV 为负值时表示项目的实际费用支出超过预算值即项目超支了。

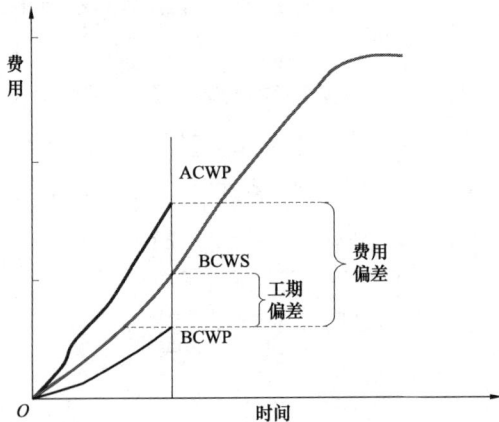

图 14-6 项目挣得值方法中几种参数的关系

当 CV 为正值时表示项目实际支出低于预算值，表示项目费用有节余。

（2）进度偏差（Schedule Variance，SV）。SV 是指检查期间 BCWP 与 BCWS 之间的差异，计算公式为 SV = BCWP - BCWS。

当 SV 为正值时表示项目实际进度比计划提前了；当 SV 为负值时则表示项目实际进度比计划滞后了。

现在，我们可以来分析上面所说的项目 X 从开始到第 6 周末时的进度和费用情况了。表 14-3 为项目 X 的挣得值方法相关参数。

表 14-3 项目 X 的挣得值参数表

活动名称	预算	BCWS	ACWP	BCWP
活动 A	100	100	90	100
活动 B	150	150	110	75
活动 C	200	100	100	125
活动 D	50	0	0	0
合计	500	350	300	300

从表 14-3 中可以看出，项目 X 进行到第 6 周末时：

$$SV = BCWP - BCWS = 300 - 350 = -50$$

$$CV = BCWP - ACWP = 300 - 300 = 0$$

所以，从总体上看项目 X 进度滞后了，但费用是按照计划支出的。

同样，我们还可以用费用业绩指标（Cost Performed Index，CPI）和进度业绩指标（Schedule Performed Index，SPI）对项目的总体费用和进度情况进行判断。

$$CPI = BCWP/ACWP$$

当 CPI > 1，表示项目节支了；

CPI < 1，表示项目超支了；

CPI = 1，表示项目实际费用支出与预算吻合。

$$SPI = BCWP/BCWS$$

当 SPI > 1，表示项目进度提前了；

SPI < 1，表示进度滞后了；

SPI = 1，表示实际进度等于计划进度。

对项目最终费用和进度结果的预测方法有两种：一种是根据当前已经完成的数据对项目进行重新分析和计划，这种方法通常用于当过去的项目实施情况显示了原有的估计或假设条件基本失效的情况下；另一种方法是利用挣得值数据来估算。当然，最好的方法还是将这两种方法结合起来用。

假设原先对项目总费用的预算为 BAC，则项目完工时的总费用（EAC）可以预测为：

$$EAC = BAC/CPI$$

假设原先对项目工期的计划为 SAC，则项目最后可能结束的工期（EAS）可以预测为：

$$EAS = SAC/SPI$$

这种方法的问题在于，它用一种线性的方式根据当前的趋势预测未来。更好的办法是对每项项目任务进行重新估算，然后再对项目的费用和工期进行预测，但它仍不失为一种能够快捷判断目前项目状态的方法。

现在用挣得值方法进一步分析上文的项目 X。

$$SPI = BCWP/BCWS = 300/350 = 0.857$$

$$CPI = BCWP/ACWP = 300/300 = 1$$

$$EAC = BAC/CPI = 500/1 = 500$$

$$EAS = SAC/SPI = 9/0.857 = 10.5$$

即项目费用仍为 500，而项目工期则会由计划的 9 周延长至 10.5 周。

挣得值方法并非一种准确的预测方法，它的重要作用在于项目经理或项目发起人等可以通过定期检查挣得值数据来判断项目费用和进度是否失控。

表14-4为某项目的挣得值数据表，该项目每半个月收集一次数据。

表14-4　　　　　　　　　　　某项目的挣得值数据表

日期	BCWS	BCWP	ACWP	SPI	CPI	标准值
05-15-99	50 000	50 650	50 650	1.013	1	1
05-30-99	110 000	95 000	100 000	0.863 636 364	0.95	1
06-15-99	250 000	235 000	256 000	0.94	0.917 968 75	1
06-30-99	1 500 000	1 480 000	1 560 000	0.986 666 667	0.948 717 949	1
07-15-99	1 750 000	1 750 000	1 850 000	1	0.945 945 946	1
07-30-99	4 570 000	4 590 000	4 805 600	1.004 376 368	0.955 135 675	1
08-15-99	5 200 000	5 300 000	5 550 000	1.019 230 769	0.954 954 955	1
08-30-99	5 600 000	5 800 000	5 865 000	1.035 714 286	0.988 917 306	1
09-15-99	6 200 000	6 100 000	6 500 000	0.983 870 968	0.938 461 538	1
09-30-99	6 358 520	6 358 520	6 650 000	1	0.956 168 421	1

由此表可以得到如图14-7所示的费用和工期偏差情况。从图14-7可以得出该项目虽然在开始时出现较大的费用超支和工期落后现象，但项目的总体趋势是正向的。

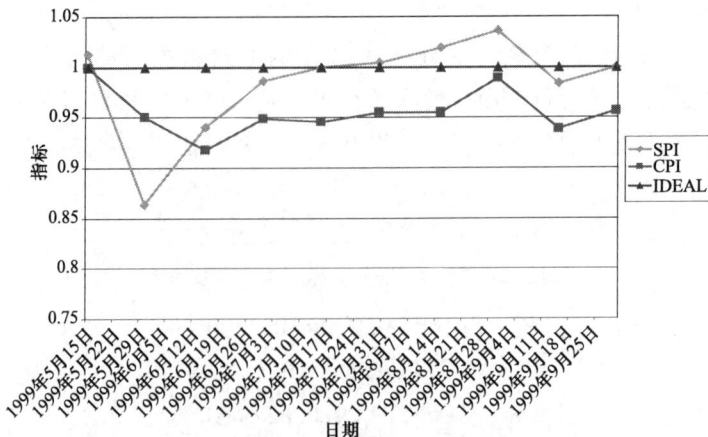

图14-7　由表14-4得到的项目费用和工期偏差趋势图

此外，我们还可以用以下两个参数为项目管理设定控制区域。

$$CV\% = CV/BCWP$$

$$SV\% = SV/BCWS$$

其中 CV% 为费用偏差率，SV% 为工期偏差率。我们可以设定如图 14 - 8 所示的控制线以决定当 CV% 和 SV% 处于何种区域时可以由项目经理自行处理，当 CV% 和 SV% 处于何种区域时必须上报给高层经理处理。

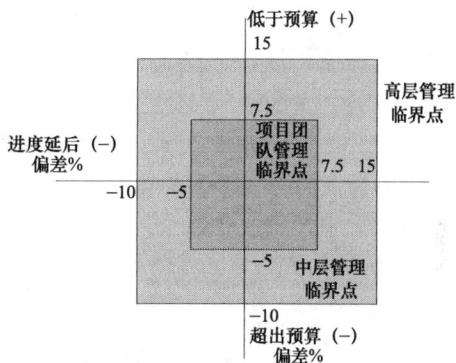

图 14 - 8　项目偏差控制区域

确保项目会议的有效性

召开各种各样的会议是项目管理过程中必不可少的一种沟通活动。面对面的开会有其沟通的优势，同时开会也有其劣势。例如，开会成本会上升，在开会期间无法完成其他的工作，如果会议组织不当还会引起一些矛盾等。

要使项目会议更有效，需要遵循以下原则。

（1）开会之前要确定开会的议程，明确开会要讨论的内容。很多会议，特别是所谓的例会都不会告诉与会者会议将讨论什么内容。参加这样的会议前人们无法做好充分的准备，这必将带来会议成效的低下（见图 14 - 9）。

图 14 - 9　弄清会议的真正目的

开会时人们常常遵循 3S 原则，即不主动发言（Silence），如果领导看着你要保持微笑（Smile），如果领导没看到你就小睡一会儿（Sleep）。会议中只有三种人敢讲话：领导，他们是怎么说都不会死的人；搞砸了的人，他们是说不说都得死的人；冒失鬼，他们是被别人戴高帽子而出头露面找死的人。领导常在会上声嘶力竭，部下在下面拿着本子练字画画。没有哪个领导开完会后敢突然要求大家将笔记本交上去，否则游戏就玩不下去了。

（2）要确定会议的目标，并且坚持会议的目标。会议的目的有多个，有的是通报信息，有的是解决问题，有的是作出决定等。

召开项目会议前必须先明确究竟会议的目的是什么，然后将这些目的具体化，形成会议目标并使与会者都知道会议的目标。

此外，在会议过程中要坚持这些目标。许多项目会议的进行当中经常发生"跑题"现象，这种现象浪费了大量的时间。

（3）仅邀请必须参加的人员。有些上司很喜欢会议室里座无虚席，这样会给他们带来一种权力的感觉。同样，一些下属也喜欢开会，因为他们认为会议的参加权是一种待遇。其实，尽管很多人在会议过程中使劲在本子上记录，但只有那些会议议题确实与自己相关的人才会在会后去看那些记录，而那些"陪会"的人只是为了表明他们尊重上司而在记录。

解决这个问题的办法是，在开会的时候先发一个通知说明开会的内容，并注明："下列人员必须参加。其他认为与自己相关的人也欢迎参加，如不能参加，会后我们会给每个人发一份会议纪要。"

（4）按时开始。很多会议都存在等某些人到来而拖延会议开始时间的现象。有些会拖延几分钟，也有时会拖延几个小时。

有些企业会规定迟到者可以自己交罚款，这种方式可能有效，但也隐含着一个问题：交完罚款后，迟到就成了"合法"的，可以让人心安理得了。

（5）控制会议进程。控制会议进程并非像我们想象的那样容易。很多会议都会限制每个发言人发言的时间，例如规定每个发言人的讲话时间不能超过 10 分钟等。但常见的现象是第一个发言人就讲了 15 分钟，而第二个发言人看到第一个人讲了 15 分钟，感觉自己不能讲得太少，于是讲了 20 分钟。结果发言的时间越来越长，导致会议进度无法控制。

开会就是一个小项目，如果连这个小项目都不能控制进程，那么，我们正在实施的项目就更可想而知了。

（6）做好会议总结。每一次会议要有结论，会议要有一个结果。如果没有会议结果，那么整个会议就是失败的。

（7）记录会议的内容，并将会议决定落实到人。为确保会议决定能够得到落实，责任到人并设定反馈时间是必要的。

（8）问问自己究竟召开这样的会议有无必要。虽然这条原则排在最后，但它却是最重要的一条。

尽量采用标准化的沟通形式

都说"形式主义害死人"，其实，在企业中采用标准化的沟通形式对消除"信息漏斗"和预防"信息孤岛"等现象是很有帮助的。标准化的沟通形式有以下好处。

1. 可以避免依赖个人经验而产生风险

我们每个人都有开展工作的习惯做法，但是一个人的经验在变化的环境下很容易出现问题。当我们对一件事太习惯时，我们会采取"下意识"的行为，而不去计划和检查。标准化的沟通形式要求我们每一次都按部就班，要留下证据，这样就减少了个人习惯产生的风险。在军队中为什么要重复长官的命令也是这个道理。

为了提高项目计划的有效性，可以采用表 14-5 这样的检查表来一一核对，以减少项目组经验不足带来的风险。这样的检查表应由企业项目管理部门提供，它们是企业很重要的无形资产。

表 14-5 项目计划检查表（局部）

序号	检 查 项	评审意见
1	是否满足合同中的需求？	
2	是否已经计划项目建议书/项目任务书里规定的活动？	
3	是否明确所有的假设和限制条件？	

序号	检 查 项	评审意见
4	明确成本、进度、质量目标了吗？	
5	是否已经有项目任务书和项目启动会议纪要？	
6	是否计划中明确重大里程碑？	
7	重大里程碑设置合理吗？和回款时间对应吗？	
8	项目计划满足合同规定的进度吗？	
9	是否定义了重新制订计划的准则？	
10	有费用计划吗？是否将费用分配到了每个重大里程碑？	
11	明确工作产品的评审方式了吗？	
12	明确对公司质量管理体系的检查了吗？	
13	资源计划中，明确资源的要求、资源占用的起止时间了吗？	
14	有交流计划吗？是否明确交流周期和提交物？	
15	有内部培训计划吗？是否明确培训需求、培训时间、培训方式？	
16	有对用户的培训吗？是否明确培训内容、培训完成标准和培训完成时间？	
17	有度量计划吗？是否明确度量项、度量周期、度量数据报告方式？	
18	有QA计划吗？明确QA活动内容、时间和依据的标准了吗？明确QA报告的形式和提交周期了吗？	
19	有配置管理计划吗？明确配置管理工具了吗？明确配置项了吗？明确基线了吗？明确备份策略了吗？	
20	有风险管理计划吗？是否明确风险量级和风险缓解措施？	
21	用户手册的编写是否在计划中体现？	

2. 可以形成统计规律而把握重点

"20/80定律"有多种用途，例如，"20%的顾客带来了80%的收入""80%的问题来自20%的原因"等。管理者，特别是高层管理人员，每天要处理的事情很多，他们必须把有限的时间放在最关键的地方。同样，企业也需要把有限的资源放在有效产出最大的地方。没有统计和度量就难以管理。不能做到标准化，就不能形成统计规律，也就不能分清哪些是属于我们该管好的20%。

对情况和问题一定要注意到它们的数量方面，要有基本的数量的分析。任何质量都表现为一定的数量，没有数量也就没有质量。我们有许多同志至今不懂得注意事物的数量方面，不懂得注意基本的统计、主要的百分比，不懂得注意决定事物质量的数量界限，一切都是胸中无"数"，结果就不能不犯错误。

——《毛泽东·党委会的工作方法》

3. 可以减少人际矛盾

人际矛盾的产生很多来自沟通方面产生的误解或其他不足。说话时"不把自己当外人"或"不把自己不当外人"等情况很容易产生沟通问题而出现人际矛盾。特别是对临时性的项目而言，具有不同文化和专业背景的利益相关方之间如果缺乏标准化的沟通形式，就会产生各种各样的敏感问题，会产生人际矛盾。管仲所言的"可浅可深，可浮可沉，可曲可直，可言可默"这样的沟通技巧很难掌握。

在开会时，很多高管人员不自觉地会将会议开成一言堂，这样不但效果很差，而且会将各种矛盾集中到自己身上。以下某公司的会议管理规定可以给我们提供避免这种矛盾的借鉴（见表14－6）。

表14－6　　　　　　　　某公司生产调度例会管理规定（局部）

……
4.1　会前准备工作
4.1.1　生产调度例会召开时间：每周一上午10点召开；参会人员：制造部经理、采购部经理、质量部经理、设备工艺部经理及以上部门相关人员必须参会，其他部门人员是否参会由生产计划部在会议召开前一天通知。
4.1.2　生产计划部将本周生产分析与计划变更次数及原因（上周五到本周四）于本周五发电子版给相关部门。
4.1.3　每周五（五天工作制，若六天工作制或七天工作制时于每周六）下午3点前，各部门将本周一例会布置任务的完成情况、本周生产计划整体保证情况分析以电子版格式报生产计划部，未按时提报的，按未完成处理。
4.1.4　生产计划部负责对各部门提报的原因分析与解决措施进行审核，跟踪确认是否达到整改效果。
4.1.5　会议召开前5分钟，生产计划部应提前到场，做好相关准备工作。
4.2　例会议程
4.2.1　生产计划部汇报上周的生产完成情况，并对上周的计划变更次数和原因进行分析，明确责任部门并提出要求，限期进行解决。

> 4.2.2 通报上周布置工作完成情况，对未完成的要求责任部门重新确定再次解决的负责人以及时间进度。
>
> 4.2.3 各部门对上周生产计划的保证情况及整体趋势进行分析。
>
> 4.2.4 生产计划部根据生产计划进度安排，布置各项工作。
>
> 4.2.5 需多个部门共同完成的工作，由生产副总指定牵头部门，限期解决。
>
> 4.2.6 生产副总做总结，并布置近期任务。
>
> 4.2.7 其他部门需在生产调度例会上强调的工作，可做相关安排。
>
> ……

从表 14-6 可以看出，出席会议的最高管理人员是生产副总，他并不站在矛盾的前沿，在会议中冲在最前面的是生产计划部。但是，生产计划部只是在走公司规定的会议程序，它说明的内容也是来自于公司规定的数据采集程序和方法，因而，即使那些没有完成任务的部门也不会将其作为麻烦的制造者。有时候，领导身先士卒不仅没必要，而且有危害。在商务谈判时，最高决策者从来不会一下子就加入谈判队伍。

判断一个家族是否有傲人的历史，要看它祖上是干什么的。看一个企业的管理水平，要看它的管理人员在汇报工作时有多少人习惯用 Excel。

政府关联项目中的沟通和协调

世界上很难有纯粹的商业企业。企业做到一定程度，难免会和政府有千丝万缕的联系。在中国，有很多项目是在政府关注下进行的。这类项目可以笼统地定义为"与政府政绩有关的项目"。这样的项目既有让人羡慕的地方——它们容易得到政府的支持，也有让人烦恼的地方——它们容易受到政府的干预。

为了提高这类项目的成功度，必须采取有效的方式方法来对这些上级进行沟通"管理"。其要点可以简单归纳为以下三部分。

1. 抓好呈报工作

领导很忙，很多事情不可能深入了解，但是，这绝不意味着你无须让他们了解详情。这一点有些像我们平时见到领导时打招呼的情景：你可能觉得领导匆匆忙忙不会看见你，因此你也装着没看见领导而不和他打招呼，但实际上领导不和你打招呼是正常的，你不和领导打招呼的行动全在领导的视野中，其结果可想而知。因此，在路上碰见领导，无论他是否听见、是否看向你，都需要不计回报地向他打招呼。同样，无论领导是否有时间看你的报告，你都要当作他会看你报告，都要坚持不懈地做好呈报。

呈报的作用有以下几点：首先，它可以让领导知道你在干事，在干他关心的事，而且是在卖力地干这件事。我们常听到这样的说法："这是个态度问题"。这句话很有含义，它虽然不一定有实货，但其作用却往往比实货更大。其次，它可以吸引领导对你负责项目的注意。领导在你这个项目上投入的精力越多（哪怕只是看看报告），项目对他的影响力越大，他越不希望该项目失败，他越会支持该项目。最后，它可以成为你的免死牌。为什么在实际工作中，人们一方面嚷嚷着要授权，一方面又将本有的权力逆向交给上司，事事请示汇报。为什么？一来领导喜欢这样，二来可以推卸责任。呈报手段也可以起到这样的作用。

要做好呈报，需要把握好呈报的时机、内容和方式。首先，呈报的时机要把握好，既不能无病呻吟、按部就班，又不能不可捉摸、没有规律。隔得时间太短，只报些项目中的日常琐事，领导日理万机，迟早会对此生厌；要是等到有重要事件发生才呈报，又可能因间隔太长，冷却了与领导的热度。因此，必须把握好呈报的节奏，根据这个节奏设置好项目里程碑。里程碑的设置有四类：合同要求的地方；生命周期的转阶段处；关键资源到位前；任何需要设置激励点的地方。这四类里程碑中的后两种，特别是最后一种可以灵活使用，应该创造出一些领导感兴趣，对项目控制和协调又有必要性的时间点作为呈报的时点。呈报的内容不能只报喜不报忧，这样反而效果适得其反。理想的做法是大部分是可喜的成绩，这些成绩与领导的支持有密切关系，还要有少许困难，期望得到领导的进一步支持。呈报的方式应简洁明了，既要客观反映项目状况，又要符合政府的行文规范，避免使用一些过于专业的词汇和表达方式，要使领导能记得、能复述、能改进。最好由两部分构成，一部分为高度浓缩的呈阅件，另一部分为包含细节的详报，如果领导有时间、感兴趣可以详查。

2. 规范管理程序

领导的随意干预和指示即"长官意志"需要规范和得到一定的限制，领导的私人需求也需要得到一定的限制，要做到这些可能很困难，但如果做不到，有可能会变得更困难。

有效的"对上管理"程序必须包含以下几种。

第一，抓好立项评估程序。政府干预常常会从立项开始。立项过程是最能体现权力，也最能体现政绩、利益和最能隐含风险的阶段，因此，科学、合理、有力度而又不生硬的立项程序就显得尤为重要。要避免后期的风险，需要将该程序适当地公开。不仅如此，还要让其执行过程得以公开，要主动请求政府的介入，这样既可达到尊重官员的目的，又可获得政府的支持（哪怕是象征性的支持也很重要）。这些做法可能会困住自己的手脚，可能会泄露商业秘密，但如果经过权衡，其政治风险会大于商业（包含个人）收益时，这些做法还是合算的。

大多数，甚至绝大多数官员最看重的并不是从项目中捞些经济利益，但大多数，甚至绝大多数官员之所以关注这个项目是希望从中得到一些政绩。官员也是普通人，即使他们较一般群众觉悟更高，他们也有私心，其中最常见的是希望通过项目的成功来体现自己的作为。因而，大部分"瞎指挥"的基本出发点并不坏，但在领导位置上待久了，受人赞扬、附和久了，难免会忘掉自己不是专家这个事实。向主管官员说明立项的合理性和必要性，是获得他们的理解、支持的基础，也是避免以后其"随意"干扰的基础。在社会中，"怀才不遇"的情况时有发生，但仔细分析，其中大部分的原因是"怀才"的人也存在问题，或者说他们应该承担主要责任。同样，领导不恰当干预的主要原因可能在于项目沟通没有做到位。

第二，抓好招标管理程序。政府官员对招投标过程的干预与立项干预颇有不同。一个项目之所以被政府关注，在于该项目对社会、政治、市场等方面的影响，在于其与政绩有关系。该干不该干、该如何干牵涉到政治利益，因而官员会插手。这是正常的。立项以后的招投标更主要的是经济范畴了，政府官员的干预也同样与经济利益有关。加强这方面的程序，不仅可以减少经济损失，也可以减少由于不恰当的招标而带来的政治、刑事等风险，可以减少官员主动犯罪的可能性和被动犯罪的可能性，从另一个角度保护官员。

有时候，官员会期望通过项目获得不恰当的利益，这种情况的防范很重要。但更常见的一些情况是，官员碍于情面，不得已插手项目，这时候，规范的招标程序可以替他们找到抵挡人情的理由。

第三，建立好变更管理程序。这里的变更管理不是指常见项目管理过程中由于计划管理的疏忽或不可预见的问题造成的变更（当然，这些变更也需要用规范的程序进行管理），而是指应对官员对项目执行过程的指挥（主要是领导视察时的指示而引起变更）制定的。政府讲究走程序，项目管理人员可以用这一点来抵挡其"不走程序"的行为。

第四，抓好项目验收程序。政府关注项目都会带有一些政绩工程的色彩，因此，与项目立项类似，对项目成果的验收必须主动邀请政府的介入，要体现出项目成果对政绩的贡献，要总结出政府对该项目成功的贡献。

以沟通换取理解，以理解换取支持，以支持消除障碍，是规范这类项目管理程序的基本原则。我们不能限制政府官员，只能使他们自己限制自己，这需要一些他们能够接受的理由。

3. 建立协调机制

既然项目与政绩有关，政府就不能只享受成果而不付出劳动。如何让政府更多、更有效地支持项目就成了这类相关管理单位和人员必须考虑的问题。与政绩有关的项目，多多少少会从政府拿些政策、资金等方面的支持，也会涉及若干个政府部门。由于政绩带来的好处并不均衡，这些政府部门对项目的支持力度也大不一样。最简单，也较符合政府习惯的协调机制是协调会。协调会议分为两类：事件驱动的协调会议和定期的协调会议。

事件驱动的协调会议是指如果项目出现承担单位与政府机构（如财政、规划、土地、环保等管理部门）不能解决的问题，由项目分管高层官员协调相关部门，根据需要召开的协调会议。定期的协调会议是指项目分管高层官员定期召集的由项目承担单位及项目相关部门参加的协调会议，该会议的主要目的是通报项目进展情况，明确下一步各单位的责任关系和目标等。

无论是哪种会议，项目承担单位都要记住一点：不要充当"恶人"，不要成为矛盾的焦点。之所以需要协调会，是因为项目承担单位自己不能解决他们与政府之间的问题，他们得罪不起这些政府部门，即使受了很多委屈，项目承担单位也要尽力做到不要向这些部门的上级告状，否则会有更多的后遗症，会更麻烦。说服更高层官员召开协调会本来就有点"携天子而令诸侯"、"拉大旗作虎皮"的嫌疑，如果有部门在会上挨了批评，项目承担单位今后就要吃很多苦头。所以，必须想方设法在项目开始之初，在还没有出现问题时就要制定出由某政府部门出面召集的、由稳定的分管高层官员出席主持的协调会制度。项目承担单位只是该制度要求出席的一员，所需要协调解决的问题也不是由项目承担单位主动提出，而是由召集部门在程序化的管理办法下发现的。换句话说，在协调会上，需要由召集部门汇报项目的进展状况，提出需要协调的问题。这是由程序规定的，召集部门所要做的只是确保提供的情况是真实的，而这种真实性是会前得到各部门自己确认的。这样，在会议中就没有"告状的恶人"，各部门不至于失了面子，问题的解决就会比较容易。

协调会前的信息收集工作必须结构化，围绕几个关键环节开展，以免琐碎的事情掩盖关键的问题。会议目标必须明确，以免主题发散使需要解决的问题不了了之。会议不能过长，以免领导没有时间参加完整的过程。

GE 公司前 CEO 杰克·韦尔奇有一句名言："沟通、沟通、再沟通。"在所有的项目管理技能中，沟通是最重要的。

15

使绩效管理成为促进项目成功的驱动力

> 凡将举事，令必先出。曰事将为，其赏罚之数，必先明之。
>
> ——《管子·立政第四》

据项目管理专业调研机构 Standish Group 的调查，平均仅有 30% 多的项目能够在限定的工期、预算和质量标准内实现项目目标❶。然而，我们在调查中也发现，有 90% 以上的人对其面临的绩效管理方式不满意。由此可见，搞好项目的绩效管理是既紧迫又十分重要的。

绩效管理的思维方式

任何方法的背后都有理论的支持，尽管我们有可能并不知道该理论是什么。理论的背后是假设，而假设的背后则是思维方式。

澳大利亚有一种蒲公英，长得非常让人讨厌，人们就想除去它。第一年人们把它割掉了，结果第二年长得更茂盛；人们又将其连根拔掉，下一年还是长出来了，人们感到很奇怪。后来才发现，原来蒲公英的种子在地下 8 米处。

项目绩效管理也是这样。为解决绩效管理问题，人们在工作中想得最多的是去改变绩效考评的方法，理论研究界关心的则是研究绩效管理的新理论，而没有去反思这些方法和理论赖以生存的"种子"——绩效管理的假设和思维方式本身是否有问题。

---

❶ 参见 www.standishgroup.com.

中世纪的欧洲，由于天主教会的支持，人们普遍信奉"地心说"，以为地球是宇宙的中心。波兰天文学家哥白尼经过自己的测量推算，提出了"日心说"：太阳是宇宙的中心。后经意大利人布鲁诺的宣传发展，更是提出了在当时人们看来是奇谈怪论的说法：太阳不是绕着地球旋转；相反，地球绕着太阳旋转，而且同时自身也在转动。结果他在威尼斯被捕入狱，被囚禁了8年，最后因为布鲁诺始终坚持自己的学说，被宗教裁判为"异端"烧死在罗马鲜花广场。

自然科学是基于假设的，管理也是一样。不同的是，不管自然科学的假设是什么，都不会改变自然界本身的规律。但管理在这一点就不一样了，不同的假设会产生不同的行动，不同的行动将会有不同的结果。管理理论和方法背后的假设对现实的影响要比自然科学研究所基于的假设对现实的影响大得多。作为管理人员，应该不断地去反思管理过程中的假设以及产生这些假设的思维方式究竟是不是正确的，而不应该仅仅去改变方法或理论，这常常是徒劳无益的。

目前，绝大多数绩效管理的理论和方法的重点集中于评价和激励承担工作的员工方面。这种绩效管理的背后是机械式思维。

1. 机械式思维及其给项目绩效管理带来的问题

机械式思维将任何事物都看成是为了完成某项任务的机器或机器的一部分，换句话说，人们可以按照理解机器的方式来理解事物。由于人们不了解机械式思维的内涵、本质及特征，常常会陷入这种思维方式之中而不能自觉。

机械式思维的过程就是人们所熟知的先分解后综合的过程，它包括以下3个步骤：首先，将整体分解成若干元素；其次，对这些元素进行研究并理解它们的属性或行为；最后，将对这些元素的理解进行组合，从而达到理解整体的目的。

机械式思维具有两大特征。

（1）机械式思维关注的焦点在于事物的内部、构成元素以及这些元素之间的关联关系。它认为，一件事物可以由其分解开的元素予以解释，而且这种解释既是充分的又是必要的，因此，不需要采用其他因素来解释这件事物。也就是说，按照机械式思维，事物的属性或行为状态与其所处的环境无关，事物是与环境独立的。

基于这种思维方式，在项目的绩效考评时，人们总是从项目组成员身上找原因，这里面隐含着一个假设：项目组成员是造成项目绩效的唯一因素。

某公司生产部门的经理曾经抱怨，说他们部门是最倒霉的，因为公司对其进行考评时，将一些他们无法控制的原因造成的损失也算在他们头上：由于企业对供应商欠款，供应商提供的材料质量不能保障，结果降低了生产效率；由于营销部门的预测不准确，导致生产的产品不能跟上市场的变化；当生产车间的设备出了故障时，由于维修部门不能及时处理，发生误工。所有这些问题的根源都不在生产部门，但生产部门却要为此承担责任。

（2）机械式思维认为系统整体的最优来自于各个局部的最优。按照机械式思维，被分解开的系统元素通过预先设定的功能对整体起作用，如果整体出了问题，那么一定是某个或某些元素出了问题。同样，只要各个元素的性能得到优化，则整体的性能也将会得到改善。

如果将整个企业看作链条，各个部门便是链条的各个环节，链条的重量相当于企业的成本，链条的强度可比作企业的收入。只要链条的任何一个环节重量减少100克，整个链条就变轻了100克，就是说任何部门的成本降低，都会减少整个企业的成本。但对于强度来说不是这样，任何环节强度增加1%，并不一定会让链条整体增强1%，除非是原来最薄弱的环节得到增强。增加收入的做法要考虑到部门与部门之间的和谐，而对于成本，则可以隔离开来进行考虑。

运用机械式思维进行项目绩效管理，管理者往往将改善绩效的重点放在项目组内部、项目组成员、出现问题的局部方面。他们认为项目组成员是产生项目成果的决定性因素，只要人的问题解决了，就会得到期望的绩效；同样，只要各个部分的绩效提高了，整体的绩效也就会提高。

假如有一个分割均匀的木箱，上方有一只盛满沙子的漏斗。沙子很细，也很均匀。漏斗以每秒 a 米的速度匀速水平移动，因而沙子也会很均匀地漏到木箱的各个隔断内。但是，木箱中的沙子会呈现如图15-1（a）所示的一条水平直线吗？不会，它会呈现如图15-1（b）所示的曲线。当沙子越细、越均匀、漏斗速度越匀速时，沙子越呈现水平直线；否则，越呈现曲线。但是，沙子永远也不可能成为真正的直线，这是因为仍有很多难以明确的因素（如沙子的黏度、空气阻力等）使沙子不能完全一样地落入到每个隔断中。这些无数的、细微的、原因难明的、不可控的因素造成的偏差可称为是"共同因偏差"。

当我们用一个小锤敲打一下漏斗时，漏下来的沙子将如图15-1（c）那样出现明显的差异。这种能够找出原因的、可控的、使系统产生较明显差异的偏差叫作"特殊因偏差"。

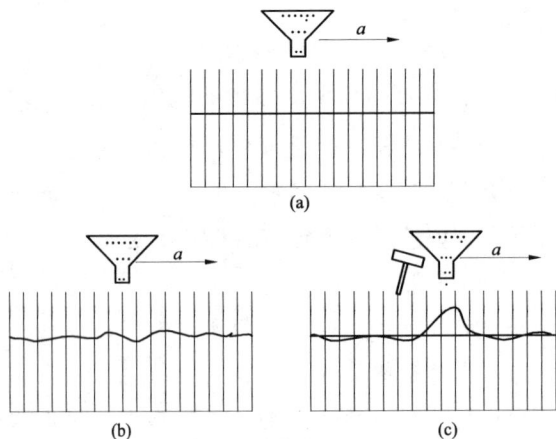

图 15-1　系统偏差示意图

共同因偏差具有以下特点：尽管其影响不同，但在整个过程中都存在；个别地看对偏差的产生有较小影响，但合起来对偏差的产生有较大影响。

特殊因偏差具有以下特点：并不总是在过程中出现，只是偶尔出现；来自一般过程之外；对总体偏差有或大或小的影响，但比任何单一的共同因因素造成的影响都要大。

任何一个动态系统均存在共同因偏差，也可能存在特殊因偏差。

项目的绩效同样是由项目组成员的可控因素和不可控因素产生的。在项目的生命周期过程中，也存在两类偏差：一类是项目系统的共同因偏差；另一类是项目系统的特殊因偏差。

由于项目受到共同因偏差和/或特殊因偏差的影响，项目包含的各个活动具有不确定性，这些不确定性会引起统计波动，从而导致项目工期的延迟、成本的上升等。项目的活动之间是相互关联的，由于统计波动的影响，在相互关联的项目活动中，局部的改善未必能使项目的绩效得到同步的提高。

一个项目活动的有效性并不是由其局部的效率决定，而是由项目系统中的其他制约因素决定的，在项目绩效管理过程中，非瓶颈部分绩效的改善不能提高项目整体绩效。

当管理者基于机械式思维进行项目绩效管理时，会将项目看成是封闭的，而没有意识到项目系统及其环境所产生的共同因偏差会对项目组成员的行为以及项目绩效产生极大的影响。

要改善项目绩效管理，必须从转变思维方式开始，即从机械式思维转变到系统式思维上来，如果不改变思维方式，只是更换一种新的绩效管理理论或方法，无法从根本上改善项目绩效。

2. 项目绩效管理的系统式思维

所谓系统，是指包含两个或两个以上元素的整体。一个整体要成为系统必须满足以下三个条件：第一，每一个元素的属性均对整体的属性起作用；第二，各元素的属性及其对整体的作用是相互依赖的，没有一个元素可以对系统整体单独起作用；第三，无论这些元素如何进一步分解，那些分解后的部分均对整体起作用，但没有哪一个部分能对整体单独起作用。换言之，系统的各个元素之间紧密相连，不可被分割成独立的部分。

由系统的内涵可以得出两个推论：系统的每一个部分均有其属性，当它从系统中分解出来后，该属性将产生损失；每一个系统均具备一定属性，但它的任何一部分均不能独立具备这些属性。

系统式思维的过程包括三部分，但它与机械式思维的过程明显不同：首先，识别出包含该系统的更大系统，即该系统的包容系统；其次，解释该包容系统的属性或行为；最后，从在包容系统中所起的作用或应具备的功能的角度来解释该系统的属性。

与机械式思维相比，系统式思维具有以下明显特征。

（1）系统式思维不仅关注系统内部，而且关注系统与环境的互动关系。系统的属性仅通过系统的元素无法解释充分，必须考虑这些元素之间的关联性以及它们与系统环境之间的关联关系。环境不受系统所控制，环境的变化是导致系统绩效发生偏差的重要原因。

（2）系统的绩效更多地决定于它的元素之间的相互作用而不是它们的独立行动。系统元素之间和谐的关联关系对系统绩效的产生至关重要，而这种和谐关系一般是以牺牲局部的效率为前提的。如果系统的各组成元素都达到最高效率，系统本身一般不能取得最佳整体绩效，局部绩效的提高甚至可能导致整体绩效的降低。系统运行中存在共同因偏差和特殊因偏差，人是使系统产生绩效的必要因素而不是唯一因素。

基于系统式思维我们可以看出，项目绩效管理的主要目标对象应该是项目运行系统而不仅是项目组成员，要提高项目绩效，必须要寻求项目利益相关方、技术、流程等的和谐关系。

项 目 绩 效 的 内 涵

项目绩效是项目系统运行的过程状态及最终产出物的数据总和。

项目绩效具有如下特点。

（1）客观性。仅有项目过程不是绩效，仅有项目产品也不是绩效。因为现代项目管理的目的是让所有的利益相关方满意，而每个利益相关方看待项目绩效的角度是不一样的。

企业看重的是项目最终给企业创造的商业价值；项目组成员会考虑他们从项目的过程中能够学到什么新的知识、技能；供应商则期望通过项目获得自己期望的商业利益。

由于利益相关方对项目绩效的评价标准各不相同，对项目绩效的评价就不能局限在考察项目的最终结果或过程。项目绩效应该是未经过人们选择的所有原始数据的总和，它的客观性要求所有的利益相关方在评价绩效时都能够基于客观事实，而不是基于经过其他人解释或是筛选过的信息作为评价的依据。

（2）全过程性。项目是一个动态的过程，从项目生命周期开始到结束的整个过程会受到很多因素的影响，在任何一个时点都会有不同的状态，不同时点的状态对利益相关方的价值是不同的。特别是对项目组成员来说，他们更关注的可能是通过项目其专业才能得到的增长，在这种情况下他们必然会对项目全过程的数据进行判断，并以此作为绩效评价的依据。

（3）非完全人为性。项目的绩效是所有的利益相关方以及环境的和谐互动产生的，在项目过程中，各利益相关方、项目运作流程和工具，以及其他可知或不可知、可控或不可控的因素，均会对项目的运行状态和最终结果产生影响。

然而，不管对项目的哪个利益相关方而言，项目绩效均可以用以下四类评价指标体系来表示（见图15-2）。

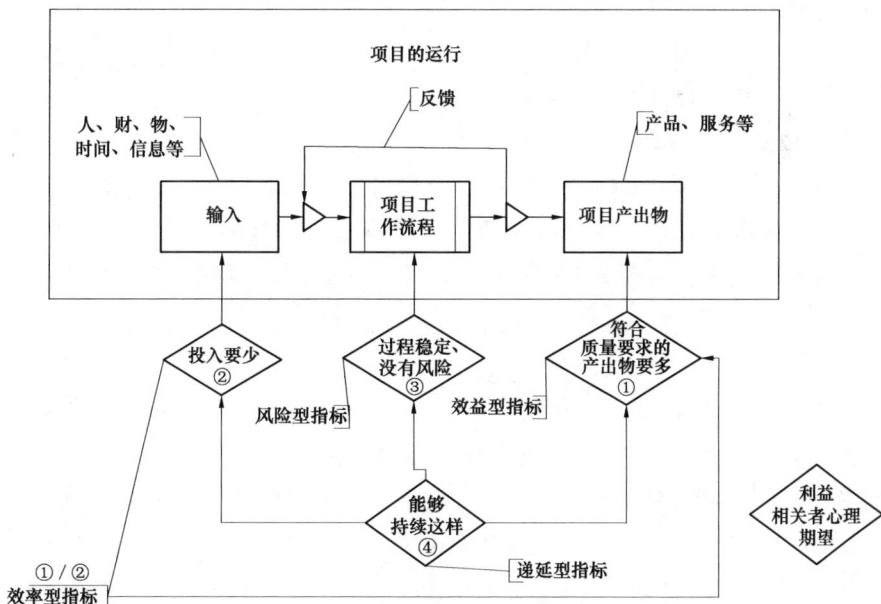

图 15-2　项目绩效指标

（1）项目的效益型指标。效益是指项目的利益相关方通过项目可以得到最终的、阶段性的直接收获，包括任何可衡量的、有形的或无形的、可证实或可感知的产出、结果等。

（2）项目的效率型指标。效率是指获得的单位收益与各利益相关方的投入之比，这些投入也可以是有形的或无形的，可衡量的、可证实或被评价者认可的投入等。

（3）项目的递延型指标。递延型指标用来反映项目的运作过程以及产品对项目的利益相关方未来影响的程度，也就是他们因为运作项目得到的间接收获，包括任何可衡量的、有形或无形的、在未来能够证实的收获。

（4）项目的风险型指标。风险型指标是指应该引起利益相关方警觉的可衡量的事件、活动等绩效数据。

项目绩效的评价方式

在项目绩效评价的实践中，人们习惯于对项目给予一个整体的评价，即将多种绩效指标综合起来，形成一个总体结论。使用的较多的是综合评价法，它是将各类指标的得分乘以相应的权重，然后再将得到的分数相加得到评价数据。但这种方法存在很大的不足。

1. 侧重于人事评价

综合评价法将考察的重点放在了项目组个体成员身上，而忽略了他们之间存在的相互影响。各被考察项目组个体成员为提高自身的评价绩效，有时会自觉或不自觉地损害企业利益以及其他成员的利益，会对项目造成破坏。

大学的考试常常是以判断学生的分数是否及格作为是否给予其学分的依据。在这种方式下，很少有学生在通过考试后分析失分的原因，再去继续学习。而高中三年级的考试则不然。尽管考试频繁，但无论是教师还是学生都不会因为一次考试的成绩合格后就放弃分析原因。因为高三的很多考试都是为了帮助学生更好地掌握知识，以便通过最终的高考。大学与高三考试的目的不同，效果也不同。

2. 忽略了系统的动态性

综合评价法有一项假设，即项目系统是静态的，项目的各种环境及内在因素会像设定目标时那样不发生变化。

假如一个项目的费用指标为 1000 万元，但最终结果只花费了 950 万元，那么，这个项目的费用是节约了还是超支了？如果按照综合评价法则是节支了，项目组应该受到奖励。但实际的情况却可能是由于意外的原材料大幅度降价造成了费用的节约，如果原材料价格不变化则项目费用可能超支 100 万元。

3. 对利益相关方的心理期望进行了折中

综合评价法误认为项目绩效的多个判断标准是可以相互替代的。它将不同项目利益相关方期望的绩效指标混在了一起。折中意味着让有冲突的各方作出让步，也就降低了双方的满意度。但是实际情况是，如果有些利益相关方满意而有些相关方不满意的话，也会导致项目的失败。不同的利益相关方、不同的绩效评价指标之间具有不可替代性。

一个人因故意杀人罪被法院判处死刑。那人申辩说："我虽然杀了一个人，但我去年曾救了两个人，我还可以再杀一个。等杀人与救人持平后再杀我才合理。"这个申辩很荒谬，因为二者不可简单相互代替。但综合评价法恰恰如此，它认为各项绩效指标是可以相互代替的，只不过它们的换算比率有所不同而已。

众所周知，要改变人们的思维习惯是很困难的。虽然我们可以通过建立制度来强制人们按照某种规范的方式做事，但由于项目的独特性而带来无数的不确定性，制度往往有失灵活或在变动的环境下失去意义。要适应这些变化，确保项目的绩效管理基于系统式思维，建立以下原则不仅是有价值的而且是有必要的。

1. 追求人、流程、技术之间的相互和谐

每一个项目的系统架构均可以用三个参数来定义，即人、流程、技术。按照系统思维，这三个方面的属性以及它们之间的关联关系决定了系统的绩效。这三者之间如果割裂开来，项目系统的绩效将会减弱甚至丧失；同样，三者中任意一方的变化将会引起其他两者的反应。因此，建立人、流程和技术之间和谐的关联关系对保证项目取得理想的绩效是十分必要的。近年来，关于能力成熟度（capability maturity）的概念越来越受到人们的重视，而能力成熟度的核心就在于在不同的等级上追求人、流程、技术的和谐。

人、流程、技术之间如果不和谐，将形成项目系统的约束（或者说是

瓶颈）。按照约束理论（Theory of Constraints）❶，在一段时期内，项目系统必然存在一些为数不多的约束，项目绩效的高低主要是由这些约束决定的。

为保证人、流程、技术的和谐，必须遵循以下 5 个步骤。

① 发现和定义项目系统的约束；

② 发掘消除约束的方法；

③ 对项目系统的其他方面作相应的调节以适应消除约束将引起的不良反应；

④ 消除约束；

⑤ 寻找新的系统约束。

在以上步骤中，需要特别注意的是第 3 步。尽管项目的约束是在局部存在，但它们会限制项目系统整体的绩效。为了消除或改进约束所采取的任何措施都将引起项目系统其他方面的反应，如果不考虑这些反应，改进措施将加剧人、流程、技术的不和谐，从而又使项目绩效管理陷入机械式思维的误区。

2. 促使利益相关方的全过程参与

促使项目利益相关方的全过程参与是提高项目成功率的必要条件。

项目是一个环境开放的社会系统，完成项目所需要的资源通常存在于项目组之外，掌握在项目利益相关方手中；同时，项目绩效的最终衡量标准是由项目利益相关方判断的。

任何一个项目给一个企业带来的都是某种程度上的变革，无论是项目发起人、项目客户还是其他项目利益相关方均必须有足够的心理准备去接受这些变革。为保证项目利益相关方的全过程参与，必须遵循以下步骤。

① 识别和定义利益相关方；

② 明晰利益相关方的期望、角色和责任；

③ 利用责任矩阵（LRC）等工具锁定利益相关方的角色和责任；

④ 建立规范、可视化的沟通和反馈机制。

在以上步骤中，需要特别注意的是第 4 步。项目管理是一种典型的变化管理。由于项目利益相关方存在不同的分工，要使他们都能够明了各自

---

❶ 关于约束理论的资料，参见 Eliyahu M. Goldratt. Theory of Constraints. The North River Press，2000.

的工作对项目的目标起到什么作用，不能仅靠他们对项目绩效目标的责任感，还必须使他们能够看到他们的工作与项目目标之间的动态关系。只有建立规范的、解释性的沟通和反馈机制才能够帮助他们解决这些问题。加强沟通与反馈规范性的目的在于使隶属于不同组织、不同文化和习惯的利益相关方能够遵循同样的沟通方式。同时，仅有结论性反馈而没有解释性反馈的绩效管理是无效的，前者只能使利益相关方明白项目状态，而不能使他们知道项目绩效改进的目标、措施、原因和理由。

3. 绩效评价与人员评判分离

绩效评价是绩效管理的重要内容，改变绩效评价的方法在某种程度上就等于改变一切。人们会根据绩效评价的方式来选择他们的行为方式，当绩效评价焦点放在对人员评判方面时，人们很容易通过牺牲其他人或部分绩效的代价来换取所需要的绩效数据，或者通过篡改绩效数据来欺骗评价者。换句话说，如果评价的结果将与人们各自得到的奖惩挂钩，人们经常会为了保护自己的利益而牺牲他人的利益，或者牺牲整体的目标而追求局部目标，达不到绩效管理的目的。

绩效评价方式促进了组织文化的形成。质量管理大师爱德华·戴明的研究表明，对一个人的绩效有影响性的因素中，至少有94%是系统原因，它们超出了这个人的控制范围。因此，将绩效评价的重点由控制和人员评判导向转向学习和项目系统改进导向是十分必要的。要实现这种转变，必须遵循以下步骤。

① 识别和定义项目的关键绩效域（Key Performance Area，KPA）；

② 识别和定义项目的关键绩效指标（Key Performance Index，KPI）；

③ 对关键绩效指标进行评价、分析与反馈；

④ 对利益相关方进行激励。

在以上步骤中，需要特别注意的是第4步。常见的激励误区在于将激励等同于奖惩，而且是等同于对个人的奖惩。这种将项目利益相关方之间彼此割裂的激励思想源于机械式思维，大行其道的鼓励内部竞争的管理方式就是这种思想的体现。项目中充满着不确定性，项目利益相关方各自承担的责任并不能一次性划分清晰。要解决这种不确定性，必须在利益相关方之间鼓励共同承担责任而不是内部竞争。针对个人的激励将会形成利益相关方之间互不信任、互相推诿、争夺局部高效率等结局。

作为绩效管理的一项重要内容，绩效评价的真正目的并非在于事后奖惩研发人员，它至少应该包含4个方面：改进业绩、发现人才、调整工作、公正奖惩（见图15-3）。改进业绩是首要任务，其目的是将评价的视野扩大到企业的运作系统上来，以探讨人、技术、流程的和谐关系。所有致力于授权、激励、组织自主团队、发奖金的努力，都不足以替代机能灵活的系统。

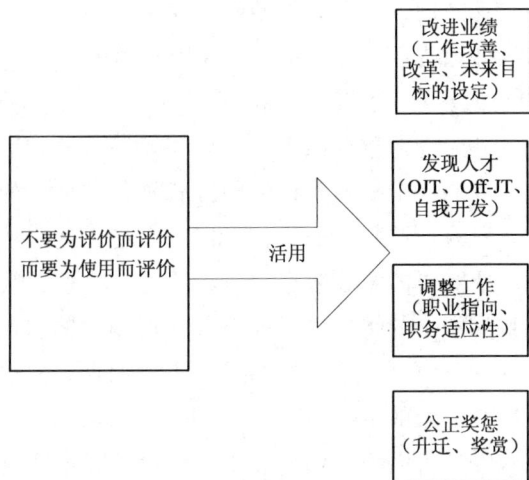

图 15-3 绩效评价的活用

某集团公司是国家大型电子企业，为了提高企业运行效率、降低结构性运营成本以适应市场竞争的需要，集团公司领导决定对企业的业务流程进行重新设计，并首先在旗下的 H 股份公司实施。

H 股份公司有员工 5000 人，以电子测试设备的设计、生产和销售为主业，在全国有 20 个子公司，并在美国等国家有研发机构或办事处。集团决定由集团公司的经营管理研究中心主任担任项目经理，H 股份公司派一位副总担任项目副经理。在项目正式启动之前，该集团公司高层就意识到BPR 项目是一个管理变革项目，项目成功面临挑战的艰巨性是不容忽视的，为此，特聘请某项目管理研究机构作为该项目的咨询机构。

项目自 2001 年 3 月 12 日启动，计划在 2002 年 1 月 1 日前正式交付使用。由于该项目牵涉到公司信息系统的某些变更，公司对经费有一个粗略的概算，要求项目总投资额度控制在 200 万元之内（其中不包括本集团公司的人工费）。

经过项目核心成员的几番讨论，BPR 项目组将项目利益相关方范围进行了界定，结果如表 15 - 1 所示。对其期望进行分析得出的项目绩效评价指标如表 15 - 2 所示。

表 15 - 1　　　　　　　　H 公司 BPR 项目利益相关方概述表

利益相关方角色	利益相关方名称	对项目的主要作用概述
项目发起人	集团主管副总裁	批准项目资金、确定项目目标、启动项目、评定项目成果、帮助项目组协调资源
项目客户	股份公司总经理	确定项目需求、确认需求得到满足、做好接收变革的准备
实施方	项目组	实现项目需求，使利益相关方满意
支持方（集团职能部门）	经管中心	提供项目经理及有关成员、管理咨询
支持方（集团职能部门）	计财部	提供资金、核定投资效益
支持方（集团职能部门）	总裁办	协调相关子公司配合项目
支持方（股份公司职能部门）	总经办	协调各分公司、各职能部门配合项目
支持方（股份公司职能部门）	人力资源部	提供项目组成员、人事变更协调
支持方（股份公司职能部门）	企管部	提供管理方案支持，配合项目方案实施
支持方（股份公司职能部门）	营销中心	提供市场需求、根据项目需要协调公司市场活动
支持方	咨询机构	提供项目管理方面的咨询

表 15 - 2　　　　　　　　H 公司 BPR 项目绩效指标概述表

绩效类型	利益相关方	绩效内涵	绩效标准
效益型指标	项目发起人	H 股份公司 BPR 的成功经验能对集团的管理水平提高和形象提升起到促进作用	BPR 项目通过评审，并获得国家管理创新奖
效益型指标	顾客	企业销售收入增加	销售收入比去年增加 20%
效益型指标	实施方（项目组）	获得奖金	获得目标奖金 20 万元
效益型指标	支持方（咨询机构）	获得合同收入	获得合同收入 30 万元
效率型指标	项目发起人	工期按时完成，项目经费得到控制	2002 年 1 月 1 日前完成，总费用额度（除集团人工费）控制在 200 万元以内
效率型指标	顾客	企业利润率增加，人员劳动生产率提高	利润率提高 5%，全员劳动生产率提高 20%

续表

绩效类型	利益相关方	绩效内涵	绩效标准
效率型指标	实施方（项目组）	小时奖金额度增加	按计划小时奖金 5 元
	支持方（咨询机构）	合同利润率	合同利润率为 40%
风险型指标	项目发起人	BPR 项目能够一次成功	一次通过管理评审
	顾客	对公司市场营销活动不产生负面影响	供货速度不降低、客户投诉率低于 1%
	实施方（项目组）	里程碑按时实现率	中间里程碑按时完成率 95%，最终按时完成
	支持方（咨询机构）	付款方式	先期付款 50%，项目交付物提交时付款 30%，通过管理评审后付款 20%
递延型指标	项目发起人	企业运营效率和企业形象	股份公司全员劳动生产率提高 20%，获得管理创新奖
	顾客	客户满意度	客户满意度达到 98%，比实施前提高 5%
	实施方（项目组）	才干增长，部门满意	项目组成员、相关部门满意度达到 90%
	支持方（咨询机构）	客户满意度	集团、股份公司、项目组满意度达到 95%

经过与咨询机构反复研讨和对员工的广泛调查，H 公司的 BPR 项目组着重抓了以下两件事。

第一，确定绩效评审和监控的关键绩效域（Key Performance Area：KPA）和关键过程绩效指标（Key Process Performance Index：KPPI）。表 15 – 2 中所列举的绩效指标大多为最终绩效标准，它们不能作为事前和事中评审与监控的对象。BPR 项目组将项目各利益相关方的期望设定为项目目标（EFFECT），将达成这些目标的因素（CAUSE），按照 EFFECT—CAUSE —EFFECT 分析法将其分解，以此确定项目绩效评审和监控的 KPA（见图 15 – 4）。针对项目的特点，项目组借鉴平衡计分卡评价方式，将各里程碑作为 KPA，并将每个里程碑中的工期/财务/交付物、利益相关方满意度、流程/规范/质量、资源/人员/责任等四个方面的指标作为评审和监控的 KPPI（如图 15 - 5 所示）。

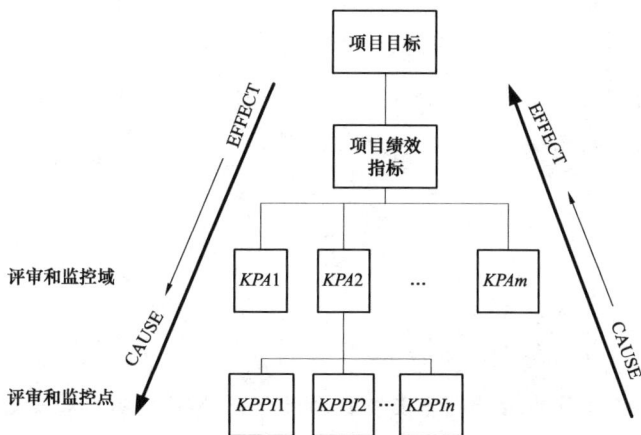

图 15 - 4　H 公司 BPR 项目组所采用的 EFFECT——CAUSE——EFFECT 分析法示意图

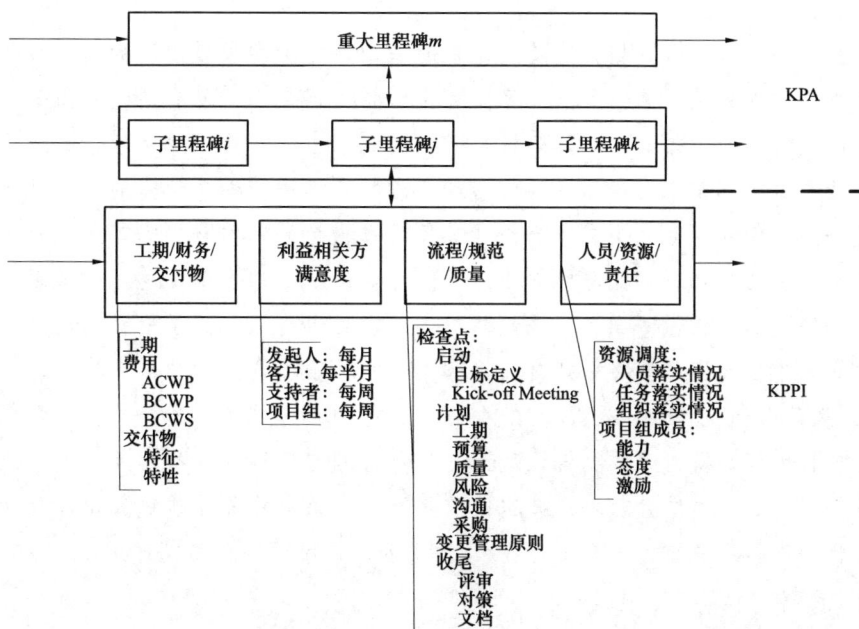

图 15 - 5　H 公司 BPR 项目绩效管理的若干 KPA 和 KPPI 示意图

第二，将评审结果与人事奖惩区分开来。为了确保项目绩效评价的真正目的锁定于使利益相关方满意方面而不是对人事问题下判决，BPR项目组采取了一种独特的奖金分配办法。

在这种分配方案中，并不根据个人的绩效或表现来分配奖金，而是根据项目团队的整体绩效确定项目组可提取的奖金总额度，然后根据每个人的岗位小时工资额度（每个岗位对项目的价值而定）和工时数的乘积占整个团队岗位小时工资额度和工时数的比例而分配。即：

$$b_j^k = \frac{w_j^k t_j^k}{\sum_{i=1}^{n} w_i^k t_i^k} B^k$$

其中，b_j^k 为第 j 个项目组成员在第 k 个里程碑评审结束后得到的奖金额度；B^k 为项目组在第 k 个里程碑评审结束后得到的奖金总额度；w_i^k、t_i^k 分别为第 i 个项目组成员的小时岗位工资数和在第 k 个里程碑实现过程中的实际工作时间；n 为项目组成员总数。

为了在各个里程碑阶段对项目进行有效评审和监控，BPR项目组采取了一种仪表盘模型对各个KPPI进行分析和评价，这种方法的要点在以下3个方面。

第一，以统计数据作为绩效评审的基础。对于在项目团队的运行过程中存在的无数共同因偏差以及可能存在的特殊因偏差，只有通过对团队系统的过程状态数据进行统计分析才能将其识别出来，在绩效管理中普遍采用的、根据在某个时段结尾的状态或产出物数据作为绩效管理的依据是不充分的。BPR项目组要求项目组成员每天写出计划工作与实际工作在时间和费用上的对比，据此总结规律，以便为提高计划的准确度和进行项目工期和费用的监控做好准备；在此基础上，项目组将项目的子里程碑划分到以周为单位，即每周将分别对工期/财务/交付物、利益相关方满意度、流程/规范/质量、资源/人员/责任4个方面的KPPI进行统计和分析。为了便于项目组成员及时记载和统计每天的工作计划与实际情况的偏差，项目组专门开发了一种统计软件，该软件采取下拉式菜单将每项项目工作进行规范化，项目组成员每天只要花费大约15分钟的时间即可完成对当日工作的记载和对次日工作计划的录入。

第二，以持续不断的反馈作为绩效监控的手段。持续不断的反馈是BPR项目团队进行绩效监控的主要手段，反馈来自于项目利益相关方之间的互动。BPR 项目组废弃了 H 公司通常采用的综合评价方法，而主要采取了仪表盘、修正鱼刺图和故障分析树（Fault Tree Analysis，FTA）方法。

（1）仪表盘方法。在 BPR 项目运行过程中，KPPI 的任何一个方面的缺憾均会给项目的后期运行产生不良影响，项目的风险将会增加，项目的最终目标也将难以实现。KPPI 的各项指标之间不能相互代替，必须对它们分别进行分析和评价，不能用设定系数的方式将这些指标综合起来。因而，BPR 项目组采用了图 15 - 6 所示的仪表盘表示方法来分别反映各项KPPI 的达成情况。为使各 KPPI 能够表达得更为直观，项目组对各种"仪表"的形状和颜色进行了设计，使其能够一目了然。

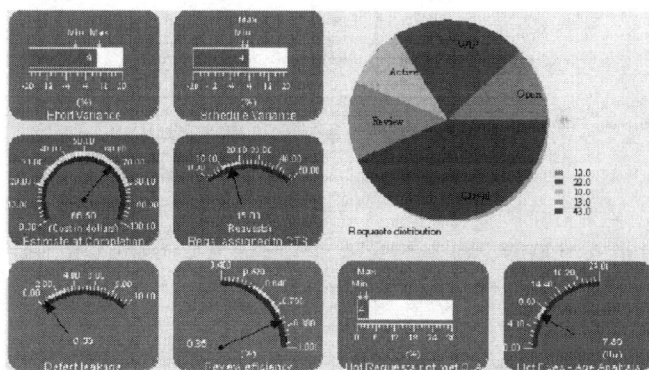

图 15 - 6　BPR 项目组采取的实际仪表盘模型（局部）

（2）修正鱼刺图和故障分析树方法。鱼刺图方法是由日本管理专家石川熏提出的用以分析质量管理问题的直观工具，他将质量问题归纳为人（Man）、机（Machine）、料（Material）、法（Method）、环（Environment）5 个方面。BPR 项目组对这些因素进行了修正，将其改为 4 个主要的KPPI，并借助于故障分析树方法，不断分析和改进评价中出现的问题（见图 15 - 7）。

第三，以团队激励作为主要的奖励政策。为了能够使绩效评审和监控真正起到应有的作用，BPR 项目组意识到在团队内部建立一种相互信任、无风险的对话环境是十分重要的，而要建立这种对话环境，就必须改变造成团队内部竞争的评价机制。研究表明，出色的团队业绩不仅不需要竞争，而往往需要竞争的消失。为了达到这个目标，项目采取了如下奖励政策：

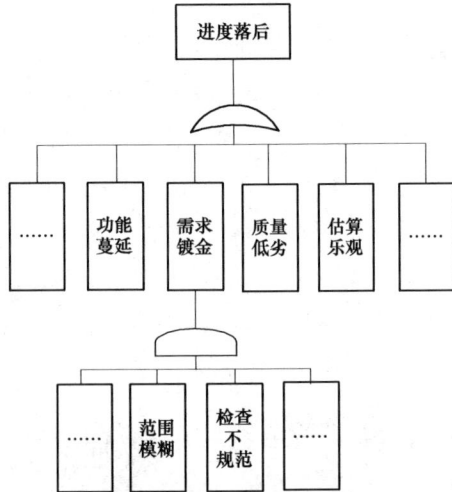

图 15 - 7　BPR 项目组用于分析项目工期落后的 FTA（局部）

首先，在每个关键里程碑进行雷达图分析，以确定里程碑绩效所在的区域。项目组在与利益相关方，特别是与项目发起人（集团分管副总裁）、客户（H 股份公司总经理）、咨询机构协商的基础上，确定了诸如项目计划通过评审、现行业务流程描述完毕、改革流程方案通过初审、改革流程方案试行评审通过等关键里程碑。在每个里程碑节点，勾画雷达图（如图 15 - 8 所示）。该流程图分为 4 个轴，分别代表工期/财务/交付物、利益相关方满意度、流程/规范/质量、资源/人员/责任等四方面需要平衡 KPPI，每个方面从低到高分为 5 个等级，根据对这 4 个方面的评价，划定项目组里程碑绩效所落在的区域。

其次，由项目发起人（集团分管副总裁）和计财部核定项目组在各里程碑评审后可提取的奖金额度。奖金总额度按照 70% 和 30% 的比例进行标准划分，即标准奖金总额度（20 万元）的 70% 平摊到每个里程碑节点作为里程碑标准奖金额度，其余 30% 作为项目终验评审通过后的额度。如果在雷达图中，各项指标均落在 5 级区域，发放奖金额度的 100%，各项指标落在 4 级或 4 级以上，发放奖金额度的 80%。当各项指标均落在 3 级以下时，没有里程碑奖金。

最后，由项目经理根据项目组成员的岗位价值和工时发放个人奖金、对岗位进行调整，并根据其他支持部门（人员）对项目的贡献写出评述报

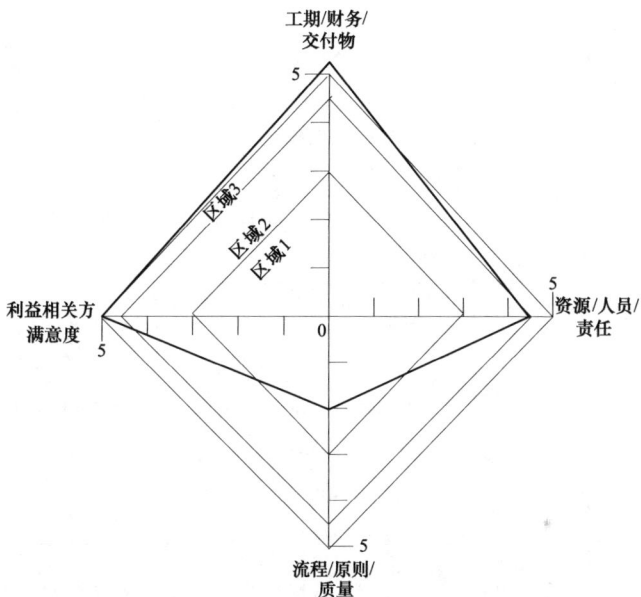

图 15 - 8   BPR 项目组用以评价里程碑绩效的雷达图模型

告。采取这种分配方式，项目组是基于一种假设：项目团队的每一个成员对项目结果都是必要的，因此不能将他们割裂开来评价各自的业绩，但可以通过评定不同项目岗位的价值、核定每个项目组成员的工时（通过项目日志统计）和调整岗位来进行。

经过有效的项目绩效管理，H 公司的 BPR 项目取得了较理想的效果（见表 15 - 3）。

表 15 - 3   H 公司 BPR 项目计划绩效指标和实际完成情况对比表

绩效类型	利益相关方	绩效标准	实际完成情况
效益型 指标	项目发起人	BPR 项目通过评审，并获得国家管理创新奖	2002 年集团获得国家质量奖
	顾客	销售收入比去年提高 20%	销售收入提高 35%
	实施方 （项目组）	获得目标奖金 20 万元	获得奖金 15 万元，另外在集团获得质量奖后又增加 10 万元
	支持方 （咨询机构）	获得合同收入 30 万元	获得合同收入 30 万元

绩效类型	利益相关方	绩效标准	实际完成情况
效率型指标	项目发起人	2002 年 1 月 1 日前完成，总费用额度（除集团人工费）控制在 200 万元以内	2001 年 12 月 15 日通过评审，总费用 230 万元
	顾客	利润率提高 5%，全员劳动生产率提高 20%	利润率提高 4.3%，全员劳动生产率提高 18.5%
	实施方（项目组）	按计划小时奖金 5 元	小时奖金 3.6 元
	支持方（咨询机构）	合同利润率为 40%	合同利润率为 32%
风险型指标	项目发起人	一次通过管理评审	一次通过评审
	顾客	供货速度不降低、客户投诉率低于 1%	客户投诉率为 0.6%
	实施方（项目组）	中间里程碑按时完成率 95%，最终按时完成	中间里程碑按时完成率 90%，最终提前 15 天完成
	支持方（咨询机构）	先期付款 50%，项目交付物提交时付款 30%，通过管理评审后付款 20%	按合同计划进行
递延型指标	项目发起人	股份公司全员劳动生产率提高 20%，获得管理创新奖	生产率提高 18.5%，获得国家质量奖
	顾客	客户满意度达到 98%，比实施前提高 5%	客户满意度 97.2%，比实施前提高 4.2%
	实施方（项目组）	项目组成员、相关部门满意度达到 90%	满意度为 87%
	支持方（咨询机构）	集团、股份公司、项目组满意度达到 95%	满意度为 90%

  H 公司 BPR 项目绩效管理的实践表明，对项目团队进行有效的绩效管理要求人们将注意力集中到项目运行系统及其环境方面，而不是局限于团队成员方面，项目绩效管理的实质是在项目团队运行的过程中，组织、协

调项目利益相关方之间的互动关系，建立项目运行的环境与氛围，从而实现项目需求和提高利益相关方满意度的管理过程。

对项目团队的有效激励

仅有系统的合理性还不够，离开项目组成员的努力工作是不可能取得理想的项目成果的。对项目团队的有效激励至关重要。它包括以下几个方面。

1. 薪酬激励

如果薪酬没有诱惑力则很难使胜任的人参与到项目团队中去。这就是常说的："金钱不是万能的，但没有钱是万万不能的。"由于商业环境的快速变化，企业的寿命越来越短，猝死率越来越高，企业难以向其员工承诺只要他们好好工作企业就能给他们职业安全的保障。获得人才对企业的忠诚度越来越难，而高薪是吸引人才流向的一个主要因素。

古之圣王，所以取明名广誉，厚功大业，显于天下，不忘于后世，非得人者，未之尝闻。暴王之所以失国家，危社稷，覆宗庙，灭于天下，非失人者，未之尝闻。……然则得人之道，莫如利之。

——《管子·五辅第十》

在薪酬结构中，固定收入和浮动收入的比例表明了风险由谁承担。固定收入占总收入的比例越高，说明风险由企业承担的额度越大；反之则说明风险由研发人员个人承担的额度越大。

很多项目团队成员只是"个体贡献者"，我们不能强制他们承担企业管理者的责任。只要他们将布置的任务完成了，只要他们有胜任工作的能力、积极的态度，企业就该给他们开出符合市场行情的报酬，而不能简单地要求他们"厂兴我兴，厂辱我辱"。如果非要以此来掩盖管理者的问题，他们就会"不陪你玩"，就会跳槽。企业需要办法来衡量员工的能力，根据能力来付工资，根据业绩来付奖金，而不能以"赛马"式的所谓的"目标管理"方法将属于管理者的责任转嫁到普通员工身上。如何用好"重利"而不是"重义"的人才是企业管理永恒的话题。

2. 成就激励

有一个老人喜欢睡午觉。这一天，不知从何处来了一些小孩中午在他的楼下踢空易拉罐玩。老人忍无可忍，出来驱赶、训斥这些小孩，但没有效果，孩子们反而踢得更起劲了。后来老人想了一个办法，他对孩子们说每天可以来踢易拉罐，而且可以每人每天得到一块钱的奖励。孩子们很高兴，也很努力地踢。他们一人拿到了一块钱。第二天又去，老人说，今天钱不够，只有一人五角钱，但仍然希望他们努力踢。孩子们就不太高兴了，踢起来劲头不足。第三天又去，老人说，因为昨天他们没有好好踢，今天没有奖励。孩子们说，没有钱谁给你踢！老人终于又可以安心睡午觉了。这个故事说明一个道理，即使小孩玩耍也需要有成就感才有玩的积极性。

对人员激励的最大动力来自于他们对成功的渴望，而现实生活中我们对人员的激励的假设是人们隐藏了自己的能力。这种思想实际上是将激励者与被激励者的关系对立起来。最常采用的假设是下属需要激励、下属容易玩忽职守、下属经常隐藏实力等。管理的一个神话就是上司比部下知道的多、上司比部下聪明，基于这种态度显然是不妥的：如果缺乏有效的激励方式，部下可以轻而易举地掩盖自己的实力而且避免受到惩罚。

有很多人尽管已经在企业的高层管理岗位上多年了，但是，对于什么是管理者他们并没有一个准确的认识。事实上，真正的管理者的要素包含两个方面：第一，要善于用别人去取得成果；第二，要帮助他们取得成功。二者缺一不可。不能帮助下属成功，只会要求他们干活的人不是合格的管理者。

3. 能力激励

企业需要为研发人员专门设计一些短期、长期的福利项目，多角度地满足研发人员在学习、工作和生活方面的需要。比如实施骨干研发人员图书报刊费用报销计划、补充住房公积金计划、企业年金计划及劳动合同补助金计划等。由于研发人员主要从事创造性工作，可以考虑实施弹性工作制，以增强研发人员工作方式的灵活性与多样性。同样，矩阵式组织结构也能够为员工搭建成长平台。

职能部门与项目组相结合的组织结构，既有利于企业在人手不足的情况下完成比较繁重的任务，又有利于员工在不同的项目组里接受锻炼，快速成长。特别是针对新手而言，既能在专业部门里向有经验的研发人员进行专业方面更深层次的学习，又能在项目组里与各部门的同事在项目的实战中协作交流，积累宝贵的经验。

　　罚有罪不独及，赏有功不专与。

——《管子·立政第四》

4. 晋升激励

　　企业必须注意不要将所有的优秀技术人员都提升到管理岗位上，也不要使技术人员认为只有晋升到管理岗位上才能得到更好的发展、获得更好的待遇。这就需要企业采取一种所谓的"宽带晋升"的方式。无论是管理岗位、技术岗位，还是销售岗位，在级别上都可能达到公司的很高地位。

　　对于同一种头衔来说，岗位级差幅度较大。以部门经理为例，因为所有的部门都需要有负责人，因此，无论部门大小、对企业的责任高低，都要有人被称为部门经理。但是，有些部门的部门经理在工资待遇上却不如另外一些部门的部门副经理。这是正常的。这样既给同一个岗位的员工有了进步的阶梯，又避免不同岗位的员工都往管理岗位上挤。

　　管理工作与技术工作有很大的不同，不是所有优秀的技术人员都喜欢管理工作的，更不是所有的技术人员都能够胜任管理工作的。将技术人员提升到管理岗位上，企业经常得到的不仅是平庸甚至拙劣的管理人员，而且还丧失了优秀的技术人员。

5. 善待离职人员

　　一说到核心人员，大家都会本能地想到给更多的钱来留住人才。但你会发现，只要这个人很厉害，如果别人要搞垮你，或想自己壮大，或就想得到这个人，就一定会出高于你所给的薪水水平的。

　　从某种意义上讲，离职人员也是宝贝。因此对于那些去意已定的人，一定要把他们变成朋友，而非敌人。离职人员对公司可是知根知底，而公司对他们却是半生不熟。他要搞起你来可是太容易了，所以即使他到了竞争对手那里，也要保持感情的纽带。如果离职人员处理得好，不仅能积聚人气，提升公司声誉，在关键时刻还可能帮助公司，甚至还能使他们重回企业。

令未布而民或为之，而赏从之，则是上妄予也。上妄予，则功臣怨；功臣怨，而愚民操事于妄作；愚民操事于妄作，则大乱之本也。令未布而罚及之，则是上妄诛也。上妄诛，则民轻生；民轻生，则暴人兴、曹党起而乱贼作矣。令已布而赏不从，则是使民不劝勉、不行制、不死节。民不劝勉、不行制、不死节，则战不胜而守不固；战不胜而守不固，则国不安矣。令已布而罚不及，则是教民不听。民不听，则强者立；强者立，则主位危矣。故曰：宪律制度必法道，号令必著明，赏罚必信密，此正民之经也。

——《管子·法法第十六》

项目绩效管理中最大的误区就是将绩效管理变为"抓罪犯"式的人事评价。要想取得理想的项目绩效，需要将管理的重点放在系统本身，先改善系统，再改善人。因为改变了系统，也就改变了人的行为；而改变了人的行为，却未必能够改变系统。即使是对员工激励，也需要先构建激励系统，颁布奖罚的约定，那些根据个人情绪好坏而给员工的随性的奖罚只会导致糟糕的结果。

16

价值最大化的项目收尾

不为不可成，不求不可得，不处不可久，不行不可复。

——《管子·牧民第一》

稍懂兵法的人都知道，成功的撤退比成功的进攻要困难得多；爬过山的人也知道这么一句俗语"上山容易下山难"；做过官的人也会明白"奋力前行易，平安退位难"。英美人在送人上飞机前也常常这样祝愿"Safe Landing（祝平安着陆）"。据调查，在两次世界大战中大量战斗机损失并非在天上与敌人作战时发生的，而是在飞机成功完成战斗任务返航着陆时发生的。项目也是如此，启动容易收尾难。在经济剧烈变动的商业环境下，项目收尾的好坏，不仅决定企业能否获得利润，更是项目利益相关方能否满意、能否给企业带来新的项目的关键。

作为项目生命周期的最后一个重要过程，一旦在满足了项目目标，同时顾客能够对项目产品进行验收后就进入项目收尾过程。项目收尾是一个相当常规的过程。但是，尽管项目收尾是项目生命周期的最后部分，并不意味着项目收尾的各项活动就要拖延到此过程才开始进行。

项目是临时性的，但承担项目的企业以及项目成果对客户及企业的影响却很可能是长期性的。项目收尾必须做好不留后遗症，以免企业需要已经解散的项目组来处理那些尚未解决的活动事项以及面对那些过时的信息。

坚 持 到 底

随着项目接近收尾，项目需要的人员越来越少，但项目经理仍然要在人数减少的同时确保高效地完成项目。

项目经理必须提前考虑项目组成员的安置问题，不能等到项目组成员整天无所事事的时候才意识到这个问题。因为这样对项目和整个企业来讲都是浪费。必须提前 1 到 2 周通知项目成员在某个特定的日子就不需要他们了。与此同时，项目经理还要通知项目组成员所在部门的经理，这样在项目组解散时部门经理可以再为其安排其他的新工作。

随着项目组规模的减少，项目组成员工作的方式也会改变。项目组成员在这个过程主要负责项目收尾工作。虽然可以根据项目任务的多少，采取将项目组成员分成任务小组的形式来完成，但一般倾向于将收尾工作由项目组集体完成而不再将任务分散安排到若干小组中。

在收尾过程中，项目经理需要的技能与启动过程、计划过程和实施过程所需要的技能不一样。在项目生命周期的最后一个过程，如果不得不更换项目经理，新的项目经理最好是以前项目经理的副手，参与过项目一段时间，对项目有足够的了解才能继续完成好项目的剩余工作。

如果项目组在项目期间长时间占用了企业设施（设备），在项目收尾过程就应告知企业负责控制设施（设备）的人员，以确保这些设施（设备）处于可以被其他项目获得的状态。一定要在项目结束后检查设施（设备）的使用文件，以确定它们是否被修改（例如在结构、设备或技术参数等方面），这是项目经理的责任。当然，使项目所使用的设施（设备）恢复到原来的状态会增加本项目的费用和人力要求。

保 留 项 目 数 据

为了使项目产品得到有效使用，也为了给未来项目的设计、计划、估算和管理积累经验，要注意记录和保存项目数据。

在项目收尾过程中，由于项目组的注意力集中在完成任务和期待新任务方面，记录项目数据和信息、进行经验/教训的总结很容易被人遗忘。项目组成员可能会认为这样会分散他们做下一个项目的精力，而且这样做还要花费成本。尤其当项目费用超支的时候，记录项目数据的工作更是容易被忽略。其实，在项目超支的时候，找出项目超支的原因才是真正重要的工作，只有总结超支的原因，将这些信息记录下来，才能对未来项目发挥作用。

项目历史数据是帮助改善企业项目管理的重要参考源。每个企业可能对数据文件存档的具体要求不同，但一般应包括以下内容。

项目日记；

项目计划，包括项目章程、项目范围说明书及风险管理计划等；

项目来往函件；

项目会议记录；

项目进展报告；

合同文档；

技术文件；

其他信息。

企业应该建立保存和维护这些项目数据的计算机信息系统，这样在需要时可以很方便地检索查找。当收集了足够的项目数据后，企业管理部门可开发一个"经验/教训数据库"，为以后作出合理的项目费用估计和编制具有现实意义的项目计划提供参考。

合 同 收 尾

项目收尾中很重要的一项工作就是完成顾客对项目产品或项目可交付物的验收。客户将对照合同中对项目的需求并按照验收程序审查交付的项目成果。这时应提醒项目客户注意需求本身发生的偏差，并出示所有得到客户同意的（客户签字认可的）变更记录。而且，要使任何悬而未决的项目问题都可以得到正式结束。

最好的方法是将顾客和其他项目利益相关方召集在一起召开一次最终会议。通过这样的会议，可以避免项目经理就尚未解决的问题逐个向利益相关方进行澄清。

此次会议的一项主要内容是项目经理需要作出项目执行陈述：比较项目最终可交付成果与项目合同文件要求的偏差情况。

把项目产品移交给客户过程中需要注意如下几点。

（1）制订移交计划。项目经理必须制订得到项目发起人和项目客户认可的项目产品移交计划，其中必须说明在何时、何地、以何种方式移交项目产品，有哪些人参加移交过程等。

（2）确保客户接受产品。项目经理要尽量让客户参与到制订移交项目产品计划的过程中，这样会促进客户对项目产品的接受。在项目完成时，客户必须要有机会确认项目产品是否符合他们的需求。在严格的合同关系中，客户应该签署验收报告，以表示他们正式接受了项目成果。

（3）在对项目产品的使用方面培训客户。客户通常不是操作项目产品的专家，需要培训他们如何操作项目成果。这种培训应该尽量提前进行，完全等到项目收尾过程才进行可能就太晚了。然而一般情况下，只有在这个过程才可能有大量的客户培训。

对客户的培训费用可能占项目费用的比例很大。例如 IBM 在把一个打印工厂变成计算机制造商时，在培训费用方面花费了项目预算的 25%。这一点需要在项目预算计划中充分考虑。

（4）确保交接责任明确。必须要落实项目利益相关方在项目成果移交过程中的责任，并确保客户最终的付款。

（5）保留项目设计和开发文档。为确保项目产品的运营持续有效，保留项目的设计和开发文档是非常重要的。如果客户混用了设计或开发方案而造成了事故，应当有根据来明确事故责任。

（6）确保对项目产品有持续的服务和维护。客户可能会做些简单的维护和服务，应编制项目产品操作手册以帮助他们满足这些要求，但是客户无法完成项目技术专家才能完成的工作。这就要求企业在项目产品的整个生命周期内与客户要有不断地沟通，这些沟通渠道应当被定义为移交手续的一部分。在工程行业，很多盈利都来自于服务中。

（7）收回项目款项。除非有特别说明，收回项目款项是项目经理的责任。

在现实中，总有一些尾款难以收回。它们的数量可能并不太大，只占项目总额很少的百分比。有些项目经理会因为太麻烦或其他原因而放松对这些款项的追缴。然而，这些款项可能恰恰是企业从项目中可以得到的利润！

项 目 验 收

项目验收是在项目组与客户/项目发起人代表之间进行的正式活动。

在这种活动中，客户/项目发起人代表将核实项目所交付的产品及支持文档是否符合项目需求和目标。

项目验收标准要尽量在项目启动过程确定，而不要像验收程序一样拖到项目收尾过程再定。

项目验收包含以下内容。

1. 安排项目验收会议的日程

项目验收会议是由客户/项目发起人代表、项目的管理团队（项目经理以及项目组中各个功能区域的负责人）以及项目验收委员会共同参加的会议。与会者一旦确定，就应安排会议的召开日期和时间。务必要为与会者留出充足的准备时间，让他们能够审阅相关材料。

2. 分发会议材料

在会议召开之前，应当将材料分发给相关人员。务必要在会议召开之前及早地将这些材料分发出去，让验收人员有充足的时间对其进行审查。这些材料应至少包括项目说明书和项目实施计划（以及附带的产品验收计划）。

3. 召开项目验收会议

在验收会议期间，与会者将评估项目组所提交的项目成果及对成果进行测试。根据验收计划中的验收标准，与会者将确定：

物理审核结果，即客户是否已收到所有的项目可交付成果？

功能审核结果，即产品验收及测试的结果是否证明产品符合了对它的需求？

商务审核结果，即是否完成了所有必要的客户培训？如果需要，是否已经成功完成现场安装？

会议结束时，验收人员应确定验收结论。项目验收可能得到以下结果之一。

（1）接受项目产品，即客户/项目发起人代表同意项目产品已经符合验收标准，并且客户/项目发起人代表取得可交付产品及支持材料的所有权。

（2）有条件接受，即客户/项目发起人代表同意接受项目的结果，但必须先完成指定的纠正措施。

（3）不接受，即项目产品没有达到验收标准，需要进行其他工作。

如果客户/项目发起人代表不接受项目产品，项目组就应安排执行已确定的纠正措施，并重新提交经过修订的项目产品以进行后续验收。

在"有条件接受"的情况下，该评估只需要确认已经完成指定的纠正措施。但是，如果结果是"不接受项目产品"，则应重新执行整套产品验收和测试。

4. 记录决定

在验收会议结束时应完成记录，其中需要包括重要的验收意见或行动建议，以及项目验收会议的结果。如果结果是"不接受"，则应安排后继项目产品验收会议的时间。

财　务　收　尾

财务收尾是指从项目财务和预算的意义上结束项目，包括外部的和内部的项目账目。此外，为了确保项目的各项收支合乎法律和企业制度，还需要对项目进行财务审计。

1. 项目账目收尾

项目账目收尾是项目结束时针对企业员工的内部流程。如果没有设定明确的日期或提供正式的项目账目收尾流程，项目账目往往会在项目结束日期后仍旧存续，项目人员仍然可以借项目名义使用财务或其他资源。如果发生这种情况，项目便不再是项目，很可能变成没有结束日期的活动。既然项目都有自己的有限预算和明确的生命周期，必须在某点上结束项目账目。

有个项目经理曾经谈起以前自己负责的一个项目。有一天，财务部门给他打电话说：一个在两年前就完成的项目现在竟然超支了。财务部门询问他究竟是怎么回事。他也不知道，因为该项目两年前就结束了，而且当时还是有盈余的，此后再也没有进行与该项目有关的工作。财务部门则说：在这两年内，项目组的人一直要求为他们支付工资，他们每月都能拿到钱，因为他们的劳动合同没有被妥善解决。这位项目经理说自己没有权限关闭银行账号，认为财务部门可以关闭这些银行账号。而财务部门说这样做是违反公司规定的，这件事情是项目经理的职责。

大多数项目都有项目账目编码，它们使财务部门能够跟踪项目费用以及其他资源等。在项目结束时，应及时撤销这些账目编码，以确保没有人能够继续凭项目账目编码支付工资和采购材料等。

项目账目编码的撤销应由项目经理通过书面形式向负责财务的部门提出请求，或由财务部门向项目经理和相关部门提出通知。要让项目相关人员知道：若超过项目结束日期，企业将不能再为其工作时间提供工资或为项目采购资源等。

必要时可以设定一个日期，催促人们解决那些因一直拖延而悬而未决的问题。

2. 项目财务审计

项目财务审计是指企业需要成立独立的评审小组对项目的具体工作情况进行仔细审查，包括财务程序、预算及相关记录等内容。财务审计的范围可以是整个项目，也可针对项目的一个特定部分。

进行项目财务审计工作可能要花费几个小时甚至好几个月的时间，这取决于项目的规模、提供信息的详细情况以及透明度等。尽管在项目任何时间都可以进行审计工作，但项目收尾过程的财务审计是个重点。

（1）项目财务审计的目的。项目财务审计往往是以可量化的数据来确定项目实际费用是超出计划预算还是有节余，并确定发生偏差的原因，同时调查项目人员的职业行为和责任感。

此外，财务审计结果也为项目经理和企业提供了一个学习经验的机会，帮助他们在未来类似项目的财务方面有所改善。

（2）项目财务审计的信息要求。项目财务审计需要大量信息，以便作出准确的评价。这些信息包括以下内容。

① 项目预算计划（人力与资源基准计划）；

② 工作记录表（考勤表）；

③ 与外部签订的合同；

④ 采购政策；

⑤ 采购单；

⑥ 预算执行情况报告；

⑦ 变更控制结果。

财务审计小组要对以上信息作出评价，确定项目组所花费的时间和其它资源是否真正用在本项目上。

（3）项目财务审计小组的组成。项目财务审计可以由企业聘请外部的审计小组来执行，也可以由内部审计小组来完成。选择使用外部审计小组的目的是基于他们的经验和公正性；使用内部审计小组是考虑到项目的规模、审计组成员对企业财务政策的熟悉程度。

如果使用内部审计小组，小组成员的构成必须包含来自项目组、企业财务部门、企业高管层、人力资源部门、合同/采购部门以及法律部门的人员。

审计小组有权得到有关项目的所有记录，并随时同项目人员进行接触，以确保对项目的财务状况作出公正的评价。尽管同项目组成员接触有些困难，有时还要"冒犯"他们，但是项目组成员必须认识到同项目审计小组进行讨论的重要性。审计小组在执行工作时，一定要审慎，避免误解等情况的发生，做到"公平、公正、公开"是审计人员的责任。

（4）项目财务审计的实施。与其他财务审计一样，项目财务审计的结果也是形成财务审计报告。财务审计报告作为一项正式报告，必须采用可理解的、规范的格式。审计小组有必要开发一种方法将那些与项目有关的信息与无关的信息区分开来。

尽管财务审计使用的格式多种多样，但应至少包含以下信息。

1）目前项目财务状况。主要描述用于项目的各项费用支出情况。

2）财务偏差情况。主要描述与各财务基准指标相比而出现的比较大的偏差或变化（从费用角度）以及用于批准这些变更的流程是否合乎法律和企业管理规范。

3）解释与建议。解释那些发生偏差的原因，说明其合理程度，并针对这些偏差提出处理的措施，以及就未来项目出现这种情况时应如何处理提出建议。审计小组还应就"将来哪些领域需要给予特别关注"及"人员配置"的问题提出建议。这一点是非常重要的，因为在项目结束后的审计中，很难对本项目财务状况的"健康"情况有所作为。

（5）提交项目财务审计报告。项目财务审计结束后，就应当将编制的审计报告提交财务主管部门或个人，同时将报告复印件提交给项目发起人和项目经理，以便他们理解审计小组所使用的各种假设或澄清任何尚未解决的问题。

总结项目经验/教训

每个项目的完成必须给企业带来三方面的成果：提升企业形象、增加企业收益、形成企业知识（见图 16 - 1）。

图 16 - 1 项目给企业带来的成果

《项目经验和教训总结报告》是对项目成功或失败的总结性文件，也是企业通过项目形成企业知识的重要渠道。它可以为未来企业项目的计划预算、进度提供历史数据和参考建议。

《项目经验和教训总结报告》一般包括以下内容。

项目交付的成果是否达到规定要求，并达到项目目标？

顾客是否对最终成果满意？

项目是否达到预算目标？

项目是否达到进度计划目标？

项目是否识别了风险，并针对风险采取了应对策略？

项目管理方法是否起作用？

改善项目管理流程还要做哪些工作？

《项目经验和教训总结报告》的目的就是将那些项目经验/教训文档化，这意味着项目组要将遇到的问题公开提出。当然，在经验/教训总结时，我们不但要关注项目组，同时也要关注企业的各职能部门所负的责任，这样有利于为以后项目的开展提供有益的建议。

对于某具体项目生命周期过程内出现的个别问题应及时记录并归档，同时制定应对措施，而在项目收尾过程中的经验/教训总结更多的是针对企业高管层的审查活动。

由于《项目经验和教训总结报告》在内容上的敏感性，所以在正式提交以前，让所有相关方预先审查报告是一种很有效的方法；同样，采用互动式的讨论会议也很有用，以确保大家能够公平、公正、公开地讨论如何改善项目管理。

在《项目经验和教训总结报告》中一方面要识别项目成功要素，另一方面也要识别项目生命周期各过程出现的各种问题。如果可能，应将各认可的项目成功因素转化为未来企业项目管理应遵循的程序。

一般说来，编制《项目经验和教训总结报告》是项目经理的责任。项目经理从项目组、客户以及其他主要的项目利益相关方那里获得编制报告的信息。项目中执行不同职能的人员可能对项目成功/失败的解决方案有不同看法，因此，如果无法让所有项目组成员参加，也应至少保证每一职能领域派出一位代表。顾客对项目和项目组的总体看法也是需要注意的一点。

除了使用书面形式进行沟通外，无论项目成功与否，采用"经验/教训交流会"是一项非常有价值的收尾活动。经验/教训交流会通常是一次大型会议，一般包括所有的项目利益相关方或其代表。召开这样的交流会表明项目的正式收尾，它同样为获得利益相关方的认可及讨论改善未来的项目管理流程和程序提供了一个机会。

项目经验/教训交流会和项目启动会议有着同等重要的意义。它的召开标志着大家一起工作日子的最终结束。此时作为项目组的一分子可以表达自己不满、困惑或者喜悦的心情。经过这个过程，项目组成员由于对项目所作出的贡献将得到适当的回报。项目经理应努力使每个项目组成员心情舒畅地离开项目，这样将来在需要的时候他们同样会高兴地为这个项目经理继续工作。

庆 祝 项 目 成 功

项目实现了目标，就应该给予认可。对项目的认可是建立在早期确定的项目成功标准基础之上的。认可的形式可以是正式的，也可以是非正式的，这取决于以前所定的标准。

对项目成功概念的定义，应该在项目启动过程就确定。项目的成功不仅仅与预算和进度有关，有许多项目，即使花费了比原来预期的多得多的费用，也可能会被认为是取得了巨大成功的项目。

确定项目是否成功需要回答以下几个问题。

项目是否达到了预定的成功目标？

项目利益相关方是否是以一种肯定的态度看待项目？

项目管理进行得好吗？

项目组是否是一支有战斗力的团队？

对于成功完成的项目，有许多奖励方法。企业可以通过召开会议或大型聚会来表扬成功的项目组，表示对他们的认可；也可以通过在行业期刊发表文章或其他方式对项目组进行认可。或者如果企业管理层同意、预算许可的话，可采用颁发纪念章、证书或物质奖励的方式。

庆功会的使用对项目来说是一种重要的激励手段，可以作为项目的重要里程碑看待。选择召开项目庆功会的时间是比较困难的，因为要保证最多的人员参加；同时，庆功会也必须是值得庆祝时才能召开。

对项目成员进行认可时需要注意：不仅他们的成绩要得到项目经理的高度评价，得到其职能主管的认可也是非常重要的。只有这样，项目组成员对项目的贡献才能够被看作是对部门和企业的一个贡献。

当然，对于那些在项目中表现不佳的成员也要得到恰当的评价，只有这样工作表现良好的人才不会觉得自己的付出是没有价值的，而表现不好的人也会知道将来如何改进自己的工作。

解 散 项 目 团 队

项目团队成员在项目完成时会有复杂的心情。当项目临近结束时，他们的情绪可能变得不稳定，工作效率也可能要下降。如果项目团队成员面临新的机会，他们的工作表现可能会有所回升，但是如果项目成员未来的去向不明，那他们的工作效率一定会下降。因此，职能经理和项目经理都有责任处理好他们这种感情上的反应，使这些人员保持正常的工作状态。

考虑项目成员的感情时，必须牢记他们是属于企业的，在项目工作只是这些人员暂时性的工作。这样说的意思是，当项目完成以后，虽然项目不再需要他们，但是企业应当更加重视这些项目团队成员，因为他们在项目中为企业作出了自己的贡献；同时在项目工作中积累了丰富的经验，可以更加出色地完成企业交给他的其他项目。

对于企业来说，成功完成企业项目的人员是企业发展不可多得的财富。要善于利用和留住企业的人才，保留项目成员是至关重要的，因此解散项目团队必须谨慎行事。

在这个过程中的关键因素包括：

1. 做好人员解散的计划

如果项目成员知道项目结束后自己马上可以投入到新的工作中，尤其是自己的职位能够得到提升的时候，就会有更大的动力完成当前的工作。同时也要让他们清楚，只有保质、保量地完成现有的工作，才能进入到后面新的工作中去。如果因为在项目的收尾过程中自己的工作出现了失误，不但不能"功成名就"，可能令自己"晚节不保"，这样就会失去了晋升的机会。同时，项目经理要提前与职能经理做好沟通，以便使他们也能够根据此项计划来提前安排项目团队成员未来的工作。

2. 及时将项目团队成员送回给所在的部门

在项目完成后，项目经理应该根据前面制订的计划及时把项目团队成员送回到职能部门中去工作。如果项目结束了，可项目团队成员迟迟不能回到原来的职能部门中工作，不但严重影响了企业其他项目的正常工作，也会造成本项目的费用增加。同时，尽早地把人员返还给原来的职能部门，做到人员的有效利用，职能经理也会为此感到高兴，也愿意为今后的项目提供支持。

处理团队的解散工作要十分谨慎。团队成员对项目作出了巨大的贡献，有的甚至是作出了一些牺牲。如果我们没有意识到他们的贡献和牺牲，他们会在项目临近尾声的时候感到失落。如果我们不能及时有效地消除项目团队成员对项目的失落感，将导致他们带着怨气进入下一个项目或者新的工作中，甚至是带到原来的职能部门中，对企业的后续发展产生负面作用。因此必须保证团队人员都能为自己的付出得到了相应的回报或者肯定。只有妥善地处理上述问题以后，才能宣布项目的结束。

项目结束批准是通过获得那些在项目章程上签过字的所有项目利益相关方签署项目收尾文件来完成的，项目收尾文件内容因项目不同而有所不同，但是一般应包括相关的可交付成果、主要特点及其他关于最终可交付产品的信息。

有一位老师给学生讲了一个故事：有三只猎狗追一只土拨鼠，土拨鼠钻进了一个树洞。这个树洞只有一个出口，可不一会儿，居然从树洞里钻出一只兔子。兔子飞快地向前跑，并爬上另一棵大树。兔子在树上，仓皇中没站稳，掉了下来，砸晕了正仰头看的三只猎狗，最后，兔子终于逃脱了。

故事讲完后，老师问："这个故事有什么问题吗？"学生们说："兔子不会爬树。""一只兔子不可能同时砸晕三只猎狗。""还有呢？"老师继续问。直到学生们再也找不出问题了，老师才说："可是有一个问题，你们都没有提到，土拨鼠哪去了？"

必要时及时中止项目

首先需要建立一个观点：中止项目并非代表项目不成功，也并非代表项目经理不成功。项目中止有很多原因，这些原因大体可以分为三类：项目委托方希望中止的；项目管理方希望中止的；外在因素迫使项目不得不中止的。

项目委托方和项目承担方希望中止的情况大体相同，分以下几种。① 一方发现新的商机，这种商机的利益大于该项目的利益，由于资源的不足，不得不中止该项目以抽出资源。对于这种情况，另一方可以要求中止方适当作出补偿，例如给予赔偿金或签订其他项目协议作为弥补。② 一方资金预算等出了问题，不得不中止项目。在这种情况下，虽然可以根据合同要求赔偿，但对方可能实在无力赔偿，他们可以"千年不还，万年不赖"，其至找出一些"理由"推卸责任。在此情况下，项目另一方会拖不起，也会两败俱伤。因此，在选择项目合作伙伴时，要注意"信息不对称"的问题，时刻了解合作伙伴的市场动向，例如，营业额和利润走向如何？财务前景如何？经营业绩的关键方面有哪些？与其他项目相比该项目的优先序如何？此笔预算可否花在其他项目上？③ 项目委托方由于项目拖期、质量不合格等问题迫使委托方要求中止项目。在此情况下，项目承担方将承担相应责任。

但双方之外的客观原因，如政策变革、自然灾害、战争等原因造成项目不得不中止时，往往会造成双方受损的情形。为了应对这种情况，需要建立相应的风险管理机制。

无论何种情况，都需要对项目进行总结，其过程基本上与正常项目收尾一样。特别需要注意的是，尽管不能庆贺项目成功，但需要鼓舞项目组成员的士气，毕竟很多事与他们无关，他们常常是无辜的。在此情况下，项目过程文档管理尤其重要。

康熙年间大将周培公曾言要做个"善败将军"，因为"兵法所谓善胜者不阵，善阵者不战，善战者不败，善败者终胜"。韩信、诸葛亮、孙武等军事名家无不将撤退的艺术发挥到极致。成功的项目管理者也是如此，其水平高低至少有三分之一要看其项目收尾的能力。

项目收尾的过程必须像项目启动过程一样谨慎、稳妥，千万不要看到胜利的曙光后产生躁动情绪，因为任何项目问题的遗漏，都会给后期问题的解决留下困难。

做卓有成效的项目经理

夫霸王之所始也，以人为本。本理则国固，本乱则国危。

——《管子·霸言第二十三》

项目经理是项目的负责人，他要进行项目的计划、组织、协调以及实施工作，以确保项目的成功完成。项目经理在项目管理中起着关键的作用，可以说是项目的灵魂人物。

调 整 心 态

导致项目团队工作不理想的原因很多，其中一项重要的原因出在团队的管理者身上。不称职的项目经理是项目的杀手，而且是职业杀手。

如果你喜欢一个人，你就让他去当项目经理，因为项目会使他有业绩；如果你恨一个人，你就让他去当项目经理，因为十有八九他会被失败的项目毁了。

对于大多数项目经理来说，他们曾经是技术专家。换句话说，有相当多（如果不是绝大部分）人成为项目经理的一个重要原因是因为他们具备完成项目任务所需的某项技术，且技术水平较高。

由技术专家来对项目组进行管理有明显的优势：他们熟悉本专业技术，因此不至于犯技术上的低级错误；能够指导下属的专业工作；易于和在项目组中占大多数的成员（大多为专业人员）沟通并在他们中树立威信等等。

然而，这些技术专家型项目经理所拥有的优势中也隐藏杀机：懂得项目所需要的某种专业技术性工作并不一定是他们最大的优点，相反有可能会是他们最大的弱点。原先他们还懂得怎样把全部分内的事做得出色，但是现在突然间他们只懂得分内事的某一部分，而常常不懂得怎样去做其余十几个、几十个部分的分内事。更为严重的是，他们常常会以技术人员的心态去处理团队管理问题，而不明白完成技术工作与管理项目组之间存在很多本质的区别。

　　研究表明，在现实工作中，由技术专家走上管理岗位的人员所持有的心态中，有70%仍然是技术人员心态。

　　有很多人愿意成为管理者，但他们中的大多数并不愿意去管理。

——James P. Lewis

技术专家要成为职业项目经理，需要在以下方面做好调整。

1. 由专注技术转向关注拥有技术的人

项目经理首先是通过别人的劳动获得成果的人。这一点反映了经理人员非常重要的特征，就是要借手于他人。

　　请千万不要有这样一种想法，以为人与人之间的关系只是管理学著作中的一个章节。不，完全不是这样。一部管理学著作论述的全部问题就是人与人之间的关系，因为不处理好人与人之间的关系，你就不可能有任何成就。

——帕金森

很多的项目经理出身于技术人员，这样便很容易陷入做具体工作的陷阱中去，特别是如果遇到项目组中一些自己感兴趣的技术问题，他们更会爱不释手，而忘记自己的管理职责所在。

　　然而，如果只会通过别人的劳动获得成果，久而久之会引起下属们的不满，带来很多的麻烦。所以作为项目经理，他们还应该知道如何通过别人的成功而使自己获得成功。项目经理要让项目组成员有成就感，才算是好的经理。项目经理要帮助项目组成员寻找项目工作的意义，在使项目成功的过程中，让项目组成员也能体验到工作上的成就感。

　　然而，一般而言，技术人员是实干家，对于持有技术人员心态的人来说，除非一个人所思考的是一件需要完成的工作，否则思考是徒劳的。技术专家型项目经理在组织项目组、选择团队成员时，容易将精力局限于判断候选人是否具备完成项目任务所需要的技术和技能上，这是远远不够的。

一个人要完成某项任务需要三个要素：能力、动机和态度。能力使我们能够做某些事情，动机决定我们做什么，而态度将决定我们能把这件事做得多好。因此，项目经理不仅要了解项目组成员是否具有完成项目任务的技术和技能，还必须了解他们的动机和态度。如果没有良好的动机和态度，仅靠技术则会使项目团队工作变得一团糟。

技术专家型项目经理必须将注意力从关注项目组成员的技术能力转移到调动团队成员的工作激情方面来，寻求与他们相兼容的价值观，形成团队的共同愿景。只有这样，才能将他们的潜能激发出来。

2. 由理性转向感性和理性相结合

对技术而言，成果的价值和水平是可以客观评价的，数学模型是技术工作者的有力武器。对持有强烈的技术心态的管理者来说，不能衡量或者不能量化的东西其价值值得怀疑，无法量化就无法管理。

然而，在管理实践中，并非所有值得管理的东西都能量化，也并非所有可量化的东西都值得管理。管理本身没有度量单位，它产生的结果往往必须通过其他指标才能反映出来，因此，很容易让技术人员产生管理"虚"的看法。就像在森林中倒下一棵大树，如果没有人听到它倒下的声音，并不能说明它没有倒下；管理产生的效果没有直接的度量指标，并不能说明管理的效果不存在。项目组成员大多在从事创造性的劳动，我们很难事先将我们所期望的东西定义清楚，更不必说对其进行量化管理了。

量化管理基于逻辑思维方式，这与技术专家所受的教育与训练背景相关，缜密的系统分析和逻辑推理、理性决策是他们走上管理岗位后依然孜孜以求的。然而，正如诺贝尔奖奖金获得者、卡内基·梅隆大学的心理学教授赫伯特·西蒙所认为的那样：每个管理者都需要系统地分析问题，但是他们也同样要对形势作出迅速的反应。这一技能需要对直觉的培养和建立在多年经验和训练基础之上的判断力。

无论从事技术还是管理工作，创造力都是十分重要的。然而，直觉与创造力不同：创造力尽管在过程中有跳跃性，但创造性的结论不难合理地解释；直觉常常难以解释。由于项目组的任务面临许多不确定性，在团队管理决策中必须将逻辑、经验和直觉结合起来。

直觉是日本和美国的管理者常用的工具，据调查，在日本有 45.8% 的管理者、在美国有 43% 的管理者经常依靠直觉。

基于逻辑的理性决策必须建立在目标明确、备选方案完备、对备选方案的判断标准（价值观）客观的基础上。显而易见，项目组所面对的创造性任务很难符合这些要求。此外，世界变化的速度非常快，时间成了最宝贵的资源和竞争武器，人们没有时间去收集所有逻辑思维所必要的信息，也不可能收集到所有这些信息。在管理项目组时，管理者只能是有限理性的。技术专家必须将行为方式从完全理性调整到有限理性上来。

在过去的十几年中，自动化和计算机化消除了工作场所越来越多的重复性工作。这使人们能够从重复劳动中解脱出来，专注于那些不能被自动化的、具有高附加价值的工作——推出新产品或新服务。这是项目组存在的一个重要原因。创造性对于项目组就像空气对于人类一样重要。刻意追求理性、逻辑和量化管理给技术专家型项目经理带来的一种心理障碍是惧怕失败，而恐惧失败则是创造性的大敌。IBM 公司的创始人托马斯·沃特森认为，提高成功率的一种好办法是"使失败率增加"。3M 公司的团队创新能力是令人羡慕的，它的年销售额中的 30% 来自近四年的产品。3M 团队的成功经验是从失败中学习。这两个例子可以给理性至上的技术专家型项目经理很好的启示。

3. 由追求完美转向追求满意

在中国的文化中，文人相轻，自古而然。其中一个重要原因就是文科缺乏明确的衡量标准。在技术领域却不然，一般谁的技术水平高低有较明确的衡量标准，因为技术能够做到"钉是钉，铆是铆"，对技术而言，一项结论有对错之分。

技术假定只有一种正确的方式做事情，而实际上却从来都不是。

——罗伯特·波司格

管理是一种有残缺的美，是一种持续改善的过程。对管理而言只有是否合理、有效之分，而没有对错之别。管理没有标准答案，追求十全十美、完全正确的管理方式，不仅不经济，而且不可能。

技术专家们都知道，数学上十分重要的一种证明方法是反证法，它通过列举一种反例来证明假设的不成立。然而，管理最怕反证法，如果技术专家型项目经理将这种方法移植到项目管理中来，对项目团队、对他自己都将是一场灾难：因为任何一项管理政策都有它的局限性，任何一个人的建议都有其适宜的范围，正如质量管理大师爱德华·戴明所言："所有的理论在某一世界都对。"

技术专家型项目经理要想摆脱在管理中追求标准答案的陷阱，一种有效的途径是记住并灵活使用 20/80 原则，即 80% 的结果产生于 20% 的原因。对于团队管理工作，20/80 原则可以变形为：在制定激励政策时，如果不能做到面面俱到，就要尽量使团队中的关键成员，即那些认同团队价值观又很有能力的员工满意。同样，质量的含义也是"满足项目利益相关方需要的特征与特性"。

在技术领域，常用的使成果变得完美的做法是反复做试验，最为人熟知的试验专家是爱迪生。然而，这种方式在项目管理上却行不通。一个原因是管理效果不可复制、不可移植；另一个原因是重复的试验会使团队丧失对管理者的信任。

追求标准答案的变形是以过去的成功经验作为指导未来工作的唯一准则。同一技术成果可以得到反复的印证，但是管理却几乎都是独特的、定制的。将技术心态引入到管理上会产生一种思想，即"有一种，或者至少应该有一种正确的管理人的方法"。然而，没有比这个想法与现实更格格不入的了。

在管理中，不同的人需要用不同的管理方式。项目组的成员不能靠命令，只能靠推销来管理。推销的时候，项目经理必须问对方需要什么。显然，标准答案是不存在的。

4. 由做自己感兴趣的事转向做自己该做的事

作家拿破仑·波拿巴有句名言"如果你想把事情做得很好，就自己做"。这句话被很多技术专家型项目经理自觉或不自觉地作为指导自己工作的原则。

"告诉你怎么干，还不如我自己干更容易"是他们常常说的一句话，尤其是他们看到项目组成员中有人的工作令人不满，而这项工作又恰恰是自己的老本行时更是如此。这种做法不能使人们从自己的错误中吸取教训，结果是错误不断重复。这种错误的重复又坚定了技术专家型项目经理事必躬亲的信心，从而陷入了恶性循环。事必躬亲的另一个危害是"费力不讨好"。不让下属自己干，下属就得不到完成任务的满足感，而这种成就感恰恰是对他们的最大激励。

判断项目经理是否有效的标准是项目组的绩效而不是他/她个人做了哪些工作。项目组的业绩就是项目经理的业绩；反之，项目组的过错也就是项目经理的过错。项目经理应侧重于"做对的事情"，而不是像技术人员那样侧重于"把事情做对"。

技术专家型项目经理必须努力学会授权，特别是要将自己所熟悉的、所热爱的技术性工作让团队的其他成员来负责，自己将精力转移到概念思考、获取资源和人际协调等工作上来。

许多技术人员在项目工作中会逆向授权，即将应该享有的权利返还给项目经理。逆向授权的原因很多，其中最常见的是人们怕承担责任。这只是表面现象，在其背后隐藏着如下几种原因：第一种原因是没有规定与责任相对等的利益，第二种原因是任务、责任定义不明，第三种原因是技术人员未必喜欢权力。

第二种原因对项目组来说，尤为重要。由于项目组承担的是一些创新性很强的工作，对它们的工作难以预先设定评价标准，更谈不上量化。而没有客观的评价标准，对项目组而言，能否获得预期的利益则产生难以把握的不确定性，因此大家不愿承担责任。要消除逆向授权，必须解决好任务和责任的定义问题。

第三种原因与技术人员的特性有关。技术人员的自豪感在很大程度上来自他们在某些方面（常常是技术领域）的专长，而授权所带来的责任常常来自专业领域之外，这不仅挑战了他们的权威，也给他们带来了不安。

许多技术专家在成为项目经理后，这种逆向授权的原因不仅没有引起他们的重视，相反他们将这种形式进行了变形：他们经常是在放弃，而不是授权。

要想有效运作，一个项目组需要三种不同技能的人：具有技术专长的人、有解决问题和决策技能的人，以及善于聆听、反馈和其他人际关系技能的人。在项目管理过程中，项目经理主要应充当后两种人。然而，相当多的技术专家型项目经理的心理舒适区却落在第一种人身上。与事必躬亲相对应，他们对后两种人应该起的作用采取了放任自流的做法，而他们自己却常常误认为这是现代管理中倡导且非常流行的管理方式——授权。

授权的真正手段是要能够给人以重任、赋予权力，并且要让他们负起责任，以及要保证有一个良好的报告和反馈系统。只有有效的组织系统才能把项目组成员的专有知识和技能转化为团队绩效。

与人们常用的假设相反，纪律和原则并不会影响专业人员创造力的发挥，相反会对项目组、技术人员的工作绩效起到促进作用。克莱斯勒的总裁罗伯特·如茨认为：真正的创造力的第一个任务不是放松标准而是掌握它们。美国卡内基·梅隆大学的软件工程研究所的研究表明，尽管大多数软件人员不是流程的拥护者，但在有明确流程的团队中，有60%员工的士气极佳或良好，而在没有明确流程的团队中，这个比例只有20%。

5. 由着眼于项目工作转向着眼于项目的商业价值

对技术专家来说，技术就是技术，技术本身常常就是目的，能够从事自己热爱的技术工作本身就是一种激励。然而，项目是以目标为导向的，不是以过程、技术或活动为导向的。技术专家型项目经理不要将这一点搞混。

每一个项目的启动都是为了达到一定的商业目的。即使项目是为了解决某个技术问题而发起的，项目经理也不能忽视为达到项目目标所需要的成本和究竟解决技术问题能给企业、客户以及其他利益相关方带来何种价值等问题。比尔·盖茨的表白"技术的唯一目的是为了赚钱"是对这种价值的极端说明。

职业化的项目经理要能够准确把握项目对企业、客户和其他利益相关方的商业价值。在挑选称职的项目经理时，我们不能期望他/她具备商业天分，但如果没有项目利益相关方意识和商业意识的人是绝不能挑选为项目经理的。

如果项目经理习惯于从利益相关方的角度去思考项目的价值，他/她就有了成功管理项目的前提，就有了发现项目商业价值的基础。

技术专家会根据自己对技术假设的理解和爱好来推断客户同样有此爱好，同样认可技术的价值，他们所管理的项目组容易推出没有必要的特色产品或过于追求质量而缺乏财务控制。

没有必要的特色产品一般在技术上有独到之处，因而技术专家对这些特色较为偏爱甚至容易自我陶醉。欧洲最大的软件公司 Cap Gemini 的 CEO 保尔·赫梅林对待没有必要的特色产品的经验是："确实我们可以为不必要的特色收费，从而有短暂的优势。但从长远看，客户会看到这一点，而我们将失去他们的信任。"技术专家型项目经理有必要共享这个经验。此外，技术专家要特别注意避免由于客户技术水平的不足而扮演"客户老师"的角色这种现象。

6. 由技术权威转向管理能手

在项目组中，技术水平的高低对能否赢得其他成员的尊重和信任有重要的影响，技术人员一般不崇尚权力而认可权威，因此，技术权威是技术专家型项目经理最看中和赖以自豪的资本。但是，如果要永远保持这种技术权威，或在团队管理过程中以此为主要、甚至为唯一的手段，则会给团队带来极大的负面影响，也给其本人带来痛苦。

目前，知识更新的步伐十分迅速，它超过了任何个人的学习速度，一个人要想在某一领域永葆领先几乎没有可能，项目经理越来越不可能在专业上超过项目团队的其他成员，从而建立专业权威。各类组织的管理者都会不可避免地遇到一个问题：他们必须能够管理在某些专业知识方面超过自己的下属。要管理好这些下属，只能放弃技术权威这个法宝，寻求新的能够对团队成员产生影响力的方式。"外行领导内行"在过去曾受到批评，但在未来却是不可避免的现实，我们所要做的除了尽力去成为内行外，更重要的是要改变我们的管理方式，使"外行能够管理内行"。

　　项目经理扮演的团队角色应该是谈判者、资源分配者、混乱处理者和评估者，而不是，或不仅仅是工作完成者。作为谈判者，项目经理要努力提高项目在企业中的地位，团队成员由此会感到一种自豪感，这种自豪感对他们是一种激励。作为资源分配者，项目经理不仅要将合适的人放在合适的位置上，还要广泛获得团队外部资源的支持。作为混乱处理者，项目经理要建立一种团队秩序，处理好团队成员之间以及团队与外部的冲突。作为评估者，项目经理必须公平、合理地评价每个团队成员的价值并以适当的方式对其进行认可。此外，他们还必须能够保证项目组的工作没有偏离项目目标方向。

　　要提问并倾听，这样我们才会学习并能够领导。管理项目组，让团队成员 know－why 比让他们知道 know-how 重要。失去技术的权威以后，"善问"成了管理项目组的有效手段：我们无法在具体工作上给团队成员以专业指导，也不能对许多专业问题给出答案，我们只能以合适的问题提供给充满智慧的团队成员，促使他们进行沟通和理解，从而得出团队、客户及利益相关方所期望的成果。

　　在项目管理过程中，雇用、工作指派、绩效评估、利益分配等职能仍然掌握在管理者手中，有效的项目经理需要常常问自己四个问题：客户及项目组的目的为何？哪些人可成为项目团队成员？他们为何能被选上？此团队如何追求其目的（该采用何种系统、流程或方法）？此团队如何知道成功了？通过提出正确的问题，管理的思想发生了根本的变革：不是"管理"人，而是"领导"人，其目的是让每个团队成员得到发挥，提高团队成员的满意度，提高他们对完成项目任务的承诺和提高团队的生产力。

　　技术工作对项目组来说是必要的，但是，要想使项目组运作有效，除了要有具有技术专长的人以外，还需要有能够解决问题和决策的人以及善于聆听、反馈和具有其他人际关系能力的人。当成为项目经理后，技术专家必须从心态和行动上调整到管理角色上来，变成真正的管理者、真正的团队领袖，而不是从事管理工作的技术专家。只有这样，项目成功才有基本的保障。

发 挥 影 响 力

权力是任何一个管理者都需要的，但对于临时性的项目经理来说，善于发挥影响力是使其管理有效的有力武器。

1. 决定项目经理有效性的因素

彼得·杜拉克关于管理者有效性的论断同样适用于项目经理[❶]。

（1）项目经理的工作时间往往只属于别人，而不属于自己。项目经理比职能经理面临更多的利益相关方，因而，他们受到的干扰程度要更大。项目经理很难完全控制自己的时间，所以他们懂得如何进行时间管理。

在项目管理的内容中，时间管理不仅是对项目进度的管理，要有对项目经理自身的时间管理。如果你问项目经理们他们在做什么，他们最有可能告诉你他们在进行计划、组织、协调和控制。然而，当你看到他们所做的事情与以上四个词语毫无关系时，你不要感到奇怪。

（2）项目经理的管理方式受到所在企业制度的局限，除非他们敢于采取行动来改变他们周围的一切。项目管理风格和制度需要结合项目的特点而设定，但如果这样将会破坏企业常规的管理规范。因此，项目经理面对的最基本的谈判对象就是自己的上司，是项目发起人和企业的高级管理层。

（3）一般说来，与项目经理的工作效率关系最密切的人往往不是项目组成员，而是来自其他领域工作的人。他们可能是职能经理，也可能是客户或其他项目经理。

在企业岗位招聘的面试中，一个有效的问题是："如果你由一个部门的经理位置调离到另一个部门的经理位置上，你如何分配你的时间？"对时间不同的使用方式，取决于经理人对工作的不同理解；同样的，也决定了他们的成效。

我们可以将经理人员分为三种：一种是普普通通的经理，就是一般的

---

❶　彼得·杜拉克. 有效的管理者［M］. 上海：上海译文出版社，2000.

经理，大部分的经理人员属于此种类型；另一类是有效的经理，工作干得漂亮，任务完成得很好；还有一类是成功的经理，他们得到的提拔比较快。当然，成功的经理和有效的经理是有区别的：工作干得漂亮的不见得提拔得最快，提拔得快的不见得工作做得最好。

现在来看一下他们的时间是如何分配的（见图 17-1）。从图中可以看出，一般的经理花在传统的管理活动方面的时间占到其总工作时间的32%，沟通方面占到29%，对下属的管理占到20%，社会交往占到19%。

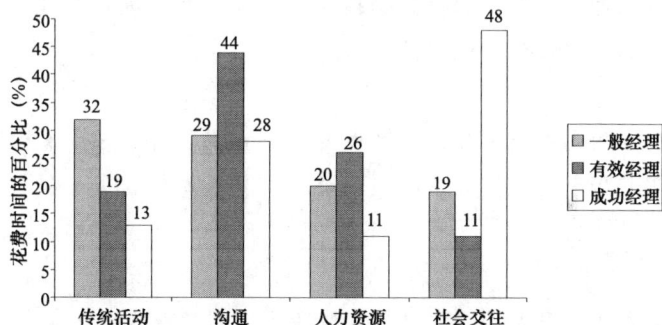

图 17-1　不同类型的经理人对时间的分配方式

对于有效的经理，他们在沟通方面花费的时间平均占到44%，在管理下属方面要用去26%的时间。在项目管理中，项目经理要不断地和项目组成员、职能部门经理以及高层管理人员进行沟通，确保项目得到足够的支持。

成功的经理花在传统的管理活动上的时间只有13%；而在沟通方面，成功的经理会拿出28%的时间，将近一半的时间（48%）用在了社会交往方面，仅仅有11%的时间花在管理下属人员方面。

一个成功的项目经理必须协调好各方面的关系：应该理解项目的运行过程以及如何同利益相关方打交道，应该有较高的组织和协调能力。然而，很多的项目经理由于具有的技术背景，他们不愿意去跟团队以外的人交往，很容易干活多，反而不一定得到提拔。

（4）管理者受到项目的局限，而在项目组之内不产生结果，结果都存在于项目组之外。项目是由项目组与其他项目利益相关方共同完成的，即使项目组特别团结、生产效率特别高，如果其产出的成果不被客户接受、不被项目发起人认可，一切努力都失去了其价值。

2. 影响力的来源和使用

项目经理可以利用的职权是有限的，因而，项目经理必须注意树立和发挥其影响力。所谓影响力，是指能够让别人听从你、追随你的能力，也有人称之为领导力。

项目经理的影响力来源于以下几个方面。

（1）资源。资源可以是任何有用的东西，可以是物质的或者非物质的。对资源的拥有不等于对资源的控制。因此，作为项目经理，应该将重点放在争取对项目资源的使用权方面。

来自高层的支持是项目经理可用的第一重要资源，因为有了企业高层的支持，项目经理就有了足够的支配企业其他资源的权力。项目经理一定要管理好自己的上司。

此外，资源的获取还可以通过与职能经理们交换等方式实现。

（2）信息。信息也是非常重要的力量。比如秘书人员，他们是给领导服务的，其工作本身没有多少权力，但是秘书们掌握着大量的信息，这些信息关系到很多下属人员的奖惩、升降、工作的分配等等，这对下属人员的自身利益是至关重要的，因而秘书的话会有很多人听。

项目经理需要留心并掌握的信息主要有技术信息、来自利益相关方的社交系统的信息等。

（3）专长。很多项目经理出身于技术人员，这一种优势对他们而言是比较容易获得的。

（4）关系。人们都是讲感情的，在中国尤其如此。成功管理项目，项目经理必须与项目所有的利益相关方建立良好的人际关系。

在项目生命周期内，要多去问客户，多去请教客户。这不仅可以赢得客户对项目的支持，还会使项目对客户产生影响力。因为一个人投入到一件事情中的时间越多，这件事对他的影响就越大。

企业有四种产品，一种是过去赚钱的产品，一种是将来赚钱的产品，一种是现在赚钱的产品，最可怕的是满足管理者感情需要的产品。尽管这种产品现在不再赚钱了，但经理人员觉得在产品开发的过程中，投入了那么多的心血和精力，对它有感情，不舍得放弃掉，结果耗费了企业大量的资金不说，还损失了市场发展的机会。

如果过去的投入使我们产生了强烈的责任感，如果改变这种责任感比较困难，那么，我们很可能受到以前投入程度的影响和制约。

（5）压力。对别人施加压力，也可以对别人产生一定的影响力。

项目经理可以通过对项目组成员施加压力来提高影响力。这种压力可以通过设定里程碑，通过项目过程中的检查点不断检查项目的实施。

要不断地对项目组以鼓励，激发团队士气，而且一定要创造一个奖励他们的理由。里程碑可以起到这样的作用。

（6）个人力量。人格魅力对于所有的管理人员来说都是重要的。

（7）职位。当以上几方面都不足以对别人施加影响时，职权就是项目经理的底线。

项目的成功，除了要让利益相关方满意外，要建立和发展一支团队，要使参加项目的人得到成长。只有项目组成员在参加完一次项目后感到得到了好处，才会有下次参加的热情。作为项目组成员的上司，虽然是临时的，项目经理要尽可能地为项目团队成员争取最多的利益，在不影响企业整体利益的前提下，时刻为下属着想，才能算是个好上司。如果项目经理对下属很苛刻，对无关人员倒是异常热情，那就会引起下属的不满，进而影响项目的完成。

项目经理有评价和推荐的权力，项目经理要充分利用好这个权力。项目组成员在项目结束后会回到原来所在的部门，项目经理要提供书面的对该成员的评价，这也给了部门经理奖励成员的理由。

有人说：项目经理是最有希望成为总经理的人。在某种程度上这句话是正确的，因为项目经理的管理能力较职能部门来说更综合全面，也更有挑战性。其实，即使是对职能部门而言，其管理人员也可分为两类：一类是"官"，另一类是"吏"。"官"是部门的主要负责人，"吏"则是部门的副职或辅助人员。在政府部门中"官"和"吏"的晋升是不一样的，"官"需要选举，"吏"则可以任命。同样，在企业中，各部门的"官"和"吏"的晋升途径也是不一样的。"官"一定要有过一线的经验，特别是担任过项目负责人的经验，而"吏"则可以是从学生中招聘或从部门内部直接晋升。没有主政过一方的政府官员很难有足够的威信；同样，没有担任过项目经理、没有担任过一线负责人、没有在其负责下创出业绩的人员在企业中也很难有威信。

成为真正的职业项目经理是极具挑战性的。

成为适应变化的成功企业

用之在于机，显之在于势，成之在于君。

——《六韬·武韬·兵道》

变化的时代要求我们要树立不同于以往的企业经营理念。这些新的理念需要能够有效地平衡变与不变之间的辩证关系，要体现好"有经有权"的做事思想。在未来的企业中，根据经营利润、人员规模、市场范围、产品种类等已不足以反映一个企业的生存能力，不足以给我们带来企业是否可靠的判断。在大量巨无霸式的企业在很短的时间内就会土崩瓦解的时代，企业不能再以"大小"、"强弱"这样的标准来判别其存活的能力，取而代之的将是新的标准。企业需要做好应对变革的准备。

当心"企业项目化"的误区

"一切都是项目"是一句让人热血沸腾的话。项目化会促使我们面向任务、面向成果，但是，鼓吹项目化、"一切都是项目"也会带来严重的隐患。

如果我们将独特性、临时性的任务作为项目定义的话，确实，所有的任务都是项目，我们可以将其作为项目对待。但是，只有共性才会带来效率，我们需要在独特性和效率之间进行权衡。"一切都是项目"就可能等同于一些哲学命题："白马非马"、"人一次也不能踏进同一条河流"等。

有两个战友从部队转业后分别做了两个乡的乡长。甲乡长平时尽做些改善性的工作，修修水渠、整整河道等。乙乡长则大刀阔斧进行改革，新修了马路，建了高楼，县里的会议经常在乙乡召开。一次，洪水来了。甲乡受了灾，但由于平时乡里做了不少水利建设工作，受灾不严重。乙乡的路被冲毁了、楼房被冲倒了。乙乡长身先士卒战斗在抗洪第一线，最后累晕倒在现场。记者们去采访他，领导们也到医院去看望他，老百姓都说他是个好领导。洪水退去了，乙乡长荣升为副县长，而甲乡长依然是乡长。这个例子说明什么？没有项目就没有业绩，可是，这些业绩是真正的业绩吗？

对创新的过度崇拜、对业绩的盲目追求很容易使人们产生浮躁的情绪，人人不甘于平庸，结果恰恰是造成了很多标新立异的、平庸的"创新成果"。这种做法会耗散企业的宝贵资源。在"项目化"就是"一切都是项目"的幌子下，每个人都会想方设法去发动一些项目，企业的目标反而会被人们忽视。项目是临时的，这种临时性会加剧人们的不安全感。获取项目后，人们在还没有取得项目成果前就会琢磨如何才能获得下一个项目。

一则寓言很有含义：有个农户家里闹鼠灾，于是农夫买了些老鼠夹放在家里。鸡、羊和牛都等着看老鼠的笑话。一天早晨，农妇早起做饭，一不留心被一只老鼠夹夹着了脚，伤得很重。农夫为了给农妇补养身体，杀了那只鸡。农妇的脚发炎溃烂，不得已被送往医院，为了凑够住院费，只好杀了羊卖肉换钱。农妇伤势加重，最后因败血症死亡。为了换钱给她安排体面的葬礼，也为了答谢来送葬的朋友，农夫只好杀了那头牛。以为与自己没关系的事，恰恰有可能给自己带来灾害，这就是不懂系统因果关联的后果。

现实中这样的事件屡见不鲜。我们从小受到的教育就是让人出人头地，而不是教人如何踏实工作。"不想当将军的兵不是好兵"这句话并没错，但是如果变成了"不去争着当将军的兵就不是好兵"这样的局面，"宁为鸡头不为凤尾"的情况就会产生，就会出现人们想方设法去发动项目而不顾企业整体目标的情况。不断追求新项目的重要性会大于追求项目成果的重要性，人们就像穿上了红舞鞋一样忙个不停。这种情况加剧了"企业里的每个人都在忙，忙着掩盖事实的真相"这种情形。企业中也会形成一批忙于评价项目、忙于协调项目资源的"专业评委"，派系等不良风气会应运而生，企业老总会疲惫不堪，企业会陷入极度混乱状态。

在快速变化的社会中，创新是必须的，但不能为创新而创新；项目是重要的，但不能为项目而项目。这样的教训在企业、政府机构、高校和研究单位出现得太多了。企业高层管理人员主要是管理非重复性的项目，但是，不能人人都在抓项目，大多数人还是应该做一些生产性的、以效率和标准为核心的工作。这两种工作的交替、互补才能带来企业的效益和效率。日本人很强调"改善"这个词，在英语中改善也经常用日语发音kaizen来代替，这不是偶然的。"改善"使日本人做事精细和高效，尽管有人对当今日本企业的管理提出质疑，但如果我们留心一下就不难发现很多日本企业依然远远跑在我们乃至世界绝大多数国家企业的前面。

在完成任务时，我们需要项目管理的思想，但只有在任务涉及多方人员、范围能够界定、独特性的特点明显大于重复性的特点时采用项目的形式才是有益的。"一切都是项目"，但是，是否将其当作项目来管理需要看情况。

企业管理思想和方法的转变

正如彼得·圣吉在《第五项修炼》中所言，要改变一个企业，首先要改变我们的心智模式。一个适应变化的企业是一个以项目管理为其核心能力之一的企业，要形成这样的核心能力，需要实现以下六种基本的转变。这些转变尽管很多已在前文阐述过，但集中起来会使我们看得更系统。

1. 由依赖于人向依赖于系统转变

两千多年前，管仲就提出了"一年之计，莫如树谷；十年之计，莫如树木；终身之计，莫如树人"的理念。如今，"人才资源是第一资源"等理念也众所周知。但是，"以人为本"其基础的含义是要以"人"作为我们所有工作的目的之本，而不是仅将其作为完成工作的资源之本。

"人才资源是第一资源"，但是这个资源必须放在一个恰当的系统内才能起作用，人在系统中而不在系统外。离开企业这个系统而孤立地依赖人才的企业没有不失败的；同样，离开国家这个系统而孤立依赖人才的国家也很难长治久安。

所谓系统，是指包含两个或两个以上元素的整体。一个整体要成为系统必须满足以下三个条件：第一，每一个元素均对整体起作用；第二，各元素的行为及其对整体的作用是相互依赖的，没有一个元素可以对系统整体单独起作用；第三，无论这些元素如何进一步分解，那些分解后的部分均对整体起作用，但没有一个部分能对整体单独起作用。换言之，系统的各个元素之间紧密相连，不可被分割成独立的部分。由系统的内涵可以得出两个推论：系统的每一部分均有其属性，当它从系统中分解出来后，该属性将产生损失；每一系统均具备一定属性，但它的任何一部分均不能独立具备这些属性。

人力资源仅仅是在完成项目的各种要素所构成的系统中的一个要素，尽管它很重要，但是其重要性只有当它和其他要素有机结合的时候才能体现。那种"招揽优秀的科技人才，想方设法提高他们的积极性，然后就将得到科技成果的责任完全交给他们"的做法不是尊重人才，而是放弃和推卸了管理者的责任。这种做法不能有效和快速提高企业的竞争力，也很难发挥人才的作用。

2. 由依赖于企业内部员工转向依赖于利益相关方

企业的收益都是来自企业的外部，企业内部发生的都是成本。其实，越来越多的企业员工已不再是企业独占的资源，不再会像以往人们歌颂的那样任劳任怨、有集体主义精神。那种"今天工作不努力、明天努力找工作"的说法不适用于企业所依赖的人才。

变化时代的企业很难奢望员工和企业共患难，他们免费为企业工作或允许企业赊欠他们薪酬的时间会变得很短暂，他们和企业之间是契约关系，而且社会正在迫使政府不断出台增强这种契约平等性的监管和保障力度。

企业的利益相关方将决定企业的命运，企业能否生存和发展在于能否不断满足其利益相关方的需求。企业的人力资源部将不再是劳动人事部门的别称，它们会变得更像公共关系部、市场部和法务部的合成体。

3. 由面向职能的部门管理转变为面向目标的流程管理

流程或程序的根本目的是厘清工作与工作之间的逻辑关系和责任关系，以提高工作的效率和降低工作的风险。要提高项目的成功率，需要改进项目的组织管理机制，首先要建立项目管理的流程，以明晰工作关系；其次改进机构设置，以明确责任关系；最后改进绩效评价机制，以推进责任的落实。

在现实管理中，容易出现的错误是以激励代替管理，即先改变绩效评价机制，甚至只是简单地采取经济激励的手段，期望以此提高项目的成功率。

公安部规定 2013 年 1 月 1 日起，机动车驾驶员"闯黄灯"将被扣 6 分。但是，公布此条令后不到一个星期，就又宣布暂时对"闯黄灯"不予处罚，因为需要制定判别的细则。这就是先改变激励政策但没有完善流程和责任（改进信号灯设置和"闯黄灯"的认定工具和办法等）。与此相对应，对酒后驾驶的认定就没有出现这样的波折，因为先研制并使用了酒精探测仪和抽血检验等方法。

另一个常见的现象是多头管理。按照管理学的基本原则，每件事都必须有人负责，每件事都只能一个人负责，每件事也只能一个人负责。但是，现实生活中确实存在多头管理，即一项工作涉及多个管理部门的现象，这种现象造成的结果是每个部门都在忙，但与此同时问题越来越多。"十几个部门管不住一个菜篮子""七八个部门管不住渣土车"等就是这样的现象。多头管理的结果就是相互扯皮、"共同承担责任"的结果常常是没有人承担责任。解决多头管理的办法可以是大部制，即将若干负责部门合成一个部门，这样会由"多头"变为"一头"。但是，由于不同项目涉及的部门不同，我们不能根据项目的不同不断地采取不同的"大部制"。这是项目制的组织机制，会消耗很多的资源，而且随着项目的开始和结束，甚至在项目的不同阶段均会出现组织机构调整的情况，不仅会严重影响效率，更不符合企业部门职能稳定的需要。

多头管理实际上是一个伪命题，很多项目需要多人协作，但多人协作并不意味着多头管理，多头管理是工作流程没有细化的结果。每一件工作都可以指定一个负责人，但是，当多个工作组合在一起时，就会有几个负责人，这就造成了多头管理。当某项任务出现多头管理现象时，需要将这项任务分解成几个更细的工作，明晰其中的流程关系，直到每项工作只有一个人负责为止。这是解决多头管理的有效方法。由于信息技术的发展，要做到增加管理幅度，实现更扁平化的管理已不是一件难事。

稳定的职能部门能够提高同类资源的使用效率，动态的项目能够满足不同的目标需要，两者的协同才能保证项目的效率和有效性。由于项目的特殊性或创新性，以及一个稳定的部门需要涉及非时间同步的、不同种类的项目，依靠稳定的、职能界面清晰的部门对项目进行管理就会出现相互扯皮的现象。项目的不确定性带来部门之间职能界面的模糊；同时，各个部门为了各自的利益立场、信息拥有量和基于各自的效率考虑会对不同的项目采用不同的优先顺序，这些顺序的不同会造成多个项目的延期。要解决这些问题需要采取基于流程来调用部门资源的方式，只有这样才能既满足稳定部门对资源使用效率的保障，又能满足项目对特定目标的需要，才能避免扯皮现象和打破"官本位"。

公开透明的程序不仅是取得利益相关方信任的基础，也是以法制取代人治、减少由此引起的风险的保障。之所以有"政府官员也是一个高危职业"的说法，源于我们工作流程的不具体、不透明、不科学。当出现问题时，不能做到可追溯性，也拿不出证据向公众证明责任究竟应该由谁承担。流程管理不仅能够明晰责任，而且能够提供可接受的可靠性。有些管理人员为了提高效率或某些个人的原因会带头打破程序，这种局部效率或效益的提高会影响整个系统的风险和效率。

项目都是不一样的，企业不可能为每个项目制定一个政策。可是，笼统的政策在碰到具体的项目时又会有"一刀切"的问题。"控制论"告诉我们，一个问题如果很难求解，可以试着从它的共轭问题入手，解决了其共轭问题，也就解决了原问题。尽管每个投资项目均不相同，但是他们的生命周期、生命周期中需要把握的主要流程都是一样的，我们可以针对这些流程制定相应的管理办法。这些流程越完备，企业管理成熟度水平越高，反之则越低。

"要么遵循流程，要么先改变再遵循它"应该成为企业未来开展工作的准则。

4. 由基于静态岗位的人力资源管理向基于角色的人力资源调度转变

人员流动会带来很多的好处，它可以促进社会的公平，促进人才的合理竞争和成长，促进专业化程度的提高，以及减少对人力资源需求量的减少等。由于《劳动合同法》的保护、分配机制的完善、全民社会保障和户籍制度的改革，城乡之间、不同地区之间的人员在同一地区、同一工作岗位的收益和福利将会趋同，能够体现按能力、按贡献任用和分配，社会的公平性将会提高。

由于人们的生活保障并不是完全依赖于某个供职的单位，"能上能下"的任用方才能得以实现。人们会根据自己的能力提高职业的安全性，而不会依赖于"铁饭碗"，因而人员专业能力将会得到提高。企业的工作负荷往往不是均衡的，忙的时候和空闲的时候对人力资源的需求量是不一样的，人员能够流动起来，才能做到人力资源"来得了、干得好、走得掉"。随着中国人口老龄化和人力资源成本的增加，如何促使人员的流动并保障流动的有效性和公平性，是政府必须考虑并解决的重大问题，也是企业必须了解的社会发展趋势。

管子曰："善者，用非有，使非人"，即我们要善于使用那些不属于我们的资源，使用那些不属于我们的人员。现代项目管理很重要的特征就是要能够使用动态的人力资源。项目是由利益相关方协同完成的，特别对于大型项目来说，项目更是由跨组织的动态人力资源来协作完成的。对于一个临时性的项目来说，要想将资源，特别是人力资源占有为专用资源的可能性将越来越小。

一个企业拥有的人才在某种程度上是风险资本，商业环境的快速变化使其面临日益加快的折旧贬值的威胁。人才的薪金行情日益看涨，完全占有人才的代价将越来越高，投入产出比将越来越低。此外，越来越多的人更忠实于自己的职业而不忠实于某个单位，流动的"自由人"越来越多。这些变化都促成了人们将集中精力于其最擅长的领域，而将其不擅长的领域让给最擅长的人去做，这也就是为什么越来越多的项目将由多个企业共同完成的原因。

值得注意的是，由多个企业来共同完成某个项目并不是指简单的总包、分包和转包方式。简单的总包、分包和转包方式常常只是增加了项目的成本和费用而没有增加项目的实际价值，它们不能称为真正意义上的"共同完成项目"，它们可能只是为了有些不合理、不合法的利益而造成项目造价的上升。换句话说，这些方式的结果是项目价值没有增加但项目价格增加了。真正的由多个企业共同完成的项目应该是这些动态人力资源围绕增加项目的价值开展工作，每个参与的人员都为该项目价值的增加而做贡献，并因此分享项目的收益。多个不同企业的人力资源与项目的关系应该是一种价值网络关系。

项目执行效率的重要性不言而喻。要提高项目的执行效率，一种常用的办法是雇用有能力的复合型人才。事实上，没有比这种做法更迷惑人了。过度地对复合型人才的依赖会使我们忽视积累属于企业的、可复用的知识和技能，这样做的结果又会使我们更加依赖复合型人才。当一个企业没有属于自己的知识和技能时，"缺乏高素质的人才"就成了最好的、也是最没用的借口。复合型人才具有广泛的市场需求，因此，高素质的复合型人才常常会"跳槽"或被别的单位挖走。由于培育这些人需要较长的时间，这些人员日益紧俏，他们越发不愿意将个人的知识/技能贡献出来以形成企业的知识/技能。这种情况将使企业更加依赖这些"人才"，从而陷入恶性循环。

要提高项目使用动态人力资源产生的效率，需要实现对人力资源由相对静态的岗位管理转向相对动态的角色管理。尽管商业环境的变化速度越来越快，但我们在很多方面却依然受到思维惯性的影响。"岗位"这个词尽管对一个稳定的机构来说依然重要，但对于一个面向临时性任务的动态组织（项目组）来说，"角色"这个词比"岗位"更值得我们关注。岗位是面向重复性的、常规性的工作，角色则是面向动态的、根据流程调用的任务。一个角色需要的能力是相对单纯的，在工作构件化和标准化的帮助下，这种能力很容易形成，因此，我们应该通过角色划分和整合来降低对稀缺的复合型人才的依赖，缩短新人到岗的时间。

由于项目面临任务的独特性、创新性和项目所处环境的不断变化，"岗位"已不足以应对灵活的任务，而需要代之以针对任务而言的"角色"。目前，在人才市场中劳动者的薪金行情日益看涨，占有劳动者（特别是知识型人才）的代价将越来越高，投入产出比将越来越低，这些变化都促成了必须以项目为载体动态地使用员工，只有能够以动态的资源去应对动态的任务能力，为此需要将资源的"部门隶属制"转变为项目"角色调配制"，将静态的岗位变成动态的角色，只有这样才能走向真正的项目管理之道。

要实现由岗位向角色的转变，必须具备三个条件：首先，各职能部门转变为"资源库"。这个转变可以解决资源动态调度的两个瓶颈，一个是资源通常被固化而使得组织架构成为项目制结构，降低了资源的使用效率；另一个是职能部门与项目组争相使用资源而产生的矩阵式组织的冲突问题。其次，人员已经"分级分类"。所谓的"分级分类"管理是指将员工界定不同的角色类型和能力等级（每个员工可具备多个角色及等级），组织能够根据员工能够扮演的角色总量和等级确定员工的小时价格（工资），项目负责人则根据其实际扮演的角色和成效确定其奖金。最后，企业具备了知识提取、复用和整合能力。为促进项目职能部门角色的转变和员工角色的动态调度，必须将项目拆分成构件（包括流程、活动、角色、工具、文档、模型等）。通过对上述构件进行标准化封装及复用以提高角色转化的效率。

5. 由属于企业员工的个人知识向属于企业可复用的知识转变

完成项目的基本组织单元是项目团队。在一个项目团队中，人员可能来自各种不同的组织，有不同的文化和专业背景，没有长期合作的历史基础等都构成了团队中知识管理的障碍和约束。另外，要实现对项目人力资源的角色管理，必须解决动态调度问题，使其团队成员能够需要的时候来得了，来了以后迅速能够干得好，干好了还能走得成。要做到这几点，知识管理就十分重要。

在所有的企业资源中，最能够影响项目效率的是人力资源和知识资源。人力资源对项目的重要性不言而喻。如何让项目组成员迅速进入角色、迅速发现问题、迅速拿出解决方案、迅速提交项目成果、在完成任务后能够及时退出项目角色以承担新的角色是企业开展项目管理需要解决的问题。按照角色对项目人力资源动态调度的基础是将属于人员个体的经验转变为属于企业可复用的知识。

要实现这一点并不容易。一方面，人们并不希望将知识贡献给企业。由于知识的专有性可以给管理人员和专业人员带来竞争优势，并使其获得较高收益，一旦与他人分享，必然会影响其竞争优势，降低其对企业的重要性，进而影响到个人收益，所以相关人员均不愿将自己的知识和经验与他人分享；另一方面，紧张的工作日程安排，缺少进行交流的平台和机会也限制了相关人员知识的共享。这进一步导致了相关人员知识积累缓慢，使其不能快速、高效地对项目实施出现的问题进行反应。此外，项目完成后项目团队一般会解散或重组，由于没有做好知识的及时收集，关于这些项目的许多宝贵的资料都将流失，由于其他原因离职的员工也会使企业的知识流失。

我们可以从两个方面理解项目的独特性：一方面，对承担项目的某个企业来说项目本身是独特的，但是，如果将项目进行分解再分解，我们就会发现这些细分部分中有很多是我们以前做过的，或似曾相识的。另一方面，对承担项目的人员来说项目是独特的，但在企业范围内，曾经有人完成过该项目或完成过该项目中的一部分。我们的主要问题不在于项目的特殊性，而在于不知道该如何细分项目任务，在于我们不知道其他人是怎么成功完成项目任务的。

　　知识管理越来越受到人们的重视，但是，只有将知识转化为技术才能提高项目的执行效率；反过来，只有知道何种技术对提高项目执行效率有帮助，我们才知道如何提炼、积累和运用知识。常见的情况是，我们寄希望于能人，寄希望于那些"复合型"的、有足够经验的人才，希望他们能够提高项目的执行效率，而不去探求他们的工作中有哪些是可标准化、哪些是可复用的。如果没有足够的能人，我们会用更多的人来参与项目，其结果是项目越复杂，完成项目所需人数会呈指数增长，而管理的复杂程度则增长更快。很多部门拥有的关于项目的知识远不如它的员工拥有的知识多，管理者们也知道这一点，所以我们会自觉或不自觉地放弃了管理责任，而希望通过激励员工的积极性来提高项目的执行效率。

　　提高人员的可替代性会使我们在激烈的人才竞争、人才流动日益频繁的商业环境中占据主动。不可否认，每个单位总有不可或缺的人员，但这些人员一定要控制在很小的比例。其实，没有什么人是完完全全不可代替的，我们说某个人的可替代性弱，真正的含义是指要找到替代者需要更长的时间、更高的费用。因此，我们需要找到缩短时间、降低费用的途径。这个途径就是专业分工。高效完成项目需要能够按照不同的角色分工有效地整合各种专业人才。很多企业缺乏有效的整合人力资源的机制，而将责任放在拥有综合技能的人员身上，其结果是造成了人员的可替代性弱、工作效率低。

　　只有当我们能够对项目角色进行定义、细分后，才能有效地对项目组成员进行培训，使他们迅速扮演项目角色，也才能消除企业中普遍存在的岗位设定与实际工作不一致的情况。

　　效率与个性化常常难以共存，希望在项目中既能提高执行效率又能满足项目组成员个性和独特风格是不现实的。因为项目的活动密切关联，一个活动的弹性会引起连锁反应，最后引起项目计划的大幅震荡，使计划名存实亡。为了实现构件化项目管理，我们必须首先建立"高效工作，快乐生活"的观念，毕竟能够从工作过程得到乐趣的只能是少数人，如果奢望人们都能快乐工作，其结果很可能是将工作与生活混为一谈，既影响了工作又影响了生活。

　　我们不能将人看成机器，也不能认为员工只受经济利益驱动，但这些不是体现在完成项目工作上，而是主要体现在项目工作之外的激励、岗位调配、培训发展等方面。因此，必须设定相应的管理体系，以保证"高效工作，快乐生活"的实现。同时，还必须使项目组成员能够随时知道项目角色之间及其任务之间的关联关系、局部变更对整体的影响，以及处理好封装构件之间的接口、规范的沟通等，只有这样才能保证构件化项目管理的实现。

6. 由事后的考核激励转变为全过程的预防和推动

"你先告诉我你怎么考核我，我再决定我怎么做"是人们常见的心态，改变了评价方式就改变了一切，不改变评价方式就什么也改变不了。在确定项目组织体系的三部分内容中，首先要明确项目活动的流程，其次在此基础上明确各利益相关方的角色责任关系，最后以绩效管理促进和保证这些角色去承担和兑现他们的责任和承诺。换言之，绩效管理是建立在前两者完成的基础上。然而，目前大量的做法是以绩效管理代替了前两者，更有甚者，以绩效考核代替了绩效管理。这些做法不仅不能起到绩效管理应有的作用，反而使事情变得更糟糕。成果造假、GDP 数字存在水分、出现事故隐藏瞒报等现象很大程度上源于这个错误。

绩效管理的重点是事前、事中评审和监控，而不仅是事后评判。绩效管理不能仅评价项目的技术特性，还要评价其管理特性。迄今为止，在项目管理实践中，大多是绩效管理仍然属于事后评判。这些或者以结果为重心，或者将焦点局限在人事评判方面的绩效管理方法，虽然可能有助于记录运行结果和奖惩，但其评价结果并不能告诉项目利益相关方如何做才能提高绩效。绩效管理的主要目的在于减少项目运行系统存在的各种偏差而提高利益相关方的满意度，因此，应加强对项目运行过程的评审和监控，及时发现和化解项目运行系统存在的问题，以提高项目整体目标实现的可靠性。

有效的项目绩效管理包括以下三个方面。

（1）绩效管理体系包括工作评价、人才评价、人事评价三个评价对象子系统，它们构成了较完整的评价体系。

管理要走在问题的前面，工作评价的目的就是对项目流程、项目角色责任的落实状况、项目风险处置和变更管理等进行实时的评估和反馈。

人才评价的目的是在项目过程中发现和培养人才的重要依据。具有才华的人并不一定能够取得理想的项目成果，因而不能仅以成败论英雄。优秀的科技人才和管理人才具有不同的特点，需要针对这些特点进行评价标准和评价方法的设计。这类评价是基于一个周期的期初、期末状况和未来需求的比较而开展的。

人事评价是对利益相关方采取奖励和处罚等激励措施的依据，主要依据期初和期末的比较。这类方法很多，需要注意的是，人事评价是在期末进行的，但这个期末应该基于项目里程碑阶段，而不是像日常工作那样基于日历周期。目前在项目管理过程中仍然有不少人习惯采用按照年度、半年度进行评价的方法而不是按照项目里程碑的方法，不能体现项目特点，不利于控制风险，也不利于落实动态的项目利益相关方的责任。

（2）绩效管理体系包括完整的 P（计划）－ D（执行）－ C（检查）－ A（改进）过程子系统。

评价是为达到目的而采取的手段，不能为评价而评价，也不仅为奖惩而评价。评价之前需要制订详细的标准和计划，而且要让项目利益相关方知道、理解和接受这些计划，以帮助他们预防项目问题、提前确定工作目标。评价完成后要将评价中发现的优缺点反馈给相应的利益相关方，以帮助他们改进和完善。

在目前项目评价过程中，评价成了走过场的现象时有发生，以结题报告、鉴定书等代替了评价和反馈的情况较为普遍，很少有面向改进的反馈。项目尽管是一次性的，但管理或承担项目的企业是长期存在的，如何使一次性的项目对这些组织和参与项目的个人产生长期的、可复用的知识以帮助其未来在立项、执行和成果评价时提高科学性和有效性，帮助其建立科技平台，是目前项目治理和管理中亟须解决的又一问题。

（3）绩效管理体系包括对利益相关方的培训和训练子系统。

评价是一门专门的、可以通过训练提高的能力。科技能力和评价能力有很大的关联关系，但并不意味着具备专业技能的人就具备充分的评估项目关联科技先进性和管理可靠性的能力。任何能够予以立项的科技项目均需要有其创新性，评价专家根据个人的经验或直觉判断的可靠性是有限的。评价专家的培训不仅包含如何理解评价标准、如何给出评价结论，还包括如何撰写有助于项目申报（承担）人、单位完善和改进的评价报告等。没有对专家的训练，也就难以让他们对评价后果承担责任。

提高企业项目治理的成熟度

很多企业都通过了 ISO 9000 认证。在 2000 年以前，通过 ISO 9000 的企业分为通过 ISO 9001、ISO 9002 和 ISO 9003 三种，其中涵盖了设计、生产、服务三个环节的为 ISO 9001，涵盖了生产和服务两个环节的为 ISO 9002，只包含服务环节的为 ISO 9003。可以看出，那时候的 ISO 9000 认定是根据企业的业务类型和业务范围来设定的。自 2000 年以后，ISO 取消了对 ISO 9002、ISO 9003 的认定，统一划归到 ISO 9001，其根本的变化在于由以业务类型、业务范围为基础转变为以统一的过程为基础。不仅 ISO 9000 系列如此，在 IT 行业享有很高认可度的 CMM（能力成熟度模型）系列同样如此，它们也淡化了企业业务具体的外在特征，而更侧重于本质共同点，也更侧重于提炼出的共性流程域。由业务面内容管理向流程管理的转变的作用有两个：可以提炼出一些适用于表面上不同类型但实质上是一样的业务的管理，从而减少了对管理者个人具备的行业经验的依赖性，提高了管理效率；可以减少管理黑箱，降低完成任务的风险，提高可靠度。伴随着这种转变，出现了一个新的、很重要的管理标准：成熟度。

很多人强调目标管理，这一点本没错，干什么都是为了某些目标。但是，"目标管理"也常常成了人们掩盖问题真相的借口。有相当多的企业、相当多的管理人员打着"目标管理"的幌子，实际上是在拍脑袋得出目标后，就采用"胡萝卜加大棒子"的方式坐等结果：如果干成了就奖励，如果没干成就处罚。这种方式实际上是忘记了管理者的责任，将企业的风险转嫁到一些实际上承担不了这些风险的人员身上。在这种管理方式下，管理人员很容当，如果再能捞些好处，就会有更多的人打破头争着去当管理人员、去当官。对于需要多个企业合作才能完成的项目来说，各参与企业的目标并不见得一致。尽管我们可以在设定项目目标阶段对参与企业的期望、需求进行挖掘以求得共识，但在项目执行过程中依然存在许多变数，这些变数会使他们随时放弃这个项目而奔向对他们来讲更有价值、更符合他们需要的项目。在一个企业管理过程中，忌讳的是存在很多"黑箱"，在项目治理中，"黑箱"会更多，也更难解决。一个企业可能顺利地完成了任务，但其中充满了偶然性，那么这个企业的成熟度就很低，一个企业即使没有完成任务，但如果它的关键流程得到了控制，它的成熟度就很高。对前者来说，成功是一种偶然；对后者来说，失败是一种偶然。偶然性是永远存在的。

项目管理中已有了若干"成熟度模型"，例如 PMI 的 OPM3 模型、

Kerzner 的项目成熟度模型、Jugdev & Thomas 的项目管理成熟度模型等几十种。其中最典型的、在全球推进力度最大的可能是 PMI 的 OPM3 模型。该模型将项目管理的成熟度等级分为 4 个梯级，分别是：① 标准化的（Standardizing）。② 可测量的（Measuring）。③ 可控制的（Controlling）。④ 持续改进的（Continuously Improving）。PMI 学会对 OPM3 的定义是："它是评估组织通过管理单个项目和组合项目来实施自己战略目标的能力的一种方法，它还是帮助组织提高市场竞争力的工具。"OPM3 的目标是提供一种开发组织项目管理能力的基本方法，并使它们的项目与它们组织战略紧密地联系起来。OPM3 为使用者提供了丰富的知识来了解组织项目管理，并给出了对照标准作为自我评估的工具，来确定组织当前状况，以及制订改进计划。OPM3 可以有以下的用途：① 通过内部的纵向比较、评价，找出组织改进的方向。OPM3 成熟度标尺为组织提供了在关键时机进行评价的方法，这些结果可以和以前的评价做比较，来确定已实行的变革带来的效果，以便指导今后的改进。② 通过外部的横向比较，提升组织在市场中的竞争力。③ 企业通过评价、改进和宣传，提升企业形象。④ 客户要求供方按照 OPM3 模型的标尺达到某级成熟度，以便选择更有能力的投标人，并作为一种项目控制的手段。目前为止，OPM3 已经确定了 600 多个最佳实践，3000 多种能力和 4000 多种能力间的相互关系，为组织提供了一个测量、比较、改进项目管理能力的方法和工具。

正如项目管理、多项目管理解决不了多企业合作项目一样，OPM3 也解决不了项目治理的问题，我们并不能直接套用 OPM3 来作为项目治理成熟度的蓝本。其原因在于：尽管得到其治理方式的过程可以统一，但这些企业的治理角色却随项目不同而不同，项目治理是以项目为载体的独特的合作关系。建立项目治理成熟度的主要目的在于根据不同的成熟度等级来确立不同的治理角色风险控制方式，来建立不同的履约保障机制，其实现项目目标的功利性大于企业自身的"测量、比较、改进"。

项目治理成熟度等级可以简单地用项目治理过程中各利益相关方对彼此的治理角色承担风险的控制程度来表示（见图 18-1）。最低一级是"就事论事"，参与项目的各企业信奉"具体情况具体分析"。在这个阶段，企业参与项目比较随意，"拍脑袋"现象，"长官意志"较强，"没有项目是等死，有项目是找死"的现象较常见。企业零散的个人经验成为项目决策

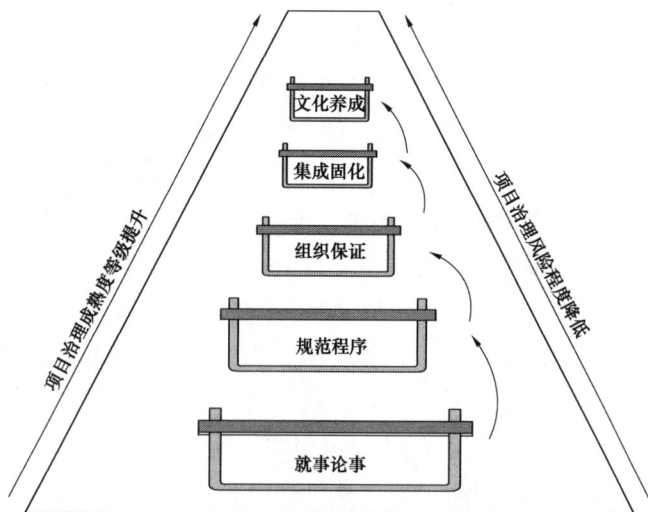

图 18-1　项目治理风险等级和成熟度划分

的主要依据。项目治理成熟度的第二等级可简称为"规范程序"。在此阶段，参与项目的企业有了是否应该参与某项目、如何选择利益相关方、如何确定其参与项目的方式和角色等如何确定有了明确的管理流程，流程中设置了若干控制点。但是，这些流程常常是片断的、离散的、经常有冲突的。企业内部流程的执行常常需要高层经理的推动，否则就难以得到可靠实施；企业之间流程的协调沟通更需要各方高层经理的参与。第三等级可称为"组织保证"，是指参与项目的各企业有了一个规范的协商机制来处理彼此之间的矛盾和冲突，这些企业构成了一个基于项目的联盟，关于在项目不同阶段、不同问题上的治理主体和方式有了清晰的定义，流程得以系统化、得以控制。第四等级称为"集成固化"。这里的"集成"是指参与项目各企业的目标和流程得到了集成，其中的矛盾得到处理、取得共识。在此基础上，所谓项目治理的角色关系、彼此的需求和运行流程等得到"固化"，有了严格的变更管理程序和激励约束机制，并与各企业的日常运营和其他项目的管理得到整合。项目治理成熟度的最高等级为"文化养成"，主要是指该项目治理方式称为各参与项目企业的习惯或本能，有了强烈的知识提出和复用的能力，有了有效的应急管理的能力，有了持续改进的能力。

正如项目治理与组织项目管理存在根本区别一样，项目治理成熟度的判别方式也与组织项目管理成熟度不一样。组织项目管理成熟度的对象是一个组织（企业），只要这个企业在项目管理流程、组织、文化等方面达到一定水准，就可以说其达到较高的组织项目管理成熟度。但是，对于项目治理来说，即使某个或某几个参与项目的企业达到了较高的组织项目管理成熟度，但其余的企业（哪怕只有一个企业）组织项目管理成熟度很差，这个项目的治理成熟度就会较低；同样，即使参与项目各企业的组织项目管理成熟度均很高，但它们在这个项目的治理过程中没有规范的程序，没有企业间组织的保证，企业间不能将各自的流程集成起来……这个项目的治理成熟度就较低，这个项目的治理角色兑现的风险就较高，这个项目的成功度就较低（见图18-2）。换言之，组织项目管理成熟度判断的是组织内项目与项目之间、部门与部门之间、部门与项目之间的和谐程度，而项目治理成熟度判断的则是项目利益相关方（企业）之间在流程、组织等方面的和谐程度。

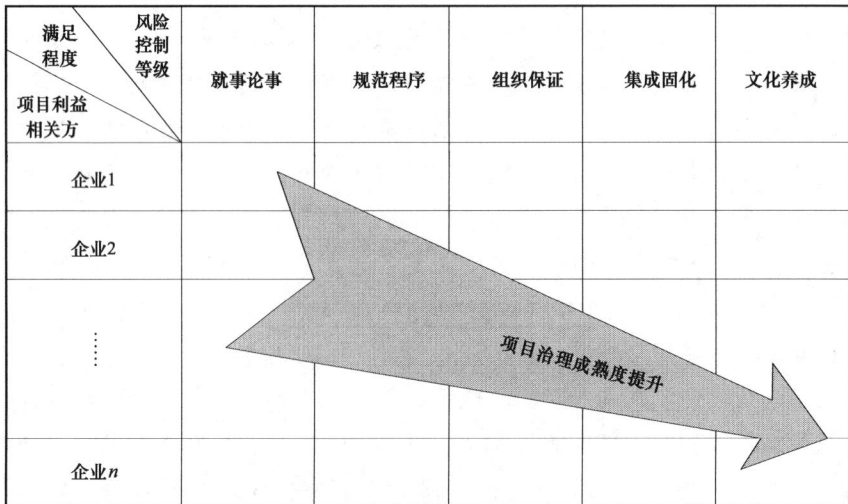

图18-2　项目治理成熟度判断依据

即使对于不同的项目，项目治理都可以按照统一的迭代过程来确定其合适的治理方式。这种方式可以用P-R⁴模型来表示，其中P是指随着项目利益相关方的进入和退出需要迭代开展的过程，该过程围绕4个R进行，即利益相关方需求（Requirements）确定、治理角色（Roles）定义、角色风险（Risks）分析和治理角色关系（Relationships）建立。我们可以通过建立这 4 个 R 及其中的关键过程，以及项目治理风险的 5 个防范等级来寻求提高项目治理成熟度的途径（见表 18－1）。

表 18－1 项目治理成熟度的内容框架

等级标准　成熟等级　治理过程	就事论事	规范程序	组织保证	集成固化	文化养成
相关方需求确定 相关方识别					
期望挖掘					
需求明确					
需求集成					
治理角色定义 责任划分					
主体明确					
角色确定					
角色风险分析 风险识别					
风险分析					
化解措施					
监控方式					
治理关系建立 风险管理角色界定					
角色控制					
角色认可					
关系形成					

在变化日益加剧的商业环境中，如果一个企业不重视项目、不能成功管理项目，对时代而言并无多大损失，但对企业而言则会丧失其生存的能力。企业的领导者必须由经营制造型企业的思维方式转向经营项目型企业的思维方式。

抓好企业变革的项目管理

要变成适应变化的企业，就需要成功完成很多的变革。每一个变革都是项目，因此需要抓好这些变革的项目管理。在快速变化的时代，只有善于借助外界智力资源的企业才有生存的可能，无论企业有多强大，都是如此。企业的变革常常需要借助外力的推动，如何用好这些外部的管理专家资源，也是企业变更管理中的一种挑战。在买方市场盛行的今天，很多企业积累了丰富的做乙方的经验，但并不善于做甲方，如何使管理变革项目更有效，它们并不完全知道。

抓好以下方面对企业用好外部专家和提高对其变革项目的管理能力会有帮助。

1. 定义清楚双方的角色

要使管理变革项目更有效，企业需要当好甲方这个角色。角色定义不清是管理变革项目失败的最重要的原因。外部的支持专家扮演的角色是支持企业决策而不是代替其决策。与技术、工程等不一样，管理问题不能由别人来解决，管理变革项目决不能放手"外包"给外部专家。只向外部管理专家提出需求，然后就坐等结果的方式常常等来的是一份装帧漂亮的报告，其作用有些像古董：用来供人欣赏而不是供人使用。

有人将外部管理专家当作是企业医生，外部专家自己也常常以医生自喻。外部专家确实有一点和医生一样。在医生眼里，所有的人都是有病的；同样，在外部专家眼里，所有的企业都是有问题的。这是真理，没有哪个企业不存在问题，没有哪个企业不存在需要改进的地方，这也是企业聘请外部专家的原因。但是，病人一般都会服用医生开的药，接受医生的手术，但企业很难，或几乎不会完全接受外部专家提出的方案，更别说现在人们也越来越不信任医生了。

在得出管理问题的解决方案后，企业需要考虑如何进行调整以适应这些方案。这时候，还需要外部管理专家扮演企业员工接受变革的鼓动者角色。有时候，企业请外部专家是最重要的并不是需要它们提供的方案，而是希望它们能够充当一种公司变革的吹鼓手。为了让外部专家当好这个角色，企业需要外部专家了解自己的意图，但不能让自己的员工也了解这个意图。这个角色在某种程度上比提出管理方案更重要，如果企业员工不能接受管理方案，再好的方案也等于零。但是，很多企业在与外部管理专家签订合同时并没有包含这些内容，这些项目范围界定的失当使企业留下了很多后遗症，也给外部管理专家留下了很多麻烦。

任何一个管理变革项目要想取得成功，都需要使外部专家更了解企业的实际情况、可以使企业了解项目的进展以便及时调整和改进企业工作、可以培养企业的人才等。企业投入到变革项目小组的成员必须精心挑选，他们应该具有职能部门或技术部门的知识。在项目的初期，一般只需要少数人在项目组工作，随着项目的进展，企业变革需要涉及的所有部门的人员都要或多或少地参与到变革项目中来，这样可以减少项目成果在实施时的障碍。企业需要建立对甲方项目组成员的绩效管理办法。不要产生"我们花了钱，外部专家就要替我们工作"的想法，而应持有"我们花了钱，这样外部专家可以和我们一起工作"的态度。

2. 定义好变革项目的需求

要使外部管理专家起到决策支持的作用，就需要企业明确自己的需求，需要明确自己必须在哪方面作决策、为什么要作决策、作决策的目的何在等问题。外部管理专家需要盈利，也需要积累案例，因此，它们希望能够拿到大的合同。另外，希望变革的企业又常常犯好大喜功的毛病，总希望花少量的钱能够将企业整理得一点毛病也没有。企业可能与外部专家签订一些笼统的、框架式的、宏伟的目标，这样做不能使变革项目起到真正的作用。企业的效益决定于它的瓶颈，而企业在一个时期（一周、一个月、一年等）存在的管理瓶颈问题也只有一个或极少的几个❶。因此，企业必须将管理变革项目聚焦于如何解决这些瓶颈方面，而不应该将企业有效的资源、有限的时间像撒芝麻盐一样发散使用。

如果企业没有能力找到瓶颈，那么，外部管理专家所作的第一步应该帮助它们找到这些瓶颈而不是借机扩大自己的合同。企业在找到并消除这些瓶颈后，还会存在新的瓶颈，如果获得客户的信任，它们就会成为稳定的客户，它们不希望太多的外人知道自己企业的真相，而稳定的客户比一次性客户对外部专家来说更重要。在找到企业的瓶颈后，外部管理专家的支持作用就在于其能否提供若干备选方案、能否分析每个方案的优缺点以及其在实施过程中企业需要具备的条件等。没有哪个管理方案是十全十美的，如果外部管理专家不能提出若干备选方案，不能指出其中的缺点和适用条件，企业就需要对它们提高警惕。

斯科特·亚当斯在《迪尔伯特原则》中对管理顾问做了一个精到的描

---

❶ E. Goldratt, Theory of Constraints, The North River Press, 1997.

述："顾问这种人专门拿走你的钱，使员工讨厌，还尽力寻找各种办法来延长顾问合同。……顾问们使用一套标准的决策工具，包括起草以各种不同的假设为基础的方案。如果事实与事先的假设不符，任何事实都会很快被否决。"❶ 这段话值得众多的外部管理专家以及正在或准备进行变革的企业思考。

在定义需求的过程中还有一个突出的问题是，在制定管理变革项目需求的时候，只有企业的管理层才有提出需求的机会，而没有让员工也介入进来。忽略了员工也是管理变革的直接利益相关方会导致管理变革项目的失败。

3. 管理好变革项目的过程

如果外部专家提出的方案没有得到实施，是谁的责任？如果将责任归于外部专家，那么外部专家会说：甲方如果按照我们的方案实施应该取得好的效果。这是一个很好的"免死牌"，因为企业不可能再去试一试那些方案，这种风险太大。毫无疑问，如果企业不按照外部专家的方案去实施，就会产生一定的经济损失，最直接的就是损失了变革费，间接损失还包括企业损失的时间等等。但是，即使变革项目合同额再大，也比不上因为采纳了错误的方案而给企业带来的损失大，所以，企业有时很难完全按照外部专家提供的方案去实施。如果企业实施了外部专家的方案，而没有取得理想的效果，外部专家也很容易找出理由：你们的人员在执行过程中存在不到位、理解偏差的情况……这是真理，也是万能理由。反过来，企业实施了外部专家的方案，也取得了理想的效果，那么功劳是不是就完全是外部专家的呢？也很难说，因为方案提出的过程中必然吸取了企业人员的意见和建议。更何况，管理方案的效果有时并不能立竿见影，它有滞后性，需要企业坚持下去。这一点有些像拜佛：心诚则灵。所有这些原因，都决定了不能仅凭项目成果实施后取得的结果来评价管理变革项目的成败，对管理变革项目而言，过程管理远比事后的绩效评价更重要。

管理变革项目的结果一般都会要求企业员工在某种程度上放弃旧的生活方式，他们会对新的工作方式产生恐惧和抗拒的心理，这是阻碍变革的拦路虎，也是妨碍管理变革项目成功的拦路虎。人们希望变革，但不希望

---

❶ 斯科特·亚当斯. 迪尔伯特原则［M］. 海口：海南出版社，1997.

被变革，因此，必须想方设法让员工觉得这些变革是他们自己所渴望的，而这种结果只有他们参与了这个过程而且他们的期望也纳入了项目目标才能够实现。

从开始到结束，沟通应该一直贯穿整个变革项目。管理变革项目的沟通渠道是非常广泛的，包括可见的展示室、讨论会、项目邮件、企业内部网上的公告更新、定期印刷的项目汇报，以及为项目有关的问题和建议开通的24小时语音热线等。与外部专家相比，企业本身更仔细考虑到这个风险，并专门分配一部分资源用于研究为了保证新流程实现所必须进行的行为和文化的转变。在这项工作开始之前，变革方与被变革方都需要研究人们对变革的心理，为员工承受变革提供了足够的信息和建议。这些工作帮助所有员工了解应对变革的过程，了解应当如何在变革的曲线中前进，使大家能够作出建设性的反应。企业要在外部专家的帮助下（而不是反过来）让员工了解企业将产生什么变化，在这些变化中他们将做什么调整，为了作出这些调整他们会得到什么帮助，调整前后有什么变化，这种变化给他们带来的好处是什么等。

企业要避免变革过程是一个"黑箱操作"过程。常常有这样的现象：刚开始时，外部专家在企业花的时间多，然后有一段时间它们就消失了，过了一段时间，它们突然带着"成熟的"方案回来了。这样的方案，这样的做法给企业节省的变革费数量都是变革项目失败的症状。企业不要害怕外部管理专家按变革时间收费，而要与外部专家一起规定变革活动的每一步行动计划，在确保变革时间的有效利用方面，企业也应扮演主角。

除了以上几点外，要使管理变革项目更有效，还需要记住的一条是：不要轻易谈管理改革。有些企业整天管理新名词不断，这种狗熊掰棒子的做法会在企业形成一种不好的习惯，大家都在搞形式、走过场。不必要的、过于频繁的、满足管理层感情需要或虚荣心的管理变革项目，永远不会取得真正的成功。

不怕千招会，就怕一招熟，很多管理制度隐含的原理都是一样的。试想，有多少新的管理名词、管理方法、管理体系实际上就是已经被人们熟知几十年的 P（计划）－D（执行）－C（检查）－A（修正）循环？我们又有多少企业真正将这四字做到位了？

知行合一，成为项目管理推进者

（代后记）

无论是在 EMBA、总裁班等企业高层管理人员的课上，还是在英国皇家建造师等高级专业人士培训班上，总是有不少人对项目管理产生浓厚的兴趣，表达出想学好项目管理、用好项目管理的意愿，也有很多 EMBA、MBA 的学员在做学位论文时希望选择项目管理方向。遗憾的是，在课堂上对项目管理的学习热情经常不能持久。太多的管理人员并没有学好项目管理，更没有能够运用好项目管理，项目管理只是他们似曾相识的一个名词。很多企业总经理已经学完了项目管理，但其企业的项目管理仍然一片混乱。为什么会这样？怎样才能学好并用好项目管理？这些是我一直在思考的问题。

企业需要形成自己的管理理论

当与企业的老总们谈起项目管理理论时，很多人给我的说法是："从理论上讲是这样，但实际上这样做行不通。"这种情况不仅在项目管理中，也不仅在项目型企业中大量存在，它还存在于许许多多不同的企业、不同的管理活动中。为什么会出现这种情况？

老总们常常不信任管理理论、排斥管理理论，甚至嘲笑管理理论，其结果是他们会做错很多事情而不自觉。要是他们能够关注管理现象背后存在的理论，他们就会避免犯很多可笑的错误。

一般说来，经理们可以训练出来，但企业家却不是可以训练出来的，在很大程度上，企业家是天生的。老总们经常生活在企业制度之外，他们常常是与众不同的人。不知是否是由于这个原因，老总们虽然口头上强调制度、强调管理，但潜意识中仍然欣赏那些与众不同的人。

古时候，鲁国有一项政策，即如果鲁国人在其他国家发现本国人被当作奴隶使用，可以将其赎回，回国后可以向政府报销费用。因此，很多在国外沦为奴隶的人被赎回了。有一次，孔子的一名弟子子贡在国外赎回了一个奴隶，但他并没有找政府报销费用。他得到了很多人的赞赏。可是，孔子知道后却对其进行了批评。孔子的理由是：我们不报销费用得到赞誉，这样别人就不好意思找政府报销，长此以往就没有人愿意去掏钱赎回奴隶了。孔子不愧是圣人，他看到了表扬个别违反规则的人将会带来整个规则的毁坏。反思老总们的言行，是否存在一方面强调规章制度，另一方面又会表扬那些取得了良好结果但破坏了规章制度的人呢？

理论说明了某种规律，它的重要性在于我们不必一个个去试验就可以知道结果是什么。很多企业老总也有自己的"理论"，那就是"不要相信什么理论，我们企业有自己的特殊性"。没错，每个企业都有自己的特殊性，老总们也需要将主要精力放在关注这些特殊性方面。问题是，普遍性的东西也在对企业起作用，企业并没有意识到这些普遍性的价值，没有有效利用其他企业、其他人员的经验教训，也没有将自己的经验教训提炼出来形成适合自己企业的理论（或是企业知识），以便使成功的东西能够再现、失败的东西不再重复发生。"创新"是我国现阶段的一个热门词汇，其实，按照彼得·德鲁克的观点，企业家本义就等同于创新。与其他国家，特别是西方经济发达国家的企业家相比，我国的企业老总们一点也不缺乏创新精神，事实上，我们的企业老总们一天到晚都在不断打破规则、不断寻找规章制度甚至法律之外的新途径。老总们的创新不能像狗熊掰棒子，掰一个丢一个。遗憾的是，这种情况太普遍了。我国的一些企业尽管还没有达到国际一流企业的水准，企业发展中也存在各种各样的隐患，但是，老总们已经被神化了，他们的"个人魅力"而不是企业理论成了企业最大的财富，这种现象不能不让人担忧。

我国的企业老总们亟待重视理论，亟待掌握提炼理论的方法。有人将中国企业老总与德国企业老总的差异做了个有趣的比较。如果有人在一个广场上掉了一根缝衣针，那么该怎么找到这根针呢？中国老总会借助于一块磁铁（找一个他认为能够找到针的人）在广场上反复寻找，这根针或许很快会找到，或许永远找不到。我们很难在任务开始前就估计出找到针的时间，也很难定义清楚谁能够找到这根针。德国老总则会将广场划成很多小格子，将这些格子编上号，然后让人一个一个寻找。这种做法很容易对找到针的时间作出判断，也很容易确定能够找到针的人。后者有理论，前者则没有。

成功的企业老总们不缺乏头脑、胆识和洞察力，但是，如何将这些个人特质延续下去、推广开来，就需要理论了。如果老总们自己没有时间也没有能力去提炼自己的理论，就需要获得管理理论研究人员的帮助，需要邀请他们与自己一起提炼属于自己企业的理论，但不要将这个过程外包给理论研究人员，否则他们一定为将其上升为普遍的理论而最终不会被老总们采纳。

远古时期，人们根据日出日落来计算时间。当然，这种方法误差很大。后来，人们发明了沙漏、钟表，直至现在最先进的原子钟。正因为有了精确的计时方法，才有了现代文明。但是，地球的自转时间并不是每天都是一样的。当不精确的地球自转时间与精确的计时方式碰到一起时，我们是否认地球自转时间存在偏差的实际情况还是否认精确的计时方式呢？这个问题是这么解决的：每隔一段时间人们就设置一个闰秒来调节日期的计算，这样我们既可以享受精确计时带来的好处，又可以避免在某一天计时工具显示的时间为白天而地球却处于深夜这样的矛盾。这同样是处理管理理论和管理实践之间冲突的方式。

我们不能离开理论，又不能墨守理论。老总们可以不相信由管理研究人员提出的管理理论，但是，他们必须花气力去建立自己的管理理论，他们需要管理理论研究人员的帮助。同样，管理理论研究人员需要关注这些属于某个具体企业的理论，需要主动去接触企业老总，为他们进行"理论定制"。只有这样，管理理论与现实的差异才会消失。

做有价值的管理研究者

优秀的企业离不开优秀的管理研究人员的支持，同样，优秀的管理研究人员也离不开企业的支持。"知行合一"不仅指我们每个管理者要做到知行合一，也指企业管理者和管理研究者之间的密切协作。

管理研究者应该向优秀的导游学习。一名优秀的导游需要具备三个条件：第一，要去过需要导游的地方。我们很难想象一名导游仅凭间接的知识就能成功。第二，要对需要导游的地方有研究。不能指出普通游人看不出的、不知道的东西的导游不仅不是优秀的，还是不称职的。第三，要用游客熟悉的、易于理解的语言和方式向他们介绍，引导他们自己去发现有价值的信息。如果只是导游自己热情万丈，游客反应冷淡，这样的导游恐怕需要寻找新的饭碗。导游的鉴赏代替不了游客的鉴赏。

管理研究者同样如此。

首先，我们要勇于实践。管理是一门关于实践的学问，它的理论应该来源于实践，它的价值同样应该归属于实践。仅靠从参考文献到参考文献甚至是通过道听途说得到的所谓"管理理论"是自欺欺人的。作为现代管理标志物之一的《公司的概念》一书就是彼得·德鲁克在通用公司体验和思考的产物。还是那句老话，"要知道梨子的滋味，需要亲自尝一尝。"现在的企业已经和几年前不一样了，以前企业会邀请管理研究者将企业当作实验室，与企业一起成长。现在的企业更需要有经验的、能够直接指导企业的人员。所以，管理研究者应该放下本来不该有的架子，不要以专家的身份接触现场，而要以学生的身份接触现场。毛泽东在湖南第一师范的题词"要做人民的先生，先做人民的学生"是值得我们学习的，神农氏尝百草以总结药效的传说也是值得我们借鉴的。管理研究者不能只做管理世界的旁观者和评论家，不能"站着说话不腰疼"。

其次，我们要深入研究。仅靠走马观花式的方式，即使我们到过一万个企业，也不能说明我们已经是合格的研究者。实践是为思考做准备的，思考才是我们管理研究者的重头戏。要进行有效的管理思考，我们必须先选择一个角色，一个我们为之服务的角色，我们的思考是替这个角色进行的。在选定角色后，我们需要理解这个角色关心的问题，需要替他们去收集信息、提炼理论和提供方法。这样才能开始我们的管理研究，才能判断我们的研究成果是否有价值，才不至于拾人牙慧。一种危害极大的思想和行为是以"学术"的幌子来掩盖我们管理研究者的心虚和浅薄。我们龟缩在所谓"学术"的挡箭牌下，以假设前提不存在的数学函数、大量的参考文献来粉饰苍白的思想，以复杂的推导来得出人所皆知的结论。我们逐渐陶醉在自我垒起的屏障内，我们的目标是让同样抱有这种思想的人接受我们的方式而不是让我们的思想和理论能够促进管理水平的提升。尽管我们目前"很有市场"，但是这样的市场是因为中国很大，很多的管理者们"病急乱投医"带来的假象繁荣。我参加过多次中日工业管理学术研讨会，发现两国的研究人员研究内容和方法有很大的不同。我们的研究常常走向两端：要么很宏观，站在国家的角度谈企业管理；要么很"学术"，让人看不出研究成果是属于数学领域还是属于管理领域。而日本学者的研究大多很微小，一般都有实验方案的支撑。例如，他们已经将人们对商品的感性问题进行了十多年的研究，使其变成了"感性工程"，以促进工业设计的工程化。这些研究方式是值得我们学习的。

最后，我们要传播研究成果。管理研究不是为了自娱自乐，而是要将研究成果再返销给我们选定的角色。任何科学技术要对改造人类社会的实践产生广泛的影响，都离不开管理的支持，这种情况反过来也使得管理本身的独立性很弱，它是一种寄生学科。毛泽东当年在延安文艺座谈会上提出了文艺要为大众服务的号召，其实，文艺即使有很多人不能理解，也并不一定妨碍文艺本身的价值。在现实生活中有很多我们不懂的东西本身很有价值，例如数论、相对论、古董，甚至音乐、电影、文学作品等。但是，管理则不然，如果不能够让别人明白的管理只能是"伪管理"，更谈不上是好的管理、高水平的管理。因为管理者的基本特征是需要通过别人去做事情，管理者就像是推销员一样，管理者只有将自己的思想推销出去才能称得上是在从事管理工作。对管理研究人员来说，我们所研究的理论、方法、工具只有被管理者们所接受、所使用才能表明我们的价值。要做到这一点，我们需要用他们喜闻乐见的形式、容易理解的语言来表述我们的思想。无论我们的思想是多么深奥、多么先进、多么让我们陶醉，如果他们不理解、不接受，这些思想的价值就少得可怜。

有一个讽刺故事值得高级管理层借鉴。两军作战，败方问胜方："我方力量强过你方，你方获胜的原因何在？"胜方答道：在冲锋时，你方指挥官说的是："弟兄们，给我冲！"，而我方指挥官则说："弟兄们，跟我冲！"胜败乃仅一字之差。

不法法，则事毋常；法不法，则令不行。令而不行，则令不法也；法而不行，则修令者不审也；审而不行，则赏罚轻也；重而不行，则赏罚不信也；信而不行，则不以身先之也。故曰：禁胜于身，则令行于民矣。

凡民从上也，不从口之所言，从情之所好者也；上好勇，则民轻死；上好仁，则民轻财。故上之所好，民必甚焉。是故明君知民之必以上为心也，故置法以自治，立仪以自正也。故上不行，则民不从；彼民不服法死制，则国必乱矣。是以有道之君，行法修制，先民服也。

——《管子·法法第十六》

管理变革是一项艰苦的工作。企业高级管理层应该是管理变革项目最有力的支持者和参与者，员工不是傻瓜，企业上层人员对项目的支持态度是引人注目的。假设下属比自己傻是管理中的最大错误之一，如果上层人员自己不想变化，或只想在变化中保持甚至增加自己的利益，员工一定也会糊弄他们，而糊弄的办法是非常容易得到的，也是千变万化、防不胜防的。

要提高企业在变化时代的生存能力，企业需要付出艰苦的努力，在某种程度上要重塑企业文化。项目管理机制的推行必须从高层就坚定信念、全力以赴、勇于实践，还必须要有足够的耐心才能获得理想的成效。项目管理是一个实践课题，有时候虽然说起来非常简单，但真正实施起来有大量具体事情要做。如果企业不愿意真正地去投入、去认真地做的话，那么期望得到理想的项目管理成果只能是一句空话，是不可能成功的。